RUDOLF MEYER

DIE WEISHEIT DER DEUTSCHEN VOLKSMÄRCHEN

RUDOLF MEYER

DIE WEISHEIT DER DEUTSCHEN VOLKS-MÆRCHEN

URACHHAUS

1981

ISBN 3 87838 097 6

 Satz und Druck der Offizin Chr. Scheufele, Stuttgart.
Einbandgestaltung Professor Martin Andersch, Hamburg.

INHALT

VOM SINN DES MÄRCHENS

Wir vermögen uns wohl keinen Frühling vorzustellen ohne Schneeglöckchen, Veilchen oder Schlüsselblumen. Wir lieben sie als den Inbegriff des Frühlings, wenigstens unseres deutschen Frühlings. Würden wir nicht jedes Jahr von neuem nach ihnen Ausschau halten, sondern für ihr Blühen gleichgültig werden, – es wäre ein Zeichen dafür, daß wir der Erde im Herzen die Treue gebrochen hätten.

Aber ebenso unmöglich ist es, uns eine wirkliche Kindheit zu denken ohne Schneewittchen, Rotkäppchen oder den Froschkönig. Unsere keimenden Empfindungen haben sich einst an ihnen genährt, unsere reinsten Wachstumskräfte durften sich ihnen verschwistern. Ihr Leben schien uns wahrhaftiger als die steifen Gebärden der Menschen; was sie litten, wünschten und erlangten, wog uns schwerer als der künstliche Ernst, mit dem die Erwachsenen den Dingen des Alltags Gewicht zu verleihen suchten.

Waren es nicht die Märchengestalten, die uns den Goldschatz in unserer eigenen Seele entdecken lehrten? Lebensschmerzen und Schicksalsführungen wurden uns an ihnen ahnungsvoll bewußt. Wir begriffen durch sie, daß Treue die Seele schön macht, daß Reinheit ihr höchstes Glück ist und daß in der Armut erst ihr innerster Glanz aufzubrechen beginnt. Wir verstanden und bejahten überhaupt im Umgang mit diesen Gestalten noch vieles, wogegen sich später der stumpfe und störrisch gewordene Sinn zu sträuben anfing.

Konnte man zum Beispiel dieses nicht wirklich einsehen, daß Allerleirauh erst durch tiefste Erniedrigung gehen mußte, ehe es die Nußschale aufbrechen durfte, aus der dann die strahlenden Kleider hervorkamen? Oder auch, daß man sein Leben schon einmal daran wagen muß, wenn es gilt, eine Königstochter zu gewinnen? Es war ja ganz offenkundig, daß wir nur *deshalb* Mensch geworden, weil es auf dieser Erde so wundersame Abenteuer zu bestehen gibt...

Märchen, die die Mutter dem Kinde erzählt hat, immer wieder erzählt hat, bilden ein Ferment unseres Gemütslebens. Sie wirken befruchtend in jenen Seelengründen, aus denen später Lebenshoffnungen aufsteigen und Ideale geboren werden. So nehmen Millionen und aber Millionen Menschenseelen im bildsamsten Lebensalter die Märchenbilder in sich auf und empfangen durch sie bestimmte Empfindungsrichtungen, die den Gesamtcharakter eines Volktums bedeutsam mitbestimmen. Keine anderen literarischen Erzeugnisse, auch nicht die höchsten klassischen Werke, haben eine ähnlich tiefgreifende Wirkung auf die Volksseele.

Worin besteht diese unverwüstliche Kraft des Märchens, die stärker zu sein scheint als alle »Aufklärung«?

Wir sehen Weltanschauungen und Kunststile im Laufe der Jahrhunderte Wandlungen durchmachen; religiöse Bräuche und Glaubenssätze gehen unter und müssen auf einer neuen Bewußtseinsstufe anderen Bekenntnisformen weichen. Das Märchen und seine Urmotive gehen durch Völker-Auf- und -Untergänge sicher hindurch. Als im 18. Jahrhundert der Verstand in allen Geschmacks- und Glaubensfragen seine Alleinherrschaft angetreten hatte, fristete das Volksmärchen freilich nur ein verachtetes Dasein bei den einfältigen Leuten, in Spinnstuben und im stillen Dorfwinkel. Wenn zum Beispiel damals Musäus der literarischen Welt Märchen darzubieten suchte, so meinte er, dieses nur tun zu können, indem er seinen Erzählungen durch galante Plaudereien oder geistreiche Seitenblicke Reiz verlieh. Man mußte sich immer ein wenig entschuldigen, daß man noch Märchen erzählte. Denn wie stolz war man doch, wenn man von den Höhen der »Aufklärung« in die Niederungen des dumpfen Aberglaubens hinabblickte! Man wußte ja endlich, daß Tiere überhaupt nicht reden können, daß Prinzen sich niemals in Bären oder Löwen verzaubern lassen und daß selbstverständlich auch niemals aus einer Tierhaut ein Königssohn wird hervorschlüpfen können. Es gab ja, Gott sei Dank, keine Drachen, die Länder verwüsten und Jungfrauen verschlingen, und brauchte deshalb, Gott sei Dank, auch keine Ritter mehr zu geben! Das Leben war bürgerlich sichergestellt. Die Welt hatte sich streng innerhalb der Naturgesetze zu bewegen. Selbst das geisterhafte Walten der Nacht hatte zu verschwinden; denn es gab Beleuchtung und Nachtwächter.

Statt des Ritters, der gegen Drachen kämpft – der Nachtwächter, der das Haus vor Dieben schützt: das war der Sieg der Neuzeit über das »finstere Mittelalter«. Goethe und der jüngeren Generation, die sich die Romantische

Schule nannte, ist es zu verdanken, daß diese Tyrannei des aufgeklärten Bürgerstolzes gebrochen wurde. Goethe spricht gerade seine tiefsten Seelenerfahrungen in neuen Märchen aus. Novalis, Brentano, Mörike u. a. folgen darin. Ihnen gilt das Märchen als »Kanon der Poesie« schlechthin. Nicht willkürliches Spiel der Phantasie, auch nicht das Zufallserzeugnis einer naiv fabulierenden, alles beseelenden Volksphantasie ist für sie das Märchen, sondern »das echte Märchen muß zugleich prophetische Darstellung, idealische Darstellung, absolut notwendige Darstellung sein« (Novalis). Könnte das Innenreich der Seele plötzlich nach außen treten, es würde die Welt von einem ehernen Bann befreit sein. Wir tragen nämlich in den Tiefen unseres Gemüts den Keim einer künftigen Weltgestalt. Sie drängt schon in vielen Seelen geheimnisvoll herauf und wartet nur, überall verkündet zu werden. In jener neuen Ordnung der Dinge werden wir Könige sein und werden Königreiche erben. Denn die Würde des Menschen-Ich wird sich dann sieghaft offenbaren. Das Gute wird zugleich das Strahlend-Schöne und das Böse immer »häßlich wie die Nacht« sein. Das heißt: Wesen und Erscheinung werden nicht mehr einander widersprechen. Alles enthüllt sich. Und dadurch richtet es sich selber.

Können wir nicht dieses geheime Reich auffinden, wo solche Ordnungen bereits heute ihre Gültigkeit haben? Wo die Märchengestalten ihr ewig-junges Leben führen und unbekümmert um die starren Naturgesetze durch Verwandlungen schreiten? »Verzauberung und Erlösung« ist das Thema der Menschheitsgeschichte.

*

Was im Gange der Gesamtentwicklung geschieht, wiederholt sich in irgendeiner Weise auch als Stufe im Leben des einzelnen. Hat nicht der abendländische Mensch so recht seine »Erdenreife« erst erlangt, als das Zeitalter der Entdeckungen, der naturwissenschaftlichen Forschungsmethoden und der Befreiung des persönlichen Lebens von kirchlicher Bevormundung heraufzog? Was sich etwa vom 16. bis 19. Jahrhundert an Geisteskämpfen abspielte, das spiegelt sich auch im Jugenderlebnis der »Erdenreife«. Mit dem Erwachen des Intellekts beginnt ja der junge Mensch alle Überlieferung und Autorität seiner persönlichen Prüfung zu unterwerfen. Er erlebt seine junge Freiheit, indem er »protestiert«, und seine Eigenkraft, indem er alle Gnadenwirkungen ablehnt. Er ist jetzt »aufgeklärt«. Das Märchenreich aber und seine Gestalten verblassen vor seinem Seelenblick. – Dem Königskind war schon in der Wiege geweissagt, daß es sich mit dem fünfzehnten Geburtstag an einer Spindel stechen und tot niederfallen solle. Man möge alle Spindeln im weiten Königreiche vernichten: »Dornröschen« wird, wenn sein Schicksalstag gekommen ist, doch jedesmal wieder den Weg ins Turmgemach finden. Da sitzt die böse Fee und spinnt. Dornröschen, von Neugier getrieben, rührt die Spindel an, um selbst zu spinnen. Und es erfüllt sich der Spruch der dreizehnten Fee. Wer wollte die jugendliche Seele daran hindern, eines Tages in den alten Turm hinaufzusteigen und dort das »Spinnen« anzufangen? – Wenn sie da droben im Kopfe aufwacht und ihre Freude daran erlebt, die Gedankenfäden zu ergreifen und selbst an ihnen weiterzuspinnen, da hat sie sich auch bald in ihre Eigenwelt versponnen.

Wie schnell verpuppt sich doch die Seele selbst in ihre Gedankengespinste! Sie schnürt sich damit von der Welt des Geistes ab, die sie überall noch lebendig umgab und die mit Engelsfittichen den Traum ihres Kindseins beschützte. Was gestern ihr noch wahr und heilig erschienen, wird heute schon belächelt und verworfen. Der Zweifel tötet eine Welt vertrauter Gestalten, die einstmals die liebsten Genossen ihres Kindersinnes gewesen. Das ganze Schloß fällt mit in Verzauberung. Aber da droben vom Turmstübchen ging das Unheil aus! Nun tyrannisiert der Kopf die reichen Welten des Gemüts. Die Märchenwesen sterben daran.

Es liegt an dir, daß sie sterben! so will uns das Märchen sagen. Sie könnten auch heute noch leben; denn sie sind ewig jung ihrem wahren Wesen nach: »und wenn sie nicht gestorben sind, so leben sie heute noch«. – Aber eine Verheißung waltet über dem Königskinde, dem das ganze Weltall seine Paten sandte. Zwölf Feen standen an seiner Wiege, aus zwölf Sternbildern die Kräfte zur Erde schickend. Es soll kein Tod sein, der die Königstochter im fünfzehnten Jahre befällt; es soll nur ein »hundertjähriger Schlaf« sein, sagt die zwölfte Fee. Denn das Kindeswesen ist *unsterblich;* man kann es wohl verzaubern, aber niemals vernichten. Einst wird ihm der Erwecker erstehen.

»Hundert Jahre« sind eine lange Zeit, so wird der kluge Erdenverstand sagen; da würde es ja niemand mehr erleben können, daß er wiedererweckt wird, wenn ihn mit dem fünfzehnten Jahre der Spindelstich traf. »Hundert Jahre« sind ein ganz bestimmter Zeitraum im Sinne des Märchens. *Weltenschlaf* gießt sich für eine ganze Menschheitsepoche über die Seelengründe aus, während der Intellekt zur Entfaltung kommt. Aber dieses Zeitalter – wir nennen es heute das materialistische – läuft einmal ab!

Ebenso wie der junge Mensch mit der Erdenreife (Pubertät) das Erwachen des Verstandes erlebt und damit ja ein Menschheits-Erlebnis wiederholt, so kann er den Zauberbann des starren Verstandes auch wieder durchbrechen. Damit nimmt er ein künftiges Menschheits-Erlebnis schon voraus. Dann sind die »hundert Jahre« *für ihn* abgelaufen. Es gab immer solche Menschen, die dieses durch Schicksalsgnade vorausnehmen durften. Sie haben die schönen Erweckungs-Märchen dem Volke erzählt. Sie waren dem Erwecker begegnet. Er hatte das Auge ihrer Seele wachgeküßt. Nun fingen alle die Märchengestalten an, für ihren Blick wiederum lebendig zu werden. Das ganze Schloß wurde von dem Zauberbanne frei. Solche Menschen hätten von den Märchenkönigen und Königstöchtern ebensogut verkündigen können: »und wenn sie auch gestorben sind, *einst werden sie wieder auferstehen!*«

Sie können wirklich vor einer inneren Wahrnehmung wieder emporsteigen: das Schneewittchen und das Aschenputtel, der Daumerling und der arme Müllerbursch, die Goldkinder und das Schwesterchen mit dem Reh. Und sie haben nichts von ihrer Jugendfrische und heiligen Wirklichkeit eingebüßt: denn sie sind Urbilder unserer eigenen Seelenkräfte und Entwicklungsstufen, die wir durchschreiten müssen. Nicht etwa Allegorien oder sinnbildliche Einkleidungen von Ideen, sondern wesenhafte Gestalten, die ihre bestimmten Schicksale haben und ihre Verwandlungen durchlaufen. Es steckt in alledem mehr Psychologie, als uns die gewöhnliche Selbstbeobachtung vermitteln kann. Eine Seelenweisheit, die sich weder durch Experiment noch durch psychoanalytische Deutungsversuche gewinnen läßt. Denn diese Seelenweisheit erschließt sich erst einem Blicke, der von der Sinneswahrnehmung und dem kombinierenden Denken zur unmittelbaren Anschauung der gestaltenden Mächte in Natur und Seelenleben fortschreitet. Goethe hatte diesen Blick in steter Übung auszubilden gesucht. Wenn er die *Urpflanze* in allen Pflanzenbildungen als eine »sinnlich-übersinnliche« Gestalt wahrnimmt oder die Verwandlung der Seelenkräfte in seinem Märchen von der grünen Schlange und der schönen Lilie darstellt, so lebt darin schon diese neuerweckte Anschauungskraft. Novalis besaß diese Fähigkeit in einem märchenhaften Ausmaße; er wußte, daß es die wiedergewonnene Kindesnatur im Menschen ist, die sich anschicken will, eine greisenhaft gewordene Welt zu verjüngen. Die ausgereifteste Kraft innerhalb der menschlichen Seelenentwicklung ist der kritisch-logische Verstand. Er kann zergliedern und ordnen, was ihm die Sinne zugetragen haben. Aber er ist unfähig, dem Weltgeist selber die schöpferischen Gedanken nachzudenken. Dazu müßte er erst ein Künstler sein. Denn Gleiches kann das Gleiche nur erkennen. Wird aber das Erkennen zur künstlerisch nachschaffenden Anschauung umgewandelt, dann dringt es in die Werdekräfte des Daseins *erlebend* ein. Es wacht innerhalb einer Gestaltenwelt auf, die niemals stille steht, sondern nur »Gestaltung-Umgestaltung« kennt, wie es Faust beim Aufstieg ins »Reich der Mütter« schildert.

Rudolf Steiner hat in seinen geisteswissenschaftlichen Schriften und Vorträgen von immer neuen Seiten die Erringung dieser höheren Erkenntnisstufe dargestellt. Weil sie in die Welt der schöpferischen Bilder hineinführt, nennt er sie die »Imagination«. Für die »imaginative« Wahrnehmung kann sich das eigene Innenleben, das uns gewöhnlich nur in Erinnerungsbildern, Gemütsstimmungen, Wunschregungen entgegentritt, zu einer inneren Gestaltenwelt ausweiten. Die wirksamen Mächte, lichte und finstere, die hinter den einzelnen Seelentrieben stehen, werden dem Seelenblicke dadurch gegenständlich. Es handelt sich um ein Selbsterweckungs-Mysterium. Nun stellt sich, wenn sich der Gedanke durch aktive Belebung zur Imagination umzuwandeln beginnt, eine innere Erfahrung ein, die das gesamte Lebensempfinden erneuert. Der Mensch fühlt sich mit dem Hineinwachsen in die imaginative Welt jünger und immer jünger werden. Er weiß jetzt, daß es nur der Intellekt war, der ihn erstarren ließ und ihn so greisenhaft im Seelenleben machte. Die gleichen Bildekräfte, die unseren Leib auferbaut und immer wiederum mit Wachstumskräften durchzogen haben, sind es ja, die sich zum bilderschaffenden Denken erheben. In unserer Kindheit gestalteten sie den Leib aus; jetzt wollen sie Imaginationen gestalten. Darum ist das Erwachen der Seele zur imaginativen Erkenntnisstufe zugleich ein Zurückgehen in die früheste Kinderzeit. Der Erkennende wächst mit den unschuldigen Werdekräften seines ersten Daseins zusammen. Sonnenhaftes Leben flutet noch aus heiligen Weltenhöhen in diese ein. Golden strahlende Gestalten und ein goldenes Schloß leuchten vor seinem imaginativen Erleben auf. Er beginnt das Christuswort neu zu verstehen: daß wir erst werden müssen wie die Kinder, ehe wir die Reiche der Himmel betreten dürfen.

Es gab eine Menschheitsstufe, auf der wie ein Himmelserbteil dieses Bilderbewußtsein noch allgemeiner Besitz der Seelen war. Nicht in scharfumrissenen Begriffen, nicht in logischen Gedankenketten suchten sie Antwort auf die Erkenntnisrätsel; in flutenden Bildern, in lebensvollen Gestalten offenbarte sich ihnen der tiefere Zusammenhang der Dinge. Sie träumten die Lösungen der Weltgeheimnisse. Der heutige Traum, von Tageserinnerungen durchsetzt und von Wunschesmächten gelenkt, ist freilich nur ein armseliger Rest davon; ein Zerrbild jenes bildhaften Schauens, das sich ehemals mitten am Tage, in späterer Zeit dann zwischen Wachen und Schlafen den Seelen schenkte und um so zuverlässiger vor sich ging, je weniger noch der reflektierende Verstand hereinzuwirken begann.

Eine instinktive Weisheit war es, die mit der Sicherheit und Exaktheit einer Naturkraft im Menschen als mythenschaffendes Bilder-Erleben die großen Götter-Imaginationen gestaltete; die dann in späterer Zeit noch in Sagen und Legenden das Hereinspielen übersinnlicher Mächte in das historisch-menschliche Geschehen abzubilden vermochte. Aus ihr sind auch die monumentalen Sinnbilder der religiösen Offenbarungen und die Symbolsprache der altehrwürdigen Kulte geschöpft. Erst mit der fortschreitenden Entwicklung der neueren Verstandeskräfte und der aus ihnen erwachsenden modernen Wissenschaftsgesinnung verfielen jene uralten Fähigkeiten. Sie mußten preisgegeben werden um der Entfaltung der freien menschlichen Persönlichkeit willen, die der reinen Gedankenkraft bedarf. Erst oberhalb dieses heutigen Wachbewußtseins, so hoch über ihm wie das Traumleben unter ihm liegt, kann sich ein neues Bilder-Erleben entfalten: ein »Überbewußtsein« gleichsam. Es trägt die Besonnenheit und klare Gesetzmäßigkeit des Denkens in sich; es ist frei von Willkür, weil es auf der Überwindung von Wunsch- und Traumkräften beruht. Ist das Märchen einerseits ein Überbleibsel alter Seelenfähigkeiten, die hier und da noch in einzelnen Menschen fortlebten, so ist es andererseits durch seine besonderen Eigenschaften ein prophetischer Vorläufer, der in das neue Bilder-Erleben hinüberleitet. Es belebt die leise unter der intellektuellen Bewußtseinsschicht webenden Kräfte der Imagination, die heute im Grunde überall schon da sind und nach Entfaltung drängen.

Novalis schildert in seinem »Heinrich von Ofterdingen« diese imaginative Erkenntniskraft, die der echten Märchenphantasie zugrunde liegt. Er nennt sie »Fabel«. Ein Gespräch entspinnt sich:

»Was suchst du?« sagte die Sphinx. »Mein Eigentum«, erwiderte Fabel. – »Wo kommst du her?« – »Aus alten Zeiten.« – »Du bist noch ein Kind.« –

»Und werde ewig Kind sein.« – »Wer wird dir beistehen?« – »Ich stehe für mich« …

Das Märchen sucht immer sein »Eigentum«; denn es handelt im Grunde immer von der Heimkehr aus der Fremde, der Selbstentfremdung der Menschenseele und Wiederentdeckung ihres ureigensten Besitzes: ihrer *ewigen Kindheit*. – Solche Kindlichkeit ist aber nicht dumpfe Unbewußtheit. Sie ist Vertrautheit mit der Welt: Allverwandtschaft mit allen Gestaltungen – ein Wissen wie vom Urbeginne her. Weil das Kindsein, wenn auch noch so vergessen und verschüttet in der Seele, unser unveräußerliches Erbteil ist, weil ja die Menschheit trotz allem stolzen Weiterschreiten von Stufe zu Stufe doch immer wieder beim Kinde beginnen muß und wir jedesmal an den Urbeginn zurückversetzt werden, wenn wir den Erdenlauf antreten: darum wird es allezeit Märchen unter den Menschen geben. Mögen Erkenntnisformen und Kunststile wie auch immer sich weiterentwickeln, – das Märchen *wird da sein*, so wie immer wieder zwischen den Erwachsenen Kinder erscheinen und das Leben der Menschheit verjüngen. Die Märchengestalten sind aus der Lichtsubstanz der Kindheit gewoben. Das einfältigste Kindesgemüt und auch die weiseste Erkenntnis können sich in diesem Erleben begegnen.

*

Die Brüder Jakob und Wilhelm Grimm haben nicht aus der klaren Erkenntnis des übersinnlichen Ursprungs der Märchen ihre Sammlungen angestellt. Als echten Söhnen der Romantik war ihnen jedoch ein instinktives Gefühl für die Kinderweisheit des Märchens eingeboren. Sie empfanden die innere Gesetzmäßigkeit der Bilderfolgen, auch wenn sie nicht das Wesen des imaginativen Bewußtseins voll durchschauten. »Gemeinsam allen Märchen« – sagt Wilhelm Grimm – »sind die Überreste eines in die älteste Zeit hinauf reichenden Glaubens, der sich in bildlicher Auffassung übersinnlicher Dinge ausspricht. Dies Mythische gleicht kleinen Stückchen eines zersprungenen Edelsteins, die auf dem von Gras und Blumen überwachsenen Boden zerstreut liegen und nur von dem schärfer blickenden Auge entdeckt werden. Die Bedeutung davon ist längst verloren, aber sie wird noch empfunden und gibt dem Märchen seinen Gehalt, während es zugleich die natürliche Lust an dem Wunderbaren befriedigt; niemals sind sie bloßes Farbenspiel gehaltloser Phantasie.«* Wilhelm Grimm rechnet also mit einer »Bedeutung« der Mär-

* »In Kinder- und Hausmärchen« der Brüder Grimm, 3. Band, gegen Schluß.

chenbilder. Aber er fühlt: Sie ist unserem Zeitalter verlorengegangen. Er möchte soviel wie möglich von diesen Edelsteinsplittern retten. Hier und da möchte er sie, wo sie offensichtlich getrübt sind, reinigen und – wo es möglich ist – auch Splitter wieder aneinanderfügen. Niemals indessen hielten sich die Brüder Grimm für berechtigt, nach der Art Arnims und Brentanos zu verfahren, die die überkommenen Motive in dichterischer Schöpferwillkür frei gestalten und weiterbilden wollten. Ein heilig-unverbrauchtes Erbe im Volkstum, wie der in den Rhein versenkte Goldhort, schien ihnen in den Märchenschätzen bewahrt zu sein. Eben noch, mit dem Beginn des 19. Jahrhunderts, mochte es gelingen, diese Bilder ehrfurchtsvoll einzusammeln und sie vor der intellektuellen Verfälschung zu bewahren, die mit den Märchengestalten glaubte ihr willkürliches Phantasiespiel treiben zu dürfen.

Von überallher trugen sie die Kleinodien zusammen. Bekannt ist die alte Märchenerzählerin aus Zwehren bei Kassel, die Frau Viehmännin, die wie aus Urtiefen des Gedächtnisses ihre Bilder und Worte heraufholte und nicht litt, wenn beim Nacherzählen eine Redewendung abgeändert oder ein Bild ausgelassen wurde. Wie einen *Kanon,* der Glied für Glied ineinandergefügt ist, empfanden solche Seelen noch ein Märchengebilde.

Kostbare Märchenschätze empfingen die Brüder Grimm auch aus dem Hause Wild, der Apotheke »Zur goldenen Sonne« in Kassel. Die Märchen der alten Marie, die sie den Kindern des Apothekers erzählte, sind in die Sammlung übergegangen. Auch der anmutigen Erzählergabe der jungen Dortchen Wild, die später Wilhelm Grimms Gattin werden sollte, verdanken wir eine Reihe der beliebtesten Märchen.

Freilich kam in den späteren Jahren bei Wilhelm auch mehr und mehr der Mut hinzu, manche Bruchstücke von Märchen selber zu ergänzen und »auf seine Art zu erzählen«. So ist es zum Beispiel mit dem Anfang von »Schneeweißchen und Rosenrot« geschehen. Aber wer gerade an diesem Beispiel nachfühlen kann, wie behutsam solches geschah und in welchem Maße er gleichsam aus dem inneren Wachstumsgesetz, das die Imaginationen selbst in sich tragen, weiter gestaltete, wird immer mehr die geübte Treue bewundern. Durch stetes Einleben in das zunächst Gegebene, durch sorgsames Pflegen des überlieferten Schatzes von Imaginationen bildet sich im Laufe der Jahre in einer Seele die instinktive Sicherheit heran. Die Bildgestalten fangen an, in der nachempfindenden Seele ihr Eigenleben zu entfalten. So muß nicht alles Abgewandelte »unecht« sein; während andererseits manches »treu« Bewahrte doch schon weit von seinem ursprünglichen Bildgehalt abgeirrt sein kann.

*

Es soll nun in diesen Betrachtungen versucht werden, jene »verlorene Bedeutung«, von der Wilhelm Grimm redet – die »bildliche Auffassung übersinnlicher Dinge«, wie er selber sagt –, in den alten Volksmärchen wieder aufzusuchen. Und zwar soll sich unsere Darstellung im wesentlichen auf den bekannten Kreis der Grimmschen Märchensammlung beschränken. Ihre Beziehung zur Mythologie wird an verschiedenen Beispielen noch grundsätzlich beleuchtet. Mit der Behauptung, daß Märchen gleichsam nur Trümmerstücke von Mythen seien, ist nichts Entscheidendes über das Wesen der beiden Gattungen ausgesagt. Hier soll ein ganz anderer Weg gewählt werden, als ihn die moderne Märchenforschung einzuschlagen pflegt, die seit Grimms Sammlungen ein schier unübersehbares Material an Märchen und Motiven zusammengetragen hat und die Verwandtschaft der Motive durch Völker und Zeitalter über den ganzen Erdball hin zu verfolgen imstande ist. Wir sind der Überzeugung, bei aller Bewunderung für den Forscherfleiß, der uns die Märchenschätze aller Rassen und Kulturen zu retten versucht hat, daß diese Methode niemals in der wirklichen Erkenntnis weiterführen kann. Denn sie führt die Bildmotive nicht auf ihren *Urquell,* das übersinnliche Schauen, zurück. Sie glaubt daher, überall nur Abhängigkeiten der Märchen voneinander (»Wandermotive«) feststellen zu müssen, und vermag sich nicht vorzustellen, daß bei verschiedenen Völkern und zu verschiedenen Zeiten unabhängig voneinander verwandte Imaginationen erlebt sein können. Ferner durchschaut sie nicht, wie zwar ähnliche Motive oftmals hier und da auftreten, aber der Fortschritt des Menschheitsbewußtseins sich gerade in der Weiterentwicklung der Motive offenbaren kann; und wie gleiche Bilder in ihrem Zusammenhang doch sehr Verschiedenes auszusprechen vermögen. Darum ist es ratsam, die Bilder nicht wie einzelne Vokabeln voneinander abzusondern und zu registrieren; der *Vorgang*, in dem das Bild ein Glied zu sein vermag, ist im imaginativen Erleben stets das Wichtigere. Deshalb soll hier der Versuch gemacht werden, zunächst eine Reihe von größeren Märchen immer wieder als Ganzes zu erleben. Der Blick schärft sich dann naturgemäß auch für Einzelmotive und ihre Verwandtschaften. Der Nachtrag wird dazu einige Gesichtspunkte bringen.

Für unsere Betrachtung schien uns stets das Wichtigste zu sein, den *inneren Ausgangspunkt* für die jeweilige Offenbarung des Übersinnlichen zu finden. Gleichsam Bewußtseinssituationen aufzuspüren, aus denen heraus die Imagination zur Entfaltung kommen kann, war für uns der leitende Gesichtspunkt. Dazu bedarf es freilich der Einfühlung in das umfassende Menschenwesen und in seinen Zusammenhang mit den übersinnlichen Welten.

Solche *Pfade* des geistigen Strebens aufzusuchen, die Grundstimmung und damit den fruchtbaren Ansatzpunkt in sich nachzuschaffen, ist etwas völlig anderes als eine symbolisierende Ausdeutung der Märchenbilder. Diese würde den Reiz des künstlerischen Erlebens und Genießens zerstören. Das Aufzeigen der geistigen *Quellorte* für das imaginative Erleben bringt dagegen die Seele des Lesenden oder Hörenden erst in Fluß, um in das innere Nachgestalten von Bilderfolgen oder Märchensituationen immer tiefer einzudringen. Das Gewahrwerden von Feinheiten, die uns sonst im bloßen Hinschauen auf ein buntes Phantasiespiel entgangen sind, wird gerade durch solches Märchenverständnis gefördert. – Man wird andererseits in unserer Darstellung oftmals bemerken können, daß wir bewußt der subtilen Ausdeutung mancher Einzelzüge aus dem Wege gegangen sind. Man sollte sich eben stets in der Erinnerung halten, daß wir ja vielfach abgewandelte Erzählungen vor uns haben, deren Ursprungserlebnisse mit mannigfaltigem Rankenwerk der Phantasie überwuchert sein können.

Es braucht wohl nicht betont zu werden, daß die Märchen an die Kinderseelen selbstverständlich ohne jede Erklärung herangetragen werden sollten. Das Kind vermählt sich noch unmittelbar mit dem Sinngehalt des Märchens. Aus der Weisheit seiner unschuldigen Wachstumskräfte heraus erfühlt es die Sprache der Imaginationen und erlebt sich ihr auf das innigste verwandt. Seine ätherischen Bildekräfte, die den Aufbau und die Gesundheit des Leibes bedingen, nähren sich von den Bildern eines echten Märchens. Diese sind für sie Lebenselixier. Ja, Märchenweisheit will selber das »Wasser des Lebens« darreichen, das wir alle heute brauchen, weil Verhärtung und Todesmächte in unserem Organismus von früh auf wirksam sind. Bis in das hohe Alter hinein kann die belebende Kraft in Leib und Seele ausstrahlen, die wir in jenen Stunden unserer Kindheit aufgenommen haben, da wir noch andächtig und froh der Märchenkunde lauschen durften (1).*

* Die Ziffern im Text beziehen sich auf die ergänzenden Beiträge im Anhang.

Würde in der Gegenwart nicht eine *bewußte Erkenntnis* der geistigen Erlebnisquellen angestrebt werden, aus denen die Märchenbilder hervorgegangen sind, so müßte allerdings in kurzer Frist der Sinn für die höhere Wirklichkeit, die in ihren Gestalten lebt, überhaupt erlöschen. Denn die materialistischen Gedankenformen, die heute alles Leben durchdringen, sind sehr stark. Viel stärker als Ahnung und ästhetische Empfindung, die noch in unserer Zeit die Liebe zum Märchen wach erhalten.

Gewiß ist es ein Hoffnung-weckendes Zeichen, daß in der Gegenwart wiederum die Pflege des Märchens, vor allem aber des *Volksmärchens,* im Wachsen begriffen ist. Immer neue Sammlungen erscheinen. Die Märchen fremder Völker und Rassen werden uns in Übersetzungen zugänglich gemacht. Märchenspiele, wie man sie überall auf Laienbühnen aufführt, werden mit großer Begeisterung aufgenommen. Eine im Intellekt erstarrte Menschenwelt lechzt nach dem Verjüngungsquell.

Vielleicht ist es doch auch dieses: daß die Herzen mehr wissen, als der Kopf zugeben will und darf. Daß die Seelen ahnen, wie nahe heute der *Erwecker* an sie herangetreten ist, um die Verzauberung zu lösen. Leben wir doch der Zeit entgegen, da sich hohe Weissagungen erfüllen wollen und die Märchen wieder in einem allertiefsten Sinne *wahr* zu werden beginnen.

DAS SCHICKSAL DER URWEISHEITEN

Das Märchen ist die tiefste Offenbarung des Volksgemüts. Nirgends erfährt man wohl die Schicksalswege der Volksseele – ihre geheimen Leiden, ihre sieghaften Kräfte und ihr reinstes Sehnen – so unmittelbar, als wenn man ihren Märchen lauscht. Es ist, als flösse der Quell eines Urgedächtnisses in solchen Bildern von Geschlecht zu Geschlecht weiter, solange noch nicht Schulstaub die reinen Kindeskräfte der Seele zudeckt und das Getriebe einer technischen Zivilisation in allzu frühen Jahren den ahnenden Bildersinn ertötet.

Was ist nun jenes »Urgedächtnis«? Wir betonten schon, daß es sich nicht darum handeln könne, in nebelhafter Unbestimmtheit von jener fabulierenden »Volksphantasie« zu reden, die sich der Gelehrte unserer Tage ausgeklügelt hat und die für alles verantwortlich gemacht werden soll. Genügt es wirklich, nur immer den »heidnischen« Trieb nach Naturbeseelung in allen Mythen und Märchen wieder aufzufinden?

Jakob Grimm, der große Mythenforscher, nannte solche Betrachtungsweise »hoffärtig«, die da glaube, »das Leben ganzer Jahrhunderte sei durchdrungen gewesen von dumpfer, unerfreuender Barbarei«. Er sagt: »Niemals war das Heidentum aus der Luft herabgefallen, es wurde undenkliche Zeiten hindurch von der Überlieferung fortgetragen, zuletzt aber beruhen muß es auf geheimnisvoller Offenbarung, die sich der wunderbaren Sprache, der Schöpfung und Fortzeugung des Menschen vergleicht.« Das Märchen scheint uns nun der letzte Nachglanz jener »geheimnisvollen Offenbarung« zu sein, die einstmals am Ausgangspunkte aller Gesittung und Volkskulturen gestanden haben muß: eine Ahnung und Erinnerung des erhabenen Ursprungs unseres Menschenwesens. Die Jungfrau Menschenseele, die als »Aschenputtel« dienen muß oder als »Jungfrau Maleen« im finsteren Turm eingekerkert sitzt, wo weder Sonne noch Mond hereinscheinen, ist königlicher Herkunft. Sie war niemals dumpf oder roh in uralten Zeiten, sondern von strahlender Weisheit durchflutet. »Sie hatte goldene Haare«, pflegt das Märchen zu sagen.

Da sitzt »Rapunzel«, von der Hexe bewacht, im Turmgemach droben. Sie wäre von aller Welt abgeschnitten wie die Jungfrau Maleen oder in den tiefen Zauberschlaf versunken wie das Dornröschen, wenn sie ihre golden strömenden Haare nicht mehr hätte! Diese kann sie aus dem Turmfensterchen herunterwallen lassen: »zwanzig Ellen tief«. Dann klettert die Hexe an den Haarsträhnen zu ihr hinauf. Es handelt sich, wo von den goldenen Haaren gesprochen wird, stets um uraltheilige Bewußtseinskräfte. Es gab Erleuchtungszustände, die von Zeit zu Zeit über die Seele kamen. »Rapunzel, Rapunzel, laß dein Haar herunter –« ruft die Hexe. Dann muß sie es tun; sie steht noch unter dem Bann uralter, atavistischer Mächte. Solche Seelen versanken in somnambule Zustände, in denen das Tagesbewußtsein abgedämpft war, aber statt dessen eine sonnenhafte Weisheit sie durchströmen konnte. Wie in Urtiefen (»zwanzig Ellen tief«, sagt das Märchen) lotete das Bewußtsein hinab. Der Zustand der Entrückung, wie ihn etwa die »Wala« in den keltischen und germanischen Weihestätten noch erlebte, als das allgemeine Geistesschauen schon erloschen war, gibt wohl am ehesten einen Begriff von dem, was hier gemeint ist. In der griechischen Sagenwelt sprach man von dem »goldenen Vlies« (dem sonnenhaft leuchtenden Widderfell), nach dem die Argonauten auszogen. Aber dunkle Mächte bedienen sich dieser unschuldig reinen Seelenfähigkeiten. Sie steigen aus den Untergründen herauf und machen die Seele unfrei; sie halten sie in ihrer Entwicklung zurück. Die »Hexe« erscheint als Trägerin solcher rückständigen, medial wirkenden Fähigkeiten. Sie ist eine heruntergekommene Sibylle. Aus ihrem Bann muß sich die Seele losringen. Sie soll die Begegnung mit ihrem wahren Selbst finden. Das ist der Königssohn, der eines Tages auch an den golden strömenden Haaren ins Turmgemach hinaufsteigt. Aber der Weg, der aus dem Zwang der alten Kräfte heraus in die innere Freiheit des Ich führt, ist ein beschwerlicher. Es bedarf zunächst des Verzichts auf alle leuchtende Weisheit; die Seele muß durch Armut und Wüstenei gehen, ehe sie Königin werden kann. Die goldenen Haare werden ihr unbarmherzig abgeschnitten, und sie selbst wird in die Einsamkeit gestoßen.

In einem anderen Märchen wiederum wird der Leidenspfad der Königstochter anders erzählt. Sie erhält von ihrer Mutter eine Magd zur Begleitung, die ihr auf dem Wege in die Fremde dienstbar sein sollte. Aber die Magd wird

»hoffärtig«, um mit Jakob Grimm zu reden. Sie will sich selbst an die Stelle der Königstochter setzen. Die niedere irdische Persönlichkeit mit ihrem Alltagsdenken, das sich aber oftmals aufzublähen vermag und sich als hohe Gelehrsamkeit gebärdet, ist allzu selbstherrlich geworden; sie mag nicht mehr dienen. Der Ahnungssinn, das uralte Geisteserbe, wird verspottet und entthront, wo man sein Wesen nicht mehr versteht.

Denn was heißt im Grunde »Ahnungen« haben? – »Ahnenerlebnisse« in sich aufsteigen fühlen, wie ja das Wort andeutet. Wo die »Ahnen« noch im Blute sprachen, wo Erinnerungen vergangener Generationen aus Seelengründen heraufglänzten wie eigene Erlebnisse aus Kindertagen – da war die Seele auch »weise«. Solche Menschen lebten und handelten noch aus Erfahrungsschätzen, die weit über ihre engpersönlichen Lebenserfahrungen hinausreichten. Sie durften sich als Träger eines umfassenderen Bewußtseins fühlen; denn das Blut, in dem die Ahnenkräfte fortwirkten, speicherte uralte Weisheit von Geschlecht zu Geschlecht auf.

Im Anschluß an das Goethewort »Blut ist ein ganz besondrer Saft« hat Rudolf Steiner einmal ausgeführt, wie dieses alte Blutsgedächtnis innerhalb der Menschheits- und Rassenentwicklung erst allmählich von unserem heutigen Kopfgedächtnis verdrängt worden ist. Und zwar von dem Zeitpunkte an, als sich die Stämme und Familien, die in alten Epochen noch ein streng in sich abgeschlossenes Leben führten, mit fremdem Blute zu vermischen begannen. Siegfried, der die Sprache der Vögel verstehen kann, ist ja das Kind einer Geschwisterehe. Die Bildekräfte des Blutstroms waren ehemals noch so reich, daß sie solche Nahehen ertrugen, ohne daß sogleich Entartung eintrat. Der Übergang aber von der Nahehe zur Fernehe und schließlich der Eintritt der Völkermischung bezeichnen den Zeitpunkt, wo der Intellekt geboren wird; die instinktiven Seelenkräfte müssen abklingen. Um so freier kann sich von nun an die Persönlichkeit, aus den strengen Sippenbindungen gelöst, entfalten. Natürlich liegt dieser Übergangspunkt bei den verschiedenen Völkern historisch früher oder später. Immer aber bedeutet er die Verdunkelung der Urweisheit, das Ersterben der hellsichtigen Kräfte im Blute. Um diesen kostbaren Preis wird also das Erwachen der Individualität erkauft.

Tiefe Tragik schwebt über dieser Entwicklungsnotwendigkeit. Im Märchenbilde wird sie ausgesprochen: Die Volksseele, die längst von den göttlichen Mächten verlassen ist, lebt nun als »Witwe«. Die Witwe aber entsendet ihre Tochter in ein fernes Reich; denn sie hat sie »an einen Königssohn versprochen«. Die Einzelseele, losgelöst aus dem Volksgemüt, soll die Königskraft des freien Ich finden. Dazu jedoch bedarf es einer langen Fahrt in die Fremde...

In den Weisheitsstätten des Altertums sprach man immer von der Stufe der »Heimatlosigkeit«, die der Schüler des geistigen Pfades durchleben mußte, ehe er reif wurde, das Ewige in seiner Seele aufzuwecken. Wir wissen von vielen Weisen des Altertums, wie sie den Auftrag bekamen, zu wandern. Der Schüler mußte von Volk zu Volk gehen; er sollte fremde Sitten und Anschauungen kennenlernen, bis er auf solchen Wegen genügend innere Freiheit erworben hatte. Gerade dann war er erst fähig, seine Kräfte wiederum zum Heil des eigenen Volkes einzusetzen; und er konnte diesem nun aus höherer Weisheit Gesetze geben, wie Solon nach seinen Wanderungen den Athenern. Auch von dem Gautama Buddha wird berichtet, wie er den Weg »aus der Heimat in die Heimatlosigkeit antrat«.

In diese Seelenstimmung möchte uns das Märchen von der »Gänsemagd« versetzen. Es erzählt, wie die Königstochter von ihrer Mutter, die eine »Witwe« ist, mit reichen Schätzen ausgestattet wird und ihre große Reise antritt. Wie sie so lange gegen alle Gefahren gefeit ist, als sie noch treu die drei Blutstropfen am Busen bewahrt, die ihr die Mutter zum Abschied in einem Tüchlein, und zwar aus ihrem eigenen Blute, anvertraut hat. Denn »Blut ist ein ganz besondrer Saft!« Um das Blut des Menschen wird seit je gekämpft. Wer es besitzt, beherrscht auch den Menschen. Engel und Dämon ringen um das Blut, in dem das Ich wohnen und wirksam sein sollte.

Unterwegs wird die Königstochter, als sie an einen Bach kommt, von brennendem Durst getrieben, sich hinabzubücken und zu trinken. Zwar hat ihr die Mutter eine Magd auf die Reise mitgegeben. Doch diese ist »hoffärtig«. Sie weigert sich, ihr den goldenen Becher zum Trunk darzureichen. »Ach Gott!« seufzt die Königstochter, als sie sich selber zum Bache niederbeugt. Da antworten die drei Blutstropfen: »Wenn das deine Mutter wüßte, das Herz im Leibe tät' ihr zerspringen.« Als sie wiederum an einen Fluß kommen, ereignet sich das gleiche. Aber diesmal entgleitet der Königstochter unbemerkt das Tüchlein mit den Blutstropfen. Sie schwimmen mit den Wellen abwärts; es war ein Lethetrank. Die Magd allein hat es bemerkt und weiß sich von nun an als Herrin. Sie zwingt die Königstochter, mit ihr die Kleider zu wechseln und das Pferd zu tauschen.

Mit dem Pferde der Königstochter hat es jedoch eine besondere Bewandtnis. »Falada«, so heißt das weise Pferd, kann sprechen. Der Name erinnert im Klange an die weise Priesterin der Germanen, auch wenn er äußerlich nicht davon abgeleitet werden kann: die »Weleda«. Solange die Seele noch im Blute die Verbindung mit den heiligsten Kräften ihres Volkstums zu bewahren vermag, wirkt in ihr auch der Nachklang des inspirierten Bewußtseins. Die Wala-Kräfte sprechen aus den Seelentiefen. Erst wenn die Königstochter die Blutstropfen der Mutter verliert, entschwindet ihr das Urwissen. Sie muß Falada an die Magd abgeben. Diese aber, die nun den Platz der Königstochter einnimmt und sich bei der Ankunft am fremden Königshofe als die Braut ausgibt, läßt dem Falada das Haupt abschlagen: aus Furcht, das redende Tier möchte ihr Geheimnis verraten. Der Pferdekopf wird jedoch auf die heimliche Bitte der rechten Königstochter unter das große finstere Tor der Stadt genagelt. Wir erinnern uns des altgermanischen Brauches, die Pferdeköpfe am Hausgiebel, über der Eingangstür, anzubringen.

Das Pferd genoß innerhalb des germanischen Kulturkreises eine geradezu religiöse Verehrung. Die Liebe, mit der sich Götter und Helden ihren Pferden verbunden fühlten, ist bekannt. Das Pferd tritt nun in den Sagen und Mythen stets als Bild für bestimmte Seelentriebe auf; und zwar sind es die instinktiven Verstandeskräfte. Ist es ein Flügelpferd – wie der »Pegasus« des Dichters –, so schauen wir in ihm die Phantasie an: eine Vorstellungskraft, die sich von der Erdenschwere zu lösen und zum Überirdischen emporzuschwingen vermag.

In den vier apokalyptischen Reitern zum Beispiel kann man die Stufenfolge der menschlichen Intelligenz-Entwicklung widergespiegelt finden: vom weißen zum roten, und weiter zum schwarzen und fahlen Roß, die nacheinander »entsiegelt« werden.* Bis am Ende der Zeiten der weiße Reiter aus den Höhen wiederkommt und ein neues Reich begründet, in dem der Geist Sieger sein wird. Am Urbeginn des Menschheitsstrebens stehen noch lichtvolle Weisheitskräfte. Die weisen Instinkte aber werden von der Begierdennatur ergriffen (rot) und verdunkeln sich schließlich zum erdgebundenen Intellekt, der nur mißt und zählt (schwarz). Jedoch im Materialismus werden sie mehr und mehr von zerstörerischen Mächten mißbraucht; der Tod reitet auf dem fahlen Pferde. Die *Willensrichtung*, die im Denken wirksam ist, ist

* Offenb. Joh. 6 und 19, 11.

jeweils das Entscheidende: Sie offenbart sich in Gestalt und Farbe des Pferdes.

Erst die Zukunft wird den Triumph der lichten Himmelsweisheit über das zum Untergang steuernde Denken bringen. Dann erscheint der weiße Reiter auf neue Art im Erdenbereich.

Das Märchen von der »Gänsemagd« schildert das Ersterben des uralten Weistums in den Seelen. Das hoffärtig gewordene Erdenbewußtsein, das nur die niedere Klugheit kennt, will nicht mehr dienen. Es war der Seele auf den Weg der Menschwerdung als Dienerin mitgegeben. Aber es entthront die Jungfrau und tötet die inspirierten Weisheitskräfte. Es bemächtigt sich ganz der Persönlichkeit. Das heißt, die Magd heiratet den Königssohn, und die Königstochter muß von nun an »Gänsehüten« gehen.

Das ist ein treffendes Bild für eine bestimmte Seelenverfassung. – Sind nicht die Sinne einer Schar von Gänsen ähnlich, jedem Reiz der Umwelt folgend, stets in Gefahr, sich an das Fremde und Neue, an »Sensationen« zu verlieren? Muß nicht an jedem Morgen die Seele mit den erwachenden Sinnen zum Tore hinausziehen und sich den mannigfaltigen Eindrücken preisgeben?

Es gibt eine Stufe auf dem Wege zum Geiste – und dies ist gerade für den abendländischen Weg charakteristisch –, diese Stufe kann man so beschreiben: die Jungfrau Königstochter wird »Gänsemagd«. Die Seele muß die Sinne sorgfältig *behüten* lernen; sie soll sie nicht unterdrücken oder abtöten. Denn falsche Askese würde nur zur Verkümmerung des Menschenwesens führen, nicht zur Entfaltung der verborgenen Geistnatur. Mit wachen Sinnen, doch königlich über sie herrschend, so muß die Seele durch die Erdenwelt schreiten können. Sie soll der Sinnensphäre *alles* entnehmen, was aus ihr zu gewinnen ist für die Entwicklung der Persönlichkeit; aber sie darf ihr niemals in Begierde verfallen.

Die solcher Art in sich erstarkende Seele lernt nun den Augenblick des Aufwachens und des Einschlafens auf besondere Weise erleben; ein Urbewußtsein dämmert ihr aus Seelengründen herauf, ein längst erstorbenes Wissen will zu ihr sprechen. Das Märchen sagt: Wenn die Gänsemagd am Morgen und Abend durch das finstere Tor mit ihrer Gänseschar hindurchschreitet, dann hält sie jedesmal mit dem Haupte des Pferdes Zwiesprache (2):

»O du Falada, da du hangest –«

und das Pferd antwortet:

»O du Jungfer Königin, da du gangest,
Wenn das deine Mutter wüßte,
Das Herz tät' ihr zerspringen.«

In diesen Augenblicken zwischen Wachen und Schlafen, die sich einer intimeren Seelenbeobachtung mehr und mehr enthüllen können, liegen die *Keime des höheren Bewußtseins.* Aus verworrenen Traumbildern, aus Nachklängen von Tageserlebnissen heben sich allmählich sinnvollere Bilder heraus und künden Eindrücke aus einer verborgenen Welt an. Langsam glänzt aus der Dumpfheit des Schlaflebens die Erinnerung an ein fernes, versunkenes Reich herauf; die Seele wird ihrer königlichen Herkunft wieder inne. Sie erlebt unter Schmerzen, was ihr verlorenging. Aber dieses erste Erkennen und Erinnern gibt ihr auch die Kraft, sich das Verlorene in steter Übung wiederzuerringen. Die Gänsemagd strählt auf der Weide ihre goldenen Haare, die im Sonnenglanz aufleuchten. Flutendes Weisheitslicht empfängt sie; es beginnt in ihr die Sonnenstrahlenmacht zu denken. Sie aber muß dieses strömende Gedankenlicht ordnen und pflegen lernen. Es ist ein Weg der Versenkung und der Seelenbesinnung, der in solchen Bildern dargestellt wird.

Auch ein humoristischer Zug ist fein beobachtet – denn ohne souveränen Humor wird man niemals den wahren Geist finden –: wie das freche Kürdchen die Königstochter immer beim Haarestrählen zupfen möchte, und wie sie den Buben mit dem Winde fortschickt, daß er sie nicht störe.

In welchen Menschen lebt nicht dieses Kürdchen! (»Konrädchen«, so finden wir im Märchen ausdrücklich hinzugefügt – das heißt: der kühn im Rate ist.) Es ist der allzu kecke Sinn, der sich mit seinem Vorwitz überall in die Stille des Gedankenwebens mischen möchte. Er läßt nicht die Andacht in der Seele aufkommen. Wer sich in die große Weisheit versenken lernen will, muß dieses irrlichtelierende Spiel der Wünsche und Einfälle wegschicken. Wie gelingt das?

Die Urweisheit der nordischen Völker war in Stabreime gebannt und in zauberkräftige Rhythmen gegossen. Odin, der im Odem Waltende, galt als der Herr des Runenzaubers. Er war der Gott der Skalden, der sie lehrte, die heilige Sprachkraft in den Atem hineinzuschicken. Im atembeseelenden Worte erfuhr man das Raunen des Weltgeistes. Der Skalde fühlte sich als der Bevollmächtigte der Wortgewalt; ihm war die edelste Götterkraft anvertraut, wenn er den Atem formte. Er sagte daher, daß er sich zum Herrn des »Windes« gemacht habe. Da erfaßte die Seele im Sprach-Erlebnis noch den Geist als schöpferisch; denn Weltenwille kraftete noch in der Sprachoffenbarung. Wer diesen im Worte (in der »Rune«) erfassen lernte, der erhob sich über das blasse und irrlichtelierende Verstandesdenken. Die Sprachkraft, in Rhythmus und Alliteration hinein ergossen, trug die Seele noch mächtig über sich hinaus; sie verband sie dem schöpferischen Hauch der Weltenweisheit. Das Märchen kennt noch dieses machtvolle Erleben aus der germanischen Odins-Kultur. Es sagt: Die Königstochter kann »den Wind beschwören«. Sie hat Zaubergewalt über den Atem durch das von Götterkraft erfüllte Wort. Wo der heilige Sang ertönt, wo die Runenweisheit der Skalden erklingt, da hat »Konrädchen« das Feld verloren. Es ist die *Magie der Dichtung,* die den alles zerzausenden Verstand für eine kleine Weile davonjagen kann. Sie bläst ihm das Hütchen weg. Unterdessen kann die Königstochter im Sonnenlichte die goldenen Haare strählen.

Bis ihr die Stunde der Erlösung naht. Auf den Rat des alten Königs, der ihr Geheimnis zu entdecken beginnt, vertraut sie ihr großes Leid dem eisernen Ofen an. Denn einem »Menschen«, so hatte sie einst der Magd schwören müssen, darf sie niemals verraten, was ihr widerfahren ist.

Auf ein Herzensmysterium will das Märchen hindeuten. Die Königstochter muß »in den Ofen kriechen« und diesem ihre Not klagen. Unterdessen steht der alte König draußen und lauscht ihrer Beichte.

Das Bild des Ofens, besonders des feurigen oder kochenden Ofens, spielt oftmals in Träumen eine Rolle. Man wird unschwer finden können, wie sich Erregungen des Herzens oder Fieberzustände des Körpers in solchem Traumbild symbolisieren können. So gibt es auch ein Grimmsches Märchen von dem Königssohne, der mitten im Walde in einem »Eisernen Ofen« verzaubert sitzt und dort auf die Königstochter wartet, die ihn erlösen kann. Hier wird uns von einer Befreiung königlicher Geisteskräfte, die durch Herzenserstarrung gefangen gehalten werden, erzählt. Der Ofen muß so lange beschabt werden, bis ein Loch entsteht; daraus schlüpft dann der verzauberte Königssohn hervor.

Im Märchen von der »Gänsemagd« geschieht jedoch das Umgekehrte: die Königstochter muß selbst in den Ofen hineingehen. Soll die Geist-Erfahrung wirksam werden, so muß die Seele erst lernen, sie in die tiefsten Herzensgründe einzusenken. Was der Geist als übersinnliche Weisheit oder als

Ahnung errungen hat, wird das Herz erst zum vollmenschlichen Erlebnis umzuwandeln vermögen.

Die Erinnerung der Seele an ihren wahren Ursprung und das Begreifen ihrer hohen Sendung, deren sie verlustig gegangen ist, bleibt letzten Endes ein Geschehen, das für den Erdenverstand unaussprechbar ist. Sich in seinem ewigen Ichwesen ergreifen, ist ein allerheiligstes Geschehen: es kann überhaupt nicht von Mensch zu Mensch mitgeteilt werden. Denn es ist eine *mystische Tatsache.* Eine geheimnisvolle Tat der Selbsterweckung muß geschehen. Die Seele muß sich wieder zu ihrer Herkunft bekennen: ihren königlichen Ursprung erinnernd. Und befreiende Kraft geht von diesem bekennenden Erinnern ihrer Leiden, ihrer Entthronung und ihres unveräußerlichen Anrechts auf die Königswürde aus.

Die Gänsemagd spricht ihr Schicksalsgeheimnis in den Ofen hinein; der alte König hört ihr im verborgenen zu. Denn unsichtbar wacht hinter all unserem Sinnen und Streben ein hohes, uraltes Geistbewußtsein. Das ist die schicksalbildende Macht selber; sie hat uns bisher gelenkt und beherrscht. Aber sie kann uns mündig sprechen. Dieser lenkende Geist – der alte König – versteht, was das Herz zu sich selber spricht; darum kann er richten und erretten.

Die »hoffärtige Magd« trifft das Gericht; die rechte Braut aber wird dem Königssohn angetraut. Die Menschenseele mußte ja auf dem Wege, der sie zur inneren Freiheit führen sollte, zunächst verarmen. Indem die Urweisheit im Blute erlosch, fing das irdisch-intellektuelle Bewußtsein an, die Seele zu beherrschen und sie immer mehr ihrer königlichen Würde zu entkleiden. Das ewige Geisteserbe droht im Durchgang durch die Sinnenwelt zu erlöschen. Die niedere Persönlichkeit verdrängt in der Seele die Erinnerung an ihren wahren Ursprung. Aber die Seele kann gerade in diesem Schicksalsgange in innere Freiheit finden. Ganz auf sich selbst gestellt, wird sie erst der neuen Kräfte gewahr, durch die sie sich in einem Entschluß machtvoller Selbstbesinnung wiederum zum Geiste erheben kann. Sie darf ihre »Königliche Hochzeit« feiern.

HEITERE WEISHEIT

Ein böser Zauber hat die Welt in Bann geschlagen, seit die Märchengestalten verblichen sind und sich vor unseren Erdenblicken verbergen. Wer ist an alledem schuld?

»Der Schneider!« antwortet das Märchen selber. Es könnte ebensogut sagen: der überkluge Verstand, der alles zerschneidet und auseinanderlegt, um es auf seine Weise hinterher wieder zusammenzustücken. Aber dann müßte es sich umständlich und gelehrt über die Grenzen des Verstandes und seine angemaßten Rechte verbreiten. Es müßte anfangen, etwa im Sinne einer »Kritik der reinen Vernunft« philosophische Diskussionen zu führen.

Das Märchen hat seine eigene Art, sich zur Wehr zu setzen. Es schildert einfach, wie solch einer aussieht, der nichts als messen und zählen, analysieren und kombinieren kann... Das ist ein Stubenhocker! Ein dürrer Schneider, der mit Schere, Nadel und Faden hantiert. Vom Standpunkt des Märchenblicks ist es zum Beispiel wichtig, sich einmal auszumalen, wie sich so ein »Schneider« im Himmel benimmt. Wie sieht das aus, wenn sich der menschliche Verstand mit seiner Anmaßung an die göttlichen Geheimnisse heranwagt?

Das ergibt eine Groteske im Weltall. Denn der Intellekt hat ja im Grunde kein rechtes Situationsbewußtsein. Er begreift nie, wie lächerlich es sich ausnimmt, wenn er den Daseinsrätseln mit seinen Begriffsschablonen gegenübertritt!

Humor erlöst. Er verhilft dem Befangenen, von sich selber ein wenig Abstand zu gewinnen... So erzählt das Märchen von dem Schneider, der sich eines Tages aufmachte, um den Himmel zu ersteigen. Hinkend und mit Blasen unter den Füßen kommt er an die Himmelspforte und klopft an. Er läßt sich durch den Hüter der Himmelspforte, Petrus, nicht abweisen. Der Weg war beschwerlich, und er weiß das Mitleid Petri zu erregen, obgleich dieser strengste Weisung erhalten hatte, niemanden einzulassen, solange

Gott der Herr sich mit seinen Aposteln und Heiligen im himmlischen Garten ergehe und sozusagen »nicht zu Hause« sei.

Es ist bedeutsam, auf solche Zeitangaben des Märchens zu achten; in ihnen liegt immer ein Schlüssel zum Verständnis der geistigen Situation verborgen. Denn es handelt sich offenkundig um einen Zeitpunkt der nachchristlichen Entwicklung. Apostel und Heilige sind schon da; aber sie thronen nicht im Himmel, gleichsam allgegenwärtig in die Erdengeschicke eingreifend, wie sie noch in den ersten Jahrhunderten empfunden werden konnten, da die Christen trotz aller Drangsal und Verfolgung sich unter geöffneten Himmeln wandelnd fühlten. Die himmlische Glorie hat sich für eine Weile zurückgezogen; die Erdenmenschen sind allein gelassen. Nur Petrus versieht sein Schlüsselamt. Seine Sorge ist, niemanden in den Himmel hereinschauen zu lassen.

Wir finden hier deutlich die Zeiten charakterisiert, da sich die Menschheit mit Überlieferungen und Glaubenssätzen bescheiden sollte; die Offenbarungen sind zu Ende gegangen. Und man kann, vom Gesichtspunkte des Menschheitswerdens aus, Verständnis für diese Notwendigkeit gewinnen; man muß darauf hinschauen, wie gerade die aktive Gedankenkraft sich erst entfaltet, wo sich nicht mehr auf alle Fragen unmittelbar die Erleuchtungen von oben schenken. Der Trieb, zu philosophieren und die Daseinsrätsel aus eigener Kraft zu lösen, vermochte sich nur in einem Zustand der Gottesferne, während der Himmel gleichsam verschlossen blieb, recht zu entwikkeln. Das ist der Sinn der »Petruszeit«, die über die abendländische Menschheit verhängt war.

Das Menschendenken macht sich auf, den Himmel zu erobern! Es pocht an Himmelspforten. Und hier ist es nun merkwürdig, was dem »armen, ehrlichen Schneider«, wie er sich selber nennt, als erste Begrüßung von Petrus entgegenkommt: Du, ehrlich? sagt er ihm – du hast lange Finger gemacht und den Leuten das Tuch abgezwickt! Der Schneider sucht sich zu rechtfertigen, indem er die kleinen Flicklappen, die von selbst beim Zuschneiden abfallen, als »nicht gestohlen« betrachtet wissen möchte. Jedoch, es handelt sich hier um ganz Grundsätzliches; denn ein Schneider kann gar nicht anders – vom Himmelsstandpunkt aus gesehen –, als »lange Finger machen«. Damit rührt die Märchen-Psychologie an ein tiefes Geheimnis der Menschennatur.

Rudolf Steiner hat einmal aus seiner umfassenden Einsicht in die Werdegesetze der Menschennatur und deren Abirrungsmöglichkeiten von den Ursachen der Kleptomanie gesprochen. Er schilderte, wie die Kopfnatur des Menschen im Gegensatz zur Gliedmaßennatur sich eigentlich immer »kleptoman« zur Welt verhalte. Es ist ganz berechtigt, wenn zum Beispiel der junge Mensch lernbegierig und wissensdurstig ist; wenn er recht viele Weltinhalte in sich aufnehmen, sich Ideen aneignen möchte, die andere gefunden haben, und Wissensschätze erobern, die durch viele Geschlechter mühsam zusammengetragen worden sind. Der Kopf kennt nicht mein und dein; der Begriff des geistigen Eigentums ist ja nie ganz streng zu umgrenzen. Wenn nun aber die Haltung, die dem Kopf gleichsam von Rechts wegen zukommt, in die Glieder schießt, so entsteht eine krankhafte Veranlagung: die Kleptomanie. Sie kann gerade in der Jugendentwicklung, wenn die Kopfkräfte einseitig gesteigert werden und sich bis über die Gemüts- und Willensnatur ausbreiten wollen, als eine zeitweilige Entwicklungsstörung auftreten.

Der Intellekt mit seiner Wißbegierde ist im irdischen Bereiche »kleptoman«; und zwar notwendigerweise. Tritt er jedoch an die Schwelle der göttlichen Welt heran, so muß er zur Selbsterkenntnis über diese seine Haltung kommen. Denn was im Sinnenbezirke zu Recht bestand, ist im Reiche des übersinnlichen Lebens schädlich und muß dort zurückgewiesen werden. Hier gilt nur die Weisheit, die mit Herzblut erkauft ist. Das Wissenslicht, das nicht von der Wärme des vollen Erlebens durchseelt ist, hat keine Leuchtkraft in höheren Welten.

Goethe hat in seinem Märchen von der Schlange und der Lilie, das in einem reichen Gemälde die seelischen und geistigen Kräfte des Menschenwesens mannigfaltig vor uns erstehen läßt, die zwei »Herren von der Vertikale« in ähnlicher Weise wie den Schneider geschildert. Er läßt sie als Irrlichter auftreten. Sie machen zwar nicht »lange Finger«, aber lange Zungen! Denn sie lecken aus allen Dingen, in deren Nähe sie kommen, das Gold heraus. Und welches Ding innerhalb der ganzen Schöpfung enthielte nicht »Gold«! Aber dieses Gold vermögen die Herren nicht bei sich zu behalten; sie schütteln es bei jeder Gelegenheit, bei passender und auch bei unpassender, wieder als Dukaten ab. Mancher, der davon genießt, stirbt daran; wer es aber – wie die grüne Schlange – wirklich zu verdauen und ganz in sich umzuschmelzen versteht, kann davon innerlich leuchtend werden. Die Schlange, vom Golde gewandelt und verklärt, wird zum Opfer bereit. Sie baut die Brücke über den Fluß; sie bahnt den Weg zum anderen Reich, das die Irrlichter, die nur Münzen prägen und austeilen können (und deshalb immer mager bleiben), niemals aus eigener Kraft betreten können. Wer die Weisheit nur zu Begriffen umzuprägen vermag, ohne sie in sich wirksam werden zu lassen, ohne ihre Wandlungskraft im Innern zu erfahren, bleibt ein armer Wicht. Vor der geistigen Wirklichkeit wiegt sein Erkenntnisstreben nichts; es enthüllt sich als »Kleptomanie« oder Irrlichtertreiben.*

Unser Märchen schildert nun, wie Petrus aus Erbarmen den Schneider dennoch durch die Himmelspforte einläßt; freilich unter der Bedingung, daß er sich bescheiden in einen Winkel hinter die Türe setze. Aber ein Schneider kann gar nicht anders, als bei der ersten besten Gelegenheit seiner Neugierde folgen und alle Winkel des Himmels ausspüren. Während Petrus eben zur Türe hinaustritt, ist das Schneiderlein durch den Himmelssaal geschlichen und hat sogleich unter den schönen und kostbaren Stühlen den goldenen Sessel, den mit Edelsteinen gezierten, herausgefunden, auf dem der Herr sitzt, wenn er daheim ist und von dorther die ganze Erde regiert. Selbstverständlich kann ein Schneider nicht anders, als sich – wenigstens probeweise! – auf Gottes Thronstuhl setzen. Was er von dort aus sieht, indem er auf die Erde blickt, bringt ihn vollkommen aus der Ruhe, die er dem Petrus doch einzuhalten versprochen hatte. Ein altes Weiblein da unten bringt gerade beim Waschen ein paar Schleier heimlich beiseite. Und da jeder bekanntlich gegen diejenigen Fehler bei anderen am unduldsamsten ist, die er selber hat, geht der Schneider sofort zum Gericht über. Er wirft den goldenen Fußschemel von Gottes Thron nach der Diebin. Als sich sein Zorngewitter entladen hat, wird er sich der Tat bewußt: Der Schemel ist ja nicht wieder zurückzuholen. So schleicht er sich fort und wartet an der Türe, bis Gott der Herr heimgekehrt ist.

Dieser entdeckt sogleich, als er sich mit seinem himmlischen Gefolge wiederum im Saal niedersetzen will, daß der goldene Schemel verschwunden ist. Der Schneider muß gestehen. »O du Schalk«, sprach der Herr, »wollt ich richten, wie du richtest, wie meinst du, daß es dir schon längst ergangen wäre? Ich hätte schon lange keine Stühle, Bänke, Sessel, ja keine Ofengabeln mehr hier gehabt.« – Der Schneider wird, trotz der zerrissenen Schuhe und der Füße voll Blasen, unerbittlich aus dem Himmel gewiesen: »Hier soll niemand strafen denn ich allein, der Herr.« Der Schneider aber zieht nach »Warteinweil«, wo die frommen Soldaten sitzen.

* Siehe Rudolf Steiners Schrift »Goethes Geistesart«, GA 22, in welcher Goethes Märchen erstmals nach seinem imaginativen Gehalt entziffert worden ist.

Dem urteilenden Verstande fehlt die Gelassenheit; er möchte, wie sich im Reiche der Natur Ursache und Wirkung unmittelbar verketten, im Reiche der waltenden Gerechtigkeit das gleiche Gesetz wirken sehen. Würde aber die moralische Weltordnung Schuld und Sühne Schlag auf Schlag einander folgen lassen, so müßte die Erdenwelt längst schon in die Vernichtung gestoßen sein. Menschentaten und Schicksalssühne sind in der sichtbaren Welt nicht unmittelbar miteinander verknüpft; sie sind oftmals durch große Zeiträume getrennt. Die Weltgerechtigkeit verwebt den Tatenausgleich weisheitsvoll der fortschreitenden Entwicklung des Menschengeschlechts. Sie kann *warten.* Sie richtet, ohne einfach zu vernichten.

Der Schneider, der sich auf den Gottesthron setzt und mit himmlischen Schemeln nach dem Sünder auf Erden wirft – gleicht er nicht einer Theologie, die mit Verdammungsurteilen eifert, um die »Ehre Gottes« zu retten? Ihr fehlt das Wissen von den großen Werderhythmen. Schicksalsgesetze beginnen sich erst einem Erkennen zu enthüllen, das alle Ungeduld in sich besiegt hat und vertrauend dem Zeitenstrom entgegenleben kann. Irdische Urteilskraft, gerade die moralisch-richtende, entfesselt Zerstörungskräfte in höheren Welten.

In den Anmerkungen der Brüder Grimm wird darauf hingewiesen, daß in einer Versdichtung Fischarts schon auf dieses Märchen angespielt ist:

Wie man von Sankt Peter sagt,
der, als er Herr Gott war ein Tag
und Garn sah stehlen eine Magd,
warf er ihr gleich ein Stuhl zum Schopf,
erwies also sein Peterskopf;
hätt's solcher Gestalt er lange getrieben,
es wär kein Stuhl im Himmel blieben.

Hier ist es Sankt Petrus selber, nicht nur ein »Schneider«, der die irdische Verstandeskraft auf die himmlischen Geheimnisse anwendet. Es ist der »Peterskopf«, der Verdammungsurteile fällt.

*

Die Märchenweisheit hat noch manche andere Seite von dem Wesen des Schneiders zu berichten. Es ist wohl überflüssig zu betonen, daß sie sich nicht über jene fleißigen und uns allen so unentbehrlichen Leute lustig machen will, die uns die gut sitzenden Röcke nähen und durch anmutige Frauenkleider die Daseinsfreude zu erhöhen wissen. Märchengestalten erlebt man nur recht, wenn man sie in sich selber wiederfindet. Der Zuhörende oder Lesende muß versuchen, gleichsam in die Gestalten hineinzuschlüpfen und ihnen ihre Tätigkeit, ihre Gebärde abzulauschen: So werden sie zur Imagination.

Oftmals werden uns auch Heldentaten vom Schneiderlein berichtet. Es kämpft mit Riesen, wirbt um Königstöchter und macht sich zum Herrn über ganze Königreiche. Man könnte auch vom Siegeszug der Intelligenz durch die ganze Welt sprechen. Die dumpfen, dämmernden Gewalten erliegen der zielsicheren Kraft des Gedankens. Denn jener Mensch, in dem noch instinktive Naturgewalten leben, seien es mediumistische Fähigkeiten oder magische, undurchschaute Kräfte, muß immer mehr dem verstandesklaren Bewußtsein weichen. Dieses erscheint zwar zunächst kraftlos und unbegnadet gegenüber jenen uralten Begabungen, die einstmals noch in reicher Fülle die Seelen durchdrangen. Das mythische Urbewußtsein, mit dem sich die Menschenseele vormals wie über die Welt ausgebreitet erleben durfte und darum riesengroß dünkte, wenn auch nur traumhaft hingegeben – ist längst verdämmert. Ein Schattenwurf spukt wohl hie und da von diesem Riesenbewußtsein in den Seelen nach. Es ist »der Schatten des Riesen« im Goetheschen Märchen, den die Irrlichter noch zur Dämmerstunde benutzen können, um an das jenseitige Ufer des Daseins hinüberzugelangen. Wo aber das klare Licht der Erkenntnis waltet, schwindet des Riesen Macht dahin. In der germanischen Mythologie wird von diesen Riesenmächten, die es zu überwinden gilt, viel berichtet. Sie stellen das Bewußtsein der atlantischen Epoche dar. So ist es der Riese Ymir, der von den Asengöttern getötet und zerstückelt werden muß, wenn das Menschenwesen zum Ichbewußtsein erwachen und frei werden soll.

Wir denken an das »tapfere Schneiderlein«, das durch Verstandeswachheit sich zum Herrn über die Riesen macht, ähnlich wie Odysseus über den Riesen Polyphem durch Klugheit siegte.

Worauf beruht das Geheimnis seines Erfolges, wenn ein »Schneider« in die Welt hinauszieht? – Auf der Sicherheit seines Selbstbewußtseins, das den dummen Riesen und den Königen der Vorzeit noch fehlt. Er weiß sich selbst der Welt anzupreisen: »Bist du ein Kerl!« sprach er und mußte selbst seine Tapferkeit bewundern, »das soll die ganze Stadt erfahren.« Und in der Hast schnitt sich das Schneiderlein einen Gürtel, nähte ihn und stickte mit großen Buchstaben darauf: »Siebene auf einen Streich!« (Daß es nur sieben Fliegen waren, ist ja nicht notwendig, der Welt so genau mitzuteilen.)

Jede intellektuelle Erkenntnis hat den Drang zur Ausbreitung in sich. Gelehrte wollen ihre Ideen zur Anerkennung bringen, Erfinder die ihrigen nutzbar machen, Aufklärer ihren Weltbeglückungsprogrammen über die ganze Erde hin zum Siege verhelfen. Sie können nicht warten: »Ei was, Stadt!« sprach er weiter, »die ganze Welt soll's erfahren!« und sein Herz wackelte ihm vor Freude wie ein Lämmerschwänzchen. Der Schneider band sich den Gürtel um den Leib und wollte in die Welt hinaus, weil er meinte, die Werkstätte sei zu klein für seine Tapferkeit.

Der Glaube an die alleinseligmachende Kraft des Verstandes vermag in kurzer Frist Tradition und Sitte wegzuräumen. Uralte Formen geraten ins Wanken. Alle strecken vor ihm, ohne recht das Angepriesene erprobt zu haben, die Waffen. Die Zaubermacht des Hochstaplers wohnt dem Gebaren dieses Schneiderleins inne. Das läßt das Märchen deutlich fühlen. Es zeigt, wie solche Geistesart sich die Welt im Sturm unterwerfen kann. Doch spürt man: Der Schneider hat irgendwie auch seine Sendung; er handelt im Sinne des erneuernden Zeitgeistes, indem er mit den überlebten Gewalten aufräumt.

In einem anderen Märchen der Grimmschen Sammlung »Der Riese und der Schneider« findet sich der bedeutsame Zug, wie das Schneiderlein bei einem Riesen in Dienste geht: »Was bekomme ich für einen Sold?« fragt es. »Jährlich dreihundertfünfundsechzig Tage, und ist's ein Schaltjahr, einen mehr«, antwortete der Riese, »bist du damit zufrieden?« – Und nun muß der Schneider seinem Herrn Speise und Trank zutragen. Dafür bekommt er »die Tage« zum Lohn. Denn tagsüber sind die Urtiefen unseres Bewußtseins ohnmächtig. Der kosmische Mensch, der mit allen Weltenweiten eins zu werden vermag, erlischt jedesmal beim Aufwachen des Erdenverstandes. Er bedarf jedoch der Nahrung, die ihm der tagwache Mensch darzureichen vermag, indem er Sinneserfahrung sammelt und denkend die Welt zu umspannen sucht.

Aber dieser Erdenverstand ist anmaßend. Er verspricht mehr, als zunächst von ihm verlangt wird; denn er ist sich seiner Grenzen noch nicht bewußt geworden und glaubt, die Welt, die er umfassen kann, sei die ganze Wirklichkeit! Der Schneider vergißt immer, daß er doch von des Riesen Gnade lebt.

Dem Riesen nämlich gehören die Nächte; würde er nicht in den Tiefen wirksam sein und den Leib während der Schlafenszeit aus Weltenweisheit heraus immer wieder erneuern, so hätte der Schneider auch nicht die »dreihundertfünfundsechzig Tage« im Jahre.

*

Ganz anders stand es schon mit jenem »klugen Schneiderlein«, das von der stolzen Prinzessin hörte, die allen Freiern Rätsel zu raten gab, um sie dann mit Spott davonzuschicken. Märchenprinzessinnen lieben es, ihren Bewerbern *vorher* Rätsel aufzugeben! Denn sie wissen, daß das Glück in der Ehe weitgehend davon abhängt, ob der Mann sich aufs Rätselraten versteht.

Drei Schneider machen sich also auf den Weg, um vor der Prinzessin ihr Glück zu erproben. Die beiden ältesten, die schon so manchen feinen Stich getan hatten, glaubten ihrer Sache ganz sicher zu sein; wollten aber den dritten, den sie für untauglich befanden, nicht mitnehmen. Da Schneider stets davon überzeugt sind, daß es kein Rätsel gibt, das sie nicht lösen könnten, läßt sich der jüngste nicht zurückweisen.

Das Rätsel der Königstochter heißt: »Ich habe zweierlei Haar auf dem Kopf, von was für Farbe ist das?« – An der Art, wie die drei Schneider Antwort geben, erkennt man, wes Geistes Kinder sie sind. »Wenn's weiter nichts ist,« sagte der erste, »es wird schwarz und weiß sein, wie Tuch, das man Kümmel und Salz nennt.«

Selbstverständlich hatte er »falsch geraten«; denn seine Vorstellungen sind in dem engen Kreise des Alltags festgebannt. Er kann sich nichts anderes denken als den Stoff, mit dem er Tag für Tag in seinem Handwerk umgeht. Höher schon schwingt sich der zweite auf: »Ist's nicht schwarz und weiß, so ist's braun und rot, wie meines Herrn Vaters Bratenrock.« – Dieser Schneider hat offenkundig Gemüt! Er liebt die Feieraugenblicke des Lebens, und seien es auch nur Familienfeste, an denen man des Vaters Bratenrock aus dem Schranke hervorholt. Aber auch seine Vorstellungskraft reicht noch nicht aus, um dem Geheimnis einer Prinzessin nahe zu kommen. Erst dem dritten gelingt des Rätsels Lösung; denn er redet von Gold und Silber. Und das sind nicht Farben, mit denen ein Schneider in seiner Werkstatt umzugehen pflegt. Gold und Silber weisen in den Kosmos hinaus. Sonnenglanz und Mondenschimmer leben in der Vorstellung des jüngsten Schneiders, dem die anderen beiden nicht genügend Verstand zutrauten. Seine Phantasie hat Schwingenkraft; sie kann sich des Überirdischen bemächtigen. Und die Prinzessin (das ist ja ihr Rätsel!) ist eben »nicht von dieser Welt«. Wer sich mit ihr vereinigen will, muß erst in der eigenen Seele etwas aufzuwecken verstehen, was nicht von dieser Welt, sondern himmlischen Ursprungs ist.

Aber es ist noch etwas anderes, sich mit Seelenschwingen zum Überirdischen zu erheben oder das Himmlische so vollkommen mit seinem irdischen Dasein zu vereinigen, daß es die vergängliche Persönlichkeit mit dem Wesen des Ewigen und Unvergänglichen adelt. Ein Schneider wird so schnell kein Königssohn, er bewähre sich denn zuvor!

Und so fordert die Prinzessin von ihm, daß er die folgende Nacht im Stalle drunten bei einem Bären zubringe, der bisher noch keinen Menschen lebendig aus seinen Tatzen entlassen hat.

Wir begegnen innerhalb der Märchenweisheit immer wieder dem Glauben an die tiefe Verwandtschaft von Mensch und Tier. Nicht aber im Sinne darwinistischer Naturwissenschaft, die den Menschen vom Tiere herleitet, sondern aus dem Bewußtsein, daß die Tiere Wesen sind, die gleichsam das hohe Ziel der Menschwerdung nicht erreichten. Sie sind unsere auf dem Wege zurückgebliebenen Brüder und sehnen sich wie alle Kreatur »nach der herrlichen Freiheit der Kinder Gottes«. Dies ist das Seufzen der ganzen Schöpfung, die, der Vergänglichkeit unterworfen, zum erlösten Menschen aufschaut, von dem sie Hilfe erwartet und »Annahme an Kindes Statt«. Die wahrhaft Wissenden haben dieses Seufzen der unerlösten Kreatur immer vernehmen können, wie es Paulus im Römerbrief geschildert hat.

Nun ist der Bär – man denke auch an den verzauberten, gutmütigen Bären in »Schneeweißchen und Rosenrot« – das wandelnde Sinnbild für diese Sehnsucht der Kreatur nach Menschwerdung. Wer etwa in seiner Kindheit noch von Jahrmärkten oder durch umherziehende Straßengaukler das Bild des aufrecht schreitenden Petz in sich aufgenommen hat, weiß etwas von diesem Drange der Geschöpfe, über sich hinauszukommen; aber auch von der Macht der Schwere, die sie immer wieder in die erdgebundene Haltung zurückzieht. Er hat eine Anschauung davon gewonnen, was »Verzauberung« ist (3).

Und wie vieles ist noch im Menschen selber verzaubert und der Erdenschwere verhaftet! Jede Nacht, wenn der Schlaf uns in die horizontale Lage niederzwingt, müssen wir ja dem Erdengesetz, das unsere Glieder beherrscht, den Tribut zahlen. Auch wer von den goldenen und silbernen

Haaren einer Königstochter träumt und sich zum Himmel aufzuschwingen vermag, hat Grund genug, sich immer neu daran zu erinnern, daß er nicht Geist allein, sondern auch Körper ist. Sonst empört sich eines Tages alles, was noch der Erdenschwere angehört, gegen den Schwärmer und zieht ihn um so tiefer in seinen Bereich hinab.

Der Schneider, der das Rätsel erriet, muß erst zeigen, ob er mit dem Bären umzugehen versteht. Hätte ein mittelalterlicher Asket etwa das Märchen erzählt, so würde er vielleicht haben sagen müssen: der Schneider nahm sich einen Dolch mit und schlachtete den Bären ab. Aber das Märchen ist von einem Künstler erzählt! Darum zeigt es, wie man die plumpe Kraft in Schach halten kann, ohne sie zu vernichten.

Dazu bedarf es des Humors und einer stets wachen Erfindungsgabe. Das kluge Schneiderlein kämpft nämlich gegen den Bären; dann würde es die Wildheit gerade erst reizen und dabei den kürzeren ziehen. Es sucht das Interesse des dumpfen Gesellen, mit dem es die Nacht verbringen soll, rege zu erhalten. Zunächst durch Nüsseknacken: wer Rätsel lösen kann, vermag auch Nüsse zu knacken. Aber dem Petz gibt es statt dessen Wackersteine, an denen dieser vergeblich seine Zähne versucht... Dadurch weiß sich das Schneiderlein erst dem Bären gegenüber ins rechte Licht zu setzen. Der dumpfe Sinn wird lernbegierig und ergeben, wenn er zu ahnen beginnt, daß es noch andere Fähigkeiten gibt als nur die brutale Naturgewalt. Nun zieht der Schneider seine Violine hervor und spielt ein Stückchen darauf. Der Bär fängt an zu tanzen. Denn Musik erlöst vom Gesetz der Schwere. Bald verlangt er danach, selber das Geigen zu lernen. Er bittet den Schneider um Unterricht, und dieser spannt ihm die Tatzen in den Schraubstock unter dem Vorwand, ihm erst die Nägel beschneiden zu müssen. Dann legt er sich in die Ecke und schläft ein. Mag der Bär auch brummen, der Schneider ist doch eine Weile vor ihm sicher. Und am nächsten Morgen springt er vergnügt der Prinzessin entgegen, die ihn schon verschlungen wähnt, da sie das Schnauben und Brummen des Bären vernommen. Nun bleibt ihr nichts übrig, als sich mit dem Schneiderlein trauen zu lassen. Denn wer den Bären zu zwingen versteht, hat damit seine Königswürde offenkundig erwiesen. Der Geist ist Sieger über die Erdenschwere geworden.

Als Sokrates im Kerker seinem Ende entgegenharrte, erzählte er noch von seinem »Daimonion«, dem guten Genius, der ihn immer wieder mahnte: »Sokrates, treibe Musik!« Er meinte zunächst, diesem Rate schon dadurch

Genüge zu leisten, daß er wie immer tapfer philosophiere; war Philosophie nicht auch eine Gabe der Musen? Aber sein Genius hatte schon wirklich *Musik* gemeint: das Leben in Rhythmus und künstlerischer Sinnenbetätigung. Denn Sokrates ist ja der Ahnherr derer, die im Zergliedern und Wiederverbinden der Ideen ihre höchste Freude erleben: ein rechtschaffener Schneider! Ihm droht die volle Erdenwirklichkeit zu entgleiten, er will die Griechen von der Fülle des Sinnenerlebens zu Geistgefilden hinweglenken; denn der Leib erscheint ihm nur als Kerker der Seele. Dagegen lehnt sich der Instinkt des griechischen Menschen auf.

Der Schneider sollte die Violine mit sich tragen – oder die Leier, um des Bären Herr zu werden! Die dumpfe Erdengewalt will zu gleicher Zeit mit zum Geiste erhoben werden, sonst rächt sie sich an dem Verächter der Sinnennatur (4).

*

Hier sei auch das Märchen »Jack mit seinem Flötchen« genannt.* Da erscheint dem armen Hirtenjungen ein altes hungriges Männlein, dem er von seinen Brotkrusten, die ihm die böse Stiefmutter mitgegeben hat, das größere Stück zuteilt. Dafür darf er drei Wünsche tun, die ihm das Männlein – es ist ja ein Elementargeist, der ihm erschienen war – gern erfüllt. Das erste ist ein Bogen, mit dem man alles trifft, worauf man zielt; dann ein Flötchen, mit dem man jeden, der es hört, zum Tanzen zwingen kann; als drittes aber wird ihm gewährt, daß die Stiefmutter jedesmal, wenn sie über ihn klagt, wie ein Hahn krähen muß.

Die Gnomen verleihen demjenigen, der mit ihnen vertrauten Umgang zu pflegen versteht, einen urwüchsigen Verstand. Treffsicherheit des Urteils wird ihm dadurch zuteil; er besitzt den Bogen, mit dem man jedes Ziel trifft. Dazu Humor, der die Herzen aufzutauen vermag und alles Steife und Starre in Bewegung bringt; er versteht, alle nach seiner Flöte tanzen zu lassen. Als letzte Gabe aber dient ihm die Fähigkeit, die Bosheit sich selbst enthüllen zu lassen. So besiegt Jack auf heitere Weise alles, was ihm Widerstand im Leben bietet.

Zuletzt sei noch darauf hingewiesen, daß das Märchen von der »Zauberflöte«, das Mozart durch seine Kunst zu einem edlen Mysterienspiel ver-

* Siehe dazu »Deutsche Märchen seit Grimm«, 2. Band (Sammlung Eugen Diederichs).

klärte, ein ähnliches Grundmotiv enthält: Musik bändigt die Gewalten, die sich auf dem Wege zum Sonnentempel dem strebenden Menschen entgegenstellen. Melodie in der Seele wird immer zur rechten Zeit das Gleichgewicht wiederherzustellen vermögen. Das Glockenspiel bringt sogar den finsteren Mohren zum Tanzen. Es hebt den »Geist der Schwere« auf.

HILFREICHE WESEN

Der Glaube an die guten Mächte und ihre weisheitsvolle Führung durchwaltet das Märchenreich. Der Mensch ist, auch in Armut und Drangsal, niemals allein gelassen. Meistens wirkt die Schicksalsweisheit in der wundersamen Fügung der Ereignisse und bedarf nicht einer besonderen Wesenheit, durch die sie sich enthüllt. Der Gang der Geschicke und vor allem das Walten einer sühnenden Gerechtigkeit zwischen den Menschen löst durch sich selbst den Glauben an eine ordnende und schützende Macht aus. Bisweilen wird jedoch ein weiser Ratgeber eingeführt, der Aufgaben stellt und Bedingungen ausspricht. Im »Wasser des Lebens« ist es ein alter Mann, der den drei bekümmerten Königssöhnen im Schloßgarten entgegentritt und ihnen einen Rat gibt, wie sie ihrem sterbenskranken Vater helfen können: »Ich weiß noch ein Mittel, das ist das Wasser des Lebens, wenn er davon trinkt, so wird er wieder gesund: es ist aber schwer zu finden.« – In den »Zertanzten Schuhen« ist es eine alte Frau, die dem verwundeten Soldaten auf dem Wege zur Stadt begegnet und ihm verrät, wie man hinter das Geheimnis kommen kann, wo die zwölf Königstöchter Nacht für Nacht ihre Schuhe zertanzen: »Das ist so schwer nicht«, sagte die Alte, »du mußt den Wein nicht trinken, der dir abends gebracht wird, und mußt tun, als wärst du fest eingeschlafen.« Darauf gab sie ihm ein Mäntelchen und sprach: »Wenn du das umhängst, so bist du unsichtbar und kannst den Zwölfen dann nachschleichen.« – Man erkennt an solchen Ratschlägen unschwer, wie es immer noch im Volke ein uraltes Einweihungswissen gegeben hat, das von schlichten Menschen treu bewahrt und hier und dort einem dafür Würdigen mitgeteilt wurde. Freilich immer in verhüllter Bildersprache. Da ist es zum Beispiel eine wichtige Frage: Wie kann man im Einschlafen noch wach bleiben, um die geheimnisvollen Vorgänge des Schlafs zu beobachten? – Man muß lernen, so sagt der Ratschlag, nicht von dem Rauschtrank zu genießen, der einem jeden Abend aus den Kräften der Leibesnatur gereicht wird. Dazu bedarf es der Seelenübung, sich der betäubenden Wirkung zu entziehen, die im Einschlafen zum Haupte hinaufströmt. Der »Soldat« – das ist der Mensch, der im Leben schon seinen Mann gestanden hat – wird hierzu auserwählt. Er muß also schon eine gewisse Lebenseinweihung mitbringen, um der Aufgabe gewachsen zu sein. Er soll nun lernen, frei vom Erdenleibe auf einer höheren Ebene aufwachen zu können. In übersinnlicher Geistgestalt soll er sich im Seelenlande bewegen lernen; das heißt, er empfängt das Mäntelchen, das unsichtbar macht, wie der Tarnhelm des Nibelungenhortes.

Es gibt noch andere Helfer, die im verborgenen ihre Arbeit für den Menschen tun. Als »Schneeweißchen und Rosenrot« im Walde übernachten, sehen sie des Morgens beim Erwachen »ein schönes Kind in einem weißen glänzenden Kleidchen neben ihrem Lager sitzen«. Es war der Engel, der sie am Abgrunde bewacht hatte, an dessen Rande sie ahnungslos eingeschlafen waren.

Oder die »Mutter Maria« kommt zu den armen Holzhackersleuten und nimmt das drei Jahre alte Kindlein in ihr Reich mit, da sie es nicht mehr ernähren können. Mit der Vollendung des dritten Jahres erwacht ja das Kind zu seinem Ichbewußtsein. Nun bedarf es einer andern Nahrung für seine Seele, als ihm aus den bloß natürlichen Kräften zuteil werden könnte. Göttliche Mutterkräfte müssen sich herabsenken und sein Wachstum behüten. Um die keimenden Seelenkräfte will sich gleichsam der blaue Mantel der Madonna legen, auf daß sie sich im Denken, Fühlen und Wollen recht entfalten können. Ehrfurchtskräfte sollten in diesem Zeitraum besonders in den Kinderherzen geweckt werden, damit sie zu einer höheren Welt aufschauen lernen. Alles, was die Seele des heranwachsenden Menschen mit Bildern nährt, die das Göttliche ahnen lassen, das stammt noch aus der fürsorgenden Weisheit der Himmelsmutter. Aber mit vierzehn Jahren pflegt sich die Kindesnatur aus dieser Führung loszulösen; sie zerreißt gleichsam die seelische Schutzhülle, in der sie noch geborgen war. Jetzt erst wird sie sich ihres Erdenleibes ganz bewußt, und damit ihrer Selbständigkeit. Das Marienkind fällt aus den Himmeln und findet sich im hohlen Baume...

Wieder andere Helfer sind die »Feen«, die als Mittler zwischen den Himmelskreisen und der Erde walten. Sie legen als Paten ihre Gaben dem Kinde in die Wiege. Denn aus den zwölf Regionen des Tierkreises empfängt das Menschenwesen seine Gestalt und seine Seelenanlagen. Zwölf Feen vermitteln sie ihm; reich ausgestattet durch sie betritt Dornröschen seinen Lebensweg. Denn es ist ein Himmelssproß.

Am häufigsten aber erzählt das deutsche Volksmärchen wohl von den helfenden Kräften der Elementarwesen. Die Zwerge, die in den Bergen nach Erzen suchen, die Gnomen, die in Wurzeln tätig sind und in der Welt der Kristalle so gerne wirken und weben, können verhältnismäßig leicht mit den suchenden Seelen der Menschen eine Beziehung eingehen. Sie empfinden mit ihrer hellen Intelligenz, die die Naturgesetze augenblicklich durchschaut und nicht der denkerischen Anstrengung bedarf, die Menschen als dumpfe Köpfe, als ungeschickt tappende Wesen. Darum streben sie danach, den Menschen aufzuhellen; sie mahnen ihn zur Aufmerksamkeit. Denn im Lauschen auf die verborgenen Kräftewirkungen rings um uns her, im liebevollen Einleben in die Umwelt erwachen allmählich die höheren Organe der Seele. Der Hochmut des intellektuellen Wissens ist das Haupthindernis, das die Winke der Gnomen nicht an die Seele herankommen läßt. Der älteste Prinz, der auszog, um das Wasser des Lebens zu suchen, begegnete einem Zwerg, der ihn anrief: »Wo hinaus so geschwind?« – »Dummer Knirps«, sagte der Prinz ganz stolz, »das brauchst du nicht zu wissen«, und ritt weiter. Das kleine Männchen aber war zornig geworden und hatte einen bösen Wunsch getan... Der Prinz gerät in eine Bergschlucht und kann mit seinem Pferde schließlich weder vor- noch rückwärts. Das logische Denken findet sich nämlich, wenn es nur in sich selbst hineinbrütet und sich nicht von der Umwelt her im steten Wahrnehmen der Erscheinungen befruchten läßt, sehr schnell in einer Sackgasse. – Dem zweiten Bruder geht es nicht anders. Erst der dritte steht dem Zwerg Rede und Antwort; er bekommt einen helfenden Ratschlag: »Weil du dich betragen hast, wie sich's geziemt, nicht übermütig wie deine falschen Brüder, so will ich dir Auskunft geben und dir sagen, wie du zu dem Wasser des Lebens gelangst. Es quillt aus einem Brunnen in dem Hofe eines verwünschten Schlosses, aber du dringst nicht hinein, wenn ich dir nicht eine eiserne Rute gebe und zwei Laibchen Brot. Mit der Rute schlag dreimal an das eiserne Tor des Schlosses, so wird es aufspringen: inwendig liegen zwei Löwen, die den Rachen aufsperren; wenn du aber jedem ein Brot hinwirfst, so werden sie still, und dann eile dich und hole von dem Wasser des Lebens, bevor es zwölf schlägt, sonst schlagt das Tor wieder zu und du bist eingesperrt.« Der Prinz dankte ihm, nahm die Rute und das Brot, und machte sich auf den Weg.

Die übersinnliche Welt liegt nicht offen für den Geistesblick da, wenn die Seele in sie eingetreten ist. Man muß sie sich von Bezirk zu Bezirk erst aufschließen lernen. Dazu bedarf es aktiver Seelenkräfte, um sich das sonst Verborgen-Webende ins Bewußtsein hereinzuheben. Es muß die Seele sich selbst im Geiste behaupten lernen und kraftvoll erwachen. Dann öffnen sich Pforten. Das Märchen sagt, man muß mit »eiserner Rute« an das Tor schlagen, wenn es aufspringen soll.

Betritt die Seele das »Innere« des Schlosses, dringt sie bis zur Wahrnehmung ihrer eigenen verzaubert webenden Innenwelt vor, so muß sie zunächst die Begegnung mit den Mächten der eigenen Seelentiefen bestehen. Was sonst in den unterbewußten Gründen schlummert, will sich hier entfesseln. Die Elementargewalt der Willensnatur müßte das Bewußtsein überwältigen und verwirren, wenn die Seele nicht starke Gedankenkräfte mitbrächte und durch sie die Herzensruhe herstellen könnte. Das Märchen sagt: Man muß die Brote mitnehmen, um die Löwen zu stillen, die einem mit offenem Rachen entgegentreten.

Das Wasser des Lebens gewinnt der Prinz kurz vor Mitternacht; er muß es aber, noch ehe es zwölf schlägt, in Sicherheit gebracht haben. Ein Nachtgeheimnis ist also dieses Lebenselixir. Wir werden im Grunde durch jeden Tiefschlaf aus diesem Brunnen getränkt und mit seinem wundersamen Wasser neu belebt. Würden wir das Mysterium, das sich jedesmal mit uns im Schlafe vollzieht, wahrnehmen können, so würden wir das wahre Wesen der Heilung erfahren. Denn wir könnten durchschauen, wie in jeder Nacht das Leben die Todeswirkungen wieder aufhebt, die sich durch das Tagesdasein in unserem Organismus angesammelt haben. Heilige Lebensquellen ständen unserer Erkenntnis zur Verfügung. Die Einweihung in solche Heilweisheit kann sich also während des Schlafes vollziehen, aber doch nur in einem Zustande, der noch nicht völliger Tiefschlaf ist. Das Märchen sagt, der Jüngling muß kurz vor zwölf Uhr noch das Tor wieder durchschreiten, wenn er das Lebenswasser geschöpft hat.

Die beiden ältesten Prinzen hatten den Weg zum Lebensquell nicht in selbstloser Weise gesucht; sie wollten damit das Reich ihres Vaters für sich gewinnen. Die Selbstsucht ist eine engmachende Seelenkraft: Sie sperrt die suchenden Prinzen zwischen den Bergen ein. Der echte Sucher nach dem Geiste muß das Hinschauen auf die persönlichen Vorteile überwunden haben. Die Liebe, die ihn selbst ausweitet, öffnet ihm auch die Weiten der Geisteswelten. Man erkennt die Gesinnung des dritten Bruders daran, daß er nicht ohne seine Brüder zum Vater heimkehren will. »Lieber Zwerg«, fragt er das Männlein, an dem er wieder vorbeikommt, »kannst du mir nicht sagen, wo meine zwei Brüder sind?« Aber der Zwerg warnt ihn vor seinen Brüdern: »Hüte dich vor ihnen, sie haben ein böses Herz.« Und wirklich bringen sie den jüngsten Bruder, nachdem sie durch seine Fürbitte befreit sind, um die Frucht all seiner Mühen. Erst nach vielen Leiden gelingt es dem allzu gutgläubigen Bruder, zu seinem Rechte zu kommen; sie aber empfangen die verdiente Strafe.

Um zu den Lebensgeheimnissen erkennend vorzudringen, bedarf es der *Liebefähigkeit* der Seele. Um jedoch die übersinnliche Weisheit ins Erdendasein wirksam hineinzutragen, bedarf es der *Wachsamkeit und Urteilskraft* der Seele. Man muß, um das Heilige bewahren zu können, das Unterscheidungsvermögen für das Echte und Falsche in gesunder Weise entwickeln.

*

Wie innig sich die Beziehung der Menschenseele zu den Elementarwesen gestalten kann, spiegelt sich in dem Märchen von den »Drei Männlein im Walde«. Bis in die Leibesgestalt hinein offenbart sich der Zusammenhang des Menschen mit mehr oder weniger helfenden Mächten. Die Naturgeister werden zu Mittlern für heilige Lebenskräfte, die sie dem Menschenwesen zukommen lassen wollen. Es handelt sich in diesem Märchen um ein Wintermysterium. Das gute, fromme Mädchen erhält von seiner hartherzigen Stiefmutter den Auftrag, Erdbeeren im Walde zu suchen, während noch Schnee liegt. Echte Märchengesinnung fordert ja gerade die Liebe zum »Unmöglichen«. Das Kind wird in die Winterkälte, nur mit einem Papierkleidchen umhüllt, grausam hinausgejagt; von einem harten Stückchen Brot soll es den Hunger stillen. So geht es in den Schnee hinaus und kommt im Walde zu dem Häuslein der drei »Haulemännerchen« (den Namen leitet Grimm von »Höhlenmännlein« her). Dort klopft es bescheiden an die Tür.

Das Märchen versteht die Seelenstimmung zu malen, die sich beim Eintritt in die elementarische Welt des Geistsuchers bemächtigen kann. Es ist das Gefühl der Einsamkeit, des völligen Aufsichgestelltseins, das die Seele zunächst durchleiden muß. So wie sich ein Mensch, wenn er nicht immerwährend von menschlicher Wärme umgeben und gepflegt wird, gerade auf die ureigenste Wärme, die Kräfte seines Herzenfeuers besinnen muß, so offenbart sich erst im Vorwärtsschreiten auf dem einsamen Geistespfade, wie reich die Liebequellen sind, die aus dem Seeleninnersten aufspringen können.

Die Menschenseele ist dazu bestimmt, reinste Liebekräfte in die geistigen Welten hineinzutragen. Danach hungern zum Beispiel viele Elementarwesen. Mitleid ist ihnen Nahrung und beseelende Kraft. Das Mädchen hat daher die Prüfung zu bestehen, ob sie den drei Haulemännerchen auf deren Bitte hin von ihrem Brote gibt. Als sie ihnen davon die Hälfte mitteilt, fragen sie nach ihrem Begehr und lassen sie draußen hinter dem Hause wegfegen. Dabei entdeckt sie »lauter reife Erdbeeren, die ganz dunkelrot aus dem Schnee hervorkamen«.

Ein Weihnachtsgeheimnis will sich in solchen Bildern ankündigen. Kommt es für uns nicht gerade darauf an, wenn wir die Christgeburt in der heiligen Winternacht recht erleben wollen, gleichsam »den Schnee wegzukehren« und das darunter verborgen leuchtende Lebensgeheimnis gewahr zu werden: die Liebeswärme, die der Weltenkälte abgerungen ist?

Die rote Walderdbeere offenbart ja unmittelbar Kräfte, die der Blutbildung verwandt erscheinen. Deshalb ist sie auch ein wirksames Heilmittel. Und um das Finden tief verborgener Lebenskräfte handelt es sich eben in diesem Märchen. Es schildert einen winterlichen Seelenpfad, auf dem sich dem ernsthaft Suchenden die Früchte heiligster Liebeswärme schenken. In solchen Bildern spiegelt sich die Einsenkung der Christuskraft in die kristallene Klarheit der Gedanken. Mit der Winterkälte des Intellekts will sich die Sonnenwärme der Christusliebe verbinden; sie kann in ihr zum Aufleuchten kommen. Das ist das große Erdengeheimnis. Das Märchen zeigt, wie sich die Beziehung zu den helfenden Naturgeistern auswirkt, die dieses heilige Weihnachtsmysterium verwalten. Sie begnaden die Menschenseele. Während das Mägdlein draußen fegt und die Erdbeeren findet, beraten die Haulemännerchen, was sie ihm zur Belohnung schenken wollen. Der eine schenkt ihm, daß es von Tag zu Tag schöner werde; der zweite, daß ihm Goldstücke aus dem Munde fallen, so oft es ein Wort spricht; der dritte aber, daß ein König komme und es zu seiner Gemahlin nehme. Was heißt das?

Das Auffinden der Christuswirkung in der winterlichen Welt strahlt bis in die ätherischen Bildekräfte des Menschen hinein. So beginnt die Christuskraft die Gestalt zu durchgeistigen; eine neue Schönheit, die von innen her den Ausdruck verklärt, wird einem solchen Menschenwesen zuteil. – Wer mit guten Mächten im Bunde lebt und tätig ist, vermag auch seine Worte mit einer höheren Wirksamkeit zu erfüllen. Seine Rede erscheint bedeutsam. Sie macht die Zuhörer reich. Wenn er spricht, verschenkt er immerfort leuchtendes Weisheitsgold. – Und schließlich führt die Berührung mit dem Weihnachtsmysterium die Seele zu ihrem höheren Selbst. Sie darf sich mehr und mehr mit den Königskräften des Geistes durchdringen. Ein König kommt und vermählt sich mit der Jungfrau.

Die faule Schwester dagegen, ob sie gleich von ihrer Mutter fürsorglich in Pelz gehüllt und mit Butterbrot und Kuchen ausgerüstet wird, geht vergeblich in den Wald hinaus. Sie findet die Erdbeeren nicht; denn sie will mit den drei Männlein nicht das Ihrige teilen, sie mag auch keinen Schnee wegkehren. So geht sie an dem Wintermysterium vorbei. Ihr Herz strahlt keine Liebeswärme aus und vermag deshalb auch nicht das Leben zu empfangen, das sich aus der kristallenen Kälte gebiert.

Was empfängt sie dafür von den Naturgeistern? Sie wird von Tag zu Tag häßlicher; denn der Geist durchseelt sie nicht. Ihr springt bei jedem Worte, das sie spricht, eine Kröte aus dem Munde, so daß alle Abscheu vor ihr bekommen; denn Seelenkälte geht von ihrer Rede aus, und so erzeugt sie ringsum Antipathie unter den Menschen. Sie muß schließlich eines unglücklichen Todes sterben; denn sie wird gerichtet, da sie sich mit ihrer Seele nur den Todeskräften des irdischen Daseins verschrieben hat.

Durch die weisheitsvolle Tätigkeit der Naturgeister kommt also die Schicksalsgerechtigkeit unter den Menschen zur Auswirkung. Sie lassen das Moralische sowie das Unmoralische unserer Gesinnung zur Naturkraft werden, so daß es sich bis in unsere Gestalt hinein offenbaren und in unsere Begabungen oder Schwächen übergehen kann.

*

Wunderbare Aufgaben erfüllen die Naturgeister innerhalb der sprießenden, blühenden und fruchtenden Pflanzenwelt. Das Verständnis ihres Wirkens und Webens kann heute durch die Geisteswissenschaft wiederum aus der Sphäre des Volksglaubens, den der intellektuell »aufgeklärte« Mensch gern für Aberglauben hält, in das Licht einer klaren Erkenntnis gehoben werden. Rudolf Steiner hat den Weg gezeigt, auf dem wir durch die imaginativen Erkenntniskräfte in neuer Art die »vier Elemente« – Erde, Wasser, Luft und Feuer – erleben können: wie sich in allem, was als Verfestigung wirksam ist, die »Gnomen« (oder Zwerge) offenbaren; in allem Zerfließen und Versprühen die »Undinen«; im Duft, der sich verflüchtigt, und in der Farbe, die im Luftkreis erglänzt, die »Sylphen«; im Feuerprozeß aber die »Salamander«, wenn man die alten Ausdrucksweisen gebrauchen will. So webt der Reigen dieser Elementargeister auf vierfache Art am Werden und Vergehen der Pflanze: in Wurzel, Blatt, Blüte und Samenbildung den Kreislauf vollendend.*

Wir bestaunen das Wunder des Pflanzenwachstums, die blühenden Bäume oder die reifenden Äcker, während unsere Sinne sie gewahr werden. Des Nachts aber, wenn unsere Seele in die Umwelt übergeht, verwandelt sich dieses Staunen; es kann zum Alpdruck werden. Die Seele nimmt zum Beispiel wahr, wie ein Ährenfeld der Reife entgegenlebt und das Wunder einer geheimnisvollen Alchimie aus dem bloßen Halm die goldenen Körner hervorzaubert. – Wirklich: die Elementargeister vermögen Stroh zu Gold zu verspinnen! Sie können mehr als der Mensch mit all seiner Gescheitheit und Technik. Die Seele, die im Tagesbewußtsein noch so stolz auf ihre Menschheitsfortschritte sein mag, steht doch des Nachts immer wieder überwältigt vor dieser weisheitsvollen Kunst. Sie fühlt sich in ihrem Werte ausgelöscht; und das bereitet ihr eine Selbstqual, die sie als eine lähmende Stimmung oftmals aus dem Schlafe mit in den Tag hereinträgt. Denn solche Erlebnisse wirken in uns, auch wenn wir uns im Wachen nicht an sie erinnern können.

Du brüstest dich immer, so weise und geschickt zu sein – sagt gleichsam eine Geisterstimme zu uns –: wenn du nicht auch das Stroh zu Gold verspinnen kannst, so bist du in unserer Welt ein Nichts!

Erkenntnisrätsel können zu innersten Daseinsfragen werden. An der Schwelle der geistigen Welt werden sie zu Seelenprüfungen, bei denen es sich um Sein oder Nichtsein vor dem Antlitz der übersinnlichen Wesen handelt. »Jetzt mache dich an die Arbeit«, – spricht der König zur schönen Müllerstochter – »und wenn du diese Nacht durch bis morgen früh dieses Stroh nicht zu Gold versponnen hast, so mußt du sterben« (4).

Es ist eine ähnliche Seelenstimmung, in der wir Faust antreffen, wie ihn Goethe in seinem großen Monolog dargestellt hat: »Daß ich erkenne, was die Welt im Innersten zusammenhält, schau alle Wirkenskraft und Samen –.« Er durchbricht, von Erkenntnisnot getrieben, die Schranken der übersinnlichen

* Rudolf Steiner, »Der Mensch als Zusammenklang des schaffenden, bildenden und gestaltenden Weltenwortes«, GA 230 (daraus die Vorträge vom 2. und 3. November 1923 in Dornach).

Welt und »beschwört den Erdgeist«; das heißt, er wird das Weben und Schaffen der elementarischen Wesen gewahr, doch in plötzlicher Art – ohne erst für solche Erkenntnis herangereift zu sein. Der Mensch kann nämlich im Geiste nur dasjenige erkennen, dem er in gewissem Sinne gleich zu werden vermag. Er muß sich in die Wesen der höheren Welten hineinverwandeln lernen. Sonst wird er von ihnen zurückgewiesen. »Du gleichst dem Geist, den du begreifst, nicht mir!« tönt es dem Geistsucher aus dem Reich der Elemente entgegen. Von da an ist er in seinem Selbstbewußtsein zerbrochen; er möchte das Leben von sich werfen und greift zur Giftschale. In seinem Büchlein »Die Schwelle der geistigen Welt« hat Rudolf Steiner geschildert, weshalb das Leben in der Sinnenwelt für die Seele zunächst notwendig ist. Sie muß hier »ein Bewußtsein entwickeln, das in einer gewissen Beziehung in starren, ihr strenge aufgenötigten Vorstellungen lebt«. Dadurch nur wird sie eine so fest in sich geschlossene Wesenheit, daß sie sich später auch in einer Welt flutender Gebilde und ständiger Verwandlungen mit ihrer vollen Selbständigkeit behaupten kann. Diese Kraft hatte Faust nicht hinreichend entwickelt. Er wird deshalb zurückgeworfen an der Schwelle zum Übersinnlichen, ist aber seitdem in seinem Gefüge gelockert und bleibt von nun an den Einflüssen übersinnlicher Wesen ausgesetzt, deren wahre Natur er nicht voll durchschaut und von denen er sich doch nicht mehr lösen kann. Dort ist es Mephistopheles; in unserem Märchen ist es ein Elementargeist, der ebenfalls seine Dienste anbietet, dafür aber mehr und mehr die Menschenseele von sich besessen machen will. Darin liegt das Geheimnis des »Rumpelstilzchen«!

»Ist die Seele zu schwach für das bewußte Erleben der elementarischen Welt«, – so heißt es in der obengenannten Schrift weiter – »so entschwindet ihr beim Eintritte die Selbständigkeit, wie ein Gedanke entschwindet, der zu schwach der Seele eingeprägt ist, um in deutlicher Erinnerung fortzuleben. In Wahrheit kann dann die Seele überhaupt nicht in die übersinnliche Welt mit ihrem Bewußtsein eintreten... Und hat sie dabei doch an dieser Welt gleichsam genascht, so daß sie nach dem Zurücksinken in die Sinneswelt etwas von der übersinnlichen Welt im Bewußtsein zurückbehält, so wird durch eine solche Beute aus einem anderen Bereich oftmals Verworrenheit des Vorstellungslebens bewirkt.«

Die Fähigkeit, ihre Gedanken in logischer Folge Glied um Glied aneinanderzureihen, verliert sich leicht bei solchen Menschen, die unrechtmäßig am

Übersinnlichen »genascht« haben: Rumpelstilzchen fordert die Halskette der Müllerstochter. – Es schwindet schließlich auch die Kraft hin, sich ohne Unterbrechung als eine geschlossene Persönlichkeit zu erleben. Denn diese Möglichkeit beruht auf der Erinnerungskraft, die wir innerhalb der Sinnenwelt entfalten lernen: Rumpelstilzchen fordert auch den Ring der Müllerstochter. Der Ring ist das Zeichen dafür, daß man jemandem angehört; er bindet das Bewußtsein an ein Gelöbnis. Wenn in der Märchensprache zum Beispiel ein Ring verlorengeht oder empfangen wird, so muß man jedesmal fragen, womit war die Seele bisher vermählt oder mit welchen Kräften geht sie eine neue Beziehung ein? Daß der Mensch Bindungen eingehen und Verpflichtungen auf sich nehmen kann, ist die Würde seiner Ichnatur. Es hebt ihn als Geisteswesen über alle anderen Geschöpfe hinaus, die nur »besessen werden«, nicht »sich binden« können. Sie erliegen daher der »Verzauberung«. Das wahre Ich kann »Treue üben«. Es kennt das Geheimnis des »Ringes«. – Es ist die notwendige Folge, daß eine solche Seele, die die Herrschaft über sich selbst immer mehr preisgibt, auch die Früchte ihres Umgangs mit dem Übersinnlichen nicht selber ernten kann. Das neue Leben, das aus der Vermählung mit den Königskräften des Geistes hervorgeht, verfällt dem dämonischen Wesen, das über sie Macht gewonnen hat. Rumpelstilzchen fordert das erste Kind, das die Müllerstochter dem König gebären wird.

Es gibt nur *eine* Hilfe, sich von dem Einfluß solcher elementarischen Geister zu befreien. Man muß sie wirklich durchschauen. »Wer sie nicht kennte, die Elemente, ihre Kraft und Eigenschaft, wäre kein Meister über die Geister«, ruft Faust, als er die vier Namen der Elementargeister beschwörend ausspricht. Den »Namen« kennen, so pflegte man ehemals zu sagen, bedeutet das Wesensgeheimnis erkannt zu haben. Wer Rumpelstilzchen (das heißt den Poltergeist) beim Namen anreden kann, bricht seinen Bann. In der Sprache der Geisteswissenschaft würde man sagen: es handelt sich hier um ein »ahrimanisches« Wesen; denn es enthüllt durch einen Zornesausbruch seine wahre Natur. Es will nicht erkannt werden; es wirkt am stärksten in den Untergründen der Menschennatur, wohin gewöhnlich das Bewußtseinslicht nicht dringt. Weil es aber als ein Parasit von den Seelenkräften zehrt, zerstört es allmählich das gesunde Gefüge der Persönlichkeit. »Rumpelstilzchen«, das ist die bildhafte Offenbarung für eine bestimmte Art von Bewußtseinsverwirrung und ihren zwangsweisen Ablauf. Man muß durchschauen lernen, daß sie auf »Besessenheit« beruht, wenn man die Seele von solchen dämonischen Gewalten befreien will. Denn die elementarischen Mächte, die in der Natur draußen heilsam und weisheitsvoll wirken, werden dämonisch, sobald sie in die menschliche Natur hereindringen und aus der Triebwelt aufzusteigen beginnen. Ein falsches In-Berührung-Kommen mit den übersinnlichen Kräftewelten, das sich aber ganz unterbewußt abgespielt haben kann, ist häufig die tiefere Ursache zu solchen Erkrankungen (5).

*

So schildert uns die Märchenweisheit das mannigfaltigste Interesse, das die Naturgeister an der Entwicklung des Menschen nehmen. Auf eine innige Weise werden uns gerade gütig pflegende, die Kindesnatur fördernde Wesen in den »sieben Zwergen hinter den sieben Bergen« dargestellt, zu denen Schneewittchen kommt, als es sieben Jahre alt geworden ist.

Was geschieht in der kindlichen Entwicklung um das siebente Jahr herum? – Es arbeitet sich in diesem Alter die eigene Leibesgestalt durch die vererbten Hüllen hindurch. Nicht nur die Zähne wechselt der Organismus um das siebente Jahr aus, indem er die »Milchzähne« abstößt und von innen her aus der ureigenen Bildekraft die neuen hervortreibt. Sondern die ganze Gestalt erneuert sich aus der leibaufbauenden Kraft des Geistes heraus; Physiognomie und Gebärde gewinnen jetzt erst ihren ganz persönlichen Ausdruck.

Geisteswissenschaft lehrt uns das rechte Verhältnis von Vererbung und Individualität erkennen. Die ewige Ichheit gestaltet schon an der Keimesentwicklung unseres Leibes mit; aber sie muß sich zunächst die Leibesgestalt innerhalb der Vererbungsgrenzen auferbauen lassen. An dieses Modell ist sie zwar gebunden; jedoch schafft sie, während sich binnen sieben oder acht Jahren bekanntlich die Stoffe des Körpers völlig auswechseln, in diesem Zeitraum aus eigenen plastischen Kräften die Gestalt noch einmal nach. Nun aber, jeweils nach der Stärke der individuellen Schöpferkraft, mehr oder weniger abgewandelt und vom Inneren her durchlichtet. Diese Gestalt, in der die vererbten Kräfte aufgehoben oder mindestens in ihrer Wirksamkeit begrenzt werden, ist wirklich wie der reine Schnee, der sich aus Himmelshöhen herabsenkt. Sie wird aus dem Unsichtbaren heraus auf jungfräuliche Weise verdichtet. Man kann für sie keinen treffenderen Namen finden als »Schneewittchen«.

Das Menschenwesen ist auf eine sehr verborgene Art immerwährend schöpferisch. Alles, was es aus seinem Ich heraus bildet – Mienenspiel und

Körpergebärden –, läßt es während der Schlafenszeit in die ätherische Kräftewelt ausstrahlen. Wir wissen im alltäglichen Leben nichts davon, wie wir die Naturreiche mit unseren eigenen intimsten Gestaltungen befruchten; wie wir ständig von uns etwas an sie abgeben. Denn wir sind nicht nur nehmende Wesen innerhalb des Kosmos.

Rudolf Steiner weist darauf hin, wie für die imaginative Anschauung ein Menschen-Ich um so strahlender und glänzender erscheint, je mehr es von seinem innersten Wesen und Reichtum in den Ausdruck des Gesichts oder der Gebärden zu legen vermag. Die Gnomen und Undinen nehmen in ihrem Reiche dieses schöpferische Ich wahr; sie bewundern seine Schönheit. Da aber das Kind bis zum siebenten Jahre noch keine eigene Schöpferkraft hat, die sich in Mienenspiel und Gebärden ihren leiblichen Ausdruck verschaffen kann, bleibt es für die elementarischen Welten vorläufig noch unsichtbar. Denn es lebt ja zunächst in einem nur ererbten Körper. Erst mit dem Zahnwechsel gestaltet es ihn aus eigenen Bildekräften neu; darum fängt es erst um diese Zeit an, vor dem Blicke der Gnomen aufzustrahlen. Und Rudolf Steiner schildert nun anschaulich, wie verwundert jene Wesen darüber sind, daß diese Menschengestalt jetzt mit einem Male *da ist!* Sie sind wißbegierig: sehr groß ist ihre Sehnsucht, etwas darüber erfahren zu dürfen, was dieses Menschenkind vorher durchlebt und getan hat, ehe es in ihrem Reiche aufzuleuchten begann. Und man kann die Naturgeister nicht mehr entzücken, als wenn man ihnen vom Kinderland der Menschen erzählt. Das nehmen sie mit großer Dankbarkeit auf; zum Lohn dafür inspirieren sie wiederum die Menschenseelen mit Märchenbildern. Aus solcher Zwiesprache zwischen Menschen und Naturgeistern wird die echte Märchenstimmung geboren.

Hier wird uns aus geisteswissenschaftlicher Erkenntnis heraus der Ursprung der Märchenphantasie enthüllt. Diese Gespräche pflegen sich freilich so zart und flüchtig zu vollziehen, daß sie dem Menschengeiste nicht immer bewußt werden; ihm bleibt nur die Märchenstimmung davon zurück, aus der ihm Bilder aufsteigen. Solche Bilder, die innere Gesetzmäßigkeit in sich tragen. Und weil die Menschenherzen über die ganze Erde hin verwandt sind, können an den verschiedensten Orten verwandte Motive und Bilderfolgen auftreten. Man muß nicht jedesmal auf eine Abhängigkeit voneinander schließen. Viel interessanter aber wäre es, den Abwandlungen verwandter Märchenbilder nach Völkern und geologischen Verhältnissen nachzuspüren. Man würde die Verschiedenartigkeit der Elementarwesen daran gewahr werden können, die ja nach Klima und Bodenbeschaffenheit gleichsam verschieden »gelaunt« sein müssen und bis in das Temperament der Erzählung ihre Inspiration jeweils offenbaren.

Der Mensch, ein Rätsel und zugleich ein Wunder, das im Reiche der Naturgeister staunend wahrgenommen wird: das ist das Urerlebnis der Märchenimaginationen! Mit dem siebenten Jahre wird dieses Wesen sichtbar im ätherischen Gebiete. »Als Schneewittchen sieben Jahre alt war, war es so schön wie der klare Tag«, erzählt uns das Märchen. Aber die stolze Stiefmutter erträgt dies nicht. Das eitle Erdenbewußtsein, das so gerne in den Spiegel schaut und sich im Grunde nur von der Selbstbespiegelung nährt, hat keinen Sinn für jene heilig-schöne Gestalt, die sich im siebenten Jahre durch die stoffliche Hülle des Leibes hindurcharbeiten möchte. Aber um so herrlicher leuchtet von nun an diese aus himmlischen Kräften verdichtete Geistform des Menschenwesens im Elementargebiete auf. Die Zwerge werden sie in ihrem Reiche gewahr. Staunend grüßen sie die Schläferin.

Von diesem Lebensalter an beginnt ein geheimnisvoller Umgang der Seele mit den elementarischen Wesen. Sie bedürfen einander. Die Menschenseele wird gleichsam von ihnen erzogen. Die Gnomen wollen ihr dazu verhelfen, daß sie zu sich selbst erwache. Aber hier beginnt die Tragik ihres Wirkens; sie können sie nicht davor bewahren, daß sie die dumpfmachenden und vergiftenden Einflüsse der Sinnennatur in sich aufnimmt. Schneewittchen wird von der bösen Stiefmutter verfolgt und erliegt ihr, weil sie nicht wachsam genug ist. Sie wiederholt den Sündenfall im Paradiese, indem sie von dem giftigen Apfel genießt. Die Menschenseele erwacht zum Erdenbewußtsein; aber gleichzeitig erstarrt die reine Geistgestalt, die im ätherischen Reiche bewundert und behütet worden ist. Sie bedarf jetzt höherer Mächte, die sie zum Erwachen im Geiste führen. Dazu reichen die Kräfte der Gnomen nicht aus. Diese vermögen nur noch über dem unsterblichen Teile des Menschenwesens Wacht zu halten, wenn es mit dem Eintritt der Erdenreife in den Sinnesschlaf versenkt wird. Sie bewahren die ewige Geistgestalt des Menschen für ihren »Erwecker« (6).

VOM GEHEIMNIS DER JAHRESZEITEN

Betritt die Menschenseele das Reich der elementarischen Welt, so beginnen sich die Geheimnisse des Werdens und Vergehens zu enthüllen. Die Jahreszeiten und ihr Rhythmus sprechen eine immer vernehmlichere Sprache. Gestalten enthüllen sich im Wechsel von Sommer und Winter.

Seit der Mensch erobernd und kalt berechnend durch die Reiche der Natur schreitet, um sich ihre Kräfte dienstbar zu machen, sind diese Erlebnisse verblaßt, die in den Bräuchen der uralten Jahreszeitenfeste zum Ausdruck kamen. Aber in den Volksmärchen webt und leuchtet noch etwas von diesen intimeren Naturerlebnissen; da führen diese Gestalten, die ehemals dem offenen Seelenblicke im Wandel des Jahres erschienen waren, noch ihr verwunschenes Dasein.

Unserem von der Naturgrundlage losgerissenen Denken und Empfinden ist es kaum noch begreiflich, in welchem Maße Sommer und Winter für alles alte Geist-Erleben bestimmend waren. Im Pendelschwung der Jahreszeiten erlebte die Menschenseele die Werdegesetze ihres eigenen Wesens und des Weltalls: wie sie mit dem Sprießen und Erblühen der Pflanzenwelt selber auch in ihrem Sinnenwesen für die Weltenschönheit aufgeschlossen wurde und wie sie mit dem Welken und Fruchten der Natur wiederum in sich selbst zurückgehen mußte.

Sie erlebte sich zwischen dem Sinnespol und dem Gedankenpol ihres Wesens. Zwei deutlich wechselnde Zustände, bald der eine, bald der andere die Führung übernehmend, bestimmten das Seelenleben dieser naturverwobenen Menschheit. Es ist das kristallinische Element des denkenden, sinnenden Insichgehens und das farbige, blühende Leben weltoffener Sinnenfreude. »Schneeweißchen und Rosenrot« nennt das Märchen diese beiden Erlebnispole der Menschenseele. Wie zwei Sonderwesen fühlte man sie einst noch in sich wirken.

Märchen halten oftmals Erlebnisse fest, die an der Grenze zweier Zeitalter spielen: alte Fähigkeiten sind im Hinschwinden begriffen und neue künden sich jugendlich an. Denkt die Seele daran, wie sie einst noch mit dem Göttlichen der Welt vermählt gewesen, so kann sie sich in ihrem jetzigen Zustande wie verwitwet fühlen. Sie wird zur »armen Witwe«, die einsam in einem Hüttchen lebt. Besinnt sie sich aber auf die eigenen Kräfte, die keimhaft in ihr drängen, die sie selber pflegen und zur Blüte bringen muß, so darf sie sagen: »Vor dem Hüttchen war ein Garten, darin standen zwei Rosenbäumchen, davon trug das eine weiße, das andere rote Rosen. Und sie hatte zwei Kinder, die glichen den zwei Rosenbäumchen, und das eine hieß Schneeweißchen, das andere Rosenrot.«

An der Art, wie die Tätigkeit der beiden Kinder geschildert wird, läßt sich erkennen, wie intim das Märchen mit dem Wesen der tieferen Lebenskräfte vertraut ist. Schneeweißchen erinnert uns ja an die Schneewittchen-Gestalt. Es ist still und sanft; am liebsten hilft es der Mutter im Hauswesen. Rosenrot dagegen springt lieber in Wiesen und Felder hinaus, um nach Schmetterlingen und Blumen zu haschen. Hand in Hand gehen die Kinder durch die Welt; und die Mutter mahnt: »Was das eine hat, soll's mit dem andern teilen.« Denken und Wahrnehmen sind aufeinander angewiesen. Die ordnende und die aufnehmende Seelenkraft ergänzen sich, wo sich das Innenleben des Menschen harmonisch gestaltet. Bis in die Freiheiten hinein kann man den Unterschied des in sich gekehrten Denkens und des weltaufgeschlossenen Wahrnehmens gespiegelt finden, wenn zum Beispiel die Mutter am Abend spricht: »Geh, Schneeweißchen, und schieb den Riegel vor« –, während es umgekehrt heißt: »Geschwind, Rosenrot, mach auf, es wird ein Wanderer sein, der Obdach sucht.«

Nun erzählt uns das Märchen eine Begebenheit, die deutlich als ein Geist-Erlebnis gekennzeichnet ist. Sie spielt zur Tiefwinterszeit. Die Mutter hat des Abends die Kinder immer im verschlossenen Häuslein um sich versammelt; sie liest aus einem großen Buche vor, die Kinder lauschen und spinnen dazu. Ein weißes Täubchen auf der Stange und ein Lämmchen, auf dem Boden liegend, sind ihre Hausgenossen. Es ist ein Bild der Andacht; das Märchen malt in solchen Zügen das Bild der christ-ergebenen Menschenseele. Und was jetzt eintritt, ist daher ein imaginatives Erlebnis verborgener Weltenkräfte, von denen die Seele in der Stimmung tiefster Meditation zur Winterszeit berührt werden kann. Es klopft an die Tür; Rosenrot öffnet, und ein Bär tappt herein. Nun wird das Erschrecken der Kinder vor dem Bären geschildert; das Lämmchen blökt, das Täubchen flattert auf –: bis der Bär zu sprechen beginnt und die Kinder sich an seine Nähe gewöhnen. Furcht überwältigt zunächst die Seele, wenn ihr reale übersinnliche Mächte begegnen. Sie muß erst langsam die Sprache der geistigen Welt verstehen lernen. Von da an wird nun, Abend für Abend, der Bär der vertraute Gast des Häusleins. Als das Frühjahr kommt, nimmt er Abschied von ihnen. Aber wie er sich zur Tür hinausdrängt, reißt ein Stück seiner Haut am Türhaken auf. Schneeweißchen hat es wie Gold unter dem Pelz hervorschimmern sehen. Unter der Hülle des Bären verbirgt sich also ein strahlendes Geheimnis. Was ist das?

Rudolf Steiner hat in Vorträgen über das alte Jahreszeiten-Erleben geschildert, wie die Menschen im Sommer so ganz an Weltenlicht und -wärme hingegeben waren, daß sie kaum noch ein Gefühl ihrer eigenen Körperlichkeit um diese Zeit hatten.* Das Erlebnis einer leisen Entrückung überkam sie in den Tagen der Sommersonnenwende. Erst gegen den Winter zu, wenn die zusammenziehenden Kräfte in der Erdenatmosphäre aufs neue zu wirken begannen, fühlten sie sich von der Schwere des Irdischen ergriffen. Sie wurden gleichsam wieder in den Körper hereingezogen; nun erlebten sie um so überwältigender die dumpfen Erdengewalten. In innerer Wahrnehmung, wie finstere Gestalten, schreckhaft wirkend, sahen sie diese aus dem Erdengrunde aufsteigen. Bei den nordischen Völkern, die besonders die Tiefwinter-Mysterien zu erleben und zu feiern pflegten, hatte sich daraus die Sitte gebildet, um diese Zeit vermummte Gestalten auftreten zu lassen, die Furcht einflößen oder Rätsel aufgeben. Die Knecht-Ruprecht-Gestalt und alte Julklapp-Bräuche sind Nachklänge davon.

Andererseits erlebten aber die Eingeweihten der Völker zur Tiefwinterszeit noch etwas Höheres. In den heiligen Nächten vor allem, wenn die Erde ganz von kristallisierenden Kräften durchzogen ist, wird sie zu einem geistigen Spiegel der Sternenwelten. Die Himmelskräfte, die aus dem Tierkreis hereinstrahlen, werden von der Erde aufgefangen und zurückgestrahlt. In einer Art Wachtraum vermochten um diese Jahreszeit einzelne Menschen die Himmelsspiegelung im Erdenbereich wahrzunehmen. Da traten ihnen die Tierkreisbilder und andere Figuren des Fixsternhimmels wie aus dem Erdendunkel heraufglänzend oder besser heraufschattend entgegen. Sie erkannten in ihnen zugleich die mächtigen Bildekräfte, die zusammenwirken müssen,

* »Der Jahreskreislauf als Atmungsvorgang der Erde«, GA 223 (Dornach und Wien 1923).

um den menschlichen Leib zu formen. Ja, aus dem weiten Kosmos herein – so fühlten sie dann – sind die Kräfte erflossen, die den »himmlischen Wagen« aufgebaut haben, in dem die Seele zur Erde herabgefahren ist. Aber dieser strahlende Wagen ist auf Erden von dunklen Stoffgewalten ergriffen. Schwerfällig, in Dumpfheit eingehüllt, tappen wir hier in unseren Erdenkörpern einher. Der *Himmelswagen*, auf dem wir herniedergefahren sind, ist zum *Bären* geworden. Denn »Menschwerdung verdüstert und beschränkt«, wie es Goethe einmal ausgedrückt hat.

Bekanntlich genoß das helle, um die Himmelsachse (den Polarstern) kreisende Sternbild des »Großen Wagens« bei den Völkern des Nordens besondere Verehrung. In ihm faßte sich gleichsam das Geheimnis des ganzen Tierkreises, der ja in weiterem Radius die Achse des Polarsterns umschwingt, zusammen. Es gibt zum Beispiel ein finnisches Lied, in dem die himmlischen Freier, Sonne, Mond und Sterne, kommen, um die stolze Königstochter zu umwerben. Aber die Jungfrau Menschenseele weist sie alle zurück; nur den Nordstern erwählt sie: »ihn, im Glanz der sieben Sterne, seiner ewigen Gefährten«.* So wurde er zusammen mit den sieben leuchtenden Gestirnen des Großen Wagens von den nordischen Völkern als das Bild der heiligsten Lebenskräfte verehrt. Aber wenn der Wagen aus der Tiefe der Erde in den Winternächten zurückgespiegelt wird, erscheint für den schauenden Blick die Gestalt des dunklen Bären. Man versteht nun auch, warum Schneeweißchen, als ihr der Bär entwich, unter seiner Hülle es noch wie Gold hervorglänzen sah. Und auch, warum der Bär, wenn ihn die Kinder in ihrem Unverstand zausten und schlugen, die warnende Stimme erhob:

»Schneeweißchen, Rosenrot,
Schlägst dir den Freier tot.«

Denn der Nordstern, und mit ihm das Sternbild des »Großen Wagens«, mit Recht auch der »Große Bär« genannt, gilt ebenfalls in dem finnischen Lied als der Freier der Jungfrau Menschenseele.

In der alten Volkssage von »Reineke Fuchs« stehen Bär und Fuchs als die großen Gegensätze einander gegenüber. Die ungeschickte, aber gutmütig-starke Kraft des Bären wird von der gewandten, niedrig-instinktiven Intelligenz des Fuchses immer hinter das Licht geführt (3).

* Siehe »Kalewala«, 10. Rune.

Als der Bär von Schneeweißchen und Rosenrot im Frühjahr Abschied nimmt, sagt er ihnen, er müsse nun wieder hinaus und seine Schätze vor den bösen Zwergen hüten, die im Sommer auf Raub ausgehen und alles, was sie stehlen können, in unterirdischen Höhlen bergen. Wir sehen auch hier den Kampf des Bären mit der niederen egoistischen Intelligenz.

Das Märchen schildert uns nun, wie die Kinder, obwohl gewarnt, dennoch unwissend immer dem Zwerge bei seinem Diebesgeschäfte Hilfe leisten. – Die Menschenseele steht zwischen Zwerg und Bär. Sie dient dem ersten und ahnt nicht, was sie damit tut. Er ist überall anzutreffen, dieser Zwerg! Im Wald, am Fluß, auf der Heide erscheint er Schneeweißchen und Rosenrot und raubt die leuchtenden Geistesschätze aus den Naturreichen. Die Natur verarmt, wohin der spähende Verstand kommt. Ist es nicht der Mensch selbst, der sie mit dem listigen Zwergenblick anschaut und bestiehlt? Sie offenbart ihm nicht mehr, was geistig in ihr lebt. Er berechnet nur noch die Naturkräfte und unterwirft sie seinem Eigennutz. Die alten Fähigkeiten hellseherischen Naturschauens sinken statt dessen in Dumpfheit; sie ruhen verzaubert und vergessen in Seelengründen.

Wir haben das Reich der Elementarwesen bisher von einer anderen Seite kennengelernt. Die Zwerge erschienen als Helfer des Menschen. Sie sind ja ihrem Wesen nach fast nur Kopfnatur. Darin liegt ein Doppeltes. Sie waren weise, ehe noch der Mensch zum wachen Verstande heranreifte. Als Bewahrer uralten Geisteslichts vermögen sie dem Menschen die Pfade in Ätherwelten zu erhellen; er kann nicht ohne ihren Rat auskommen. Aber als Kopfwesen erliegen die Gnomen auch den verhärtenden Weltenkräften; sie werden egoistisch und seelenlos in ihrer Verstandeswachheit. In der Sprache der Geisteswissenschaft: die »ahrimanische« Weltmacht ergreift von ihnen Besitz. Der Zwerg ist eben nicht Symbol, das wir in der Märchendeutung einseitig festlegen dürfen. Es handelt sich stets um *wirkliche* Wesen; und diese können sehr verschieden sein. Es gibt Gnomen, die sich nach Seelenwärme sehnen und die deshalb das Menschen-Ich bewundern, weil es Liebefähigkeit in sich trägt (wie die »drei Männlein im Walde« und die sieben Schneewittchen-Zwerge). Aber es gibt auch Gnomen, die sich zu Gegnern der Herzenskräfte machen. Sie müssen durchschaut und besiegt werden, wenn die vollmenschliche Entwicklung nicht Schaden nehmen soll.

Ist der Zwerg überwunden, so kann auch der Königssohn sein Bärenfell abwerfen und Schneeweißchen in sein Königreich heimführen. Denn er war von dem Zwerge selber nur in die Bärengestalt hineinverwunschen worden.

In drei Stufen führt der Seelenweg des Märchens aus den Naturreichen »in die Stadt« hinein. Stufenweise vollzieht sich die Verarmung der Natur durch den »gottlosen Zwerg«, wie er genannt wird. Die Welt geht mit dem Sieg der kalten Klugheit ihrer Entgottung entgegen. Das letzte Bild besiegelt erst ganz die Geistverleugnung, der die Menschenseele auf ihrem Erdenwege schuldig wird.

Schneeweißchen und Rosenrot sind auf dem Wege zur Stadt; da schauen sie auf der einsamen Heide wiederum den Zwerg. Er ringt mit einem Adler um die geraubten Schätze. Unwissend, was sie damit tun, helfen die beiden Kinder dem Zwerg gegen den Adler. Der Menschenverstand entscheidet sich ja so gerne – für den Zwerg, gegen den Adler!

Erst als sie den Heimweg antreten, aus der Stadt zur Mutter zurückkehrend, geschieht das befreiende Ereignis: der Bär besiegt den Zwerg, der gierig über seinen Schätzen hockt. Und damit wird auch der herrliche Königssohn aus der Bärenhülle entzaubert. Es ist der himmlische Mensch, der aus Sternenkräften geborene, der nun aus der Erdendumpfheit zu seinem wahren Wesen erwacht. Er feiert seine Auferstehung aus der Stoffesschwere. Ihm leuchten, neu gewonnen, die Geistesschätze der Erdenwelt. Er nimmt die Natur wiederum als sein Königreich in Besitz.

*

Wir wollen noch ein Bild für das Erlebnis der Sommersonnenwende und eines für das der Tiefwinterszeit anschauen.

Musäus erzählt uns in dem Märchen »Der geraubte Schleier« von den wundersamen Kräften der Johannisnächte. Man muß freilich erst die novellistische Einkleidung, die Musäus liebt, wieder überwinden, um zu dem einfachen Märchen-Kern durchzudringen. Da hören wir von Menschentöchtern, in deren Adern noch »ein Tropfen ätherischen Blutes« fließt. Unter ihren Stammüttern ist immer eine aus dem Geschlecht der Feen gewesen. Dorther haben sie ihre geheimnisvolle Fähigkeit, sich jedes Jahr einmal in Schwanengestalt zu verwandeln. Wie Helena, die Tochter der Leda, sind sie Schwanenkinder. »Denn Ledens Töchter« – so sagt der Erzähler – »machen nicht, wie die übrigen Menschenkinder, nackend ihren Eintritt in die Welt, sondern bedecken ihren zarten Leib mit einem luftigen Gewande, aus verdichteten Lichtstrahlen des Äthers gewebt, welches sich nach dem Maße ihres Wachstums ausdehnt und nicht nur alle Eigenschaften der reinsten Feuerluft besitzt, die irdische Körperschwere zu überwinden und mit leichtem Flug bis an die Wolken zu erheben, sondern auch noch überdies der Besitzerin die Schwanengestalt mitteilt, solange sie damit bekleidet ist.«

Drei Quellen, so heißt es, gebe es, zu denen alljährlich die Schwanenjungfrauen fliegen können, um sich in heiligen Wassern zu verjüngen. In Afrika die Nilquellen, in Asien ein Wasser am Fuße des Berges Ararat, in Europa den »Schwanenteich« in den westlichen Ausläufern der Sudeten, bei Zwickau. Ein schwäbischer Ritter namens Friedbert verirrt sich nach einer Schlacht ins Erzgebirge und trifft am Schwanenteich einen alten Einsiedler, der ihn in dieses Geheimnis einweiht. Friedbert tauscht nun auch das Ritterkleid gegen den schlechten Eremitenrock ein und harrt Jahr um Jahr am Quell, bis es ihm in einer Johannisnacht gelingt, die badenden Jungfrauen zu überraschen und einer von ihnen den Schwanenschleier mit dem goldenen Krönlein zu entwenden. Diese kann nun nicht mehr mit den Schwestern heimfliegen und ist daher dem Einsiedler ausgeliefert. Er führt sie als Braut in seine schwäbische Heimat und will mit ihr dort die Hochzeit begehen. Da geschieht am Tage vorher, als die Braut sich festlich zu schmücken beginnt, das Unglück. Die Mutter Friedberts gibt ihr, ohne seinen Ursprung und seine geheimnisvolle Kraft zu ahnen, den Schleier, den ihr Sohn mit heimgebracht und in einer Truhe verborgen hat. Die Jungfrau bekleidet sich mit ihm und fliegt, augenblicks zum Schwan verwandelt, aus dem Fenster davon. Erst nach langen Mühen und Irrfahrten gelingt es Friedbert, sie aus dem Orient, wo sie als Prinzessin lebt, wiederzugewinnen.

Wo in Märchen oder Sagen vom Schwan gesprochen wird, ist überall auf den himmlischen Teil des Menschenwesens hingedeutet. Wer sich in einen Schwan verwandeln kann, der vermag die unschuldigen Kräfte seines Wesens wieder aufzuwecken und sich mit ihnen in die reinen Ätherwelten zu erheben, aus denen er vor seiner Erdengeburt herabgestiegen ist. (Das Bild des Storches, der die kleinen Kinder zu ihren Eltern trägt, ist eine ähnliche Imagination für die himmlischen Kräfte, die uns aus dem vorgeburtlichen Dasein ins irdische herübergeleiten. Es enthält also eine übersinnliche Wahrheit, die man damit dem Kinde mitteilt, wenn es nach seiner Herkunft fragt.) Wer die Schwanenflügel wiedergewonnen hat, erlebt seinen Ursprung im Lichte; um so schmerzvoller fühlt er nun, wie tief doch der Mensch von seinem wahren Wesen abgeirrt ist. Indem er seiner paradiesischen Natur wieder innewird, geht ihm erst die volle Erkenntnis über die Tatsache des »Sündenfalls« auf.

Das sind Erlebnisse, wie man sie einstmals in den Sommersonnwendmysterien erfahren konnte. Ein solches wird uns auch, wenn auch schon sehr abgeblaßt, in dem Märchen vom »geraubten Schleier« erzählt. Die gewaltigen Hochsommerfeste, wie sie weithin bei den heidnischen Völkern begangen wurden, dienten dem Aufschwung der Seelen zu den Höhen des Lichts. Sie sind aus der Sehnsucht hervorgegangen, die Fesseln des Erdenleibes zu zerreißen und für eine Weile mit der Seele im Weltenäther aufzugehen. Leibfrei schaute der auf solche Art Erwachte in mächtigem Bilde den Ursprung des Menschengeschlechts aus den Sonnenhöhen. Die Seelen wurden zu einer kosmisch-ätherischen Erinnerung durch das Erleben der Johannis-Sonnwendfeste geführt.

Je tiefer die Menschheit in die materielle Kultur hinabtauchte, um so seltener wurde diese Möglichkeit des Aufschwungs. Die Seelen empfanden sich zu erdenschwer. Das Schwanenkleid ging ihnen verloren. Wenige fühlten noch jenen »Tropfen ätherischen Blutes« in ihren Adern, dessen es bedarf, um sich in einen Schwan zu verwandeln. Es handelt sich, wie Musäus andeutet, tatsächlich um eine besondere Blutsbeschaffenheit, die für solche Entfaltung der Seelenkräfte Vorbedingung ist. In den nachchristlichen Zeiten gab es nur noch wenige Stätten, an denen von einzelnen wissenden Persönlichkeiten der Weg gewiesen wurde, um die unschuldigen Kräfte der Menschenseele aufzuwecken und mit ihnen in die heiligen Fluten der Ätherwelt einzutauchen, aus denen sie immer aufs neue die innere Verjüngung holen konnten. Musäus schildert uns nun den inneren Seelenweg eines Menschen (eingekleidet in eine ziemlich sentimentale Liebesgeschichte), – es ist der Ritter und Einsiedler Friedbert aus Schwaben, der in die Geheimnisse der Natur eindringt. Die Schwanenjungfrau, die er in der Johannisnacht schaut, ist in Wahrheit sein eigener jungfräulich-ätherischer Wesensteil. Wenn er sich des »Schleiers« bemächtigt, vermag er mit seinem »Ewig-Weiblichen« die Vermählung zu feiern.

Aber das Märchen zeigt auch, wie schwer es ist, das Erlebte festzuhalten und zu pflegen, wenn man wieder in das Erdenleben, mitten unter die Menschen zurückkehrt. Die Geisteskräfte, die Friedbert in einsamer Seelenvertiefung am Weiheorte gewonnen hat, entwinden sich ihm wieder. Der Schleier geht ihm verloren, ehe noch die Jungfrau ihm vermählt worden. Der

Ritter muß jetzt ganz neue Wege gehen, um die Schwanenjungfrau wiederzugewinnen. Wege, die Todesmut von ihm fordern. Man wußte im Mittelalter: Im Orient gibt es Stätten, an denen noch die Weisheit aufbewahrt wird, die zum Erringen des übersinnlichen Lebens führen kann.

Die alten Sonnwendmysterien, aus heidnisch-nordischer Naturweisheit stammend – denn es handelt sich hier wahrscheinlich um ein Stätte, an der noch Druidenmysterien bewahrt wurden – haben ihre Kraft verloren. Die Menschheit braucht neue Wege zum Geiste. Das Leben muß aus dem Tode wiedergeboren werden. Das christliche Johannisfest ist nicht rückwärtsgewandt. Wie wir es heute aus der Kraft eines erneuerten Christentums heraus wieder zu feiern vermögen, ist es ein Fest der Erweckung: Es soll uns erinnern, daß wir unser Schwanengewand verloren haben, mit dem wir uns einstmals schuldlos zu reinen Ätherhöhen erheben konnten. Es will die Sehnsucht entfachen, auf neue Weise wiederzusuchen, was verlorenging.

*

Die christlichen Mysterien weisen die Seele über die Sinnenfülle des Hochsommers hinaus in die Tiefwinterszeit. Wenn die kristallinischen Kräfte aus dem Umkreis hereinstrahlen, kann die Schneewittchennatur im Seeleninnern geboren werden. Das Märchen vom »Machandelboom«, das wir noch ausführlich betrachten werden, versetzt uns in diese gleiche Inspirationsstimmung, die sich mit dem Schneeflockenfall auf die Erde herabsenken will. Es schildert uns mit einem einzigartigen Zauber die neun Monate der Erwartung: im Mitgehen mit dem Geschehen des Jahreslaufs erlebt die Mutter das Reifen der eigenen Frucht, bis sie im Herbst das Kind gebären darf. Da stirbt sie, auf daß ein Höheres leben kann. In den Jahreslauf ist durch die Anordnung der Feste dieser Rhythmus der Erwartungszeit hineinverwoben: was zur Zeit der heiligen Nächte aus Himmelshöhen herniederkommt, kann als Seelenkeim gepflegt und ausgetragen werden; dann ist es um die Michaelizeit reif, in die Welt zu treten. Es vermag sich willenskräftig zu offenbaren und in Christustaten erdenwirksam werden. Denn auch die Geistgeburt hat ihre verborgenen Gesetze, nach denen sie sich vollzieht.

Die Brüder Grimm haben an den Schluß ihrer Sammlung das kleine Märchen vom »goldenen Schlüssel« gestellt. Es erzählt uns von dem armen Jungen, der zur Winterszeit in den tiefen Schnee hinausfährt, um Holz auf seinem Schlitten zu holen. Wie er sich, vor Kälte fast erfroren, draußen ein

Feuer anzünden will, entdeckt er am Erdboden, unter der Schneedecke, einen kleinen goldenen Schlüssel. Er gräbt tiefer und findet ein eisernes Kästchen, zu dem der Schlüssel paßt. Er steckt ihn hinein und dreht einmal herum: »Und nun« – so endet das Märchen – »müssen wir warten, bis er vollends aufgeschlossen und den Deckel aufgemacht hat, dann werden wir erfahren, was für wunderbare Sachen in dem Kästchen lagen.« Die Situationsschilderung, die das Märchen gibt, entspricht einem Zeitenwendepunkt. Es hört gerade da auf, wo die Menschenseele angekommen war, als das Märchen etwa erzählt sein mag: Spiegelt sich nicht im Bilde des armen Jungen, der draußen in der Winterkälte steht und sich das Feuer im Schnee anzündet, das Schicksal der christlich-abendländischen Menschheit?

Der Offenbarungsreichtum des alten Naturerlebens war vorüber; die Welt war kalt und die Seele einsam geworden. Aber der Tiefwinter birgt ein Mysterium. Wo die Herzen das Feuer entzünden, um die Welt aufs neue zu erwärmen, da finden sie auch den Schlüssel zu den neuen Lebensgeheimnissen. Das Weihnachtsfest spendet mitten in den Winternächten die heilige Seelenwärme. Es reicht den goldenen Schlüssel dar.

Der Schlüssel ist da! will das Märchen verkünden. Und für den, der tief genug gräbt, ist auch das Schatzkästlein da. Aber die neuen Schätze sind noch nicht offenbar geworden.

Die neue Richtung kennt die Menschenseele: Sie hat ja das Christusmysterium empfangen. Aber weiß sie auch, was es an Zukunftskräften in sich birgt? – Sie steht erst ganz am Anfang der Christusoffenbarung. Sie sollte nicht aus Freude darüber, den goldenen Schlüssel gefunden zu haben, vergessen, das Schatzkästlein jetzt auch wirklich aufzuschließen. Die neue Weisheit, die apokalyptisch ist, will sich ihr erst zu schenken beginnen; es gibt noch vieles Ungeahnte zu enthüllen.

DAS MÄRCHEN VON DEM MACHANDELBOOM

Ein Märchen, das den Brüdern Grimm als Vorbild erscheinen konnte, wenn sie in unermüdlichem Feilen an ihrem Werk den rechten Erzählerton suchten, war das plattdeutsche »Von dem Machandelboom«. Sie hatten es durch Armin von dem romantischen Maler Philipp Otto Runge übermittelt bekommen, der es nebst dem Märchen »Von dem Fischer un syner Fru« in seiner norddeutschen Heimat gehört und demgemäß im Dialekt weitererzählt hatte. Wo die Wacholderbäume in einsamer Heide ragen und wie vermummte Gestalten am Wege schweigen – wartend, ob nicht einer komme und sie um ihre Geheimnisse befrage: dort konnte man durch lange Zeiten Menschen finden, die mit der alten Naturweisheit vertraut waren. Abseits vom Lärm der Städte bewahrten sie in treuem Gemüte das traumhafte Schauen vergangener Tage. Bilder von erdferner Schönheit wob die Seele, und sie gaben ihr Antwort auf die Rätselfragen des Daseins.

Die Stimmen der Unsichtbaren raunten aus dem dunkel schweigenden Wacholder.* Auf den Opferaltären germanischer Priester knisterte einstmals im Feuer Wacholderreisig. Sein wundersamer Duft stieg als Weihrauch zu den Göttern empor. Ein Geheimnis, das man an den Weihestätten ehrwürdiger Druiden barg, pflanzte sich nachklingend in den Bildern des Märchens fort.

In träumender Heide, »unterm Machandelboom«, wurde der Geistesschüler erzogen, der sich in uralte Druidenweisheit einweihen ließ. Schmerzvolle Arbeit gab ihm der priesterliche Führer zu tun. Er mußte lernen, seine niedere Persönlichkeit umzugestalten; denn es galt, das Ich aus seinen vergänglichen Schalen herauszulösen. Das bedeutete für die Seele einen stahlscharfen Schnitt ins warme Leben. Wenn das Ich aus seinen sinnlichen Fesseln befreit werden sollte, mußten Erdengefühle geopfert werden; es mußte

* Der Wacholder, an anderen Orten auch »Queckholder« (queck ist rege, lebendig), galt als Spender von Verjüngungskräften.

»Blut fließen«. Die Weisheiten, die ihm zuteil wurden, senkten sich in kristallener Klarheit auf seine Seele herab. Inneres Leben aber konnten sie für ihn erst gewinnen, wenn sie von der Wärme des Gefühls durchglüht wurden; seine Lebenswärme mußte er an die reine Gedankenwelt hinopfern.

Diese Seelentätigkeit stand eines Tages im Geistesbilde vor dem Auge des Schülers. Seine dem Erkenntnisstreben geweihte Seele offenbarte sich ihm in der Gestalt eines Weibes mitten in einer Winterlandschaft (6). Sie hält die Frucht, die der Mensch vom Paradiesesbaum gepflückt hat und die er als selbstsüchtiges Ich in sich trägt, in der Hand: Sie schält den Apfel, während die Schneeflocken fallen. Dabei schneidet sie sich mit dem Messer in den Finger; es fließt Blut und glüht im Schnee auf. Da ahnt die Seele die Empfängnis eines höheren, reineren Ich, das ihr als Geistgeschenk zuteil werden soll, wenn Erkenntnis in ihr zu glühendem Leben geworden sein wird.

»Ach, hadd ik doch en Kind«, seufzt das Weib, »so rood as Blood un so witt as Snee.«

Dieses geschieht an verborgener Weihestätte: »unterm Machandelboom«. Das Bild der Blutstropfen, die im Schnee aufleuchten, galt ehemals als das Wahrzeichen, daß die mystische Entwicklung der Seele ihren Anfang genommen hatte. Wir begegnen dieser Imagination auch im Schneewittchenmärchen, außerdem aber in der Gralssage. Eindrucksvoll weiß Chrestien de Troyes in seinem Epos zu schildern, wie »Perceval« eines Morgens auf Abenteuer ausreitet und in die Nähe des Hoflagers des Königs Artus kommt. Er reitet über eine verschneite Wiese. Eine Schar Gänse fliegt auf, und ein Falke stößt auf eine Gans, die er am Halse verwundet. Sie entkommt ihm zwar, muß aber drei Blutstropfen auf der Flucht fallen lassen. Als nun der junge Ritter vor sich im Schnee die Blutstropfen gewahr wird, steigt ihm das Bild seiner fernen Geliebten, Blanchefleur, vor dem Seelenblicke auf: »Perceval träumte über den Blutstropfen und brachte den ganzen Morgen dabei zu, bis die Knappen aus den Zelten kamen und ihn da träumen sahen. Sie dachten, er schliefe...«

In den Bildern der Gralslegende pflanzte sich im Mittelalter eine einzigartige Strömung des Christentums fort. Sie hatte ihren Ausgang von der hibernischen Insel genommen und war durch die iroschottischen Glaubensboten nach Europa getragen worden. Dort blühte sie an Stätten der Weisheit und edlen christlichen Liebeswirkens, bis die Macht der römischen Kirche diesen spirituellen Strom verschüttete und für lange Zeiten ganz verdeckte. Worin bestand aber das Wesentliche jenes aus der keltischen Urweisheit gespeisten Christentums? – Daß es aus unmittelbarer Erfahrung, aus übersinnlichen Erlebnissen zu schöpfen vermochte und von der Christustatsache ohne irgendeine historische Überlieferung zu künden wußte. Rudolf Steiner hat aus seiner Geistesschau heraus zu wiederholten Malen den Zauber dieser keltischen Mysterienkultur dargestellt. Er hat geschildert, wie es in Irland Stätten gab, wo Menschen in Bildern das Mysterium von Golgatha miterlebten, während es irdisch-historisch in Palästina stattfand. Nicht aus der Bibel oder aus anderen apostolischen Berichten wußten die keltischen Eingeweihten und ihre Schüler von dem Erscheinen des Christus im Erdendasein. Ihnen ging dieses größte Erdenereignis in mächtigen Imaginationen auf, die sie dann in kultischen Handlungen eindrucksvoll darzustellen wußten. Jahrhundertelang blühte dieses von Hibernien ausstrahlende Christentum, bis es von dem römisch-historischen schließlich verdunkelt und verdrängt wurde.

In der Legende von der reinen Jungfrau Brigit (auch Saint Bride genannt) kann noch ein Nachglanz solcher Erlebnisse wiedergefunden werden. Von Druiden erzogen, wird die Jungfrau eines Tages im Geiste entrückt und darf im fernen Lande die Geburt des Erlösers im Stalle miterleben.*

Vor allem aber stellt die Suche nach dem heiligen Gral noch weit in die mittelalterliche Zeit hinein im Schleier der Sage den Weg zur mystischen Wahrnehmung der Ereignisse von Golgatha dar. Abseits von allen kirchlichen Einflüssen findet Parzival die heilige Stätte und empfängt die Erleuchtung über die wahre Bedeutung der Christusgeheimnisse.

Sie sind ein Blutsmysterium. Vor der imaginativen Anschauung erscheinen sie als das Aufleuchten ganz neuer Bildekräfte, die das Menschenwesen verjüngen und die irdische Natur einer Verklärung entgegenführen. In allen Gebieten, wo die Volksseele mit diesem Strom des iroschottischen Christentums in Berührung gekommen ist (und das geschah seit dem 6. und 7. Jahrhundert in ganz West- und Mitteleuropa), dürfen wir bis in die Imaginationen der Sagen- und Märchenwelt hinein dieses wundersame Christuslicht suchen. Hiermit treten wir an das innerste Heiligtum der deutschen Volksmärchen heran. Sie sind aus einem Kulturkreis herausgeboren, der von einem verborgenen Geisteslicht durchtränkt war. Mag auch im einzelnen dieses oder jenes Motiv bis in den Orient, ja bis in vorchristliche Jahrtausende

* Siehe Fiona Macleod »Das Reich der Träume«: die Erzählung von der Pflegerin Christi.

zurückzuverfolgen sein, die Auflösung der Märchen in bloße »Motive« ist dem Zerlegen einer Dichtung in einzelne Vokabeln zu vergleichen, die natürlich auch überall wiederkehren. Auf die innere *Wegrichtung*, auf die imaginative Logik, wenn man einmal einen solchen Ausdruck gebrauchen darf, muß sich das Augenmerk lenken, um sich in die Erlebnissphäre einzufühlen, in der jeweils eine Bilderfolge urständet.

Durch viele unserer deutschen Volksmärchen geht dieses Gralsleuchten. Sie haben einen wesentlichen Anteil an der Durchseelung des Volksgemüts mit wahren Christuskräften; denn sie senken auf eine völlig undogmatische Weise geistig wirksame Imaginationen in unzählbare Kinderherzen hinein.

*

»Dat is nu all lang heer, wol twe tusend Johr, do wöör dar een ryk Mann, de hadd eene schöne frame Fru, un se hadden sik beyde sehr leef...« Das Leben dessen, der Seelenpfade gehen kann, wird zur Legende. Wo ein Mensch, der noch reich an Schätzen eines uralten Weisheitserbes ist, diese mit der Schönheit tiefster Frömmigkeit zu beseelen weiß, da beginnt diese Legende. Die Seele entbrennt in Sehnsucht nach dem Leben des höheren Ich. Ihre ganze Kraft der Erwartung opfert sie diesem in ihr heimlich wachsenden Geisteskinde hin. Aber soll das wahre Ich von ihr ausgeboren werden, so muß sie selber auf Leben verzichten; sie muß zur Grablegung bereit sein. »Wenn ik staarw, so begraaf my ünner den Machandelboom.« Als sie das Kind geboren hat, stirbt die schöne fromme Frau vor übergroßer Freude. Sie wird an der Weihestätte begraben.

Doch der Mensch gehört zwei Welten an. Die Welt, in der er durch sein Erdenschicksal fest stehen muß, macht auch ihr Anrecht an sein Wesen geltend. Er *muß* ja mit der Sinnennatur hier leben; sie wird ihm zur »zweiten Frau«. Auch sie gebiert ihm ein Kind. Neben dem Geist-entsprossenen wächst ihm ein sündiges, aber aus Unwissenheit in Schuld verfallendes Bewußtsein heran. Für das höhere Ich, das an der Weihestätte zur Geburt kam, ist es schwer, mit der Sinnennatur und ihren Ansprüchen zusammenzuleben. Es muß von dieser Verfolgung und Verachtung und schließlich auch den Tod erleiden.

Das Märchen spricht von dem »lüttjen Jungen« und dem »Marleenken«. Das göttliche Kind erhält keinen irdischen Namen. Die kleine Schwester, die durch ihre böse Mutter mitschuldig wird, aber als Kind des gleichen Vaters sich dem reinen Bruder verwandt fühlt und nach vollzogener Tat trauert und sühnen möchte, sie trägt den Namen der großen Büßerin: »Maria Magdalena«. Damit weist das Märchen auf die tiefen Beziehungen hin, die seine Bilderwelt zu den Ereignissen und Gestalten der Evangelien hat. Dennoch: seine Imaginationen schöpft es aus unmittelbarer Anschauung geistiger Vorgänge, die sich auf inneren Seelenwegen offenbaren; nicht aus den biblischen Berichten.

Das Golgatha des Kindes wird in grausigen Bildern erlebt. Es ist ein innerer Passionsweg. Überall und jederzeit wird er gegangen, wo die Kindeskräfte des Menschen dem Fallstrick der Sinnennatur und des an die Sinne gefesselten Verstandes preisgegeben sind. Von einer bösen Macht ist die Stiefmutter des Kindes besessen; sie stößt es von einer Ecke in die andere. Eines Tages ersinnt sie eine List. Ihr Töchterchen will einen Apfel essen; die Mutter sagt ihm, es solle ihn nicht eher haben, als bis der »lüttje Jung« nach Hause komme. Er kommt aus der Schule; da lockt sie ihn auf die Bodenkammer und läßt ihn aus der Kiste, deren schweren eisernen Deckel sie aufhebt, selbst einen Apfel greifen. Als er sich arglos hineinbückt, schlägt sie den Deckel zu. Der Kopf des Knaben rollt unter die Äpfel. Von Angst erfüllt, sucht sie nun die Schuld von sich auf ihr eigenes Kind abzuwälzen. Sie fügt den Kopf wieder an den Rumpf und verbindet den Hals sorgfältig. Dann setzt sie den Knaben vor die Tür mit einem Apfel in der Hand und schickt Marleenken hinaus, daß sie den Bruder um den Apfel bitte. Als er nicht antwortet, sagt sie es der Mutter, und diese rät ihr, ihn durch einen Backenstreich aufzuwecken. Sie tut es, und der Kopf rollt in den Sand. Voll Entsetzen eilt sie zur Mutter und fühlt sich tief schuldig. Aber diese beruhigt die Tochter. Sie ersinnt ein grausiges Mahl und kocht des getöteten Kindes Leib in seinem eigenen Blute. Dieses Gericht setzt sie dem ahnungslos heimkehrenden Vater vor. Der Vater wundert sich zwar, daß sein Knabe nicht daheim sei. Traurig setzt er sich zu Tische, wird aber ganz froh, als er zu essen beginnt. Er mag gar nicht aufhören; denn es schmeckt ihm, »als ob es alles sein wäre«. Die Knochen des Kindes aber wirft er unter den Tisch. Marleenken sammelt sie sorgfältig ein, hüllt sie in ein seidenes Tuch und trägt sie weinend zum Wacholderbaum. Da wird ihr plötzlich so leicht zumute. Ein Wunder geschieht: der Wacholder gerät in Bewegung, die Zweige recken sich wie freudig gebreitete Hände empor. Bald steht der ganze Baum in hellen Flammen. Aus dem Feuer steigt ein schöner Vogel singend in die Lüfte auf. Der Wacholder erlischt wieder und ist, gleich Moses' brennendem Dornbusch, ganz unversehrt geblieben. Das Tuch mit den Knochen jedoch ist verschwunden. Marleenken aber geht in dem Bewußtsein: mein Bruder lebt! freudig nach Hause und setzt sich zu Tische.

Hier seien nur einige Züge des Märchens in ihrem tieferen Zusammenhange mit dem Mysterium des Christentums beleuchtet.

Christus stellte ein Kind unter seine Jünger, um ihnen zu sagen: Nur wenn ihr die Kräfte der Kindheit in euch wieder aufzuwecken versteht, findet ihr den Zugang zu dem Reich des Geistes. Aber die Menschheit erwürgt in sich täglich diese Unschuldskräfte, indem sie sich an die Stoffeswelt verliert. Was im Kinde zunächst noch nach oben hin aufgeschlossen war, das wird mit dem Erwachen des Erdenverstandes von den Himmelswelten abgeschnitten. Das Schließen der Fontanellen, die Verhärtung der Schädeldecke kann man wie ein leibliches Gegenbild dafür empfinden. Das göttliche Kind gerät ins Stellholz; dieses fällt über ihm zu, wie über der arglos in die Falle laufenden Maus. »Wer aber eins von diesen Kleinen ins Stellholz lockt«, so spricht Christus, »dem wäre besser, daß ihm ein Mühlstein an seinen Hals gehängt würde.« Im griechischen Text bedeutet skándalon, das man gewöhnlich mit »Ärgernis« übersetzt (und skandalizein demgemäß mit »ärgern«), das Stellholz oder den Fallstrick. Als der »lüttje Jung« im Märchen eines Tages aus der Schule kommt, gerät er ins Stellholz, in das ihn die böse Stiefmutter gelockt hat. Wenn das Kind nur seine sterblichen Kräfte, den Erdenverstand, in der Schule entwickeln lernt, verfällt sein ewiger Teil dem Tode auf der Schädelstätte. Aber dem Menschengeiste ist es vorbestimmt, durch sein Golgatha zu gehen. Deshalb sagt das Evangelium: »Es muß ja das Stellholz (skándalon) in die Welt kommen, doch wehe dem Menschen, durch den es kommt« (Matth. 18, 1–7).

Was als Geisteskräfte mit dem Zauber unberührter Kindlichkeit in uns erwacht, das muß erst seinen Gang durch das Leben der Sinnenwelt nehmen. Eher wird es sich nicht zum bewußten, *erkennenden* Geist erheben können. Es muß die Frucht des Erkenntnisbaumes pflücken; aber nach dem »Apfel« greifen, bedeutet zugleich, sich den Todeskräften der Materie (der bösen Mutter) ausliefern (7). Tief verborgen, auf der Schädelstätte eines jeden Menschen, ist diese Kammer. Dort vollzieht sich alle Tage dieser Passionsgang der ewigen Kindesnatur, die in den Tod geschickt wird, um zur Erkenntniskraft werden zu können. Das sinnliche Bewußtsein findet diese Tatsache vor, ohne sie ganz zu begreifen: wie der einstmals lebendige Geist zum Intellekt verblaßt und ihm nun leblos entgegenstarrt. Es kann sich, wenn es gewahr wird, daß der Geist dem Tode verfallen ist, daran mitschuldig fühlen. Es kann trauern um den Verlust des göttlich-kindlichen Teils seines Seelenwesens. Dann wird es zur Büßerin.

Wo aber bleiben die lebendigen Kräfte des Geistes, wenn er zum Schattendasein herabgedämpft ist und im Menschen durch die intellektuelle Entwicklung gehen muß? Sie werden der tieferen Menschennatur einverleibt. »Fleisch und Blut« des göttlichen Sohnes werden ihr unbewußt zur Nahrung. Die toten Reste des Geistes jedoch – unser Erdenverstand, der erstarrt ist – harren einer höheren Wiederbelebung. Sie müssen mit den Gemütstiefen, mit der verstorbenen Mutter, in Berührung gebracht werden. Dazu bedarf es einer mystischen Erweckung. Erst wenn die ganze Tiefe der Schmerzempfindung, deren das irdisch-gebundene Bewußtsein nur fähig ist, um das erstorbene Leben des Göttlichen in uns wach wird, kann dieses Göttliche seine Auferstehung feiern. Am Weiheorte, wo »die schöne fromme Frau« begraben liegt, können die toten Gedanken, die Knochenreste des Kindes, mit Leben durchdrungen und auferweckt werden. Dadurch wird der Intellekt, beseelt von Andachtskräften und wiederverbunden mit den Ursprungsmächten, aus denen er hervorging, völlig vergeistigt. So entringt er sich der Leibesfessel und schwebt frei von aller Erdenbindung im reinen Äther. Karfreitag und Ostern können, wie sie einst irdisch-historische Ereignisse waren, auf solche Art zu Tatsachen einer mystischen Seelenentwicklung werden. Diese zu übersinnlich-ätherischem Leben erweckte Gedankenkraft tritt von nun an als Geistgestalt an die Menschenseelen heran, um lehrend ihr eigenes Geheimnis als ein »Ewiges Evangelium« zu verkünden:

Mein Mutter der mich schlacht,
Mein Vater der mich aß,
Mein Schwester der Marlenichen,
Sucht alle meine Benichen,
Bind't sie in ein seiden Tuch,
Legt's unter den Machandelbaum.
Kywitt, kywitt, wat vör'n schöön Vagel bün ik!

In drei Etappen vollzieht sich diese Verkündigung des Wundervogels an die Menschheit. Er fliegt von Ort zu Ort, um Verständnis für das Mysterium seines Wesens zu erwecken. Man könnte die Geschichte des Christentums in einer gewaltigen Perspektive stufenweise darin gespiegelt finden, wenn der Vogel auf das Haus des Goldschmieds, des Schusters und zur klappernden Mühle fliegt, um die Seelen aus ihrer Erdenarbeit durch die Macht des Gesanges aufzuwecken.

Der Goldschmied, der an einer goldenen Kette in seiner Werkstatt arbeitet, wird als erster gerufen. Er eilt sofort in den vollen Sonnenschein, der über der Straße liegt, hinaus und gibt dem Vogel als Dank für die Botschaft die goldene Kette hin. Seelen, die noch »die goldene Kette« uralter Weisheitsüberlieferungen bewahrten, brachten das erste Verständnis dem Christusmysterium entgegen: sie, deren Lichtsehnsucht so stark war, daß sie ohne Säumen sich sofort vom Alltagsstaube trennen konnten, um dem Rufe des Geistes zu folgen.

Aber das Christentum muß sich fest auf die Erde stellen lernen; damit tritt es in eine zweite Etappe seiner Verkündigung ein. Der Schuster, an dessen Ohr das Auferstehungslied dringt, muß schon die Hand vor die Augen halten; denn er erträgt nicht den blendenden Glanz des Lichtes, in dem der Vogel weilt. Er ist viel erdgebundener; dafür aber auch liebefähiger. Er läßt sein ganzes Haus an der befreienden Botschaft teilnehmen; er ruft sie alle heraus. Nicht mehr die Mystik, die einsam für sich der Offenbarung entgegenstrebt, sondern ein tatkräftig helfendes Christentum des Miteinandergehens spiegelt sich darin. Der Schuster schenkt dem Vogel die roten Schuhe, die er gemacht hat; sie sind zum Tanzen da (4).

Mühsam ist die Verkündigung, die der Bote der Auferstehung in das Getöse des Maschinenzeitalters hineinzutragen hat. Es ist das dritte Mal, daß er sich zum Singen anschickt. Zwanzig Müllerburschen sitzen in der klappernden Mühle und behauen einen schweren Mühlstein. Langsam erst dringt die Stimme des Vogels in dem betäubenden Lärm der Werkstätte durch, den das Märchen lebhaft zu malen versteht. Einer nach dem andern hört zu hacken auf, um zu lauschen. Als das Lied ausklingt, ist auch der letzte so weit, daß er die Botschaft hören möchte. Aber der Vogel fordert den schweren Mühlstein von ihm als Gegengabe. Der Stein, der die Lebenskeime zermalmt und mahlt, soll in das Licht der Auferstehung emporgetragen werden. Das aber vermag nicht einer allein, und wenn er es noch so gern tun möchte. Nur wenn alle gemeinsam willens sind, den Dienst an der Materie dem Geiste zu weihen, kann der Stein ihm aus geeinigten Kräften entgegengehoben werden.

Und wirklich! schließlich sind *alle* bereit. Damit kann die Erlösung der Erde durch die Opfertaten der Menschheit beginnen.

Das Märchen schließt mit einem gewaltigen Bilde vom Jüngsten Gericht. Der Vogel singt über seinem Elternhause. Der Vater fühlt bei dieser Botschaft die warmen Ströme der Sonne durch das Haus fluten. Die Mutter sieht sich von Blitzen umzuckt und weiß nicht, wohin sie sich vor dem nahenden Gewitter, das sie bedrückt, retten soll. Marleenken aber weint vor Sehnsucht nach dem verlorenen Bruder. Sie alle empfinden seine Nähe und hören das Lied, wenn sie es auch noch nicht voll begreifen können. Nacheinander treten sie vor das Haus, um der Geistesoffenbarung zu lauschen. Zuerst der Vater, der freudig die goldene Kette empfängt; dann Marleenken, die springt und tanzt, als sie die roten Schuhe erhält; zuletzt voller Angst die böse Mutter, auf die der Vogel den Mühlstein herabwirft, so daß sie zermalmt wird.

Das Gericht ist eine Scheidung der innerhalb der menschlichen Natur vermischten Kräfte. Das ursprüngliche Menschenwesen wird von dem Geiste wiederum mit der verlorenen Weisheit begabt; die trauernde Seele lernt die Erdenschwere überwinden; aber die Sinnennatur fällt dem Tode der Materie, der sie gedient hat, anheim. Denn wer die unsterblichen Kindeskräfte erwürgt, – »dem wäre besser, daß ihm ein Mühlstein an seinen Hals gehängt würde«. Dieses Bildwort des Evangeliums geht also in der mystischen Handlung des Märchens wörtlich in Erfüllung.

Im Feuer verwandelt sich der Wundervogel in die Kindesgestalt zurück; er erinnert uns an den Vogel Phönix, der ja immer eine uralte Weissagung auf das Ostergeheimnis dargestellt hat.

So steht als Bruder der Menschenseele am Ende der Tage der Tröster vor den geistig Erwachten. »Un se güngen in dat Huus by Disch und eeten.« Man kann empfinden, wie durch die Bilder des Gerichts die Worte der Offenbarung Johannis hindurchklingen: »Siehe, ich stehe vor der Tür und klopfe an. So jemand meine Stimme hören wird und die Tür auftun, zu dem werde ich eingehen und das Abendmahl mit ihm halten, und er mit mir.«

Das Märchen will, obwohl es das Raunen uralter Weisheit aus keltisch-germanischer Mysterienkultur in sich birgt, bewußt als ein christliches Wandlungsgeheimnis verstanden werden. »Dat is nu all lang heer, wol twe tusend Johr«, so hebt es an. Es möchte uns an den Beginn unserer Zeitrechnung versetzen. Freilich nicht so, als ob es allegorische Einkleidungen für

Vorgänge in Palästina geben wollte. Es kann überall erlebt werden, wo die Geistempfängnis wahrhaft gesucht wird. Wo es zur inneren Erfahrung zu werden beginnt, da »wird die Zeit zum Raume«, wie Richard Wagner vom Gralserlebnis zu sagen vermochte. Es tritt die *Gleichzeitigkeit* mit Christi Tod und Auferstehung ein. Die »heilige Geschichte« hebt in der Seele von neuem an.

*

Schon Goethe muß die mystische Tiefe dieses Volksmärchens empfunden haben; denn er hat das Auferstehungslied des Vogels, obwohl in einer anderen Fassung, die ihm bekannt war, an einen bedeutsamen Wendepunkt innerhalb seiner Faustdichtung gestellt.

In Faust erscheint uns ja die Seele der Menschheit, wie in enggewölbter Studierstube sich verkriechend, zu Grabe gegangen unter Büchern und Traditionen, unter Instrumenten mit Hebeln und Schrauben! Ein hohler Schädel steht vor dem Geistsucher und spricht mit Grinsen von der Sterblichkeit aller hirngebundenen Gedanken, mit denen er nach Wahrheit getastet hat. Faust empfindet das Rätsel der Schädelstätte. Als Sackgasse alles Lebens und Strebens muß ihm der Intellekt erscheinen; die Seele ist in Gefahr, daran zu ersterben. Auch die Osterbotschaft, die in seine Grabesnacht hereintönt, vermag ihn diesem Abgrund nicht zu entreißen. Für einen Menschen, der wie Faust die Welt zerdacht hat, kann das Christusopfer nicht mehr durch den Glauben ergriffen werden. Es muß als eine *Schicksalswirklichkeit* durch sein eigenes Leben hindurchgegangen sein.

Faust sehnt sich nach einem Schicksal; er mag nicht mehr Zuschauer des Daseins sein. Darum sagt er der Verstandesklarheit des Kopfes ab und stürzt sich in die dunkle Tiefe des Blutserlebens. Aber das Schicksal, an das er sich verlieren will, soll mehr, als ihn nur persönlich beglücken oder zerschmettern. In ihm soll sich »sein eigen Selbst zum Menschheitsselbst erweitern«. Es soll Faust dadurch offenbar werden, »was der ganzen Menschheit zugeteilt ist«.

Faust hat sich in der Liebe zu Gretchen mit neuen Seelenkräften erfüllt; aber am Abgrunde der Leidenschaft wird er gewahr, wie er in der Tiefe der Irrungen die Seele befleckt und gemordet hat. Gretchen erscheint ihm während des Walpurgisnachtstaumels als blasse Gestalt mit roten Haarstreifen, von ferne mahnend. Als er dann, vom Gewissen getrieben, zu ihr eilt, hat sie inzwischen das Kind, das sie von ihm empfing, aus Not ertränkt; sie selbst erwartet der Henkerstod.

An diesem Schicksal kommt Faust zum Erwachen seines wahren Selbst. Das »Für dich gegeben und für dich vergossen« wird ihm inneres Erlebnis. Er ringt sich dazu durch, das eigene Schicksal *mystisch* zu erleben. Das aber heißt: Es wird ihm zum Gleichnis. Als er den Kerker aufschließt und betritt – Gretchen nennt ihn einen »heiligen Ort« –, tönt ihm von innen ein Lied entgegen.

> Meine Mutter, die Hur', die mich umgebracht hat!
> Mein Vater, der Schelm, der mich gessen hat!
> Mein Schwesterlein klein hub auf die Bein',
> An einem kühlen Ort;
> Da ward ich ein schönes Waldvögelein,
> Fliege fort! Fliege fort!

Gretchen tritt ihm in einem Zustand geistiger Entrückung entgegen; das Leid und der nahende Tod haben sie welt-hellsichtig gemacht. Was aus ihr singt, ist die Stimme des Kindes. Sie hat auf der Gasse diesen Vers als Spottlied hinter sich hersingen hören. Doch sie beginnt die mystische Tiefe des Liedes zu ahnen:

> Sie singen Lieder auf mich! Es ist bös von den Leuten.
> Ein altes Märchen endigt so,
> Wer heißt sie's deuten?

Die Deutung dieses Märchens wissen, heißt in der Tat: bis zu dem erlösenden Sinn dieses Schicksalsabgrundes vorgedrungen sein.

Als sich Faust in der Liebe zu Gretchen an das Reich der Seele hingab, konnten ihm neue Kindeskräfte geboren werden. Sein Verstand aber erkannte sie noch nicht, und seine befleckte Seele konnte sie nicht nähren und zur Entfaltung bringen. So sank das Geisteskind in unbewußte Seelentiefen herab, in den trüben Wassern der leidenschaft-durchwühlten Seele ertrinkend. Wenn aber die schuldig gewordene Seele über ihrer Tat erwacht, kann sie den Weg bewußter Läuterung beschreiten. Ihr Sühnetod läßt die zarten Geisteskräfte, die sich als verborgen wirksames Leben in die Untergründe seiner Persönlichkeit zurückgezogen hatten, wieder heraufsteigen. Denn im zweiten Teil der Faustdichtung beruht aller innere Fortschritt darauf, daß sich die Geniuskräfte des Kindes dem todverfallenen Verstande des Faust mehr und mehr verbinden. Durch diesen geheimen Verjüngungsstrom lebt sich sein Denken im Lauf der Jahre zum Weltgeist empor. Es darf aus den Fesseln irdischer Sinnengebundenheit auferstehen.

Im Märchenbilde gesprochen: Der Vater hat ahnungslos sein eigenes Kind als Opferspeise gegessen; es wirkt von nun an als unsterbliche Keimkraft seines Wesens in ihm fort. Äußere Schicksalstatsachen schildert uns das Drama. Aber sie erscheinen gleichzeitig als Bilder innerer Verwandlungen. Mit Sinnesaugen betrachtet, sind sie nichts anderes als tragisch; von innen her gesehen, verwandelt sich dieses Schicksal in ein Mysterium. Faust erlebt wirklich: »was der ganzen Menschheit zugeteilt ist«. Denn hat nicht auch diese ihren Sohn, den Gottessohn, verachtet und dem Tode preisgegeben? Aber indem sie ihn als Speise und Trank in sich aufzunehmen beginnt, kann er aus ihr heraus mit unsterblicher Lebenskraft im Geiste aufs neue erstehen.

GESCHWISTERMÄRCHEN

Wir haben die Doppelnatur des Menschen im Märchenbilde kennengelernt. Als zwei Schwestern erschien sie in »Schneeweißchen und Rosenrot«, als Bruder und Schwester im »Machandelboom«-Märchen. Auch darin spricht sich innere Gesetzmäßigkeit aus, ob eine Gestalt sich männlich oder weiblich offenbart. Männlich stellt sich die aktive Seite des menschlichen Wesens dar: als Königssohn, wenn es sich um die schöpferische Kraft des Geistes handelt; in irgendeinem Berufe, wenn es eine bestimmte Tätigkeit oder Willensrichtung zu charakterisieren gilt; als Knabe, wenn eine junge, noch mehr naiv wirkende Triebkraft des Geistes geschildert werden soll. Weiblich dagegen erscheint die passiv-empfängliche Seite: die wissenden oder ahnenden Tiefen des Gemüts als Mutter; das niedere, ganz an die Sinnlichkeit gebundene Wissen als Stiefmutter; das reine, aber noch unerweckte Bewußtsein, das zur Weisheit heranreifen kann, als Jungfrau; oder schon von Weisheit erleuchtet, als Königstochter mit goldenen Haaren.

»Brüderchen nahm sein Schwesterchen an der Hand und sprach: seit die Mutter tot ist, haben wir keine gute Stunde mehr; die Stiefmutter schlägt uns alle Tage, und wenn wir zu ihr kommen, stößt sie uns mit den Füßen fort... Komm, wir wollen miteinander in die weite Welt gehen.« Das Menschenwesen, das sich in der Sinnenwelt nicht mehr zu Hause fühlen kann, geht in die »Heimatlosigkeit«. Es begibt sich auf den Weg, um sich eine neue Heimat zu erwandern. Einsamkeitserlebnisse sind es zunächst, die sich im Grenzgebiet zwischen Sinnen- und Geisteswelt einstellen. Diese Loslösung der Seele von der ihr vertrauten Welt und ihren Gewohnheiten pflegt im Märchenbilde als das Betreten des großen Waldes dargestellt zu werden. Die Welt verwandelt sich für das erste übersinnliche Erleben zu dem *Walde*, in dem man sich verirren kann. Keine Wege, die zum sicheren Ziele führen, wollen sich zeigen; ein Zauberbann, dem man kaum zu entrinnen vermag, liegt über allem.

Dante hat ebenfalls diesen Wald geschildert. Seine »Göttliche Komödie« beginnt mit einem Grenzerlebnis. Der richtungslos im Walde Umherirrende begegnet drei Tieren, die ihm den Weg verlegen. Pardeltier (Luchs), Löwe und Wolf bedrohen sein Leben. Man hat sie oftmals als Sinnenlust, Stolz und Geiz allegorisch gedeutet; aber man wird dem geistig-künstlerischen Gehalt solcher Bilder nur gerecht, wenn man auf die Erlebnissphäre zurückgeht, der sie entstammen. Erst was von der Vernunft durchleuchtet ist, erscheint im übersinnlichen Reiche in Menschengestalt; die unbewußt wirkenden Kräfte der Menschennatur, die Triebe und Leidenschaften, nehmen dort Tiergestalt an. Es ist nun ein Gesetz dieser Seelenwelt, die auch »astralische Welt« genannt wird, daß alles, was noch Begierdennatur an sich trägt, im Spiegelbild erscheint: wie auf die Seele zukommend. Je mehr die Seele noch von einer Leidenschaft abhängig ist, desto bedrohender und angriffslustiger tritt die entsprechende Tiergestalt auf. Das läßt sich auch im Reich der Träume erfahren.

Das ungestillte Willensleben erscheint vom Durst getrieben. Es brennt noch, wie die Seele nach dem Tode im Reich der Läuterung, in der eigenen Begierdenglut. Je mehr Weisheitskräfte aber eine Seele schon errungen hat, desto mehr vermag sie die instinktiven Kräfte im Zaum zu halten.

Das Schwesterchen, so schildert das Märchen, warnt und hält das Brüderchen zurück, wenn es aus den Quellen trinken will, die von der bösen Stiefmutter, die eine Zauberin ist, verwünscht sind. »Wer aus mir trinkt, wird ein Tiger«, murmelt die erste, »wer aus mir trinkt, wird ein Wolf«, die zweite Quelle. Der Tiger würde das Schwesterchen zerreißen, der Wolf es verschlingen.

Wohl vermag die Besonnenheit noch die Kräfte der niederen Sinnengier und der Selbstsucht zu meistern; nicht aber die allgemeine Sinnenfreude, den Drang nach Erlebnis und Abenteuer. Das Brüderchen stillt schließlich seinen Durst in der dritten Quelle, die ihn in ein Reh verwandelt. Das Schwesterchen weint darüber; aber es weiß das Rehkälbchen zu lenken, indem es ihm sein »goldenes Strumpfband« um den Hals bindet und und es an einem Binsenseil zu führen versteht. Sie finden eine Hütte im Walde und nehmen dort gemeinsam Wohnung. Des Tages streifen sie, Nahrung suchend und spielend, durch den Wald; abends kehren sie in die stille Hütte ein.

Wenn die Wunschnatur von der Seelenweisheit geleitet wird, kann die Menschenseele im gesunden Wechsel zwischen Weltoffenheit und Selbstbesinnung leben. Jeden Abend, wenn sie wiederum von Sinneseindrücken gesättigt und ermüdet ist, vermag sie in sich zurückzukehren:

Entschlafen sind nun wilde Triebe
Mit jedem ungestümen Tun;
Es reget sich die Menschenliebe,
Die Liebe Gottes regt sich nun...

Diese Stimmung des Faust, der aus der Frühlingsnatur, die seine Sehnsucht mächtig aufwühlte, in die stille Zelle heimkehrt, spiegelt die gleiche Empfindung wider, wie sie in jenen Märchenbildern lebt.

Ungestüm ist der Trieb des Rehs, wenn das Hifthorn der Jäger durch den Wald erklingt. Das Reh braucht Abenteuer. Es läßt sich am Tage nicht in der Hütte halten, wenn der König Jagd abhält. Abends pocht es an die Tür und verlangt von dem Schwesterlein Einlaß. Bis es verwundet wird und der König den Weg zur Hütte entdeckt. Er tritt ein und wirbt um das Mädchen; denn es ist so schön, wie er noch keins gesehen hatte. Sie geht mit auf sein Schloß; aber unter der Bedingung, daß sie ihr Rehlein mit sich nehmen darf.

Die Welt der Sinne ist von Todesmächten durchwaltet; doch nur wo Todesmächte wirken, kann sich Bewußtsein entwickeln. Solche tötenden Kräfte, die eben Erkenntnis-weckende Kräfte sind, erscheinen im Bild des Jägers. Wir würden aus dem Irrwald des naturhaften Lebens nimmermehr herausfinden, wenn es nicht Todeswirkungen in dieser Welt gäbe. Nicht nur, daß der Tod am Ende unseres irdischen Daseins die Erweckung der Seele zum Geiste bewirkt, – auch alles Bewußtsein innerhalb unseres Leibes entfaltet sich auf Grund von Sterbeprozessen im Organismus; überall sind Todesmächte die Grundlage für das Entfachen des Erkentnislebens. Vor der übersinnlichen Anschauung des Menschenwesens enthüllt sich daher erst die wahre Bedeutung der Todeswirkungen. Wir müssen begreifen: Sie sind im Haushalt der Welt notwendig, weil ohne sie der Geist nicht zur Erweckung kommen würde. Im Gewande des Jägers betritt der König mit der goldenen Krone – es ist der Geistsucher – die Hütte und führt das Mägdlein als seine Braut heim. Aber die böse Stiefmutter schleicht den beiden Kindern auch dorthin nach. Als die junge Königin ein Knäblein zur Welt gebracht hat, verwandelt sich die Hexe in die Kammerfrau und läßt die noch schwache Königin in der Badstube durch ein Höllenfeuer, das sie anzündet, ersticken. Dann legt sie ihre eigene Tochter, die häßlich ist wie die Nacht und nur ein

Auge hat, statt der Königin ins Bett und weiß den König durch eine List zu täuschen. Um Mitternacht aber erscheint die Seelengestalt der toten Königin; sie tränkt ihr Kind und liebkost ihr Reh. Der König, der es von der Kinderfrau erfährt – denn diese allein vermag es wahrzunehmen –, hält eines Nachts bei dem Kinde Wache und erkennt seine Frau. Da empfängt sie, im *Erkennen*, das volle Leben zurück. Über die Hexe aber und ihre Tochter wird Gericht gehalten; und erst, als die böse Zauberin im Feuer verbrannt ist, erhält auch das Rehkälblein seine menschliche Gestalt wieder. Das Brüderchen wird dem Schwesterchen zurückgegeben.

Oftmals schildern die Märchen, wie mit der königlichen Hochzeit noch nicht das Ziel des Leidenspfades erreicht ist. Wenn die Seele nämlich die königliche Geisteskraft empfangen hat, gebiert sie aus sich ein neues, höheres Bewußtsein: einen Keim, der noch der Pflege bedarf, um sich entfalten zu können. Aber hier ist Gefahr; die noch nicht von allen sinnlichen Neigungen und Vorstellungen gereinigte Menschennatur läßt die niederen Kräfte ungeprüft mit den höheren, die eben erst erwachen, in Berührung kommen. Der zum Geist Erweckte muß erst die Urteilskraft entwickeln, um die atavistischen hellseherischen Fähigkeiten von dem neuen Geistbewußtsein klar unterscheiden zu können.

Überall, wo die einäugigen Gestalten auftreten, wird auf jenes hellseherische Urbewußtsein hingedeutet, das an ein ehemals leuchtendes, heute aber längst erloschenes Organ im Menschen gebunden war. Die Zirbeldrüse ist, nach der Schilderung der Geisteswissenschaft, das verkümmerte Überbleibsel eines uralten Licht- und Wärmeorgans, welches oben vom Haupte seine ätherischen Strahlungen ausgehen ließ und damit in traumhafter Weise die Umwelt wahrzunehmen vermochte. Es war das »Auge« des atlantischen Menschen. Polyphem, der Riese, besitzt noch dieses Fühlorgan. Der Sucher nach dem Geiste begegnet nun in übersinnlichen Welten den Trägern zurückgebliebener Bewußtseinszustände; sie stellen sich seinem Fortschreiten entgegen und suchen ihn selbst zu alten, dämmerhaften Formen des Erlebens zurückzuführen. Odysseus, der als ein Grieche zur Verstandeswachheit hinstrebt, brennt dem Riesen das uralte Auge aus. Dieser heißt Zyklop – »kreisendes Auge« – nach jenem die Umwelt abtastenden Fühlorgan. Damit wird Odysseus als ein Sieger über die veralteten, atavistischen Seelenanlagen charakterisiert.

Die Märchengestalten »Einäuglein, Zweiäuglein, Dreiäuglein« stellen dieses gleiche Entwicklungsgeheimnis vor uns hin. Zweiäuglein wird, weil sie

»wie andere Menschen« aussieht, von ihren Schwestern verachtet. Die Seele, die die alte Art des Hellsehens verloren hat, erscheint zunächst minderwertig im Vergleich zu jenen, die noch auf früheren Bewußtseinsstufen stehengebliebenen sind. Sie muß von ihnen Spott und Schmach erdulden; denn sie halten sie für ärmer und weniger vom Geiste begnadet. Menschen, die sich noch alte Spürfähigkeiten mitgebracht haben, werden ja dadurch sehr leicht zum Hochmut verleitet. Das Märchen zeigt nun aber, wie Dreiäuglein, die eine Mischung von alten hellsichtigen und neuen sinnlich-intellektuellen Fähigkeiten darstellt, also eine Art Übergangsform entwickelt, dem Zweiäuglein besonders gefährlich wird. In Einäuglein wirkt die alte visionäre Anlage noch dumpf-einfältig; sie kann »eingeschläfert« werden. In Dreiäuglein wirkt sie mit dem irdischen Verstande durchsetzt und darum egoistischer. Doch in Zweiäuglein, die den alten Zustand völlig überwunden hat, wirken die Zukunftskräfte im guten Sinne. Sie allein kann den Lebensbaum wieder zum Sprießen und Fruchten bringen; deshalb vermag sie den Königssohn zu gewinnen. Denn nur durch den völligen Verzicht auf die alten, verdorbenen Geisteskräfte erringt die Seele jene Klarheit und Wachheit des Bewußtseins, der sich die heiligen Lebenskräfte des verlorenen Urzustandes aufs neue verbinden können. Der Lebensbaum des Paradieses trägt wieder goldene Äpfel (7). Alle aber, die sich nicht von den alten, chaotisch gewordenen Fähigkeiten trennen können, müssen verarmen. Sie finden nicht den Anschluß an die fortschreitende Zeit.

Auch im Märchen vom »Brüderchen und Schwesterchen« muß erst die einäugige Tochter, die an die Stelle der Königin geschoben wurde, vom Geiste erkannt und ausgestoßen werden. Vorher vermag die weisheitsvolle Seele, die in das Reich der Nacht verdrängt ist und nun über dem Schlafe des neuen Geistkeims (des Kindes) treue Wacht hält, nicht Erlösung zu finden. Und die Willensnatur, die noch den ungestillten Sinnendurst in sich trägt (das Reh), kann nur aus Wunschesfesseln befreit werden, wenn das irdische Bewußtsein der Selbstsucht im Feuer der Läuterung aufgelöst worden ist. Der Zauber weicht, wenn die böse Stiefmutter zu Asche verbrannt ist.

*

Ein anderes Märchen, das die Geschwistertreue verherrlicht, ist »Fundevogel«. Wiederum sind es ein Knabe und ein Mädchen, die in die weite Welt hinausfliehen, weil ihnen im Hause des Vaters Gefahr droht. Bedeutsam ist die Vorgeschichte. Ein Förster findet im Walde ein kleines Kind. Es sitzt oben in einem hohen Baume und weint: »Es war aber die Mutter mit dem Kinde unter dem Baume eingeschlafen, und ein Raubvogel hatte das Kind in ihrem Schoß gesehen; da war er hinzugeflogen, hatte es mit seinem Schnabel weggenommen und auf den hohen Baum gesetzt.« Der Förster erbarmt sich des Kindes und bringt es mit heim, um es mit seinem »Lenchen« gemeinsam aufzuziehen. Wir werden an das »Marlenichen« erinnert; der namenlose Knabe aber erhält den Rufnamen »Fundevogel«, weil er auf einem Baum gefunden und von einem Vogel weggetragen worden war. Etwas, das nicht ganz dem Menschenreich angehört, sondern überirdischer Herkunft ist, läßt das Namensgeheimnis anklingen.

Es wird damit auf ein mystisches Erlebnis gedeutet. Der Mann, der sich im Walde auskennt, wo andere in die Irre zu gehen pflegen, das ist der Eingeweihte. Im Bilde des »Försters« wird auf den Hüter des verborgenen Geisteswissens hingewiesen. Er vernimmt den Notschrei des »Kindes«. Er wird gewahr, wie der himmlische Teil unseres Menschenwesens schon in den ersten Lebensjahren von uns genommen und in höhere Welten entrückt wird. Unbewußt für das gewöhnliche Erleben vollzieht sich dieser »Kindesraub«. Aber der Sucher nach dem Leben im Geiste muß diesen überirdischen Teil wieder in die Seelenentwicklung hereinholen und ihn mit dem irdischen Bewußtsein *verschwistern* lernen.

»Fundevogel und Lenchen hatten sich so lieb, nein, so lieb, daß wenn eins das andere nicht sah, ward es traurig...« Die alte Sanne (in einer anderen Fassung tritt statt der Köchin die böse Frau des Försters auf) neidet dem Fundevogel das Leben; sie trägt Wasser herbei, um den Knaben, wenn der Förster am anderen Morgen hinausgegangen ist, im siedenden Kessel zu verbrennen. Lenchen entdeckt es und und verrät es dem Fundevogel; sie flieht mit ihm im Morgengrauen in die Welt hinaus, nachdem sie sich seiner Treue versichert hat. Die ständig wiederkehrende Rede und Antwort der beiden lautet: »Fundevogel, verläßt du mich nicht, so verlaß ich dich auch nicht«, so sprach Fundevogel, »nun und nimmermehr.« Die alte Sanne entdeckt am Morgen das leere Bett; sie sendet ihnen drei Knechte nach. Als die Kinder auf ihrer Flucht sie von weitem kommen sehen, verwandeln sich beide auf Lenchens Geheiß in einen Rosenstrauch mit einem Röslein darauf. Fundevogel ist der Strauch und das Mädchen die Rose. Die Knechte erkennen sie nicht und kehren unverrichteter Sache zurück. Die alte Köchin aber, die das Geheimnis durchschaut, sendet sie von neuem aus. Unterdessen verwandeln sich Fundevogel und Lenchen in eine Kirche mit einer Krone darin. Da die Knechte wieder nichts erkennen, geht beim dritten Male die Sanne selber mit hinaus. Dieses Mal wird Fundevogel zu einem Teich und Lenchen zur Ente darauf. Die Köchin, die eine Hexe ist, durchschaut die Verwandlung der beiden und macht sich daran, den ganzen Teich auszusaufen. Aber die Ente kommt geschwommen und zieht sie ins Wasser herein. Als die alte Sanne ertrunken ist, können die Kinder freudig heimkehren.

Die himmlische Kindesnatur wird im Gange der Entwicklung von allem bedroht, was aus der Blutswärme aufsteigt. Im Blute lebt der Egoismus, an dem der göttliche Teil unseres Wesens sterben muß. Am Feuer der Leidenschaftsnatur verbrennt jenes überirdische Leben, das der Kindesseele den Zauber des Heiligen verleihen kann. Wer die übersinnlichen Geisteskräfte dem Seelensein verschwistern möchte, muß auch die Gewalten kennenlernen, die aus der irdischen Natur heraus dem Leben des Geistes feindlich sind.

Er muß gewahr werden, wie die Seele, die sich an den Geist hinzugeben vermag, ein Bewußtsein jenseits der Leiblichkeit zu entfalten beginnt. Eindrücke ganz neuer Art, die sich in einer Übergangssphäre zwischen Schlafen und Erwachen abspielen, künden sich für ihn am Seelenhorizonte an. Aber im Aufwachen werden sie jeden Morgen vom sinnlichen Erdenbewußtsein wieder ausgelöscht. Sie erleiden im Augenblicke des Untertauchens in die irdische Leibesnatur den Verbrennungstod.

Die Seele muß ein Erwachen *vor* dem Erwachen finden. Nur so vermag sie die imaginativen Erlebnisse aus dem Reiche der Nacht zu erfassen und sie, vom Sinnenleben ungetrübt, zu bewahren. Das Märchen sagt: Fundevogel und Lenchen müssen schon vor Tag aufstehen, um der alten Sanne zuvorzukommen.

Was aber erfährt die Seele, wenn sie sich dem Geiste verschwistert hat?

Sie beginnt gewahr zu werden, daß sie überhaupt nicht nur dieses Leben führt, das an die irdische Leibesgestalt und ihre Grenzen gebunden ist. Sondern daß sie des Nachts in Verwandlungen übergeht und ihr Innenleben auf geheimnisvolle Weise an die Natur übergibt. Rudolf Steiner hat aus seiner Geistesforschung heraus dargestellt, wie unsere Seele jede Nacht während des Einschlafens mit ihren Erinnerungen in das verborgene Weben der Natur untertaucht. So wie das Ich im Schlafe den elementarischen Welten alles übergibt, was sich von ihm tagsüber zu Gebärde und Physiognomie gestalten konnte (wir wiesen schon im Zusammenhange mit Schneewittchen darauf hin), so läßt die Seele alles, was sich in ihr am Tage zu Erinnerungen geformt hat, des Nachts in das Reich der Naturerscheinungen einströmen. Bis in die verborgenen Kräfte der Kristallbildung und des Pflanzenwachstums fließen immerfort die Erlebnisse über, mit denen die Menschen die Natur bereichern und beleben. Sie offenbaren sich in der Mannigfaltigkeit der Blumen und Lebensgestalten. So nimmt die *Rose* gerade unsere frühesten Kindheitserlebnisse in ihr ätherisches Leben hinein. Wie wenig wissen wir doch von unseren ersten Kindheitseindrücken! Die Liebe und die tägliche Sorgfalt der uns umgebenden Menschen; das Staunen über die Dinge, deren Bedeutung uns zum ersten Male aufging, – das alles hat ja an uns gebaut und uns zu Erdenwesen gemacht. Aber es ist dann in unsere Untergründe versunken; nur als Stimmung schwingt es in uns weiter. Der Rosenstrauch jedoch vermag diese reinsten unserer versunkenen Kindheitserlebnisse in sein Sprießen und Blühen aufzunehmen. Der Mensch ist also während des Schlafens nicht untätig. Seine Seele erzeugt fortwährend Abbilder ihrer eigenen Innenwelt, die sie von sich absondert und mit denen sie die elementarische Welt bereichert. Die verschiedenen Bäume und Blumen nehmen diese feinen Bilder in sich hinein; sie lassen ihr Wachstum ätherisch beleben von dem, was die Menschenseele an edlen oder auch niederen Erlebnissen an sie abgibt. Die Rose zum Beispiel nimmt ihren Glanz und Duft, ihre Zartheit und Sinnenfülle aus der Schatzkammer unserer seligsten Kindheitserinnerungen. Dieses ist, so sagte Rudolf Steiner, der tiefste Grund für die innige Beziehung, die wir als Menschen zum Rosenstrauch haben.

Löst sich nicht für eine solche Betrachtungsweise die ganze Natur in flutendes Leben und Weben des Geistes auf? Die Erscheinungswelt beginnt jetzt Stück um Stück transparent zu werden: Seele leuchtet aus ihren vielfältigen Gestaltungen hervor.

Unsere Kindheit mag mit ihrem reinsten Zauber entflohen sein; endgültig verloren – so dürfen wir uns sagen – ist nichts, was im Innersten einmal empfunden und durchlebt wurde. Gleichsam verzaubert hinter den Rosenhecken ruht das Bildnis unserer Kindertage... Würde einer kommen und wachen Sinnes in jene Hintergründe des Naturwaltens eindringen: die Rosenhecken müßten sich vor ihm auseinandertun und die verzauberte Gestalt seiner Kindheit erschiene dahinter. Das ist »Dornröschen«, wie es auf den Erwecker wartet. Das Wiederauffinden unserer reinen Kindesnatur, die – im Märchenbilde gesprochen – mit dem fünfzehnten Geburtstage am Stich der Spindel erstarb, ist also ein Erweckungsmysterium. Es beruht auf der Läuterung des Blutes. Wenn die Liebeskräfte ihre Heiligung erfahren, beginnt das menschliche Blut einer Verklärung entgegenzugehen. Es entstehen in ihm ganz neue ätherische Strömungen, die den reinen Bildekräften der Rose verwandt zu nennen sind.

Von hier aus werden auch die Verwandlungen des Fundevogels verständlich. Die niedere Sinnennatur vermag im Grunde gar nicht das überirdische Leben des reinen Kindersinns zu vernichten. Sie kann ihn nur für eine Weile hindern, im Erdenleibe zu leben; in der Märchensprache ausgedrückt: die alte Sanne kann den Fundevogel zum Fliehen zwingen. Aber er geht ja mit seinem Leben in das Innere der Natur über. Die heiligsten Seelenkräfte der Kindheit verwandeln sich in den blühenden Rosenstrauch. Hinter der Rose in ihren zartesten Bildekräften webt, keusch bewahrt, die unschuldige Kindeskraft der Seele. Die Erdensinne, die nur »Knechte« des niederen Bewußtseins sind, begreifen dieses Naturmysterium niemals. Die Seele jedoch, die in Treue zum Geiste stufenweise weiterschreitet, gewinnt ihre Königswürde in anderen Welten: sie darf, wenn auch auf Erden verfolgt und ohne bleibende Statt, von nun an im Heiligtum des Geistes wohnen. Dort erstrahlt ihr wahrer Glanz. Sie wird zur Krone, die in einer Kirche ruht.

Aber nun muß sie lernen, sich frei im Elemente des übersinnlichen Lebens zu bewegen. Dazu gehört, auf die Stützen der Sinnenwelt verzichten zu können und sich bewußt im Reich der flutenden Geisteskräfte zu erhalten. Die Ente schwimmt auf den Wellen...

Der Geist hat Tragekraft in sich selber. Die erkennende Seele, die sich mutvoll seinem Leben anvertraut, wird auch von seinen strömenden und webenden Bildern getragen. Sie hat die Welt der abgegrenzten Gegenstände und starren Begriffe hinter sich gelassen und kann nicht mehr von irdischen Trugbildern eingefangen werden. Die Zaubermacht der irdisch-sinnlichen Natur erlischt, wo das Erleben des flutenden Geistes und seiner Bildekräfte beginnt. Aber das übersinnliche Bewußtsein, das die Sinnennatur völlig in sich verwandelt hat, kann nun auch wiederum in Freiheit im Erdenhause Wohnung nehmen. Die Seele vermag dem Geiste eine Behausung zu geben. Was vordem nur im Reiche der Nacht leben und weben konnte, tritt in das wache Tagesbewußtsein ein.

MENSCHWERDUNG

Menschwerdung ist ein Abenteuer. Ein Weg durch einen Zauberwald, in dem es keine Lichtung gibt und der die Hoffnung auf einen freien Ausgang allmählich dahinschwinden läßt, wenn man sich in ihm verirrt hat. Unbarmherzig will es scheinen, wie das junge Menschenwesen (wir können es wieder als Doppelgestalt anschauen: als seelisches und geistiges Wesen) in das Unbekannte, Ungebahnte hinausgestoßen wird. Es muß sich selber Unterkunft suchen, wenn es nicht im Waldesdunkel zugrunde gehen will. Aber schon ertönt die Stimme eines Vögleins...

Es ist ein schneeweißer Vogel, der dem Kinderpaar voranfliegt und sich auf das Dach eines Häusleins setzt. Dieses ist ganz aus Brot gebaut; das Dach aber aus Kuchen und die Fensterlein aus süßem Zucker. Wie lockt es sie doch, davon zu naschen!

Hänsel und Gretel machen es wie das junge Menschenwesen, wenn es hier auf Erden – über der schlafenden Leibeshülle – zu arbeiten beginnt. Da webt und wirkt der Geist zunächst am Leibe, um diesen sich zur Behausung zuzubereiten; vor allem aber an der Gestalt des Hauptes. Unverhärtet und darum noch bildsam ist ja die Schädeldecke des Kindes in den ersten Lebensjahren. Das Ich, als übersinnliche Schöpferkraft, beginnt daran zu modellieren, bis es das Haupt nach seinen Zwecken gestaltet hat. Es bricht gleichsam das Dach des Hauses auf. Und mit welcher Wonne dringt nun die Seele in das Erleben der Sinne ein! Wie süß ist es, die Fensterlein zu durchstoßen.

Es ist bekannt, wie Hänsel und Gretel sich an das Häuslein heranwagen und jener vom Dach ein Stück herunterbricht, während Gretel eine runde Fensterscheibe herausstößt; denn »das schmeckt süß«. Da ruft von innen eine feine Stimme: »Knusper, knusper, kneischen, wer knuspert an meinem Häuschen?« und die Kinder antworten: »Der Wind, der Wind, das himmlische Kind –«. Die steinalte Frau erscheint und lädt auf schmeichlerische Art die beiden Kinder zu sich herein. Sie folgen ahnungslos, werden bewirtet und schlafen in weichen Betten ein – wie »im Himmel«. Als sie aufwachen, sehen sie sich im Hexenhäuslein gefangen. Hänsel wird in den Stall gesperrt und wie ein Tier gemästet; denn die Hexe will ihn verzehren.* Gretel muß arbeiten und dem Bruder die Nahrung zutragen; sie selbst bekommt nichts als Krebsschalen. Da Hänsel scheinbar gar nicht fetter wird – er steckt der prüfenden Hexe immer ein Knöchlein heraus, und wegen ihrer trüben Augen durchschaut sie das nicht –: so beschließt sie eines Tages, ihn zu schlachten. Gretel muß den Backofen zubereiten. Durch eine beherzte Tat gelingt es ihr, statt dessen die Hexe in den heißen Ofen zu schieben. Während diese elendiglich verbrennen muß, befreit Gretel den Bruder und tritt mit ihm den Heimweg an. Kasten voll Perlen und Edelsteine, die in allen Ecken stehen, leeren sie aus und füllen sich Taschen und Schürze. Sie kehren reich zum Vater heim, der sie sehnsüchtig erwartete. Die böse Stiefmutter aber, die schuld daran war, daß die Kinder in den Irrwald hinausgeschickt worden waren, ist inzwischen gestorben.

Sollte sie am Ende die gleiche sein wie die Hexe im Brothäuslein? Denn im Märchen ist ja – wie bei Gott – »kein Ding unmöglich«. Die falsche Mutter, die »Materie«, strebt nach der Vernichtung des Menschengeistes und der Seele. Die Tat der mutigen Schwester erinnert uns an die Treue im »Fundevogel«. Auch dort soll der Bruder, durch die böse Köchin, im kochenden Kessel verbrennen. Aber die Schwester erkennt zur rechten Zeit die schlimme Absicht und kann dadurch zur Retterin des Bruders werden.

Durch geisteswissenschaftliche Erkenntnis kann uns die Verkörperung des Menschenwesens in ganz neuem Lichte erscheinen. Wir lernen vor allem die einseitige Anschauung überwinden, als ob der Mensch seine Erdengestalt mit allen Anlagen und Geisteskräften nur dem Strom der Vererbungsmächte verdanke. Was von Vater und Mutter stammt, vermag dem werdenden Menschenkinde nur einen begrenzten Dienst zu leisten. In einem nur ererbten Leibesgehäuse würde das geistig-seelische Wesen des Menschen nicht wahrhaft leben und sich entfalten können. Es muß selbst, von außen hereinwirkend, an der Ausgestaltung und Durchseelung der Leiblichkeit teilnehmen, und zwar vor allem an der Ausplastizierung der Schädelform und der Sinnesorganisation mitarbeiten.

* Die Erlebnisse des Odysseus bei der Zauberin Circe deuten auf Ähnliches hin. Seine Gefährten werden von ihr in Schweine verwandelt. Er selbst rettet sich dadurch, daß er im rechten Augenblicke das Schwert von der Seite reißt; so bricht er den Bann der Zauberin.

Hier berühren wir das eigentliche Mysterium der Kindesentwicklung in den ersten Lebensjahren. Ein übersinnliches Geistbewußtsein schwebt gleichsam an die irdische Leibeshülle heran.

Wie oft erscheint in den religiösen Urkunden die Taube als Bild des Heiligen Geistes! Die reinen, noch nicht von der Sinnennatur befleckten Geisteskräfte künden sich auch im Märchen durch Tauben oder andere weiße Vögel an. Was sich in der Jordantaufe auf einer allerdings viel höheren Ebene vollzog: die Einsenkung himmlischen Geistes in die menschliche Hülle des Jesus von Nazareth – das begibt sich Tag für Tag als ein Himmelswunder an den Erdenkindern. Überirdisches Leben senkt sich wie von oben her in die irdische Leibesform herein. »Der Wind, der Wind, das himmlische Kind« umspielt das Erdenhäuslein, um sich darin seine Wohnstatt zuzubereiten. Die Taube schwebt an das verwunschene Häuschen heran. Das ist das rechte Märchenbild für diesen heiligen Vorgang.

Hier im Erdenleibe sollte der Geist zu sich selbst erwachen und die Seele ihm aus der Sinnenerfahrung die Nahrung herbeitragen, damit er daran wachse und die Erdenwelt als sein königliches Erbteil ergreifen lerne. Aber was geschieht statt dessen? Das Häuslein ist verwunschen. Wenn die geistig-seelische Menschenwesenheit im Sinnendasein aufwacht, hat sie inzwischen ihr wahres Ziel vergessen; geistig gesprochen, sie ist eingeschläfert worden. Der Geist in seinem jungen Werden ist damit gefangengesetzt. Von Leibesschranken eingeengt, muß er sich nun aus der Sinnennatur nähren lassen; die Seele jedoch, die ihm Magddienste leisten muß, wird aus dieser Welt nimmermehr gesättigt. Die Macht, die den Geist an die Sinne kettet, will ihn zu ihren Zwecken mißbrauchen. Das heißt, ihn vernichten. Sie ist aber im Grunde blind für das wahre Werden und Wachstum des Ewigen im Menschen. Sie kennt den Geist in seinem dürren Abbild – als Intellekt und meint ihn damit schon in seiner Wirklichkeit zu besitzen. Nur wenn die Seele durchschaut, daß dem übersinnlichen Wesen des Geistes in seiner Fesselung an die irdische Leiblichkeit die Vernichtung droht, kann sie ihn befreien. Sie vermag, wenn sie sich zur Läuterung der niederen, im Egoismus verhärteten Sinnennatur entschließt und diese durch den Feuertod schickt, das ewige Ich den Leibesschranken zu entreißen und mit ihm im Bunde zu ihrem Ursprung heimzukehren. Auf diesem Wege aber bedarf es des Mutes, in ein ganz anderes Bewußtsein überzugehen. Dem zum Geiste Schreitenden kann es eines Tages zum Erlebnis werden: jetzt schwindet dir der feste Boden unter den

Füßen; wenn du weiterkommen willst, mußt du dich den Fluten des strömenden Lebens anvertrauen. Hier ist »kein Steg und keine Brücke«, die hinüberführen. Du kannst nur auf Geistesflügeln an das andere Ufer getragen werden. So kommt im Märchen die weiße Ente zu Hilfe und nimmt Hänsel und Gretel auf ihren Rücken. Auch im »Fundevogel« bringt ja die Ente die letzte Befreiung.

Jenseits des »großen Wassers« aber werden die Irrwege aufgelichtet. Die Welt wird immer vertrauter, als sei man bald »zu Hause«. Denn in dem Maße, als sich der Geist dem Zauberkreis der Sinnenwelt entringt, beginnt er sich wieder seiner Heimat zu erinnern, von der er ausgegangen ist.

War aber, vom Ewigkeitsstandpunkt aus gesehen, dieser Gang durch die Erdenverkörperung wirklich nur ein Irrweg? – Im tieferen Sinne doch nicht; denn das ewige Wesen des Menschen bringt aus dem Leben im Sinnendasein Schätze von Erfahrungen und Erkenntnissen mit zurück, die ihm nur hier und in keinem Jenseits hätten zuteil werden können. Und dieses ist das Merkmal der abendländischen Gesinnung, wie sie sich in unserem Märchen widerspiegelt: der Durchgang des Menschengeistes durch die Inkarnation im Erdendasein wird voll *bejaht.* Das Abenteuer unserer Menschwerdung ist nicht der Grundirrtum des Daseins, wie man im Sinne morgenländischer Weisheit sagen würde. Verkörperung ist nicht nur Leiden oder Schuld oder ein großes Mißverständnis. Der Pessimismus der östlichen Seelenhaltung (durch Schopenhauer und andere Geistesströmungen heute vielfach auch im Abendlande zur Stimmung geworden) würde nur von einer unseligen »Verzauberung« sprechen können, die wieder aufgehoben werden muß. Wo aber das Christuslicht, bewußt oder unbewußt, dem Erdendasein Sinn und neue Richtung verleiht, nimmt das »Abenteuer« unserer Menschwerdung einen glückhaften Ausgang. Perlen und Edelsteine trägt der Erdenpilger, von dem die Verzauberung genommen ist, ins Vaterhaus zurück. Das Sinnendasein beginnt ihn zu beschenken, je mehr er es erwachend überwindet.

*

Es ist nicht notwendig, aus dem hier Dargestellten zu schließen, daß solche Gedankengänge schon in den Seelen *der* Menschen gelebt hätten, die zuerst solch ein Märchen wie »Hänsel und Gretel« erzählt haben. Es handelt sich keineswegs um bloße Einkleidung geistiger Erkenntnisse in symbolische Formen. Das echte Märchen geht ja, wenn auch nicht in allen Einzelzügen, in denen es weitererzählt wird, in seiner Urform stets auf imaginative Erfahrungen zurück. Diese müssen jedoch nicht immer dem Erlebenden zur vollbewußten Erkenntnis geworden sein. In jenen Zwischenzuständen, die eine Art Übergang vom Wachen zum Schlafen darstellen, wurden die Seelenkräfte und ihre Tätigkeit wie von außen her in Gestalten angeschaut. Was aber tut die geistig-seelische Wesenheit des Menschen, wenn sie im Einschlafen die Leibeshülle verläßt? – Sie tut das gleiche, was sie in den ersten Kinderjahren, da wir ja schlafend diese Erdenwelt betraten, immerwährend am Leibe getan hat. Da wirkte und bildete das höhere Ich vom Umkreis herein an der Schädelgestalt und den Sinnesorganen, um sich mit seinen geistigen und seelischen Kräften (für Denken und Empfinden) eine rechte Behausung zu schaffen. Diese Arbeit setzt nun der übersinnliche Wesensteil des Menschen jede Nacht ganz leise fort, während er wie von außen her die schlummernde Leibeshülle umspielt. Immer noch sucht er wenigstens in die feineren ätherischen Kräfte der Leiblichkeit veredelnd und vergeistigend hereinzuwirken. Und damit haben wir einen Gesichtspunkt erlangt, der uns das Brothäuslein im Walde noch intimer charakterisieren läßt: Es ist eigentlich nicht das feste Erdenhaus, unser sichtbarer Leib, sondern eine zweite, aus lauter lebensvoll nährenden Kräften erbaute Leiblichkeit, der ätherische Organismus; und zwar sind es die bildenden Kräfte der Kopfnatur. An ihnen beginnt unser geistig-seelischer Mensch, wenn er sich nicht mehr im Sinnendasein »zu Hause« fühlt, auf bewußte Weise zu arbeiten.

Das Märchen gibt uns damit zugleich ein Bild für die Tätigkeit der Seele, die den Weg der Einweihung betreten hat. Sie ist darauf gerichtet, jene verborgene, übersinnliche Leiblichkeit zum Werkzeug eines höheren Bewußtseins umzugestalten, mit dem sie auf neue Weise wahrnehmen und erkennen lernt. Sie führt damit nur weiter, was in gewissem Sinne alle Menschen während der Kindheit an ihrem Erdenleibe vollbringen. Wir gehen vor dem Einschlafen gleichsam unbewußt jedesmal an unseren Lebensbeginn zurück (nur der geistig Erwachte tut es auf *bewußte* Art). Deshalb aber enthüllen sich in gewissem Sinne mit den nächtlichen Geheimnissen auch die Wunder unseres Lebensanfangs. Kindheitsmysterien wollen sich in den Märchengestalten spiegeln; und zu gleicher Zeit stellen sich Einweihungserfahrungen in diesen Imaginationen vor den Seelenblick hin.

*

Aber nicht nur diese, sondern auch die leuchtenden kosmischen Geheimnisse, die unserem Abstieg zum Erdendasein vorangegangen sind, wollen sich im Reiche der Nacht offenbaren. Das Sonnenmysterium der Menschheit, ihr Ursprung im göttlichen Lichte, kann sich in Märchenbildern vor die Seele hinstellen. Dazu muß freilich noch ein anderer Erlebnisbezirk erreicht werden, als er sich durch das Betreten des Zauberwaldes ankündigt. Wie aus Meerestiefen steigen Gebilde auf, die den Glanz einer erdfernen Welt an sich tragen. Es gilt, die Eindrücke dieser umfassenden Geisteswelt festhalten zu lernen; es ist schwer, sie in das Tagesbewußtsein herüberzutragen. Sie können gleichsam nicht am Lande leben. Sie ersterben, wenn sie aus dem verborgenen Weltenschoße heraufauchen und in das Erdendenken eingefangen werden sollen.

Auf dieser Stufe des geistigen Erlebens kann sich der Mensch selbst im Bilde des *Fischers* wahrnehmen. Der arme Fischer am Meeresstrande: so steht der Erwachende in der Morgenfrühe vor dem Reich der Träume, die er in die Weiten entschwinden fühlt. Er empfindet die ganze Armut, in die er mit jedem Erdentage von neuem gestoßen wird, während das große Meer der Nacht vor ihm verebbt.

Als »Fischende« erlebten sich die Menschen alter Zeiten, wenn sie sich übten, aus den Tiefen der Nachtwelt die leuchtenden Traumbilder in das arme Tagesbewußtsein herüberzuretten. Wie ein langsames Zurückgehen aus einem weiten Reiche wogender Empfindungen und strömender Gebilde, nicht als ein jähes Aufwachen im Sinnenleibe, erschien ihnen der Morgen. Es bedurfte jedesmal wiederum einer »Landfindung«. Wenn die ersten Jünger des Christus »Fischer« genannt werden, so liegt in dieser ihrer Tätigkeit zugleich ein Hinweis darauf, daß sie den intimen Umgang mit dem Reich der Nacht noch gut kannten. Diese Seelen waren fähig, Eindrücke der Geisteswelt aus nächtlichen Tiefen an das Tageslicht heraufzuholen. Sie taten den »wunderbaren Fischzug«.

Man schaute im Bilde des Fischers seit alters die unschuldvolle Natur der Menschheit an, wie sie noch nicht von der Erde und dem Sündenfall berührt ist. Was unterscheidet den Fisch von den sogenannten höheren Tieren? – Er entwickelt noch keine Eigenwärme und fühlt sich darum nicht von dem Leben seiner Umgebung abgesondert; er ist eins mit dem ganzen flutenden Meere. Alle Wesen aber, die Blutswärme entwickeln, sind damit auch in ihrem Lebensgefühl abgeschnürt; das heißt, egoistisch geworden. Der Christus kann für uns der Wiederbringer jenes sündlosen Bewußtseins werden, das die Weiten alles Lebens umspannt; deshalb wurde er im urchristlichen Kultus oftmals als der »Fisch« symbolisiert. Der Fisch ist das geheimnisvolle Zeichen Dessen, den man im Dunkel der Katakomben in tiefster Sehnsucht aufzunehmen suchte. Sonnenhaft rein, »golden« strahlte einstmals das Menschenwesen der Urzeit. In der Ausdrucksweise der Geisteswissenschaft spricht man von der »hyperboreïschen Zeit«, wenn man auf jenen Erdenzustand zurückblickt, in dem alles Irdische noch von sonnenhaftem Leben durchdrungen war. Es ist das »goldene Zeitalter«, von dem die Sagen künden.

In den Weiten des ätherischen Kosmos ist strahlend-rein aufbewahrt geblieben, was für uns im Erdenschicksalsgange notwendigerweise entschwinden mußte. Nur des Nachts darf sich die Seele noch unbewußt mit diesen keuschesten Kräften der Welt wieder vereinigen; da berührt sie sich mit ihrem paradiesischen Erbteil. Sie kann aber nur einen Abglanz davon in den Tag mit hereintragen; auf die Dauer vermag sie mit diesen Kräften nicht im Irdischen zu kleben. Soll sich die Menschwerdung unseres übersinnlichen Wesens vollziehen, so muß sich jenes ursprüngliche sonnenhafte Bewußtsein erst zerstückeln lassen. Nur der eine Teil kann in die irdische Verkörperung untertauchen; er läßt seinen himmlischen Bruder zunächst auf dem Wege zurück. Denn die Menschheit ist ein Zwillingswesen.

Auf dieses Geheimnis unserer Menschwerdung deutet das Märchen von den »Goldkindern« hin. Da wird von einem armen Fischer erzählt, der einen goldenen Fisch fängt und von diesem ein prächtiges Schloß versprochen erhält, wenn er ihn freizulassen bereit ist. Die Bedingung dafür ist, daß der Fischer niemandem verrät, woher das Schloß mit dem Schrank voll unerschöpflicher Speisen stamme. Da er jedoch vor seiner Frau das Mysterium nicht verschweigen kann, entschwindet dem Fischer das Schloß wiederum. Es geschieht ein zweites Mal das gleiche; beim dritten Male rät der Fisch, als er wieder gefangen ist, ihn in dreimal zwei Teile zu zerlegen: Zwei davon soll die Frau des Fischers essen, zwei soll er seinem Pferde geben und zwei in den Garten vergraben. Da gebiert die Frau zwei goldene Kinder, das Pferd zwei goldene Füllen, und im Garten sprießen zwei goldene Lilien. Die Zwillingsbrüder werden groß, setzen sich auf die Pferde und beschließen, in die Welt hinauszureiten. Solange sie gesund sind, sollen die Lilien blühen; geschieht einem jedoch ein Leides, so soll seine Lilie welken. Das ist das Zeichen für die zurückbleibenden Eltern. Als sie an die erste Herberge kommen und die Wirtsstube betreten, müssen sie viel Spott und Hohn von den Gästen über sich ergehen lassen, weil sie »golden« sind und nicht wie andere Menschen. Der eine erträgt das nicht und kehrt sogleich wieder um; der andere hat den Mut, in die Welt zu ziehen. Er näht sich in dichte Bärenfelle ein, als er durch einen großen Wald reiten muß; denn sonst würden ihn die Räuber seines Goldes berauben. Als Bärenhäuter tritt er nun unter die Menschen; aber des Nachts wirft er die Hüllen ab und strahlt in seinem Golde. Er vermählt sich mit einer schönen Jungfrau; doch am Tage der Hochzeit ergreift ihn der unwiderstehliche Trieb, einen Hirsch, der ihm im Traume erschienen, im Walde zu erjagen. Er verfolgt ihn den ganzen Tag, fängt ihn aber nicht. Des Abends kommt er an ein Hexenhaus und wird dort verzaubert. Zur gleichen Stunde, wie er versteinert am Boden liegt, fällt auch seine Lilie im Garten des Fischers um. Da macht sich der andere Bruder auf, um seinen verlorenen Bruder auf Erden wiederzufinden. Nun fürchtet er nicht mehr die Welt! Die Liebe treibt ihn hinaus. Er ruht nicht, bis er den versteinerten Bruder im Walde entdeckt hat. Er zwingt die Hexe, ihn wieder zu entzaubern. Die Brüder erkennen sich und küssen einander. Dann reiten sie heimwärts: der eine zu seiner wartenden Frau, der andere in sein Vaterhaus. Dort wußte man schon von der glücklichen Rettung; denn die goldene Lilie war zur gleichen Stunde wieder aufgeblüht, als der Bruder aus der Versteinerung erwachte.

Achten wir zunächst auf den Ausgangspunkt eines solchen Märchens: Der arme Fischer wird unermeßlich reich, indem er den Fisch fängt. Das prächtige Schloß mit dem speisenden Wunderschrank stellt sich ihm anstatt der ärmlichen Hütte vor den Blick. Die Berührung mit dem »Fische« weckt in den Gemütstiefen ein tieferes Bewußtsein auf. Die Griechen wußten noch, daß das Gemüt »unter dem Zwerchfell« wohne. Denn im Sonnengeflecht verbirgt sich das Bewußtsein jenes anderen Nervensystems, das unsere ganze Leiblichkeit durchzieht und nach höheren Gesetzen die nährenden, aufbauenden Vorgänge im Organismus zu lenken versteht. Dieses vegetative Nervensystem, wie es genannt wird, ist von einer umfassenden Weisheit, zu der aber das gewöhnliche Tagesbewußtsein keinen Zutritt hat. Gerade indem sich nichts von irdisch-persönlichen Wünschen und intellektueller Willkür in diese unschuldsvolle, weise Tätigkeit hineinmischt, können Sonnenmächte (die gleichen, die im keuschen Pflanzenwachstum walten) in den verborgenen Aufbauprozessen des Menschenleibes wirksam sein. Dieses tief verborgene Bewußtsein vermag aber in besonderen Augenblicken zu erwachen, während das Kopfbewußtsein vorübergehend abgedämpft wird. Dann kann die Seele der speisenden, der unbegrenzt spendenden Lebenskräfte innewerden, deren Wirksamkeit innerhalb der menschlichen Leibesnatur vom Sonnengeflecht her geregelt wird. Der wundersame Schrank tut sich auf. Das Geheimnis des »Tischlein-deck-dich«, das ja auch aus anderen Märchen bekannt ist, spielt sich vor dem erwachten Seelenblicke ab.

Das Motiv des reich gewordenen Fischers erinnert an die Gralslegende. Perceval, in der Schilderung des Chrestien de Troyes, wird bei dem »reichen Fischerkönig« zu Gast geladen. Das strahlende Gralsschloß gewährt auch ihm, nächtlicherweile, eine wundersame Speisung (nur daß hier bei jedem Gange noch das geheimnisvolle Gralsgefäß mit den Speisen herumgetragen wird). Der Gral erträgt nicht, daß über ihn unnütz gesprochen wird. Lohengrin, der Gralsgesandte, muß sich zurückziehen, wo nach seiner Herkunft gefragt wird. Das prächtige Schloß mit dem spendenden Schrank muß ebenfalls verschwinden, wenn der Fischer verrät, woher es stammt. Handelt es sich hier zwar noch nicht um ein Gralserlebnis, so haben doch beide gemeinsam, daß sich die keuschen Bewußtseinskräfte aus Urtiefen sofort vor dem Zugriff des Erdenverstandes wieder zurückziehen. Der intellektuelle Fragetrieb verdunkelt das Aufleuchten jenes zarten, aber umfassenderen Bewußtseins, das im vegetativen Nervensystem seinen eigentlichen Sitz hat.

In dem plattdeutschen Märchen vom »Fischer un syne Fru« muß ja das Wunder, das von dem Fisch gewirkt wird, sofort wieder verschwinden, wenn die Seele die Grenzen des Menschseins nicht mehr achtet. Wenn sie ihre Wünsche immer höher steigert und schließlich »der liebe Gott werden« möchte. Die Einflüsterung der Schlange, der einst im Paradiese Eva erlegen war, wiederholt sich an der »Frau des Fischers«. Es ist Luzifer, der das menschliche Gemüt mit Hochmut durchsetzt, sobald das göttliche Urbewußtsein aufzuleuchten beginnt. Der Vergottungsdrang im Menschen ist immer wieder versucht, die Gottgleichheit an sich zu reißen, – statt den Weg der *Wandlung* zu gehen, um das Göttliche gnadevoll in sich wohnen zu lassen. Er endet im Seelensturze.

Das Märchen von den »Goldkindern« wählt einen anderen Weg. Es zeigt, wie das kosmisch-unschuldige Bewußtsein sich an die Menschheit hinschenken will.

Der Sonnenfisch selber faßt den Entschluß zur Hinopferung. Er ist bereit, durch die Menschwerdung zu gehen. Was der Fischer als die Geburt und die Schicksale der beiden Goldkinder erlebt, spiegelt die Geschichte der Menschheit wider: ihren Ursprung aus den Sonnenwelten und ihren Abstieg in das Erdendunkel. Unserer Ichwerdung als Menschen ist ein großes Opfer vorangegangen; ein himmlisches Bewußtsein entläßt aus sich – indem es selber hinstirbt – die Zwillingsgestalt unseres Menschentums.

Die althebräische Weisheit redete noch von »Adam Kadmon«, dem kosmischen Urmenschen. Die Lehre des Paulus unterscheidet »den ersten und den zweiten Adam«: der eine ist in die Erdenwelt eingegangen und sterblich geworden, von ihm stammt die irdische Geschlechterfolge der sterblichen Menschen; der andere ist in den Himmeln geblieben und erst mir der Erscheinung des Christus herabgestiegen, um uns mit seinem unsterblichen Wesen zu durchdringen. Er hat das verlorengegangene Urbild der Menschheit rein bewahrt und will es uns wiederschenken. Das ist der wahre Sinn unserer »Wiedergeburt« durch die Tat des Christus Jesus.

Einst erwachte in dem paradiesischen Menschen, der noch in reinen Ätherwelten zu Hause war, der Drang nach Erdenschicksal. Er besteigt das Roß, – er sucht die Verkörperung. Da aber muß sich eine Trennung vollziehen. Nur ein Teil des lichten Menschenwesens kann in die Hülle der Sterblichkeit hinabtauchen; er geht in tiefstem Inkognito – in Bärenhäute eingehüllt – durch die Welt der Sinne (3). Der andere Teil, der zarteren Wesens ist, zieht sich wiederum scheu zurück, als er die wüste Herberge kennengelernt hat, in der man des Sonnengoldes spottet. So verneint er die Verkörperung und kehrt in die Heimat zurück, wo die Lilie blüht. Er will Himmelsbürger bleiben; sein Bruder aber wird inzwischen zum Erdenwanderer. Dieser findet die Braut; er entbrennt für die Erdenwelt und ihre Schönheit, aber verliert sich in ihr. Er nimmt mit einer Gier, die ihn nicht rasten läßt, zugleich den Tod in sich auf. Darum muß er, nachdem er den ganzen Tag über im Irrwalde gejagt hat, versteinern. Er hat seinen Ursprung vergessen; sein unschuldig-himmlisches Teil ist ihm abhanden gekommen. Die Lilie fällt um.

Das ist der Weg unserer Menschwerdung im Zeitengange. Ausgeschickte Sonnenkräfte sind es, die sich als Ichheit offenbaren. Gefangen innerhalb der mineralischen Erdennatur, haben sie jedoch ihre Leuchtkraft eingebüßt. Das Menschenwesen, das zur Persönlichkeit geworden ist, aber im eigenen Intellekt erstarrt nichts mehr von seiner Bestimmung weiß, ist der Hilfe des unsterblich gebliebenen Bruders bedürftig. Die Liebe verleiht diesem den Mut zur Erde. Nun steigt auch er herab, um im Reiche der Vergänglichkeit den Verzauberten wiederzusuchen. So wird er dessen Erwecker im Erdendasein.

*

Die griechische Sage erzählt, wie Kastor und Pollux, ehe sie unter die Sterne versetzt wurden, auf Erden wanderten. Sie waren die Söhne der Leda; und Helena, in der die Seele Griechenlands verehrt wurde, war ihre Schwester. In jenem Brüderpaar empfanden die Griechen das Geheimnis ihres heldischen Menschentums ausgesprochen. Unzertrennlich waren die beiden; doch ihr Los war ein verschiedenes. Denn Kastor war sterblich, Pollux unsterblich gezeugt. Als Kastor zu Tode verwundet wurde und in die Unterwelt hinab mußte, bat der andere den Vater Zeus, jenen auch unsterblich zu machen. Das aber widersprach dem Weltgesetz. Es konnte nur unter einer Bedingung geschehen: Wenn Pollux sich opferte und mit Kastor ins Totenreich hinabtauchen wollte, so durfte Kastor dafür mit ihm wiederum in den Himmel emporsteigen. Und Pollux brachte das große Opfer; er folgte seinem Bruder in die Todeswelten, so daß dieser ihm nun auch in die unsterblichen Reiche folgen durfte. Abwechselnd leben sie seitdem einmal in den Tiefen, einmal in den Höhen – in steter Wiederkehr.

Der Grieche schaut das Brüderpaar auch am winterlichen Sternenhimmel. Das Sternbild der »Zwillinge«, ein Schutz aller im Dunkel Irrenden, ein tröstendes Weggeleit den Schiffern auf einsamen Wogen –: so steigt es an Winterabenden im Osten herauf. Ihm folgt der strahlende Sirius, den die alten Völker vor allen andern Sternen heilig hielten. Ist es nicht, als zögen Kastor und Pollux wie zwei Herolde vor dem Weihnachtsstern einher, ehe er selber am Horizonte aufgehen kann?

Daß es sich hier um ein uralt-heiliges Mysterienmotiv handelt, ergibt sich schon aus der Tatsache, daß durch die Sagen- und Märchenliteratur aller Länder die beiden Brüder gehen. In den Grimmschen Anmerkungen ist eine Reihe von solchen Brüderpaaren aufgezählt. Am eindrucksvollsten aber ist das große Brüdermärchen in der Grimmschen Sammlung, das längste der von ihnen mitgeteilten Märchen. Es enthält einen Reichtum an Motiven. Hier sei nur die glückhafte Eigenschaft der Zwillingsbrüder erwähnt, jeden

Morgen ein Goldstück unter ihrem Kopfkissen zu finden. Sie »erschlafen« sich gleichsam das Gold. Es ist Traumweisheit, die sie sich mit in den Tag herüberretten. Die gute alte Sitte, daß man sich einen Entschluß oder eine schwerwiegende Frage noch eine Nacht zu »beschlafen« pflegt, geht aus der gleichen Erfahrung hervor. Wer einen Gedanken, am Abend gefaßt, durch die Schlafestiefen zu tragen versteht, wird ihn reicher am anderen Morgen wiederfinden. Er holt ihn aus der Inspirationssphäre zurück; für ihn bekommt das Sprichwort innere Wahrheit, daß »Morgenstunde Gold im Munde« habe.

Den Zwillingskindern des armen Besenbinders wurde diese Gabe zuteil, weil sie Herz und Leber eines am Spieß gebratenen Goldvogels aßen. Ihr Vater hatte auf Geheiß seines Bruders, des habgierigen Goldschmieds, den Goldvogel mit einem Stein vom Baume geschossen. Der Goldschmied wußte um das Geheimnis des Vogels; aber durch eine besondere Fügung fällt schließlich nicht ihm, sondern den unwissenden Kindern des armen Mannes die Wundergabe zu.

Die Gabe der Erleuchtung erstirbt, wenn man sie für sich persönlich erraffen will. Das Sonnenerbe der Menschheit läßt sich nicht in die Erdenschwere hereinziehen. Einstmals schwebten in Gnadenaugenblicken noch die inspirierenden Gedanken an die Seele heran. Das Goldvögelein ließ etwa eine goldene Feder fallen oder ein goldenes Ei im Nest zurück. Aber der selbstsüchtigen Gier nach dem Weisheitsgolde entzieht sich die inspirierende Geisteswelt. Sie geht in die unschuldigen, vor dem Erdenverstande behüteten Seelentiefen ein. Sie wird eine im Unbewußten wirkende Kraft, die nur noch aus dem Reiche der Nacht ihre Gnadengeschenke heraufschickt. Denn im Schlafe ist die Menschenseele tatsächlich noch viel weiser als im Alltagsverstande.

Auf dem Wege durch das Erdenleben müssen sich die Zwillingsbrüder trennen. Der eine geht nach *Osten*, der andere nach *Westen*. Ist nicht die Menschheit auch wie ein Brüderpaar – der östliche Mensch immer noch zum Paradiese wandernd, der westliche dagegen den Erdball erobernd und die Stoffeswelt meisternd? Die eine Seele, die ihren Ursprung im Lichte nicht vergessen kann; die andere Seele, die »den Mut fühlt, sich in die Welt zu wagen« – und daran zur Persönlichkeit erstarkt: das ist die Doppelgestalt alles Menschenstrebens. Das Märchen klingt gegen den Schluß stark an die »Goldkinder« an. Der zum Westen Wandernde wird am Ende trotz aller

Heldentaten und Königsehren im Zauberwald versteinert, und nur durch die Hilfe des Bruders, der zum Osten zog, kann er die Erlösung finden. Die großen Menschheitsströmungen sind aufeinander angewiesen; sie müssen sich wiederfinden.

Raffael hat ein Bild gemalt (es ist unter dem Namen »Die Vision des Ezechiel« bekannt), das uns den Christus wie mit Sonnengewalten aus den Wolken hervorbrechend zeigt. Der Menschensohn senkt sich in seiner ganzen Lichtglorie auf die in Gewitterdunkel gehüllte Erde herab. Auf den Schultern zweier Knaben wird Er herniedergetragen. Er bedarf dieser *beiden*, um sich auf Erden offenbaren zu können. Raffael hat oftmals Weltgeheimnisse durch Form und Farbe verkündigt, für die es noch nicht Zeit war, Worte zu prägen. Aber in den Märchen- und Mythenbildern lebt das gleiche Wissen von der Zwillingswesenheit des Menschen.

Es ist ein apokryphes Evangelienwort auf uns gekommen, das sagt, Christus habe auf die Frage, wann sein Reich komme, geantwortet: »Wenn die Zwei Eins sein werden« (8).

DAS WELTGEHEIMNIS DER ZWÖLF

In den Kinderlegenden, die der Grimmschen Märchensammlung angefügt sind, wird uns von einer armen Witwe erzählt, die ihre zwölf Söhne nicht mehr ernähren kann und deshalb einen nach dem anderen in die Welt schickt. Es war aber dreihundert Jahre vor Christi Geburt, und sie betete täglich zu Gott, daß er die zwölfe mit dem verheißenen Heiland dereinst zusammen auf Erden sein lassen möchte. Der älteste Sohn, Petrus, verirrt sich auf seiner Wanderung im dunklen Walde und verschmachtet fast vor Hunger. Ein glänzender Knabe, einem Engel gleich, erscheint ihm zum Trost und führt ihn in eine kristallene Höhle, in deren Tiefe zwölf goldene Wiegen stehen. Petrus wird klein wie ein Kind und muß sich in die Wiege legen; der Engel singt ihn in den Schlaf. Die anderen elf Brüder trifft das gleiche Schicksal auf ihrer Wanderung. Keiner findet Brot, aber jeder entschlummert in der Felsenhöhle. Und alle zwölf erwachen daraus in jener heiligen Nacht, in der Christus geboren wird. Da werden sie seine zwölf Apostel.

Der Sohn einer Witwe war es auch im alten Testament, den Elias vom Tode auferweckte; und auch dieser Witwe ging die Nahrung für ihren Sohn aus, noch ehe der »Mann Gottes« zu ihr kam. Als Söhne der armgewordenen Witwe empfanden sich einstmals alle, die um das dunkle Geschick der Erde Leid trugen. Sie spürten, wie sich alle himmlischen Kräfte von ihr zurückzogen und sie nun in Einsamkeit und immer größerer Finsternis ihre Bahn wandeln mußte. Das uralt-heilige Geisteserbe, die Wegzehrung der Seelen, war aufgebraucht. Die Weisheitsstätten, die es hüteten, hatten dem stetig wachsenden Geisteshunger der Menschheit keine Nahrung mehr zu reichen. Sie konnten den Fragenden nur noch die Weisung geben: Durchforschet die Erdenwelt, ringet selbst um Erkenntnis! Aber die suchende Menschheit schritt immer tiefer in das Erdenreich hinab, ohne doch den Ausweg aus dem Labyrinth erkämpfen zu können und die Seelennahrung zu finden. Sie mußte ganz untertauchen in das Erleben des Leibes; das bedeutete tiefe Verdunkelung für ihr höheres Wesen. Dieses schlief in der kristallenen Höhle ein. In den kristallinischen Kräften des Erdendenkens erstarrte das Leben des Geistes. Das bedeutete die Grablegung des Menschenwesens; aber dieses Grab ward zur goldenen Wiege.

Die Menschenseele geht, während sie ihr uraltes Weisheitserbe einbüßt und im Erdenbereiche um das Brot des Lebens ringen muß, durch eine Verjüngung ihres Wesens hindurch. Indem sie mit ihren Kräften ganz auf ihr Inneres zurückgewiesen wird, kommt sie erst wahrhaftig zu sich selber. Dieses Selbst ist zunächst nur ein schlummernder Keim. Christus aber kam, um ihn aufzuwecken. Menschen, die in früheren Kulturen, vor allem in den letzten vorchristlichen Jahrhunderten, tapfer diesen Weg, der ins Erdendunkel führte, zu Ende gegangen sind, haben damit in ihrer Seele eine verinnerlichte Kraft herangebildet; sie bedarf in einem späteren Erdenleben nur noch der Wiedererweckung, um sich voll entfalten zu können. Wenn solche Menschen dem Christus begegnen, so haben sie den staunenden Blick, das empfängliche Herz, den Willen zum Neubeginn in sich und können darum seine Jünger werden. Denn sie haben die Tugend des Kindseins zurückgewonnen.

Solche Seelen müssen die zwölf Apostel gewesen sein, denen Christus zuerst sein Wesen offenbaren konnte. Das Märchen will ahnen lassen, daß die Jünger des Herrn schon in vorchristlichen Zeiten einen besonderen Seelenweg geführt worden sind, um dereinst rechte Empfänglichkeit, das heißt: *Kindeskräfte* dem Christus entgegenbringen zu können. Wir dürfen damit einen Blick in die weisheitsvolle Vorbereitung der Erdenerscheinung Christi und des Christentums tun: »Selig sind die Hungernden, denn sie sollen satt werden.«

Durch die Überlieferungen der Religionen und die Völkersagen gehen diese zwölf Gestalten: Hüter der uralten Offenbarung und Vorbereiter eines kommenden Lichts. Seien es nun die zwölf großen Weisheitslehrer der indischen Überlieferung, die Bodhisattvas, von denen es heißt, daß sie in großen Zeitabständen nacheinander zur Erde steigen, um von Stufe zu Stufe die Menschheit zu sich emporzuheben. Seien es die zwölf Ritter, die König Artus um den Runden Tisch, der nach Merlins Worten die Welt abbilden sollte, versammelt hielt und von dort zu kühnen Taten ausziehen ließ. Oder man mag an das Bild der zwölf Pflüger denken, die jeder sein Spann Ochsen führten, als Elias, vom Berge Horeb zu ihnen gesandt, mitten unter sie trat und einen aus ihrer Schar, Elisa, zu seinem Nachfolger erwählte. Man wird sich eine verborgene Weisheitsstätte, in der der Acker für künftige Menschheitssaat zubereitet wurde, vorstellen können.

Immer waren es zwölf, die sich zum gemeinsamen Werke einen mußten; in der Zwölfheit, so empfand man, hat man die ganze Welt beisammen. Das galt als ein Weltgesetz. So können uns auch die Apostel in ihrer Zwölfzahl als Abbild der umfassenden Weltenordnung erscheinen. Nicht einzelne zufällige Menschen, sondern Träger kosmischer Mächte, wie sie aus der Zwölfheit des Tierkreises in unser Erdensein hereinwirken, lernen wir in ihnen anschauen.

Aus dem Sternenall, das die Seher aller Zeiten nach der Zwölfzahl angeordnet erlebten, ist alles Menschendasein herausgeboren. Es ist selbst ein Abbild dieser Sternenkräfte: im ganzen und im einzelnen. Aus dem Bilde des »Widders« schenken sich andere Kräfte als aus dem »Stier« oder den »Fischen«: sie prägen zwölf Hauptgestalten des Menschenwesens aus. Die Märchenwelt kennt sie wie ewige, jeder Seele nahvertraute Brüder. Sie erzählt von ihrem Schicksal: von der Verzauberung, die sie leiden müssen, und von der Hoffnung auf Erlösung durch die Sühnekräfte der Menschenseele.

*

Es waren einmal zwölf Brüder, alles Söhne eines großen Königs. Dieser aber wünschte sich so sehr ein Mädchen, daß er, wenn es zur Welt käme, ihm allein sein ganzes Königreich zufallen lassen wollte. Darum sollten die Söhne sterben, und er ließ schon im voraus heimlich zwölf kleine Särge bauen. Durch den Verrat der tieftrauernden Mutter entdecken sie vorzeitig, was ihnen als Schicksal droht; so fliehen sie in den Wald. Dort wollen sie warten, ob es ein Mädchen sein wird, das ihre Mutter zur Welt bringt. Nach der Verabredung sollte die Mutter bei der Geburt eines Knaben die weiße Fahne, bei der Geburt eines Mädchens jedoch die Blutfahne hissen. Vom Wipfel der höchsten Eiche aus erschauen sie eines Tages – es ist der zwölfte Tag, da gerade der jüngste Bruder Wache hält –, wie die Blutfahne entrollt wird. Sie schwören jedem Mädchen fortan den Tod und ziehen sich noch tiefer in die Wälder zurück. An der dunkelsten Stelle finden sie ein kleines, verwunschenes Haus. Da es leer steht, beziehen sie es. Des Tags über jagen sie nach Beute im Walde, um den Hunger zu stillen. Des Abends kehren sie heim; Benjamin aber (so nannte die Mutter nach der Bibel den jüngsten) hat tagsüber das

Haus zu hüten und bereitet ihnen von dem Heimgebrachten die Speise zu. Inzwischen wächst die Königstochter heran, gut von Herzen und schön von Angesicht. Sie trägt einen goldenen Stern auf der Stirn. Es wird ihr verheimlicht, daß sie zwölf Brüder hat, die ihretwegen heimatlos geworden sind. Eines Tages erfährt sie es, als sie unter der Wäsche zwölf weiße Hemden entdeckt und ihre Mutter mit Fragen bedrängt. Nun muß sie auch die leeren Särge sehen, die der Vater hatte bauen lassen. Von Mitleid erfüllt und eigener Schuld bewußt, wandert sie in den großen Wald hinaus. Sie will ihre Brüder heimbringen: »Ich will gehen, soweit der Himmel blau ist, bis ich sie finde...«

Es ist zum Einleben in den Gang eines Märchens günstig, von einer Situation auszugehen, die ein *Erwachen der Seele* bedeutet; das Aufleuchten einer Erkenntnis, die einen Entschluß reifen läßt.

Wie sollte nicht eine Königstochter, der ein Stern auf der Stirne erglänzt, von vornherein zum geistigen Erwachen bestimmt sein! Ihr muß eine *Erkenntniskraft* innewohnen, die nicht nur am Irdischen haftet, weil Sternenlicht in ihr strahlt.

Zwölf weiße Hemden, die sonst vor ihrem Blick verborgen gehalten waren, entdeckt sie. Eine Frage erwacht. Sie erfährt das Geheimnis ihres Ursprungs. Die Mutter teilt es ihr mit. Denn es gibt eine Urerinnerung, die aus den Tiefen des Gemüts aufsteigen kann; sie ist durch alle Zeiten gehütet worden. Mein gegenwärtiges Bewußtsein – so kann die erkennende Seele zu sich sprechen – ist um einen teuren Preis erkauft worden. Auf daß ich Königin im Leibeshause würde, mußten zwölf andere Wesen auf Heimat und Königswürde verzichten. Sie waren, noch ehe ich war. Und doch sind wir Eines königlichen Ursprungs, sind Geschwister. Die Sehnsucht, diese königlichen Kräfte wiederzufinden, kann gerade dann in der Seele erwachsen, wenn sie zur Erkenntnis einer großen, im Weltenwerden begründeten Schuld durchbricht. Erschütternd war immer diese Einsicht: Mein *Dasein* schon ist mit Schuld verknüpft! An eine tiefe Mysterienwahrheit, an uralte Ahnungen, die religiös im Bilde des »Sündenfalls« dargestellt werden, rührt damit das Märchen.

Es gab eine Zeit, da das Menschenwesen noch kein in sich abgegrenztes Bewußtsein erworben hatte. Es hätte noch nicht zu sich »Ich« sprechen können. Und doch lebte es schon; aber noch nicht vom Leben und Weben der Welt abgeschnürt, wie im jetzigen Weltzustande. Aus den zwölf Bezirken des Sternenalls wirkten die bildenden Gewalten zusammen, um die Menschengestalt aufzubauen; und sie arbeiteten in diese Leibesgestalt wiederum die einzelnen Sinnesorgane hinein. Wie durch zwölf Tore flutete das Leben der Welt, in mannigfacher Offenbarung, in die Menschenwesenheit ein.

Jedermann weiß heute, daß die Begrenzung der menschlichen Sinne auf die Fünfzahl unhaltbar ist. Dumpfere, sich mehr in das Innere der Leiblichkeit hinein verlierende Sinne, so zum Beispiel der Gleichgewichts- und der Wärmesinn, wird man deshalb anzuerkennen geneigt sein, wie Goethe in seinem Vorwort zur »Farbenlehre« darauf hindeutet: »So spricht die Natur hinabwärts zu anderen Sinnen, zu bekannten, verkannten, unbekannten Sinnen; so spricht sie mit sich selbst und zu uns durch tausend Erscheinungen.« Die Zwölfzahl der Sinne in ihrer klaren Gliederung und zugleich in ihrem gegenseitigen Sich-Tragen und Einander-Bedingen hat uns erst die umfassende Erkenntnis der Menschennatur, wie sie heute in der Geisteswissenschaft Rudolf Steiners ausgebaut ist, wieder erschlossen.* Wir sagen »wieder«; denn eine instinktive Weisheit alter Zeiten hatte diese Erkenntnis bereits auf ihre Weise. Es sind die »zwölf Brüder«. Durch jeden der Sinne möchte eine ganze Welt in das Seeleninnere hereindringen. So suchte das flutende Licht sein Tor und bildete das Menschenauge. Aber ist nicht das Auge zum gläsernen Sarg geworden, in dem das göttliche Licht erst ersterben muß, um uns nur als abgeschattetes Bild mitgeteilt zu werden? Das tönende Wort baute sich das Menschenohr: aber ward nicht eine Felshöhlung daraus, in die nur noch die tote Hülle des göttlichen Wortes Einlaß findet?

Tiefe Trauer kann sich auf die Seele legen, wenn ihr aufzugehen beginnt, was die Sinne ihrem Ursprung nach waren und wozu sie herabgesunken sind. Boten wollen sie sein: Apostel der Herrlichkeit Gottes, aus allen Reichen der Welt für das werdende Menschen-Ich Nahrung sammelnd, um das Eine göttliche Leben durch die zwölffachen Sinnestore in Seelentiefen zu tragen.

* Rudolf Steiner zählt die zwölf Sinne in folgender Weise auf: Tastsinn, Lebenssinn, Eigenbewegungssinn, Gleichgewichtssinn, Geruchssinn, Geschmackssinn, Sehsinn, Wärmesinn, Gehörsinn, Sprachsinn (das Auffassen eines Lautzusammenhanges als Wort), Begriffssinn (das Auffassen eines Gedankeninhalts), Ichsinn (das Gewahrwerden eines fremden Ich, das sich nicht nur durch psychologische »Einfühlung« vollzieht).

Während die unteren Sinne sich (in ihrer gegenwartigen Gestalt) nach innen zu in das dumpfe Leibeserleben verlieren, lassen die oberen uns über das engere Eigensein hinauswachsen. Sie sind spezifisch-menschliche Sinne; besonders der letzte, der mit der menschlichen Ichwerdung Hand in Hand geht.

In gewisser Weise sind diese zwölf Sinne auch die »Apostel« der Legende, die schließlich – als die Zeitenwende herannahte – keine Nahrung mehr finden konnten. Sie schlafen in der Kristallhöhle ein und warten auf ihre Erwekkung durch den Heiland der Welt. Die Legende gewinnt einen neuen Hintergrund, der mit unserem Brüdermärchen zusammenklingt. Jene königlichen Weltenkräfte, die am Menschenleibe bauten, mußten sich ins verborgene zurückziehen. Das verwunschene Häuslein im Walde (wir kennen es schon aus »Hänsel und Gretel«) bietet ihnen Unterkunft. Sie können nicht in der Blutswärme leben; denn diese macht egoistisch. Die »Blutsfahne«, die bei der Geburt der Schwester auf dem Turm des Schlosses erscheint, kündigt an, daß für die zwölf kein Raum mehr im Erdenhause ist. In einer zweiten, unsichtbaren Organisation, die wir in uns tragen, müssen sich jene kosmischen Bildekräfte verbergen. Sie bleiben für das Tagesleben des heutigen Menschen unbewußt, obwohl sie immerfort tätig sind; sie bauen die menschliche Leiblichkeit auf geheimnisvolle Weise auf und beleben sie ständig aus den Weltenweiten heraus mit ätherischen Kräften. Was wir als Sinne im irdischen Leibe zurückbehalten haben, sind »Särge«, denen kein wahres Leben mehr innewohnt. Wohl konnte die Seele nur zu einer in sich gefestigten Ichgestalt heranwachsen, wenn das vielfältige Leben des Kosmos abgedämpft wurde. Aber was für ihre Entfaltung zunächst notwendig sein mochte, muß auf die Dauer Verarmung und Verkümmerung des Ichwesens bedeuten. Die zu sich selbst erwachte Seele bedarf des Umgangs mit den Weiten und Höhen der Welt. Sie muß den Zusammenhang mit den kosmischen Kräften wiederzugewinnen suchen.

Die erkennende Seele zieht aus, um das verborgene Leben der »zwölf Brüder« zu finden. Sie kann ihnen im Reiche des ätherischen Lebens und Webens begegnen und mit ihnen Umgang pflegen. Des Abends, wenn das Sinnenbewußtsein abklingt, beginnen höhere Wahrnehmungsfähigkeiten sich zu regen. Die Welt der »Brüder« taucht vor dem imaginativen Schauen auf.

Das Märchen sagt: Sie fand am Abend das verwunschene Häuslein, und Benjamin, der sie nach ihrem Begehren fragte, gab sich ihr zu erkennen. Er überredete die Brüder bei ihrer Heimkehr und erwirkte von ihnen für die Schwester Gnade. Mit welchem Jubel wird sie aufgenommen! Sie wollen das verwunschene Haus in Einigkeit bewohnen. Ordnung und Reinlichkeit zieht in dieses ein, seit die Königstochter darin waltet. Aber das Glück währt nicht lange. Vor dem Häuslein blühen zwölf Lilien in einem Gärtlein.

Unwissend pflückt sie diese eines Tages ab, um sie den Brüdern zur Freude zu schenken. Da rauscht es in den Lüften auf: Zwölf Raben ziehen über dem Walde fort. Sie hat ihre Brüder verzaubert; denn diese waren selbst die Lilien.

Die Lilie erscheint im Märchen und innerhalb der religiösen Symbolik dort, wo auf Kräfte hingedeutet wird, die keine volle Verschmelzung mit dem Irdischen eingehen wollen; die sich gleichsam vor der Verkörperung scheuen. Im Gegensatz zur Rose, die ganz im Erdboden wurzelt und kraftvoll die irdischen Stoffe zum Rosensaft emporläutert, bildet die Lilie eine Zwiebel aus. Sie bereitet sich in der Zwiebel, die nur lose im Boden verankert ist, ihre eigene Erde zu. Darum gilt die Lilie als Bild der Jungfräulichkeit; sie begegnet uns innerhalb der Mystik, sofern diese sich gegen die Erdennatur abzuschließen trachtet. Gabriel, der Engel der Verkündigung, erscheint mit der Lilie, weil er aus dem Reiche der Ungeborenen kommt. Goethes Märchen von der grünen Schlange und der schönen Lilie führt uns in den Gegensatz zwischen der Sinnen- und der Geisteswelt hinein. Ein Strom des Vergessens trennt diese beiden Reiche. Will der Königssohn sein wahres Selbst finden, so muß er erst über den Strom gelangen. Denn in jener Welt, die wir alle vergessen haben, als wir uns ins Reich der Schlange begaben, ließen wir unser Urbild zurück; dort blüht die Lilie.

Wer die Lilie bricht, verdunkelt sein himmlisches Wesen. Im Märchen von den »Goldkindern« fiel die eine Lilie um, als der eine der Brüder im Walde versteinert ward; er hatte im Sinnendasein den Zusammenhang mit seinem höheren Selbst völlig verloren. Wenn die zwölf Lilien abgepflückt werden, muß das verborgene Weben der höheren Sinne erlöschen. Die imaginative Welt verdunkelt sich für den Seelenblick, wenn sie mit dem Erdenverstande, dem an die Sinnlichkeit gebundenen Denken, in Berührung kommt. Das alte instinktive Hellsehen war ehemals noch in der Menschheit lebendig, weil es immer noch gewisse schuldlos gebliebene Seelenkräfte gab. Es muß aber ersterben, wenn der erwachende Intellekt das Seelenleben zu beherrschen beginnt.

Statt Lilien erscheinen Raben (9). Statt stillen Blühens gespenstische Schatten. Die kosmischen Sinne müssen ein Schattendasein führen. Das übersinnliche Wesen des Menschen verdunkelt sich in sich selber.

Einsam, schuldbewußt steht die Königstochter im Irrwald. Aber die gütige Urweisheit kennt den Erlösungsweg. Es gab zu allen Zeiten noch einzelne Menschen, die die Pfade zum Geiste weisen konnten. In unserem Märchen tritt eine alte Frau an das Mädchen heran, die spricht: »Mein Kind, was hast du angefangen? Warum hast du die zwölf weißen Blumen nicht stehen lassen? Das waren deine Brüder, die sind nun auf immer in Raben verwandelt.« – Auf die Frage: »Ist denn kein Mittel, sie zu erlösen?« gibt die weise Frau den Ratschlag: »Sieben Jahre Schweigen.«

Das christliche Mittelalter kannte die sieben Stufen des Leidensweges, die von der Fußwaschung bis zum mystischen Sterben und Auferstehen führen; sie galten als ein Seelenpfad zum Geist-Erwachen.* Die sühnebereite Menschenseele wird zur büßenden Jüngerin. Sie kann, im Sinne der johanneischen Schulung, die Passion des Christus in eigener Seelenvertiefung nacherleben. *Schweigen*, bewußtes Zurückhalten der Sprachkräfte, verstärkt die Möglichkeiten des inneren Erlebens außerordentlich. Es gibt aber noch ein Schweigen auf höherer Ebene: es ist das innere Verstummen gegenüber jeder Lebensunbill, das bereitwillige Entgegennehmen der Schicksalsprüfungen als Ausgleich für alte Lebensschulden.

»Sieben Jahre Schweigen« bedeuten sieben Stufen des Seelenpfades. Sie brauchen nach äußerer Zeitrechnung durchaus nicht mit den Kalenderjahren zusammenzufallen. Es sind Seelenjahre; aber kein Tag darf an ihnen fehlen, wenn das Verstummen der Seele die erlösende Wirkung haben soll.

Das Mädchen gelobt im Herzen, dieses zu vollbringen. Es setzt sich auf einen hohen Baum und spinnt: »spricht nicht und lacht nicht«. Ein König auf der Jagd entdeckt die Jungfrau und schaut den Goldstern auf ihrer Stirne. Er wirbt um sie und führt die Stumme als Gemahlin heim. Doch weil sie niemals spricht und lacht, wird sie am Hofe als schlimme Zauberin verdächtigt. Den Verleumdungen der bösen Stiefmutter gelingt es, den König so weit zu treiben, bis er die wehrlos Schweigende zum Tode verurteilt. Als die Flammen des Scheiterhaufens schon an ihren Kleidern züngeln, sind gerade die sieben Jahre abgelaufen. Es rauscht in den Lüften; die zwölf Raben kommen herab und werden wieder zu Brüdern, sobald sie den Erdboden berühren. Sie löschen das Feuer und befreien die Schwester. Der König erkennt ihre Unschuld und richtet die verleumderische Stiefmutter. Der König und die

* In neuer Art dargestellt in Rudolf Steiners Vorträgen über »Das Johannes-Evangelium«, GA 103. Sie geben in modernem Sinne die Grundlage für ein esoterisches Verständnis des Christentums.

Königin aber leben von nun an in Eintracht mit den entzauberten Brüdern zusammen.

Der Weg der mystischen Versenkung führt die Seele zur Begegnung mit ihrem höheren Ich. Sie wird zur Braut. In der Sprache der christlichen Einweihung müßte man von der Vereinigung der Menschenseele mit dem Christus reden. Der gleiche jedoch, der sie zu sich erhebt, schickt sie auch auf den Scheiterhaufen. Aber der Sinn ihres Schicksalsweges ist nicht, die Vernichtung des niederen Ich herbeizuführen, sondern seine Läuterung. Indem sie den Flammentod bejaht – ihn im Schweigen auf sich nimmt –, wird sie ihm auch entrissen. Denn in der Stunde, da sie von den Schlacken der irdischen Selbstsucht frei wird, können die zwölf Sinne aus der Todesfinsternis entzaubert werden. Sie auferstehen aus ihrem Schattendasein zum kosmischen Leben. Das Menschenwesen findet die Kräfte seines Ursprungs wieder, indem es über sein enges Selbst hinauswächst. Es darf sich durch die Kraft des großen Opfers zum Weltall erweitern. Dazu will uns das Märchen von den »zwölf Brüdern« den Weg weisen.

*

Wiederum gilt auch für dieses Märchen, daß sich in ihm ganz allgemein das Entwicklungsgeheimnis des werdenden Menschen ausspricht. Ehe das Kindeswesen zu seinem Ich erwacht – ehe der »Stern« in ihm aufgeht –, lebt es aus den begnadenden Kräften des Kosmos. Die bildenden Mächte der Welt, die seinen Leib nach Sternengesetzen erbaut haben, ziehen in das Leibeshaus ein. Sie erleben sich durch die Leiblichkeit des Menschenkindes, ehe dieses sich selbst erleben und erfassen lernt. Dann müssen sie sich zurückziehen und lassen nur die zwölf »Särge«, die ihnen vorbestimmt waren, zurück: die irdischen Sinne, als einen Abdruck ihres Wesens. Sie selber führen von nun an ein verborgenes Leben und Weben, das ja gerade den Zauber der Kindesseele ausmacht, – ihren unbewußten Reichtum und ihr ahnendes Weltverständnis. Dieses aber geht ihr, wenn sie tiefer in die Verkörperung herabsteigt, und zwar mit der geschlechtlichen Reife, erst wirklich verloren. Sie wird, indem sie die Lilien bricht, unwissend-schuldig. Der Intellekt verfinstert sich: die Raben schwirren auf. Die Erlösung des Intellekts kann nur durch das Wiederfinden der Kindheitskräfte geschehen. Die schaffenden Weltgedanken warten darauf, im Ich ihre Auferstehung zu feiern. Weil sich eben im Leben des einzelnen die großen Werdegesetze der Menschheit widerspiegeln, gestatten die Imaginationen eines solchen Märchens auch, sie gleichzeitig auf die Entwicklungsstufen von der Kindheit zur Erdenreife zu beziehen. Die Erlösungstat aber wird stets der Weg des einzelnen sein müssen: der freie Entschluß der erwachenden Individualität.

*

Wo im Märchen auf jene geistigen Mächte hingedeutet wird, die aus dem Kosmos heraus unsere Sinne gebildet haben, dann sich aber von der erwachenden Seele zurückziehen müssen, – da wird von Brüdern oder Prinzen gesprochen. Schaut man jedoch auf die Sinne als Bewußtseinskräfte hin, die der Erweckung harren, so ersteht die Imagination von zwölf Jungfrauen. Dieser mehr innere Gesichtspunkt wird zum Beispiel in dem Märchen von den »zwölf Jägern« eingenommen, die eigentlich verkleidete Jungfrauen waren und an den Hof jenes Königssohnes kamen, der seiner wahren Braut die Treue gebrochen hatte. Die Königstochter zieht aus Liebe zu ihm hin, benutzt aber die List, daß sie elf ihr gleichgestaltete Jungfrauen mitnimmt, die alle mit ihr gemeinsam in Jägertracht erscheinen. Nur der »Löwe«, dem nichts Heimliches verborgen bleibt, durchschaut die Verkleidung. Er ist der Ratgeber des Königs, die Weisheit der Herzenskräfte, die mehr als das Tagesbewußtsein wahrzunehmen vermag.

Jungfräuliche, nicht von der irdischen Sinnennatur verdunkelte Seelenkräfte wollen sich dem strebenden Menschenwesen mitteilen; aber sie können zunächst nur in einer Truggestalt an den Geist des Menschen herantreten. Als »Jäger« erscheinen im Märchenbilde stets die Erkenntniskräfte, in denen noch Tötendes wirksam ist. Alles instinktive Leben der Seele wird nämlich durch die erwachende Erkenntnis zum Sterben verurteilt. Der Intellekt tötet die Sicherheit des ahnenden Gefühls. Aber für den, der die Erweckung des Herzens erfahren hat, werden jene intellektuellen Kräfte zu intuitiven umgewandelt. Damit streift das Erkennen alles Todbringende wiederum ab; es wird jungfräulich. Der zum Geiste strebende Mensch kann sich mit dieser unschuldig gebliebenen Seelenkraft durchdringen. Sie ist die Weisheit, durch die das Menschenwesen sich selbst findet, wenn es den Mut aufbringt, die niedere Gestalt des Wissens, an die es sich verloren hatte, abzuweisen. Die Treue gegen die wahre Braut, die der Königssohn vergaß und wiedererkannte, ist im Grunde die Treue gegenüber dem höheren Selbst, die er im Begriffe war zu verlieren.

*

In dem Märchen von den »zertanzten Schuhen« sind die zwölf Jungfrauen Töchter eines Königs, der sich keinen Rat mehr weiß, da er jeden Morgen ihre Schuhe durchgetanzt findet. Er stellt deshalb die Aufgabe, zu erforschen, wo seine Töchter die Nacht insgeheim zubringen, während sie doch in einem verschlossenen Raume schlafen. Dem Soldaten, der des Nachts wach zu bleiben versteht, gelingt es, ihr Geheimnis zu belauschen. Er entdeckt, wie sie Nacht für Nacht durch eine verborgene Treppe verschwinden und mit zwölf verwunschenen Prinzen, die ihrer warten, über ein großes Wasser fahren; drüben am andern Ufer verbringen sie die Nacht in festlichen Tänzen.

Wer seine Schuhe jede Nacht »zertanzt«, kann am Tag nicht fest und sicher über die Erde schreiten. Das Märchen deutet damit auf ein Seelengeheimnis hin: Es wirken im Reich der Nacht kosmische Kräfte, die das Empfindungsleben erdflüchtig machen. Sie entreißen die Seelenkräfte zu stark dem Zusammenhang mit der Erdenleiblichkeit und entrücken sie in Sternensphären. Was sich während dieser Zeit mit der Seele abspielt, davon braucht sie zwar im Tagesleben nichts zu wissen; in seinen Wirkungen ist es jedoch zu beobachten. Denn Menschen, die sich im Schlaf an die Sternenkräfte – es sind die »astralen« Welten – zu stark verlieren, laufen Gefahr, immer kraftloser für ihre Erdenaufgaben zu werden. Sie gehen uninteressiert an der Wirklichkeit mit ihrem Reichtum vorüber; sie entfalten nicht mehr Freude gegenüber den Sinneserscheinungen und Tatkraft gegenüber den Lebensforderungen.

In diesem Märchen wird uns ein Seelenzustand geschildert, der viel allgemeiner verbreitet ist, als man zunächst vermutet. Denn er kann auch für denjenigen Menschen zutreffen, der ganz in irdischer Pflichterfüllung aufzugehen scheint. – Ist er wirklich mit seinen vollen Seelenkräften dabei anwesend? Vermag er all sein Erdenhandeln mit Herzblut zu durchtränken? Eine entseelte Zivilisation hat zur Folge, daß auch die Seelenkräfte mehr und mehr aus dem Tagesablauf herausgedrängt werden. Dann aber ziehen sie sich des Nachts in erdferne Reiche zurück.

Der »Soldat« ist im Märchenbilde der Mensch, der sich in seiner inneren Entwicklung besonders mit den bösen Kräften der Welt auseinanderzusetzen hat und der mit den Lebenswiderständen rang, um an ihnen zu erstarken. Dieser dringt erkennend zu jenen verborgenen Sphären vor. Er entreißt die Seelenkräfte dem verzauberten Weben in den »astralen« Welten und führt sie zum Tagesleben zurück. Es ist eine *Willensprüfung*, die uns in solchen Märchenbildern geschildert wird. Denn es handelt sich darum, aktive Kräfte zu finden, die das volle Menschenwesen stärker in die Verkörperung hereinführen. Der Soldat bringt als Wahrzeichen, daß er in jenen Sternenreichen weilen durfte, dem König einen silbernen, einen goldenen und einen diamantenen Zweig zurück. Er hat gelernt, die hohen Kräfte des Kosmos in das Erdenleben hereinzutragen. Darum ererbt er auch das Königreich.*

* Siehe hierzu das graziöse Märchenspiel von Max Gümbel-Seiling »Die zertanzten Schuhe«. Es stellt mit einem gewissen Recht statt zwölf nur drei Prinzessinnen dar; denn es richtet den Blick auf die drei Seelenglieder des Menschen, von denen wir im folgenden Kapitel handeln werden.

DIE TIERE ALS HELFER DES MENSCHEN

Überall ist die Natur von schöpferischer Intelligenz durchzogen; das offenbart sich jeder unbefangenen Beobachtung. Mannigfaltig ist diese wirkende Weisheit, und sie enthüllt sich anders zum Beispiel im Pflanzen- und anders im Tierreich.

Wir können die Wespe bewundern; sie hatte das Papier längst erfunden, ehe der Mensch daran dachte, diesen Stoff herzustellen, der ihm heute fast unentbehrlicher erscheint als das tägliche Brot. Oder wir stehen im Walde vor einem Ameisenhügel und beobachten den organisierenden Verstand, der da eine schier unübersehbare Schar von Mitarbeitern zum gemeinsamen Bauwillen vereinigt. Hier waltet eine Weisheit in den Einrichtungen und im Verhalten jedes Gliedes, die nicht von dem einzelnen ausgedacht sein kann und doch in jedem Augenblicke den wechselnden Anforderungen eines Staates, auch seiner Bedrohung, gerecht zu werden vermag.

Wir müssen anerkennen: Es gibt nicht nur eine an das irdische Gehirn gebundene Intelligenz; ordnende Vernunft ist gleichsam über eine ganze Gruppe von Wesen ausgegossen. Innere Bescheidenheit gegenüber einer hohen Intelligenz, die nicht eine menschliche ist, ziemt sich für uns. Von da aus ist es nicht mehr weit, eine Sphäre weisheitsvoller *Gruppenseelen* zu erahnen, welche jeweils hinter den Exemplaren der betreffenden Tiergattung stehen und aus ihrem verborgen wesenden Bereich diese einzelnen Wesen immerfort in die Sinnenwelt hereinschicken. Wir können sogar, wenn uns nicht unsere Klugheit daran hindert, eine Ehrfurchtsbeziehung zu diesen Gruppenseelen pflegen. Der Menschengeist kommt auf solche Art mit andersgearteten Intelligenzen in Berührung. Es vermag dabei – weil ja Ehrfurcht empfänglich macht – unbemerkt aus ihrer Weisheit etwas in seine Seele herüberzufließen. So kann man durch die Naturreiche schreiten, um sich aus ihnen heraus inspirieren zu lassen. Bei Menschen jedoch, deren Selbstherrlichkeit dieses Ehrfurchtsverhältnis nicht aufkommen läßt, stellt sich leicht die Zerstörungswut ein. Nicht nur in der technischen Ausbeutung der Natur offenbart sich dieser Trieb, sondern schon in der kindlichen Lust, Blumen zu köpfen oder Ameisenhaufen aufzustechen, um sich an der Angst und erregten Geschäftigkeit dieser Tierlein zu weiden.

Das Märchen erzählt uns von drei Brüdern, die in die Welt hinausziehen, um Abenteuer zu erleben. Zunächst die beiden ältesten; sie sind gescheit oder halten sich wenigstens dafür. Sie verlieren sich an ein wüstes, unbändiges Leben. Der jüngste, den man den »Dummling« nannte, zieht auch nach einiger Zeit hinaus, um seine Brüder zu suchen. Als er sie findet, verspotten sie ihn ob seiner Einfalt. Schließlich aber erlauben sie ihm, mit ihnen zu ziehen. Sie kommen an einen Ameisenhaufen; die älteren Brüder haben Lust, ihn aufzuwühlen und sich ein wenig an der Angst der Tierlein zu belustigen. Der Dummling aber sagt: »Laßt die Tiere in Frieden, ich leid's nicht, daß ihr sie stört.« Sie kommen an einen See und wollen ein paar Enten fangen, um sie zu braten. Wieder hindert sie der Dummling daran. Sie finden ein Bienennest in einem Baume und wollen ein Feuer darunter anzünden, um die Bienen zu ersticken und den Honig wegzunehmen. Der Dummling aber leidet es nicht.

So haben sie drei Reiche durchwandert: Erde, Wasser und Luft. Aber keiner von ihnen außer dem Dummling hat es verstanden, sich in ein moralisches Verhältnis zu diesen drei Welten zu setzen. Nur der Dummling offenbart in seinem Verhalten die rechte Herzensweisheit.

Auch Parsifal muß das Mitfühlen mit dem Leben der Tierwelt in sich erwecken lassen, wenn er das Gralsgebiet betreten will. Zu der *Reinheit* des Toren muß sich das *Mitleid,* das »welthellsichtig« macht, gesellen. Richard Wagner hat den Augenblick dramatisch eindrucksvoll zu gestalten gewußt, in dem zum ersten Male in der Seele des Knaben aufdämmert, was er damit tat, daß er den Schwan abgeschossen. Es ist seine erste Gralsbelehrung.

In dieser Seelenstimmung kommen die drei Brüder an ein verwunschenes Schloß; sie finden alles in Versteinerung. Die Stummheit, die dort als Bann über allem liegt, weiß das Märchen treffend zu schildern. Ein graues Männlein öffnet ihnen auf ihren dreifachen Anruf die dreifach verschlossene Tür, läßt sie an reichgedeckter Tafel speisen und leitet sie in ihre Schlafgemächer. Alles wortlos; am andern Morgen beginnen die Prüfungen. Auf einer steinernen Tafel sind drei Aufgaben zu lesen, durch die das Schloß erlöst werden kann. Wer sie aber nicht besteht, wird selbst mitversteinert.

Von solchen Einschlaferlebnissen haben wir schon wiederholt gehört. Übrigens weist Jakob Grimm einmal darauf hin, wie das Wort »schlafen« ursprünglich von »schlüpfen« abstamme. Man erlebte ehemals noch den Übergang in den Schlaf als ein Herausschlüpfen der Seele aus ihrem Leibesgehäuse. So konnte sich das Bild des verzauberten Schlosses vor die Seele hinstellen, wenn sie im Augenblick des Einschlafens schon vom Leibe abgelöst und doch wiederum mit dem Bewußtsein zu ihm hingewendet war. Die ätherischen Bildekräfte, die das Menschenhaupt geformt und aus kosmischem Leben zusammengedrängt haben, erscheinen vor diesem Blick wie ausgeweitet zum Schloß mit vielen Sälen und Kammern. Denn sie sind ja ihrer wahren Natur nach viel umfassender und reicher gestaltet, als sie sich dem irdischen Bewußtsein innerhalb der konzentrierten Kopforganisation darstellen. Wie in Stein verzaubert und todesstumm müssen diese mächtigen Gebilde jedoch erscheinen, da sie in die harte Schädelgestalt hineingebannt sind.

Mit Hilfe eines Elementargeistes gewinnt das menschliche Bewußtsein, das ja sonst im Augenblick der Loslösung vom Leibe einschlafen müßte, zunächst die Kraft, sich auf übersinnliche Weise wachzuerhalten. Durch ihn offenbart sich, was man erringen muß, um nicht mitzuversteinern. In den drei Aufgaben, die auf der steinernen Tafel stehen, liegt das Geheimnis einer übersinnlichen Bewußtseins-Erweckung beschlossen.

Man würde aus dem modernen Geisteswissen heraus etwa folgendermaßen schildern können: das menschliche Seelenleben, wie es uns im Tagesleben als Einheit erscheint, beruht auf dem Zusammenwirken dreier Seelenmächte. Diese, die jede in sich selbständiges Leben haben, tragen aus verborgenen Geisteswelten ihre Triebkräfte in unser Inneres herein; alles gesunde Erleben verdanken wir zunächst der Harmonie zwischen diesen Seelengliedern, die eine instinktive ist. Rudolf Steiner hat die Namen »Empfindungsseele, Verstandesseele, Bewußtseinsseele« für sie geprägt. In seinen Mysteriendramen erscheinen diese drei in den Gestalten der Philia, Astrid und Luna. In Goethes Märchen von der Schlange und Lilie sind sie als die drei Dienerinnen der schönen Lilie geschildert, während sie in seinem »Knabenmärchen« als jene drei tänzerischen Märchengestalten aus den drei Äpfeln, dem roten, gelben und grünen, herauswachsen. Die erste dieser drei Seelenkräfte bewahrt in uns das Leben vergangener Zeiten, da die Menschenseele noch empfindungsreich mit den Mächten der Natur im Bunde lebte und webte. Die zweite hat uns vom hellsichtigen Welterleben zum begreifenden Erfassen der Natur- und Menschenwelt geführt; sie hat die innere Welt mit ihren Ideen, aber auch mit aller daraus wachsenden Gemütsvertiefung erweckt. Die dritte drängt uns zur Entfaltung des Persönlichkeitsbewußtseins; denn alles, was zur Selbständigkeit im Erkennen und Handeln führt und damit das freie Selbstbewußtsein in uns herausbildet, verdanken wir dieser jüngsten, in die Zukunft weisenden Kraft. Auf dem Wege zum geistigen Erwachen muß das Erlebnis eintreten, daß unser einheitliches Bewußtsein aus dem Zusammenklang dreier Seelenmächte erbildet worden ist. Sie alle haben Anteil an uns; aber nur, wer sein inneres Streben von der Bewußtseinsseele her bestimmen läßt, verbindet sich mit den Zukunftskräften der Welt. Ein solcher Mensch geht einen moralischen, von ichbewußter Verantwortung getragenen Weg zum Übersinnlichen. Es bedarf einer gewissen Urteilssicherheit, beim Eindringen in die geistigen Welten den atavistischen Seelenfähigkeiten zu verfallen, die auf diesem Wege wiederum erwachen wollen; sie machen das Menschenwesen auf dem Geistespfade unfrei. Die Bewußtseinsseele allein, auch wenn sie zunächst noch jünger als ihre Schwestern ist – also eine werdende Kraft –, führt im Sinne unserer Weltenzeit zur Vermählung mit dem höheren Selbst. Sie erst vermittelt die königliche Freiheit im Geiste.

Um jedoch zur Wahrnehmung dieser drei verborgen wirkenden Seelenglieder vorzudringen, bedarf es einer gesteigerten Selbsterkenntnis. Man dringt noch nicht zu seiner wahren Innenwelt durch, wenn man sich psychologisch zergliedert. Es nützt gar nichts, wenn man in Selbstgefälligkeit oder in Selbstzerknirschung unablässig die eigenen Fähigkeiten und Schwächen betrachtet. Wir bedürfen eines *Schlüssels,* um jene Seelenbildekräfte anschauen zu lernen, die hinter den auf- und abflutenden Empfindungen, den Vorstellungsreihen und Gedächtnisfetzen des inneren Lebens schöpferisch weben und walten. Keine analysierende Psychologie vermittelt diese Schlüsselkraft; nur die Stufe imaginativen Erkennens. Imaginationen nämlich bildet die Seele nicht im Nach-innen-Brüten aus, sondern im Einfühlen in das Werden und Vergehen der Natur. Das Überwinden der festen Begriffe durch ein Untertauchen in das Reich flutender Bilder, die innerhalb der Erscheinungswelt gestaltend wirksam sind, vermag auch zur Anschauung der objektiven Seelenmächte zu führen, die unser Innenleben erschaffen (10).

Wer in allen Weltvorgängen das übersinnliche Leben rein erfassen will, muß zuvor gelernt haben, die Welt der Erscheinungen sorgfältig zu beobachten. Er bedarf einer gesteigerten Wahrnehmungsfähigkeit, man möchte es nennen: einer »Findigkeit«, die im Sinnendunkel überall schon den verborgenen Weisheitsgehalt aufleuchten sieht. Ein organisierender Verstand, der die Fülle der Erscheinungen so zusammenzutragen versteht, daß sie sich gegenseitig aufklären und dem Betrachtenden ihren Sinn erschließen, ist die gesunde Vorstufe, um in rechtem Geiste zum übersinnlichen Erkennen aufzusteigen. »Nichts ist innen, nichts ist außen. Denn was drinnen, das ist draußen« – so verkündet Goethe. Aus dem rechten Anschauen der Welterscheinungen wächst dem menschlichen Geiste auch das Begreifen seines Wesens zu. Im Eindringen in die Welt wird er auch seiner selbst inne: »So ergreifet ohne Säumnis heilig-öffentlich Geheimnis!« beschließt der Dichter jenen Spruch.

Drei Proben, so sagt das Märchen, werden den Königssöhnen auferlegt. Die erste besteht darin, die Perlen der Königstochter, tausend an der Zahl, unter dem Moose aufzusuchen. Das muß bis Sonnenuntergang geschehen sein, also im wachen Sinnenbewußtsein. Den beiden älteren Brüdern gelingt schon die erste Aufgabe nicht; sie versteinern am Abend. Der Dummling aber findet, als er sich ratlos auf einen Stein setzt und weint, die Hilfe des Ameisenkönigs, der mit fünfhundert Ameisen erscheint und die Perlen findet. Die zweite Probe besteht darin, den Schlüssel zur Schlafkammer der Königstochter aus der See zu holen. Es gelingt nur mit Hilfe der Enten, die herbeigeschwommen kommen und ihn aus der Tiefe herauftragen. Die dritte und schwerste Probe ist diese: aus den drei schlafenden Königstöchtern die jüngste und liebste herauszufinden. Da sie einander vollkommen gleich erscheinen, nur sich dadurch unterscheiden, daß die eine vor dem Einschlafen ein Stückchen Zucker, die andere etwas Sirup, die dritte aber einen Löffel Honig gegessen hat, ist es eine Frage des »Geschmacks«, die rechte zu wählen. Das vermag jedoch kein Mensch; dazu müßte man eine Biene sein! Und wirklich, die Bienenkönigin jenes durch den Dummling verschonten Bienenstocks fliegt herbei und saugt an den Lippen der Schläferin, die den Honig gegessen. Daran erkennt der Königssohn die jüngste Prinzessin. Der Zauber ist gebrochen. Alles wird aus der Versteinerung erlöst; auch die zwei Brüder. Der Dummling darf die jüngste Schwester freien; die Brüder müssen mit den zwei älteren Schwestern vorlieb nehmen. Er aber ererbt ein Königreich (11).

»Die Natur ist eine versteinerte Zauberstadt«, sagt Novalis in seinen »Fragmenten«. Überall ist in den Formen und Vorgängen der Natur schaffender Geist eingefangen. Dieser hat die Welt bis zu einem gewissen Punkte geführt; aber der Schöpfungsprozeß scheint zum Stillstand gekommen. Einzig im Menscheninnern gibt es noch fortschreitende Entwicklung. Die Seele ist wirklich der Schauplatz, wo die Welt ihrer Wiederentzauberung entgegengeführt werden kann. Aber nicht dadurch, daß die menschliche Seele starr in sich hineinschaut; sie muß sich vom Weisheitsgehalt der Welt befruchten lassen. Es ist im Grunde ihr ewiges Eigentum; es gilt nur, ihn auffinden zu lernen. Dazu muß sie jedoch über ihre bisher erworbenen Wahrnehmungskräfte hinauswachsen. Man achte darauf, was doch im Reich der Ameisen als Regsamkeit der Sinnenkräfte lebt und als bauende Gedankenkraft die einzelnen Glieder zum Werk vereinigt! Dies muß sich uns mitteilen. Die Gruppenseelen im Tierreich enthalten noch große instinktive Fähigkeiten in sich, die der menschliche Geist erst wiederfinden muß, wenn er sich zu höheren Seelenkräften entwickeln will.

Man betrachte die Ente: Stellt sie nicht auf dem festen Lande eine Groteske dar? Sobald sie ins flutende Wasser hinübergeglitten ist, weiß sie sich mit leichter Anmut durch die Wellen zu bewegen. Auf dem Erdboden erscheint sie hilflos; im Wasserelement aber zeigt sie die Gewandtheit des Tauchers. Ist nicht in ihrer sinnlichen Erscheinung festgehalten, was der Seele des Menschen als höhere Daseinsform vorherbestimmt ist? – Oftmals leben uns die Tiere in ihrer irdischen Gestalt vor, was wir auf geistige Weise erreichen sollten. So muß das menschliche Denken seine »Wasserscheu« überwinden lernen! Das fortschreitende Erkennen fordert, den Boden der Sinnenerscheinungen hinter sich lassen zu können, um kühn in die flutenden Imaginationen unterzutauchen. Solche imaginative Erkenntniskraft schließt erst das Innenreich der Seele auf. In dieser gilt es nun, die rechte Wahl zu treffen, sich der jüngsten, der zukunfttragenden Kraft zuzuwenden. Das Märchen sagt: Dazu muß die Bienenkönigin dir helfen.

Was ist denn die eigentümliche Fähigkeit der Biene? – Maeterlinck behauptet in seinem Buche »Das Leben der Bienen«, die ursprüngliche Aufgabe einer Gattung und damit auch die »unfehlbare Pflicht« eines jeden Wesens sei leichter zu entdecken, als man glaube: »Man kann sie jederzeit in den Organen lesen, durch die es sich vor anderen auszeichnet und denen alle anderen untergeordnet sind. Und ebenso wie es auf der Zunge, dem Munde und Magen der Bienen geschrieben steht, daß sie Honig herbeibringen müssen, ebenso steht es in unseren Augen, unseren Ohren, unserem Mark und allen Fibern unseres Kopfes, im ganzen Nervensystem unseres Körpers geschrieben, daß wir dazu geschaffen sind, alles Irdische, was wir in uns aufnehmen, in eine besondere Kraft von einer auf diesem Erdball einzigen Art umzusetzen...« Die Biene weiß der Natur die edelsten Essenzen zu entlocken und sie in jene sonnenhafte Speise umzuwandeln, die wir Honig nennen. Der Mensch vermag auf geistiger Ebene ein ähnliches: Er kann alles, was er der Sinnenwelt entnimmt, in die leuchtende Nahrung des Geistes verwandeln; dazu muß er allerdings erst in seiner inneren Lichtnatur erwacht sein. Es gab in den alten Mysterien eine Stufe, auf welcher die Erweckten den Namen »Biene« erhielten. Ihr Geist hatte die Fähigkeit erlangt, aus allen Erlebnissen der vergänglichen Welt eine unvergängliche Wegzehrung zu gewinnen. Es konnte einem solchen Menschen alles, was ihm begegnete, zum Kelch werden, aus dem er Seelennahrung sog. Auf das Erwachen lichtvollster Bewußtseinskräfte soll hingedeutet werden, wo das Bild der Biene gebraucht wird.

*

Wenn man daran denkt, wie die Ägypter ihre Götterwesen mit Tierköpfen darzustellen pflegten, wird man auch verstehen, daß in Mythen und Märchen redende Tiere als Ratgeber des strebenden Menschen auftreten. Horus erscheint auf ägyptischen Kultbildern mit dem Sperberkopf; die Göttin des Liebeszaubers, Blast, wurde katzenköpfig dargestellt. Man empfand: In den Instinkten lebt eine viel umfassendere Weisheit als in dem, was der Mensch durch seinen Kopf als Wissen erringen kann. Von ihnen muß sich die Menschenseele zunächst noch beraten lassen, ehe sie selber zu einer höheren Erkenntnis, als jegliches Verstandesdenken ihr zu geben vermag, durchgedrungen ist. Da erscheint die Katze dem armen Müllersburschen und nimmt ihn sieben Jahre in ihren Dienst. Er muß ihr in das verwünschte Schlößchen folgen und mitten unter lauter Katzen leben. Sie gibt ihm silbernes Handwerkszeug und Bauholz; daraus soll er ihr ein silbernes Häuslein bauen.

Alles, was unter dem Zauber des Mondenlichtes steht, pflegt vor dem hellsichtigen Blicke wie aus Silber zu erscheinen. Nun ist bekanntlich das Traumbewußtsein (wie auch alle instinktive Klugheit) von Mondenkräften durchdrungen. Dieses hat ja seinen Sitz nicht im Großhirn, sondern beruht auf einer stärkeren Regsamkeit der Hinterhauptskräfte, die in früheren Entwicklungsepochen durchweg noch eine größere Rolle spielten als heute. Die starke Entfaltung des Vorderhirns, die den erdenwachen Intellekt im Menschen förderte, dämpfte jenes andere, mehr den Mondwirkungen unterworfene Bewußtsein allmählich herab. Der »alberne Hans«, der die Kraft des Erdenverstandes nicht voll entwickelt hat und daher von den gescheiten Genossen als närrisch angesehen wird, hat die Möglichkeit noch nicht verloren, jenes »verwünschte Schlößchen« zu finden. Die im Kleinhirn abgedämpften Weisheitskräfte, die aber traumhafter Art sind und im Tagesbewußtsein höchstens noch durch die Kraft der Phantasie zur Geltung kommen können, werden in ihm zu einer höheren Entwicklung geführt. Zunächst sind es noch instinktive Triebkräfte, die von diesen dumpferen Bewußtseinsschichten Besitz ergriffen haben. Der Mensch kann daher leicht in Unfreiheit geraten, wenn er sich ihnen blindlings hingibt. Sie erscheinen in Katzengestalt; auch in der Katze wird ja gerade erst zur Abendzeit das Instinktleben rege, und eine außergewöhnliche Wachsamkeit der Sinne tritt hervor. Hans aber läßt sich von ihr belehren, ohne ihr doch willenlos zu verfallen. »Mit einer Miezekatze tanze ich nicht«, sagt er, als sie ihn zum Tanze bittet. Deshalb wird er auch von ihr frei, und sie selber erscheint als prächtige Königstochter, sobald er die Mondenkräfte in den verborgenen Seelenbezirken genügend umgestaltet hat: das heißt, das silberne Schlößlein mit silbernem Werkzeug erbaut hat. Aus diesem dumpfen Traumbewußtsein kann ein höheres Geistbewußtsein, das imaginative Erkennen, hervorgeholt werden. Das ist der Lohn für »sieben Jahre« treuer Dienste.

*

Das Märchen vom »Goldenen Vogel« läßt den Fuchs als klugen Rater auftreten. Er will uns zwar nicht als eine besonders edle Kraft erscheinen; aber der Geistsucher kann schwerlich ohne ihn auskommen. Er vermittelt ihm Situationsbewußtsein. Wer mit dem goldenen Vogel, dem goldenen Pferde und der Königstochter vom goldenen Schlosse umzugehen hat, kann allzu leicht den festen Boden der Wirklichkeit verlieren und sich dadurch um die Früchte seines Strebens bringen lassen. Er bedarf der gesunden Urteilskraft, die er von der Erde mitbringen muß, wenn er nicht im Geiste verschweben soll. Hat er sein Ziel erreicht, so kann er diese Kraft, die ihn zunächst noch auf instinktive Art leitete, überwinden lernen. Deshalb fordert der Fuchs am

Schluß den Königssohn auf, er möge ihm jetzt Kopf und Pfoten abhauen. Überall, wo im Märchen oder Mythos von einer Enthauptung gesprochen wird, handelt es sich um das Selbstlosmachen einer bestimmten Kraft. Sie muß entpersönlicht werden, um zum Geiste hinaufgehoben werden zu können. So wird zum Beispiel in der aus dem Anfang des 17. Jahrhunderts stammenden Weisheitsschrift »Die Chymische Hochzeit Christiani Rosencreutz«, die in Bildersprache den Weg zum Übersinnlichen schildert, die Enthauptung der Könige als ein einschneidendes Ereignis beschrieben. Die Fähigkeit zur Selbstbehauptung im rechten Augenblick, die Geistesgegenwart im Entschließen und Handeln, ist zunächst noch ein mehr oder weniger egoistisch wirkender Instinkt, den wir im Erdenleben ausbilden. Hat er sich aber im Dienste des Geistesstrebens veredelt, so kann er seine niedere Natur abstreifen. Der geköpfte Fuchs, so sagt das Märchen, entpuppt sich als der Bruder der schönen Königstochter. Er wird selbst eine königliche Kraft, die fortan dem Geistesmenschen zu Gebote steht.

*

An den Stätten, von denen die geistige Führung der abendländischen Kultur ausging, fühlte man gegen das Ende des Mittelalters deutlich, wie die älteren Bewußtseinszustände abliefen. Wer den Wandel der menschlichen Seelenkräfte durchschaut, weiß auch, wie im Grunde alle heiligen Traditionen zum Absterben verurteilt sind. Denn die religiösen Urkunden und die Pflege des Kultus mit seiner Symbolsprache wurzeln letztlich im Erfahren einer höheren Welt. Sie müssen ihre Kraft verlieren, wenn das inspirierte Bewußtsein, aus dem sie geflossen, nicht mehr wirksam ist und ständig belebend hinter ihnen steht. Einstmals ertönte aus allen Dingen Himmels und der Erden das göttliche Urwort; nun war es verstummt. Die Welt, die den Menschen umgab, war ihm nicht mehr in ihrem innersten Wesen hörbar. Sie wurde ihm zur Fremde. Die Menschenseele vergaß die wahren »Namen der Dinge«. Die Sprache erschien ihr nur noch als ein intellektuelles Verständigungsmittel.

Es gab Kreise, die für die Menschheit die unmittelbare Geisterfahrung wieder erringen wollten. In ihnen sprach man immer von der Suche nach dem »verlorenen Worte«. Solche Seelen erstrebten das inspirierte Welterleben. Aber man wußte, die Verstandeskräfte, die im Kulturgange der Menschheit herangereift sind, können nicht aus sich allein die Berührung mit dem schaffenden Geiste wiederfinden; sie sind greisenhaft geworden. Sie bedürfen einer Unterstützung durch kindhafte Seelenfähigkeiten, die verjüngend den ganzen Menschen durchpulsen können. Nur so vermag das Bewußtsein von neuem geistig empfänglich zu werden.

Seelenmut, der in unerforschte Abgründe taucht; *Mitleidskräfte*, die sich für die Not der Welt hingebungsvoll öffnen; *Unbefangenheit*, die zu höchster Geistesgegenwart werden kann, weil sie sich von keiner Vergangenheit lähmen, von keiner Überlieferung im Schaffen beirren läßt, – dieses sind die drei Tugenden, wie sie das alternde Menschenbewußtsein durchdringen müssen. Vor dem Richterstuhl der Schulweisheit erscheinen sie als »Torheit«; sie sind aber »Weisheit vor Gott«, um mit Paulus zu sprechen.

Das Märchen von den »drei Sprachen« berichtet von einem Grafen aus der Schweiz, der einen einzigen Sohn hatte: »der war dumm und konnte nichts lernen«. Unverbrauchte Gemüts- und Willenskräfte schlummern in diesem Knaben; Kräfte, für die der Vater, der ihm um jeden Preis etwas »in den Kopf bringen« will, gar kein Verständnis hat. Es ist die parzivalische »Tumbheit«, die aber Reinheit in sich beschließt. Der Vater schickt den Sohn drei Jahre nacheinander zu drei berühmten Meistern, um ihn in seinem Sinne ausbilden zu lassen. Doch die Lehrjahre haben nur den Erfolg, daß der Zögling in Dinge eingeweiht wird, die dem Vater als Narretei erscheinen müssen. Er hat drei Sprachen gelernt: was die Hunde bellen, was die Vögli sprechen und was die Frösche quaken. Der alte Graf verstößt seinen eigenen Sohn, und der Jüngling beginnt zu wandern (12).

Die erste Aufgabe, vor die der Wanderer gestellt wird, zeigt uns sogleich, wie hier von einem Geistsucher erzählt wird, der sich an der Schwelle zur Neuzeit erlebt und den Pfad zur höheren Erkenntnis betreten hat. Goethe hat uns in seinem Faust eine solche Gestalt an der Zeitenwende geschildert. Faust kann seine Seele nicht mehr mit den heiligen Überlieferungen verbinden. Die Osterbotschaft, die »Himmelstöne, die ihn am Staube suchen«, dringen nicht mehr voll zum Herzen. So wendet er sich den Erdenmächten zu. Aus dem Dämmergrauen des Abendganges kommt die Gestalt eines Pudels an ihn heran. Magische Feuerspuren zieht er um den Wanderer: Er folgt diesem in die stille Zelle nach und hindert ihn daran, seine Seele in der Kontemplation für das inspirierte Wort der Höhen aufzuschließen: »Im Anfang war das Wort.« Faust versteht das Johannesevangelium nicht mehr;

denn was sich in seiner Seele regen möchte, wird vom Hundegebell übertönt. Die Unterwelt mit ihrem Höllenlärm verscheucht die Stimmen der Stille.

Unser Märchen erzählt von dem Jüngling, der auf seinem Wege zu einer Burg kommt und um Nachtherberge bittet. Man zeigt ihm den alten Turm; wenn er nicht für sein Leben fürchte, dürfe er sich dort unten sein Lager suchen. In der Tiefe des Turmes aber heulen wilde Hunde. Sie können nur von Zeit zu Zeit durch Menschenopfer besänftigt werden. Furchtlos steigt der Jüngling hinab; er versteht ja die Sprache der bellenden Hunde. Unversehrt sieht man ihn am andern Morgen wieder heraufsteigen. Er hat von den Hunden erfahren, daß ein großer Schatz in der Tiefe vergraben liege. Sie müssen ihn hüten und sind so lange verzaubert, bis einer kommt, der ihn hebt. Der Burgherr verheißt dem Jüngling, ihn an Sohnes Statt aufzunehmen, wenn er die befreiende Tat vollbringe. Dieser holt den Schatz herauf, und das Hundegebell ist alsbald verstummt.

Immer galt der Hund als Hüter der unterweltlichen Geheimnisse. Herakles muß als eine der zwölf Arbeiten, die ihm auferlegt sind, den Höllenhund aus der Tiefe heraufbringen; Odin wird auf seinem Ritt zur Hel von dem Hunde umbellt, aber unbekümmert reitet der »Herr des Zaubers« weiter.

Kostbare Kräfte schlummern in den Erdengründen; der Mensch bedarf ihrer. Wilde Zerstörermächte herrschen jedoch in der Tiefe; ihnen begegnet ein jeder, der mit den unterirdischen Geheimnissen bekannt werden will. Wer die Stoffeswelt durchforscht, gerät auch mit dem Untermenschlichen in Verbindung. Die neuere Menschheit, die sich diesem Gebiete besonders genaht hat – denn unsere Technik arbeitet überall mit den unterirdischen Kräften und Schätzen –, muß immerfort sehen, wie ihr Menschentum im Umgang mit den Stoffesgewalten verzehrt wird. Die Hunde fordern Menschenopfer, sagt das Märchen. Nur wer in die verborgene Sprache der Natur eingeweiht ist, kann unversehrt ihre Abgründe durchforschen und ihnen den Goldhort abringen. Verzauberter Weltenwille harrt dort des schöpferischen Menschen. Derjenige wird ihn besitzen, der ihn in weisheitsvollem Gestalten zu meistern versteht.

Es soll hier noch ein mehr esoterischer Gesichtspunkt angedeutet werden. Tiere pflegen in der Ausbildung eines einzelnen Sinnes – allerdings auf Kosten des harmonischen Ganzen – einen Vorzug vor dem Menschen zu haben. Man denke beim Hunde an die sublime Ausgestaltung des Geruchssinnes. Seine Intelligenz ist gleichsam in die Nase ergossen. Er riecht die feinstofflichen Ausstrahlungen einer Menschenspur; er wittert die bösen Absichten dessen, der ein Haus umschleicht. Er ist seiner ganzen Natur nach ein Kriminalist. Der Hund hat für alles Verbrecherische und Abgründige einen guten »Riecher«, wie man zu sagen pflegt.

Entwickelt ein Mensch in sich den Hang und die Begabung, überall die niederen Motive in den Handlungen der Mitmenschen gewahr zu werden, so daß sich alles Menschliche für ihn nur als das »Allzumenschliche« (das Triebgebundene) darstellt, so sprechen wir von »Zynismus«. Das aber heißt: »Hundedenkart«. Eine griechische Philosophenschule bildete sogar bewußt diese Erkenntnishaltung aus. Jene gleiche Tendenz ist es, die zur »Psychoanalyse« im Sinne S. Freuds geführt hat. Denn diese beruht darauf, sämtliche ideellen Bedürfnisse (Kunst, Religion, Erkenntnistrieb) in irgendeinem Sinne auf verdrängte oder verfeinerte Naturtriebe zurückzuführen. Sie entdeckt im edelsten Menschlichen noch ein Untermenschliches. Freilich mit einem gewissen Rechte; wo jedoch dieses Prinzip zum alleinherrschenden in der Seelenbetrachtung erhoben wird, verfällt der Erkenntnissucher dem Hunde. Seine ganze Weisheit ist schließlich nur noch ein sublimierter Geruchssinn. »Cave canem!« stand an der Pforte alter Weisheitsstätten. Dieses Wort war eine Warnung: Hüte dich davor, dem Hunde in dir zu verfallen, wenn du an der Schwelle der verborgenen Welten gewisse abgründige Kräfte zu erkennen beginnst! Bewahre stets die Ehrfurcht vor dem göttlichen Menschenbildnis.

Der Jüngling im Märchen bleibt nicht bei dem Erlebten und Errungenen stehen; er sucht die andere Seite des Daseins, die Höhen der Welt, zu erkennen. In der Sprache des Mittelalters heißt das: Er tritt die Romfahrt an. Rom galt als die Hüterin uralt-heiliger Überlieferungen. Wenn man nach dem Ewigen im Menschen fragte – nach dem »Heil der Seele«, von dem die Erdentiefen uns nichts zu berichten vermögen –, so wandte man sich an die kirchlichen Traditionen. Aber die Handlung des Märchens versetzt uns an einen geschichtlichen Wendepunkt. Die Kette der religiösen Überlieferungen droht abzureißen. Es bedarf eines »Wunders von oben«, eines Neueinschlages aus göttlichen Welten, wenn das Christentum noch seine Fortsetzung finden soll.

Die Bilder lassen uns trotz der mittelalterlichen Einkleidung das Welthistorische der Lage durchempfinden. Der Jüngling kommt auf seiner Romfahrt an einem Sumpfe vorbei, aus dem die Frösche quaken. Er versteht ihre

Sprache; und was er da vernimmt, lädt sich wie Weltentraurigkeit auf ihn ab. In Rom ist gerade der Papst gestorben, die Kardinäle sind ratlos: es findet sich kein Nachfolger mehr. In ihrer Not flehen sie Gott um ein Wunderzeichen an, das ihnen den rechten Nachfolger kenntlich machen solle. Inzwischen tritt der Jüngling in die Kirche ein. Zwei weiße Tauben setzen sich in diesem Augenblick auf seine Schultern. Da dieses offensichtlich das ersehnte Himmelszeichen ist, wird der Fremde sogleich zum Haupte der Christenheit gesalbt. – Was soll er tun? Wie soll er eine Messe zelebrieren? Es bedarf einer großartigen Unbefangenheit des Geistes; nur aus dem Vertrauen auf die unmittelbare Gegenwart des Heiligen Geistes kann der Jüngling den Schritt wagen, an den Altar zu treten und die heilige Opferhandlung zu zelebrieren, ohne je ein Wort davon erlernt zu haben. Die Tauben auf seinen Schultern raunen ihm die göttlichen Worte ins Ohr. Wir aber ahnen, daß es eine andere, eine neu dem Geiste entströmende Opferhandlung gewesen sein muß, die von seinen Lippen erklang.

Mit unerhörter Kühnheit und doch in weisester Umhüllung spricht das Märchen von dem Herannahen einer Zeitenwende. Eine Inspirationsepoche soll anbrechen. Die heilige Altarhandlung des Christentums wird erneuert werden. Nicht mehr aus Kräften der Überlieferung vollzieht sie der vom Geiste Auserkorene. Ihm strömt das Kultuswort aus unmittelbarer Geistesoffenbarung zu. Er findet die Gnade der Höhen, weil er die Kraft der Tiefen errungen und gebändigt hat. Im Wort und Symbolum des Meßopfers lebte einstmals die Sprache des Himmels. Das Menschenwort durfte zum Boten der höchsten Gottestat werden, die alles Erdendasein durchklärt. Brot und Wein, die Gaben der Erde, konnten vom Geiste ergriffen und geheiligt werden; die irdischen Dinge begannen von ihrem inneren Leben zu sprechen.

Aber diese Kraft des Geisteswortes erlosch im Zeitengange. Wer erweckt sie neu? – Nur wer die Vogelsprache verstünde, wie es einst dem Siegfried geschah, da er den Drachen erlegt hatte. Wem unschuldige Sinne im Seeleninnern aufzugehen beginnen, der kann auch das Sphärenwort im Erdenwort wieder erklingen lassen. Aus reinen Ätherwelten fließt ihm die neue Sprachgewalt zu: von dorther, wo alle Kreaturen klingend ihr Wesen enthüllen.

Und dieser Geistespilger hat auf seinem Wege nach dem »verlorenen Worte« gelernt, die Zeichen der Zeit zu deuten. Denn nur aus der Erkenntnis der Zeitforderung vermag er den Mut zum Neubeginn zu schöpfen. Er hat prophetisch erschaut, wie Überliefertes zu Ende geht und Neues nach

Gestaltung drängt. Er versteht, »was die Frösche quaken«. Gleich einem Saiteninstrument, auf dem die Kräfte des Umkreises spielen, lebt der Frosch den Wechsel der Witterung, den Druck der Atmosphäre mit. Er träumt gleichsam die Vorgänge der Erdenseele: das Weben der Lüfte und das Steigen oder Fallen der Wasser. Wer die Fähigkeit des Mitempfindens mit allem Werdenden und Vorgehenden in sich zu wecken beginnt, der wird auch gewahr, was in der Entwicklung der Menschheit an Nöten und Forderungen auftritt. Er wird »durch Mitleid wissend«. Ihm enthüllen sich die Wetterzeichen des historischen Werdens. »Die Frösche quaken.« Was er da vernimmt, macht ihn bestürzt. Aber in seiner Seele erwacht um so stärker die Bereitschaft für den Geist: So darf er die Inspiration der Höhen zum Erdenaltare neu herabtragen.

Heute dürfte es für alle Welt sichtbar geworden sein, was einzelne Wissende seit Jahrhunderten herannahen fühlten, daß das wahre geistige Leben in den religiösen Traditionen erstorben ist. Die Gnadenwelten sprechen in ihnen nicht mehr. Indessen beginnen die oberen Welten von neuem zu reden; das inspirierte Wort ist zum Christentum zurückgekehrt. Es gibt für jeden, der sie finden will, neue Weihekräfte und klares Geisteslicht. Die Taube senkt sich wieder auf die Schulter herab; sie raunt dem Geistesmutigen ihre Himmelsweisheit ins Ohr.

Damals, als noch wandernde Sänger durch Europa zogen und in Märchen oder Sagenbildern Zukunftskeime in empfängliche Herzen senkten, schlummerten die jungen Erkenntniskräfte, die heute überall aufsprießen wollen, noch im Seelenschoße. Aber für diejenigen, denen wir solche Märchen verdanken, vollzog sich damals schon das Mysterium, in dem die Seele das »verlorene Wort« zurückempfangen kann. Sie bereiteten ein neues Inspirationszeitalter vor. »Wo war das Zentrum dieser Rhapsoden? Wo hatten sie gelernt, solche Bilder vor die Menschen hinzustellen?« fragt Rudolf Steiner einmal.* Und er antwortet: »In denselben Tempeln hatten sie es gelernt, die wir als die Schulen der Rosenkreuzer anzusehen haben.« Sie sind keineswegs einer sogenannten Volksphantasie entsprungen. Zielbewußt sind solche Bilderfolgen geprägt worden: »Die alten Märchen, die Ausdrücke sind der alten geistigen Geheimnisse der Welt, sind so entstanden, daß die, welche sie für

* Berlin, 10. Juni 1911 (Vortrag aus »Exkurse in das Gebiet des Markusevangeliums«, GA 124).

die Welt geformt haben, hinhorchten und gelauscht haben bei denen, die ihnen die geistigen Geheimnisse erzählen konnten, so daß die Zusammenfügung, die Komposition den geistigen Geheimnissen gemäß ist. Deshalb können wir sagen: Es lebt in ihnen der Geist der ganzen Menschheit, des Mikrokosmos und des Makrokosmos. Von denselben Tempeln heraus wurden die Rhapsoden geschickt, um inhaltsvolle Märchen zu erzählen, – und aus denselben Tempeln stammen die Erkenntnisse der heutigen Zeit, die eintreten in die Seelen und Herzen der Menschen, um die Kultur möglich zu machen, welche die Menschheit braucht. So schreitet der Geist, welcher der Menschheit zugrunde liegt, von Epoche zu Epoche.«

VERZAUBERUNG UND ERLÖSUNG

Goethe war mit jenen Zuständen leiser Entrückung, in denen sich die Seele über sich selbst hinaus erweitert fühlen kann, wohl vertraut. Diese ins Prophetische hinaufgehobenen Bewußtseinskräfte beschreibt er einmal Eckermann gegenüber folgendermaßen: »Wir wandeln alle in Geheimnissen. Wir sind von einer Atmosphäre umgeben, von der wir noch gar nicht wissen, was sich alles in ihr regt und wie es mit unserem Schicksal in Verbindung steht. Soviel ist wohl gewiß, daß in besonderen Zuständen die Fühlfäden unserer Seele über die körperlichen Grenzen hinausreichen können und ihr ein Vorgefühl, ja ein wirklicher Blick in die Zukunft gestattet ist.«

Wir haben dieses »atmosphärische Bewußtsein« schon in dem Märchen von den »drei Sprachen« im Zusammenhang mit den Fröschen kennengelernt. Der Frosch stellt eine Zwischenstufe innerhalb der organischen Entwicklung der Arten dar. Er ist auf dem Wege vom Kiemen- zum Lungenatmer stehengeblieben. Die Stufe des unschuldvollen Lebens der Fischnatur hat er verlassen und doch noch nicht die Begierdenatur der Warmblüter ganz erreicht. Er kann wie ein Fisch in die Wasserfluten untertauchen, aber nicht mehr ganz in ihnen leben: Er scheint ständig um eine verlorene Welt zu trauern. Etwas tief Melancholisches empfinden wir mit der Natur des Frosches verbunden. Trägt nicht auch das Menschenwesen, das durch viele Daseinsformen gehen mußte, ehe es die heutige aufrecht über die Erde schreitende Gestalt erwarb, selber noch diese Stufe in sich? So träumen in uns tief-versunkene Bewußtseinsschichten, die aber hier und da in ungewöhnlichen Seelenzuständen durchbrechen können; sie bewahren noch mehr oder weniger chaotisch solche kosmischen Entwicklungsstadien. In gewissen feineren Veranlagungen, die auf einer Lockerung der ätherischen Kräfte gegenüber der festen irdischen Leiblichkeit beruhen, kündigen sich solche Urerlebnisse heute wieder an.

Es zeugt von einer guten Einfühlung in das Wesentliche der Märchenstimmung, daß die Brüder Grimm gerade den »Froschkönig« an den Anfang ihrer Sammlung gestellt haben. Hiermit ist ein fruchtbarer Ausgangspunkt gewonnen, der an das Märchenerleben heranführen kann. Da steigen in der Seele zunächst Erinnerungsbilder oder auch nur Erinnerungsempfindungen auf, die wie aus Brunnentiefen zu kommen scheinen: »Der tiefe Brunnen weiß es wohl, einst waren alle tief und stumm, und alle wußten drum...« So beschreibt Hugo von Hofmannsthal diese Stimmung.

Schwermut legt sich auf die Seele, wenn in ihren Untergründen ein Gedächtnis rege wird, das an uralte Bewußtseinszustände mahnt, da noch lebendiges Weisheitsgold ihre Empfindungen durchspielte. Einst war sie reich. Sie war von Sonnenmächten begnadet; denn sie gehörte einem Kosmos an, in dem noch nicht der »Sündenfall« als verdunkelnde Macht gewirkt hatte. Die Königstochter, so schildert das Märchen, sitzt am Brunnenrand und weint; ihr goldener Ball ist in der Brunnentiefe versunken.

Trauer um die verlorengegangene Sonnenweisheit ist schon der Anfang einer leisen Erinnerung, in der sich die Wiederkehr des goldenen Weltalters ankündigt. Ein Bewußtsein, das in Seelengründe untertauchen kann, um die leuchtenden Bilder des kosmischen Gedächtnisses – das in uns allen schlummert – heraufzuholen, will in der suchenden Seele rege werden.

Es erscheint im Bilde des Frosches am Brunnenrand: »Ach, du bist's, alter Wasserpatscher!« sagt die Königstochter, als er seinen häßlichen Kopf aus dem Wasser streckt. Menschen, die am Wasser leben – auch Kinder, die den Umgang mit dem Wasserelement ja vor allem lieben –, geraten leichter in eine gewisse Lockerung des ätherischen Gefüges ihrer Leiblichkeit, als solche, die stets nur festen Boden unter sich fühlen und von Häusermauern seelisch zusammengehalten werden. Darum auch die vielen Sagen vom Wassermann, der die Kinder ins Wasser zieht. Nöck und Nixe erschienen ehemals dem ätherischen Hellsehen. Der Anblick des flutenden Wassers kann leicht eine leise Entrückung bewirken, die hellsichtig macht. Steckt doch in jedem Menschen noch auf verborgene Weise die »Wassermann«-Natur; sie hält eine alte Entwicklungsstufe fest, durch die wir selber einmal haben hindurchgehen müssen (5).

In Richard Wagners »Rheingold« werden wir an diesen heiligen Zustand herangeführt, der noch die »Wassermann«-Stufe der Menschheit spiegelt. Die Rheintöchter spielen mit den Goldschätzen der Wassertiefe. Es sind bewahrte Sonnenkräfte, der Nachglanz eines noch älteren lichterfüllten Weltzustandes. Aber die Wasserfrauen haben nicht mehr die Fähigkeit, das

Lichtgold in ihren unschuldigen Tiefen zu hüten. Alberich raubt es, und alsobald verfinstert sich die Wasserströmung. Die kosmische Erinnerung erlischt; die reinen Seelengründe entschwinden dem erwachenden Tagesmenschen, für den nun der Ring aus dem Golde geschmiedet wird. Das in sich abgeschlossene Bewußtsein der irdischen Persönlichkeit entsteht: der »Ring«, und damit wird der Egoismus zur treibenden Weltmacht.

Die Seele kann heute wiederum, darauf weisen viele Zeichen für den aufmerksamen Beobachter hin, über die engen Grenzen des Sinnenbewußtseins hinauswachsen. Das »Wassermann«-Bewußtsein will, wie aus Traumestiefen, zurückkehren. Zunächst in dumpfer Gestalt, und wo es nicht von Verständnis durchleuchtet werden kann, sich alpdruckartig herandrängend. Die Seele muß sich mit ihm vertraut machen; sie wird lernen müssen, auch wenn sie es zunächst noch abweisen möchte, mit ihm wie mit einem zweiten, noch in Dumpfheit gehüllten Selbst Umgang zu pflegen.

Wir kennen alle das Märchen, das uns erzählt, wie sich die Königstochter dem Frosch entziehen möchte; wie ihr aber der König – das ist der »Könnende«, der die Gesetze der geistigen Welt kennt und hütet – die Weisung gibt, ihr Versprechen einzuhalten. Und wie sie dann den Mut faßt, mit ihm bei Tisch zu sitzen und zu Bett zu gehen: bis sie ihn kurzerhand gegen die Wand wirft, – da steht der entzauberte Königssohn vor ihr!

Es bedarf einer starken Erkraftung des Willens, um das verborgene Selbst, das im Traumesweben verzaubert lebt, zum Aufwachen zu bringen. Seeleninitiative muß wirken, um es der Dumpfheit zu entreißen; dann erst erscheint es in seiner wahren geistigen Gestalt. Es ist die Erweckung des übersinnlichen Menschen, der aus Urzeiten kommt und die kosmische Erinnerung in die Gegenwart hereinträgt. Was traumhaftes, nach rückwärts gewandtes Leben in den Seelentiefen war, wird jetzt frei, um nach vorwärts zu schauen. Es entsteht daraus eine »prophetische«, in die Zukunft weisende Geisteskraft. Mit dieser Entzauberung des übersinnlichen Bewußtseins sind Freiheitserlebnisse verbunden, die für den Geist eine hohe Beseligung bedeuten können. Das Märchen erzählt uns von dem Springen der drei eisernen Bande, die sich der treue Diener hatte um sein Herz legen lassen, während sein Herr verzaubert war. Der nach dem Geiste strebende Mensch, der in Treue den mystischen Seelenpfad geht, ist der Diener des verborgenen Geistesmenschen in uns; denn er weiß, daß er mit allen seinen Kräften der Erweckung des unsterblichen Wesensteiles zu dienen hat. Nur durch das Erringen der tiefsten Herzensruhe, in der alles Drängen und Wünschen des irdischen Menschen zum Schweigen kommen muß, wird es möglich, diesen Pfad auch wirklich zu Ende zu gehen. Das Herz muß »in eiserne Bande« gelegt werden. Aber die durch das Ersterben gegangenen Herzenskräfte beginnen ihre Auferstehung zu feiern, sobald die Seele, mit dem Geiste vermählt, in sein Reich Einzug halten darf.

Mit der Gestalt des »eisernen Heinrich« wird gerade darauf hingedeutet, daß es sich hier um eine Herzenseinweihung handelt.

*

Die Begegnung mit den Mächten des Herzens und das Geheimnis ihrer Verwandlung wird oftmals in der Imagination des Löwen dargestellt. Wir konnten dieses Bild schon im »Wasser des Lebens« und in den »Zwölf Jägern« kennenlernen: einmal die drohenden Löwen, das andere Mal den weisheitsvollen Löwen.

Immer wieder taucht das Motiv auf – auch in der Legendenwelt –, wie ein Mensch lernen muß, mit dem Löwen zusammenzuleben. Daniel wird während der babylonischen Gefangenschaft in die Löwengrube geworfen; aber die Untiere zerreißen ihn nicht. Oder Hieronymus, der stille Gelehrte, sitzt über seine Folianten gebeugt; neben ihm ruht sanft der Löwe. Herzensruhe, das aber heißt: Friede mit dem Schicksal, muß erst in der Seele eingetreten sein, wenn ihr die rechte Erleuchtung zuteil werden soll, wie sie gerade ein Hieronymus braucht, um die Bibel zu übersetzen.

Eindrucksvoll ist der mächtige Mauerfries, der in der Orientalischen Abteilung der Berliner Museen aufgestellt ist. Zum Tor der Göttin Ischtar führt eine Prozessionsstraße, links und rechts wird sie von Mauern aus blau lasierten Ziegelsteinen eingefaßt: aus diesem Blau heben sich, gelb und weißlich schimmernd, wandelnde Löwen ab; etwa in Brusthöhe und derart, daß sie dem zur Tempelpforte Schreitenden gleichsam entgegenkommen. Wenn so der Zug der Gläubigen zum Kult der Göttin wallte oder der einzelne, der die Einweihung suchte, feierlich die babylonische Straße entlang ging, so kamen ununterbrochen Löwen und wieder Löwen aus dem in Traumstimmung entrückenden Blau auf sein Herz zu. »Ich werde dem Löwen nicht entrinnen können« –, so mochte wohl der Schreitende zu sich selber sprechen.

Auf dem Wege zur Einweihung, so lernen wir es heute durch die Geisteswissenschaft Rudolf Steiners neu verstehen, beginnt der geistig Erwachende die eigene Leibesgestalt von innen her anzuschauen. Wenn er sich zum Beispiel im Augenblick des Einschlafens mit seinem Seelenwesen aus der Hülle herauszuheben beginnt, fangen die einzelnen Organe des Körpers an, sich in ihrer Eigennatur zu entfalten. Er kann gewahr werden, wie in jedem Organ eigentlich die Anlage vorhanden wäre, eine ganze Tiergestalt zu bilden. Diese in der Anlage aufgehaltenen Tierformen können sich nun zum ätherischen Bilde auswachsen. Im pochenden Herzen steckt ein Löwe – mit allem Starkmut und Stolz, doch auch mit allen Möglichkeiten zur reißenden Gewalt. In der atmenden Lunge möchte immer ein Adler seine Schwingen erheben und sich der Erdenschwere entwinden; aber das Gesetz des Leibes zwingt ihn wieder zurück. Spielt nun die Organisation von Herz und Lunge für den geistigen Blick ineinander, so entsteht die Imagination des »Greifen«. Das ist ein Löwenadler. Solche Fabelwesen, aus der Mythologie bekannt, sind nicht einer absonderlichen Phantasie entsprungen; sie weisen auf ein altes Traumschauen hin, das in diesem Bilde gewisse Weisheitskräfte erlebte, die mit Kühnheit gepaart den Menschen verlocken wollen, sich der Erdendumpfheit zu entreißen. Lichtbegierde, von Luzifer uns eingegeben, zu Phantasie und Geistesschau die Seelen beflügelnd, offenbart sich in der Greifengestalt. In dem Märchen vom »Vogel Greif«, das wir in der Grimmschen Sammlung auf Alemannisch erzählt finden, kommt dieses Wesen anschaulich zur Darstellung. Der Greif tritt uns auch auf Wappenschildern und in Städtenamen entgegen (Greifswald, Greifenberg usw.). Solche Wesen empfand man, aus einer hellseherischen Intuition heraus, einstmals noch in bestimmten Familien wirkend. In ihrem Bildekräfteleib, der das Eigentümliche einer Geschlechterfolge oder auch eines ganzen Stammes beziehungsweise einer Stadtseele ausmacht, hatten etwa die Löwenkräfte des Herzens oder die Adlerkräfte des Atems, oder beide gemeinsam, das Übergewicht: Starkmut oder Schwungkraft konnte man dann vor allem an den Mitgliedern einer solchen Sippe erleben. Dieses war gleichsam das »Totem« ihrer Familie, das in der Vererbungskette wirksam empfunden wurde; es trug ihre Begabung, deren sie sich rühmten, andererseits aber auch alle ihre Gefahren in sich. So erscheinen Bär, Wolf, Hirsch, Leopard und mancherlei Vogelgestalten als Wappentiere.

Tritt nun vor der geistigen Wahrnehmung die machtvolle Wirkung der Stoffwechselnatur auf, so entsteht die Imagination des Stiers. Handelt es sich mehr um die nährenden Kräfte, so erscheint die Kuh, während im Stier sich mehr die Triebgewalt ausdrückt. Das Ineinanderwirken von Adler, Löwe und Stier, aus deren mächtigen Kräften sich das Menschenhaupt heraushebt, ergibt das Bild der »Sphinx«. So erschien einst dem hellsichtigen Traume des Ägypters das Geheimnis des Menschenleibes, das heißt: die ihm zugrundeliegende Bildekräftenatur.

*

Die Einweihung in die Herzensgewalten fordert Mut und andererseits Schicksalsergebung. Denn alles, was innerhalb der Seelentiefen noch als Empörung gegen die Schicksalsmächte lebt, als Hochmut oder gekränkter Stolz, kommt in der imaginativen Anschauung (oder auch im Traume) zur Spiegelung. Der Löwe bedroht den Wanderer; er versperrt ihm den Weg. »Der Löwe muß zum Lamm werden«, so pflegte man zu sagen, wenn man auf den Willen zur Sühne hindeutete, der bereit ist, das Schicksal duldend auf sich zu nehmen. Im höchsten Sinne jedoch wird damit auf die Opferkraft des Einen hingedeutet, der die Schuld der ganzen Erde tragen wollte.

Wo im Menschenherzen eine Kraft frei zu werden beginnt, die sich zum Sieg über alle Schwermut und über alles Hadern mit dem Schicksal durchgerungen hat, da stellt sich das Bild eines Vogels ein, der jubilierend zum Äther aufsteigt. Es ist das Anzeichen dafür, daß Erlösungskräfte im Herzen zu wirken beginnen. Etwas, das sich in Danksagung emporschwingen möchte, das »singen und springen« möchte, löst sich vom Erdenstaube los. Das ist die *Lerche*.

Man hat den Zusammenhang der Lerche mit den Kräften des Löwen in früheren Zeiten noch sehr wohl empfunden; sie heißt noch in verschiedenen alten Dialekten »Leewerick«, »Lewercke«, altholländisch »Leeuwercke« (Lew oder Leu sind ja die älteren Formen für Löwe). Im Hessischen war noch zu Grimms Zeit die Bezeichnung »Löweneckerche« gebräuchlich.

Ein Mann, der eine große Reise vorhatte, fragte seine drei Töchter, was er ihnen mitbringen solle. Die älteste wünschte sich Perlen, die zweite Diamanten; die jüngste aber, seine liebste Tochter, erbat sich »ein singendes, springendes Löweneckerchen«. – Er ist auf dem Heimweg und hat noch immer keins gefunden. Da kommt er durch einen Wald, darin steht ein prächtiges Schloß und nahe dabei ein Baum, in dessen Spitze singt und springt ein Löweneckerchen. Als er es durch seinen Diener herabholen lassen will, springt unter dem Laub ein brüllender Löwe hervor: »Wer mir mein singendes, springendes Löweneckerchen stehlen will«, ruft er, »den fresse ich auf.« Der Mann kann sich nur retten, indem er dem Löwen das erste, was ihm vor seinem Hause begegnen werde, verspricht. Das aber ist gerade seine jüngste Tochter, die ihm bei der Heimkehr entgegeneilt. Er schenkt ihr das »Löweneckerchen«, die Lerche; muß ihr aber zugleich mitteilen, daß er sie selber einem Löwen versprochen habe. Bereitwillig trägt sie das Schicksal und nimmt Abschied. Der Löwe empfängt sie mit seinem Hofstaat; denn er ist ein großer König. Des Nachts erscheint er in Menschengestalt; da feiern sie ihre Hochzeit. Tagsüber schlafen sie.

Wir sind den drei Schwestern schon begegnet und haben in ihnen die Offenbarung der drei Seelenglieder des Menschen erkannt. Es ist bezeichnend für die Empfindungsseele, daß sie Perlen wünscht: In ihnen stellt sich die traumhafte Weisheit dar (Dante nennt den Mond »die ewige Perle« im Himmelsmeere). Und ebenso bezeichnend für die Verstandesseele, daß sie Diamanten liebt: in kühlen, klargeschliffenen Ideen sucht sie Weltverständnis zu gewinnen. Aber die jüngste der Seelenkräfte – wir kennen sie als die Bewußtseinsseele – will mehr: In ihr wacht Freiheitswille auf. Sie will den Sieg über alle Erdenschwere, die Erweckung einer unsterblichen, einer himmelwärts dringenden Geisteskraft. Und sie ist bereit, den Weg zu betreten, wenn er auch Wagnis und Opfer bedeutet. Sie kennt den Einsatz der Persönlichkeit für das geistige Ziel.

Rudolf Steiner schildert dieses Auftreten der Tierimaginationen noch eingehender, als wir es bisher dargestellt haben.* Er spricht in Anknüpfung an das nächtliche Erlebnis der Sphinxgestalt davon, wie sich mit diesen Bildern bestimmte moralische Eindrücke verbinden. Da weiß die Seele nachher: »Das, was dich eigentlich bei Tag zu deinen bloß persönlichen Interessen treibt, das kommt von dem, was du nachts als deine gleichsam tierische Fortsetzung siehst. Bei Tag siehst du sie nicht; aber sie ist in dir als Kraft. Das sind die Kräfte, welche dich gewissermaßen hinunterziehen und zu den persönlichen Interessen verführen ... Und wenn man diese Impression immer mehr und mehr ausbildet, dann kommt man dazu, zu erkennen, wer eigentlich in unserer Evolution real *Luzifer* ist. Je weiter wir nämlich den hellseherischen Blick zurückwenden gegen die Zeit, der die Paradiesesimagination entspricht, desto schöner wird das Gebilde, das eigentlich erst für die spätere Zeit ans

* In der Vortragsreihe »Welche Bedeutung hat die okkulte Entwicklung des Menschen für seine Hüllen und für sein Selbst?« – Den Haag 1913, GA 145.

Tierische erinnert. Und wenn wir gar zurückgehen ins Paradiesische, da dürfen wir sagen, daß diese Gestalten (Stier, Löwe, Adler), die wir mit diesen Namen ansprechen für jene alten Zeiten, uns in gewisser Beziehung auch sein können die Sinnbilder der Schönheit.« Und noch weiter zurück erscheint dem Geistesblicke Luzifer in hehrer Schönheit. Da offenbart sich seine Gestalt; denn er ist »auf der einen Seite der Geist der Schönheit, auf der andern Seite der Geist des Egoismus«. Und dieser Geist ist es, in dessen Gesellschaft wir jede Nacht vom Einschlafen bis zum Aufwachen sind: »In dem Augenblicke, wo der Schleier weggezogen würde, welcher die Nacht mit Finsternis bedeckt, würden wir eben finden, daß Luzifer an unserer Seite ist.« Und Rudolf Steiner spricht davon, »daß der Mensch einer Zukunft entgegengeht, welche ihm bei jedem Aufwachen wie einen eben hinhuschenden Traum – und dann immer deutlicher und deutlicher die Impression geben wird: dein nächtlicher Genosse war Luzifer«. Diese Tatsache ist zum Beispiel den Griechen als Einweihungserlebnis durchaus bekannt gewesen. Sie nannten diese Gestalt »Eros«. Und sie wußten diesen Eros, der ja die Liebe zum Schönen und Erhabenen in der Seele erwecken kann, aber sie gleichzeitig mit persönlich-egoistischen Gefühlen durchtränkt, als den Mittler zwischen Menschen und Göttern zu schildern.* Eros ruht nicht eher, bis Psyche – die menschliche Seele, für die er entbrannt ist – zum Olymp emporgetragen ist. Das antike Märchen von »Eros (oder Amor) und Psyche«, wie es Apulejus erzählt, spiegelt diese Geheimnisse wider; vor allem fällt die Verwandtschaft der Motive mit unserem Märchen auf, auf die auch Wilhelm Grimm schon in seinen »Anmerkungen« hingewiesen hat. Er sagt, indem er beide vergleicht: »Das Herz wird geprüft, und vor der Erkenntnis in reiner Liebe fällt alles Irdische und Böse nieder. Unsere Erzählung stimmt auch darin, daß Licht das Unglück bringt und die alles entfesselnde Nacht den Zauber jedesmal löst.« – Was Grimm hier »das Unglück« nennt, erscheint jedoch nur vor dem irdischen Urteil als ein solches. Psyche genießt die Liebe ihres Gemahls, ohne ihn je gesehen zu haben. Sie gehören sich nur im Reich der Nacht. Von ihren Schwestern, die ihr einreden, er sei ein tierisches Ungeheuer und wolle sich daher ihren Blicken entziehen, wird sie aufgestachelt, des Nachts die Lampe zu entzünden: »aber was erblickte sie statt des vermeintlichen Ungeheuers? Vor ihr lag der Liebesgott in seiner ganzen Schönheit, und bei seinem Anblick flammte die Lampe heller auf« ... Ein Tropfen

* Siehe Platons »Gastmahl«: Die Rede der Diotima.

glühenden Öls träufelt dabei auf die rechte Schulter des Gottes; er erwacht hiervon und erhebt sich schweigend in die Lüfte. So erzählt Apulejus und läßt nun die Irrfahrten und Peinigungen folgen, die Psyche um ihres verlorenen Gemahls willen auf sich nehmen muß.

Es ist eine bildhafte Schilderung der Seelenprüfungen und Läuterungsstufen, die der Menschenseele auf dem Pfade zum unsterblichen Leben vorgezeichnet sind. Diese setzen mit dem Erlebnis jener nächtlichen Entdeckung ein. Es ist die Lampe der *Erkenntnis*, die Psyche zu entzünden sich gedrängt fühlt. Freilich noch einer ungeläuterten, von Skepsis erfüllten Erkenntnisbegierde. Was im Reiche der Nacht eine hehre Schönheitsgestalt ist, aber vor dem Blicke der Seele noch verhüllt bleiben muß, das kann im Übergang zum Einschlafen oder auch im Augenblick des Aufwachens von Leidenschaft durchdrungen und deshalb in mächtigen Tierformen erscheinen. Wie ein Erinnerungsbild steht vor dem Tagesbewußtsein eine sphinxähnliche Gestalt: das ist das »Ungeheuer«, von dem die Schwestern reden. Es ist in gewissem Sinne auch die Löwengestalt, die in unserem deutschen Märchen als eine imaginative Erscheinung für das Tagesbewußtsein zurückbleibt. Die Herzensmächte, die es zu verwandeln und befreien gilt, erscheinen im Bilde des königlichen Löwen. Im Reiche der Nacht ist es eine hehre Gestalt, die zum Genossen der Seele wird.

Auch unser Märchen schildert, wie der Löwe den Strahl des Kerzenlichtes scheut. Als ihn trotz aller Vorsicht dennoch der Strahl einer Fackel trifft – es ist gelegentlich der Hochzeit ihrer zweiten Schwester, zu der die junge Frau mit ihrem Löwengemahl gekommen war – da geschieht »das Unglück«. Der Löwe entschwindet. Statt seiner erscheint eine weiße Taube und flattert zur Tür hinaus. Ehe sie jedoch davoneilt, redet sie also: »Sieben Jahre muß ich in die Welt fortfliegen: alle sieben Schritte aber will ich einen roten Blutstropfen und eine weiße Feder fallen lassen, die sollen dir den Weg zeigen, und wenn du der Spur folgst, kannst du mich erlösen.«

Es war die Fackel der Erkenntnis, die einen Strahl auf das Geheimnis fallen ließ, das sich nur in nächtlichen Tiefen abgespielt hatte und das sich im Bilde spiegelte. Nun aber zeigt die Taube den Pfad, der beschritten werden muß: es ist der mystische Pfad der sieben Stufen. In den »Zwölf Brüdern« begegneten wir schon jenen »sieben Jahren«, deren es zur Erlösung bedarf. Der Heilige Geist wird zum Führer auf diesem Wege. Das Märchenbild deutet jedoch darauf hin, daß es nicht allein die Kraft des Geistes ist, die der Seele die

Richtung weist. Die Taube läßt nicht nur alle sieben Schritte ein weißes Federchen, sondern auch ein rotes Blutströpfchen fallen. Die Seele schreitet ihren Weg noch im Bann der Blutsliebe dahin. Eros ist noch immer die beflügelnde Macht ihres Herzens; er hat erst zum Teil seine Vergeistigung erfahren können. Mit einer poetischen Kraft, die den Hauch einer höheren Wahrheit verspüren läßt, weiß das Märchen die Wanderungen der treuen Gemahlin zu schildern. Als die sieben Jahre fast vollendet waren: »da freute sie sich und meinte, sie wären bald erlöst, und war noch so weit davon«. Kurz vor dem Ablaufe der Zeit verliert sich die Spur. Kein Blutstropfen und keine Feder fällt mehr hernieder. Das scheint wiederum ein »Unglück«. Aber es ist das Zeichen dafür, daß die Seele freigesprochen wurde. Sie bedarf keiner Führung mehr und muß nun aus innerster Freiheit handeln lernen. Sie fragt bei Sonne und Mond und allen vier Winden nach der fliegenden Taube. Nur der Südwind weiß es; aber Sonne und Mond verleihen ihr Gaben, deren sie sich in der Not bedienen darf: ein Kästchen und ein Ei. Die Seele ist fähig geworden, sich im Kosmos zu erleben; sie ist über ihr enges Erdenbewußtsein auf dem Erkenntnispfade hinausgewachsen. Ausgerüstet mit diesen Kräften, muß sie nun erst die eigentlichen Überwindungstaten vollziehen. Sie muß den »inneren Süden« erleben. Der Südwind sagt ihr, daß die Taube wieder zum Löwen geworden sei und am Roten Meer mit einem Lindwurm im Kampfe stehe; der Lindwurm aber ist eine verzauberte Königstochter. Doch der Nordwind rät ihr, zum Roten Meere zu wandern und den Lindwurm mit einer Rute zu züchtigen, damit ihn der Löwe bezwingen kann. Der »innere Norden« vermittelt der Seele jene Gedankenkräfte, mit denen sie im »inneren Süden« den Sieg über die Leidenschaftsnatur erringen kann. Das Herz, das sich noch von der Blutsgewalt befreien muß, bedarf der Weisheit des Hauptes. Es würde alleine niemals den Kampf am »Roten Meere« bestehen. – Wenn aber Löwe und Lindwurm ihre menschliche Gestalt zurückbekommen, dann muß sich die Retterin sogleich mit ihrem Gemahl auf den Rücken des »Vogel Greif« schwingen, der am Roten Meere sitzt. Dieser wird sie übers Meer nach Hause tragen. Die Liebende befolgt den Rat; als aber der Sieg schon errungen scheint, schwingt sich die Königstochter, die der Lindwurm war, mit dem Jüngling im Arm auf den Vogel Greif und entführt ihn in ihr Reich. Und »die arme Weitgewanderte« steht wiederum verlassen da und muß »lange, lange Wege« gehen, bis sie das Schloß findet, in dem die beiden miteinander leben. Sie erfährt, daß man sich dort gerade zur

Hochzeit rüstet; so öffnet sie in ihrer Not das Kästchen, das ihr die Sonne gab, und zieht ein sonnenglänzendes Kleid hervor. Als sie damit bekleidet zum Schloß kommt, verwundern sich alle. Die Braut erbittet es als Hochzeitskleid für sich. Sie gibt es ihr unter der Bedingung, eine Nacht in der Kammer des Bräutigams schlafen zu dürfen. Es wird ihr gewährt, aber mit der List, daß die falsche Braut ihm einen Schlaftrunk reichen läßt. Darum erkennt der Königssohn seine wahre Gattin nicht, die die ganze Nacht an seinem Bette sitzt und ihm ihre siebenjährige Pilgerschaft und alle Prüfungen erzählt. Ihm ist nur, als rausche der Wind in den Bäumen. Die Nacht vergeht ungenutzt. In ihrer Not öffnet sie am anderen Morgen das Ei; eine Henne mit zwölf goldenen Küchlein kriecht daraus hervor. Die falsche Braut ist davon so entzückt, daß sie die Küchlein für sich selbst begehrt. Wieder stellt die Liebende die Bedingung und darf noch einmal des Nachts die Kammer des Königssohnes betreten. Dieses Mal hat er aber den Schlaftrunk ausgegossen; denn der Kammerdiener, den er nach dem Murmeln und Rauschen fragte, verriet ihm das Geheimnis. Da erkennt er die treue Gattin, schwingt sich mit ihr auf den Rücken des Vogel Greif und erreicht das Haus, wo sie ihr Kind finden, das indessen groß und schön geworden ist.

In diesen Bildern verhüllen sich innere Erfahrungen des Geistsuchers. Hat der Mystiker auf seinem Pfade die niedere Natur bändigen gelernt, das heißt: den Lindwurm gezüchtigt und entzaubert, so muß er die Kraft des Aufschwungs finden, die ihn hoch über alle Sinnesfesseln hinaus zum Geiste erhebt. Der Vogel Greif galt in der Sprache der mittelalterlichen Mystik als Symbol der übersinnlichen Gottesschau. Dante läßt sogar den Christus in dieser Gestalt erscheinen. (»Purgatorio«, 29. und 31. Gesang.) Er lehrt: die Doppelnatur des Erlösers offenbare sich im Adler und Löwen, indem bald mehr die göttliche Seite seines Wesens (der Adler) und bald mehr die menschliche (der Löwe) hervortrete, in steter Wandlung und doch im tiefsten Sinne wandellos. Irdische und geistige Kräfte halten sich in ihm die Waage. Denn Christus vermittelt einen Gleichgewichtszustand der Seele. Dem widerspricht es nicht, daß wir vorhin den Greifen als Bild der luziferischen Schwungkräfte schilderten. Christus als der »mystische Greif« galt eben als der »wahre Luzifer«: der echte Lichtbringer, der an Stelle des trügerischen Geisteslichts von nun an das wahre bringen will. – Wo die Harmonisierung des sittlichen und sinnlichen Menschen erreicht ist, kann sich erst die Erlösung des Menschenherzens vollziehen.

Aber hier ist Wachsamkeit notwendig. Wie viele Mystiker haben doch, ob sie sich gleich mittels der Askese längst ihrer Leidenschaftsnatur enthoben glaubten, nur die verfeinerte Sinnlichkeit in die geistigen Gebiete hinaufgetragen! Die erotische Färbung vieler mystischer Visionen und die dunkle Inbrunst mancher Madonnen- und Christuslieder zeugt davon. Die Königstochter, die der Lindwurm gewesen, ist auf dem Greifen davongeeilt und hat dem Jüngling einen Zaubertrank gereicht. Die Sinnennatur ist in solchen Fällen zwar »sublimiert«, wie die Psychoanalyse sagen würde; aber sie ist nicht wirklich verwandelt worden.

Seelenwahn hält dem Mystiker nun das wahre Geisteslicht verborgen. Die niederen Triebkräfte, die jedoch geistig erscheinen möchten, müssen erst von dem Glanz der gereinigten Seelenkräfte angezogen und besiegt werden. Die Seele aber, die den Pfad der Läuterung gegangen ist, hat sich mit kosmischen Lichtkräften durchdringen dürfen; sie erscheint jetzt im sonnenglänzenden Kleide. Ihr ist das Geheimnis eines neuen Geistleibes offenbar geworden, aus dem sich verjüngte, lichtere Sinne entfalten wollen; sie kann das Ei öffnen, dem die goldenen Küchlein entschlüpfen. Die sinnliche Natur des Menschen wird in der Berührung mit diesen übersinnlichen Gaben, die sich die Seele aus den kosmischen Höhen erwerben konnte, ihrer Macht beraubt. Das Geistbewußtsein wird endgültig frei vom Banne der niederen Triebe, die es in Seelenwahn eingehüllt hielten. Es kann jetzt die Erfahrung ernten, die die Seele auf ihrer mystischen Pilgerfahrt errungen hat. Eros erfährt seine Verklärung. Der Vogel Greif trägt die Liebenden aus dem Bereich des Roten Meeres heraus. Der Löwe hat sich zur reinen Menschengestalt gewandelt.

Im Märchen erscheint jede Kraft, sobald sie sich dem instinktiven Leben entringt und in die Sphäre der wachen Erkenntnis eintritt, in *menschlicher* Gestalt. Sie ist entzaubert. Der tiefste mystische Vorgang aber, der sich in Seelentiefen vollziehen kann, ist die Vergeistigung des Eros: die Macht des Luzifer verwandelt sich stufenweise in das Licht des Heiligen Geistes. Damit haben wir den Boden eines christlichen Mysteriums betreten.

*

Das Märchen von »Jorinde und Joringel« deutet auf die Heiligung der Blutskräfte im Bilde der blutroten Blume, in deren Mitte ein großer Tautropfen funkelt. Joringel, der zum Hirten geworden ist, sieht die Blume im

Traume und wandert bis an den neunten Tag. In der Morgenfrühe findet er sie und bricht sie ab. Die Blume hat die Macht, alle Dinge von ihrem Zauberbann zu lösen. Mit ihr befreit er auch seine Jorinde, die im Zauberschloß als Nachtigall eingekerkert sitzt.

Die Lerche (das Löweneckerchen) kann in gewissem Sinne als Gegenbild zur Nachtigall empfunden werden. Jene singt in der Morgenfrühe; sie jubelt Dankeslieder. Die Nachtigall erhebt ihre Stimme am Abend; in ihrer Melodie ist Schwermut.

Aus ihr tönt noch nicht die befreite Herzenskraft wie aus der Lerche; es ist unerlöste Sehnsucht, die, von der Angst des Irdischen bedrückt, sich aus der Enge des Körperdaseins losringen möchte. Die Nachtigall steht noch unter der Mondengewalt.

Im Mondenlicht wird deshalb auch Jorinde von der Hexe in eine Nachtigall verzaubert. Das Märchen rührt an ein kosmisches Geheimnis: Sind es nicht Mondenwirkungen, die sehnsuchtsvoll und schwermütig machen? Sie schlagen das Seelenleben in Bann. In der Apokalypse des Johannes erscheint das sonnenbekleidete Weib in den Himmeln, das den Mond unter ihren Füßen hält. Der Sieg über die Mondengewalt ist zugleich die Erlösung der Jungfrau. Das menschliche Blut steht unter dem Bann dieser Mondenwirkung und kann ihn niemals aus sich allein brechen. Es bedarf einer Gnadenkraft von oben, die sich dem Blutsstrom mitzuteilen vermag; diese muß sich gleich Himmelstau in das irdische Fühlen und Wünschen hereinsenken. In dem Motiv der roten Blume mit der Tauperle kündet sich das Gralsgeheimnis an, die erlösende Wirkung des Christusblutes.

Schwermut vermag nur der Christus von Grund auf zu heilen. Denn Schwermut ist eine Erkrankung des Existenzgefühls an seiner Wurzel: Es ist das Leiden an der Urtatsache der Verkörperung als solcher. Es gibt nur *eine* Wunderblume, durch die die Nachtigall entzaubert werden kann.

Jung-Stilling, Goethes Jugendfreund aus der Straßburger Zeit, hat dieses alte Volksmärchen in seine Kindheitserinnerungen eingeflochten; ihm verdanken wir überhaupt, daß es aufbewahrt blieb. Die Base erzählt es dem kleinen Henrich, an einer Waldeslichtung sitzend, während der alte Vater Stilling inzwischen im Walde Holz suchen gegangen ist. Die Zauberkräfte des Waldwebens erwecken derweilen in dem Alten höhere Sinne; er schaut für Augenblicke in einen Innenraum hinein, wo die Toten ihr erhöhtes Leben führen und Märchenschlösser, wie die Wohnungen der Seligen, ihn zum Eintritt laden. Das Licht der Seelenwelt geht ihm gleich einer Sonne auf. Durchblicke in höhere Welten, die sich, mitten im Tagesleben, vor den inneren Sinnen öffnen und wieder schließen können, waren in jenen Zeiten durchaus keine Seltenheit. Die Rückkehr in das Tagesbewußtsein erschien solchen Menschen nach diesen begnadeten Augenblicken dann allerdings erst recht als »Verzauberung«. Indessen also die jungen Menschen sich in das Märchen von »Jorinde und Joringel« versenken, wird der Alte in die Bezirke entrückt, in der sich die Märchen wahrhaftig begeben.

DIE MACHT DER FINSTERNIS

Novalis hat von dem »echt moralischen Menschen« gesagt, daß er auch »Dichter« sei. Ihm galt die Poesie als Offenbarung des »moralischen Sinns«, dem eine andere Weltordnung vertraut und zukunftsgewiß ist. »Der echte Märchendichter ist ein Seher der Zukunft.«

Wo dieses moralische Organ (er nennt es gern »das Gemüt«) erwacht und schöpferisch wird, muß es sogleich auch seine Grenzen erfahren. Der Mensch, der sich eine innere Welt, ein idealisches Reich erschaffen kann, sieht sich doch gleichzeitig überall in die irdische Ordnung eingespannt. Die Gesetze der gegenwärtigen Natur kümmern sich nicht um die Forderungen seines moralischen Sinns. Sie verurteilen diesen inneren »idealischen Menschen«, der handeln möchte, zur Ohnmacht. Er muß es schmerzvoll erleben, wie er mit gebundenen Händen dem Weltgange gegenübersteht. In solchem Zustand kann sich die Seele als das »Mädchen ohne Hände« erscheinen. – Wer aber ist schuld daran, daß sie zur Machtlosigkeit verurteilt wurde?

Das Märchen erzählt: An einen arm gewordenen Müller tritt eines Tages im Walde ein alter Mann heran und verspricht ihm Reichtum, falls er ihm dafür geben wolle, was hinter seiner Mühle stehe. Der Müller geht auf die Bedingung ein; denn er glaubt, das könne doch nur der Apfelbaum sein. Es war aber die schöne Müllerstochter, die der Teufel meinte. Da aber das Mädchen so fromm und rein war, konnte der Teufel es nach der ausbedungenen Frist von drei Jahren nicht in seine Gewalt bekommen. Wohl vermochte er es dahin zu bringen, daß der Müller seiner eigenen Tochter die beiden Hände abhauen mußte; aber ihre Seele konnte er nicht antasten.

Der Mensch, dem die Fülle der alten Weisheit verlorengegangen ist, der »arm gewordene«, geht mit einer Macht, die er zunächst nicht in ihren Absichten durchschauen kann, ein Bündnis ein. Goethe stellte diese aus dem Erdendunkel aufsteigende Macht in seinem Mephistopheles dar. Es ist nicht der Versucher aus dem Paradiese. Die Verführung durch Luzifer wirkt in unserer Begierdennatur; er ist die Macht, die uns ursprünglich in die Verkörperung hineingerissen hat. Luzifer »verzaubert«, aber vernichtet noch nicht die Menschenseele. Das Märchen deutet im Bilde auf den Unterschied hin. Der Müller denkt, der fremde Mann meine den »Apfelbaum« hinter der Mühle. Das ist ja der »Baum der Erkenntnis«, von dem die Schlange einst Besitz ergriffen hatte. Aber dieser Teufel will mehr: Er will die noch rein bewahrten, jungfräulichen Kräfte der Seele gewinnen und damit das Ewige im Menschenwesen vernichten.

Das Unheimliche, im Anfang noch Undurchschaubare an dieser Macht ist von den Menschen an der Schwelle vom Mittelalter zur Neuzeit vielfach empfunden worden, als die neuen Verstandeskräfte heraufzogen, die ihnen an Stelle des ersterbenden alten Wissens eine neue Welterkenntnis verhießen. Erforschung der Sinnenwelt nach rein irdischen Gesetzen und Beherrschung dieser Welt durch die Maschine ist die Gabe, die diesem Bündnis entspringt. Was in der Geisteswissenschaft Rudolf Steiners als die ahrimanische Macht, wie sie aus der persischen Mythologie bekannt ist, geschildert wird, ist der Teufel der Faustsage. In den Märchen vom »Bärenhäuter« und »Des Teufels rußigem Bruder« wird uns die gleiche, Reichtum versprechende Macht gekennzeichnet (3). Sie verfinstert die Gemütstiefen, den »moralischen Sinn«, und liefert damit jegliches Menschenstreben dem Irdisch-Vergänglichen aus.

Jedesmal wird eine Zeitspanne festgesetzt (in den anderen Märchen sieben Jahre, in unserem nur drei); nach dieser Zeit erntet der Teufel die Seele. In der Hingabe an das bloß intellektuelle Wissen stirbt nämlich das Band der Seele zum Göttlichen allmählich ab. Nun wird aber von der Müllerstochter erzählt, wie sie diese Zeit in Gottesfurcht und ohne Sünde verbringt und nach drei Jahren einen Kreis von Kreide um sich zieht; der Teufel vermag diese in Reinheit bewahrten Seelenkräfte nicht zu erreichen. Der Bannkreis der weißen Kräfte schützt die Jungfrau. Wirkt in allem Wissen, das den Menschen ganz in die Materie verstrickt, eine seelenvernichtende Macht – also »schwarze Magie«, – so gibt es doch auch Wege der Läuterung und Heiligung, die als »weiße Magie« ihr entgegengestellt werden können. Das Märchen will darstellen, wie sich ein Mensch dem Erdenwissen, das ihn der ahrimanischen Macht verbündet, unbeschadet hingeben kann, wenn er das Wesen dieser Macht durchschaut und zu gleicher Zeit eine Steigerung seines »moralischen Sinns« anstrebt. Die Jungfrau wird gerettet, muß aber ihre

Hände hinopfern. So wird der höhere Mensch in seinem Willen gelähmt. Er kann das Göttliche noch denken, aber nicht mehr ergreifen. Er kann das Ideal vorstellen, aber es nicht mehr verwirklichen. Goethe hat in seinem Mahomet-Fragment von diesen Gliedern des höheren Menschen gesprochen: »Ich fühlte in dunkler Einwickelung Arme und Füße, doch es lag nicht an mir, mich zu befreien.« In dem Gespräch des Erweckten mit seiner Mutter stellt ihm diese nun die Frage, ob er Arme habe, den allgegenwärtig-ausgebreiteten Gott zu fassen, von dem er da phantasiere. Da antwortet er ihr: »Stärkere, brennendere als diese, die für deine Liebe dir danken. Noch nicht lange, daß mir ihr Gebrauch verstattet ist.«

»Das Mädchen ohne Hände« aber ist die Seele, die den Gebrauch dieser Geisteshände verloren hat; die ahrimanische Macht, die die Verstandeskräfte verhärtet, hat sie ihr geraubt. Das Märchen erzählt nun, wie das Mädchen die Pilgerschaft antritt. Im Mondenschimmer findet es einen königlichen Garten, in dem die schönsten Früchte glänzen. Unter dem Schutze eines Engels betritt es den Garten und darf seinen Hunger an den Birnen stillen, obgleich ein Wächter die Birnen zu behüten hat.

Als der Mensch einst vom »Baum der Erkenntnis« aß, wurde er aus dem himmlischen Garten verbannt, um fortan auch nicht mehr vom »Baume des Lebens« essen zu können. Erscheint der eine der Bäume gewöhnlich im Bilde des Apfelbaums, so kann für den anderen, unberührt gebliebenen das Bild des Birnbaums eintreten. Der Apfel in seiner festen Substanz und in sich gerundeten Form wurde immer als Frucht der Erkenntnis empfunden. Der Mensch wird sich seines Eigenseins bewußt; er ergreift sich als Ich. Die Gestalt der Birne und ihre leicht zerfließende Substanz stellt einen Gegensatz zum Apfel dar. Eine traumhafte Weisheit, nicht erdenwaches Erkennen, ist die Frucht, die am Birnbaum reift. Hier tut sich eine Welt auf, die vor dem Zugriff des irdisch-egoistischen Bewußtseins behütet bleiben sollte. Es ist Engelsweisheit, in deren Bereich die Seele des Nachts eintreten darf. In diesem Reiche wird sie zur Königin erhoben; der König, der sie liebt, weil sie so schön und fromm ist, läßt ihr »silberne Hände« machen. Wer im Zauberlicht des Mondes erwachen und verborgene Welten betreten darf, vermag auch »silberne Hände« zu empfangen. Das Reich der Nacht befruchtet den Ahnungssinn; es weckt die Phantasie, die sich über den Erdenverstand erheben und im künstlerischen Gestalten eine Welt ergreifen kann, die sich dem Schauen noch verbirgt.

Wieder greift der Teufel ein; er schiebt dem Boten falsche Briefe unter, als dem Könige in der Ferne die Geburt eines Knäbleins gemeldet werden soll und er die Antwort darauf zurückschickt. Die junge Königin muß auf Grund des gefälschten Briefes vom Hofe verstoßen werden. Was in der Seele, die die Berührung mit dem Geiste erfahren hat, an höherem Leben erwacht, muß in einer Zeit, die vom materialistischen Denken geblendet ist, mißachtet werden. Es wird zunächst von der Umwelt zurückgewiesen. Wieder beginnen Prüfungen; und wiederum ist die Engelführung ganz nahe. In der Seeleneinsamkeit, auf sich zurückgewiesen, findet der innere Mensch erst die wahre Freiheit. Gerade am Erleben des Gegensatzes, in dem unser ewiges Wesen zu der Erdenwirklichkeit steht, die uns der ahrimanische Geist erst voll ergreifen lehrt, erstarkt das höhere Ich. Es entdeckt gleichsam erst den heiligen Ort im Seeleninnern, wo die Naturgesetze aufgehoben sind und volle Freiheit walten darf.

Die verstoßene Königin, so wird erzählt, lebt sieben Jahre in einem einsamen Häuslein, vor dem ein Schild hängt: »Hier wohnt ein jeder frei.« Ein Engel, in Gestalt einer weißen Jungfrau, pflegt sie und ihr Söhnlein während dieser Zeit. Das Söhnlein aber heißt »Schmerzenreich«. Es ist leicht durchsichtig, wie in diesem Märchen wieder auf einen Einweihungsweg der Seele hingedeutet wird. Die Genoveva-Sage erinnert in manchen Zügen an diese Erzählung. Sehr bedeutsam ist auch das Wiederfinden in dem einsamen Häuslein geschildert, zu dem der König nach siebenjähriger Pilgerschaft schließlich von dem weißen Engel hingeführt wird. Er erkennt zuerst seine Gemahlin nicht; denn ihr sind ja wiederum neue lebendige Hände gewachsen. Der Engel aber zeigt ihm als Wahrzeichen die aufbewahrten silbernen Hände vor. Die Seele findet, da sie in innerster Freiheit ihre Kräfte üben durfte, aufs neue die Vollmacht des Wirkens. Ihr Geist braucht nicht mehr bloß in Phantasie und Ahnung zu leben; ihm wohnt jetzt Wandlungskraft inne. Statt der »silbernen Hände« sind ihm »lebendige« zuteil geworden. Die Wirkung des bösen Zauberbanns ist gebrochen (13).

Hier möge ein Wort des Novalis zum Abschluß stehen: »Es liegt nur an der Schwäche unserer Organe und der Selbstberührung, daß wir uns nicht in einer Feenwelt erblicken. Alle Märchen sind nur Träume von jener heimatlichen Welt, die überall und nirgends ist. Die höheren Mächte in uns, die einst als Genien unseren Willen vollbringen werden, sind jetzt Musen, die uns auf dieser mühseligen Laufbahn mit süßen Erinnerungen erquicken.«

*

Diese »Selbstberührung«, die uns nach *innen* zu aufwachen läßt, wie wir nach außen hin ja immer durch Fremdberührung (das heißt, an der Begegnung mit der Sinnenwelt) aufwachen, wird uns in der Märchenwelt oftmals geschildert. Zum Beispiel in dem Märchen vom »Gläsernen Sarg«, das eine Reihe von Selbsterweckungsakten darstellt.

Ein Schneider, der sich im Walde verirrt hat, steigt in den Wipfel einer Eiche, um dort die Nacht zu verbringen. Weil er sein Bügeleisen bei sich trägt, kann ihn der Wind, der durch die Bäume fährt, nicht wegtragen. So erblickt er in der Finsternis ein Licht, geht ihm nach und kommt an ein winziges Häuslein, wo ihn ein altes, eisgraues Männchen aufnimmt. Er findet dort ein gutes Nachtquartier und schläft sanft bis an den Morgen, als ihn ein lauter Lärm aufschreckt. Er springt empor und eilt hinaus. Da sieht er einen großen schwarzen Stier mit einem schönen Hirsch in heftigem Kampfe begriffen. Der Boden erzittert, die Luft erdröhnt: endlich stößt der Hirsch dem Stier das Geweih in den Leib. Der Stier sinkt brüllend zu Boden und stirbt. Dann gabelt der Hirsch das erstaunte Schneiderlein auf sein Geweih und trägt es davon. Vor einer Felsenwand hält er still, schlägt eine verborgene Tür mit seinem Geweih auf – und der Schneider darf, von einer Stimme aus dem Felseninnern ermutigt, in das geheime Reich der Felsen eintreten.

Ist es nicht begreiflich, daß der Wind das magere Schneiderlein wegbläst, wenn es sich im Baume zum Einschlafen niederläßt? – Jeden Abend bläst der Wind ja das dürre Bewußtsein des Verstandesmenschen weg, wenn es sich vom Leibe zu lösen beginnt; es ist zu leicht. Soll sich unser Vorstellungsleben im Einschlafen nicht verflüchtigen, so muß es sich innere Schwerekraft erworben haben. Es bedarf, vom Standpunkt der Geistesschulung gesprochen, einer solchen *Verdichtung* der Gedankenkräfte, daß sie sich noch im Übergang zum Schlafe wach zu erhalten vermögen. Es ist gut, wenn ein Schneider sein Bügeleisen immer bei sich trägt! Sehr anschaulich weiß das Märchen zu schildern, wie das menschliche Bewußtsein gleichsam hinüberschläft in die elementarische Welt; wie es von dem Bewußtsein eines Elementargeistes aufgenommen wird und aus ihm heraus wieder aufzuwachen vermag. Was nimmt es da wahr? – Es erlebt, wie von außen her, den gewaltigen Kampf mit, der sich jedesmal beim Erwachen innerhalb des menschlichen Organismus abspielt. Hirsch und Stier ringen miteinander.

Diese beiden Tiere stellen in ihren Gestaltungskräften Gegensätze dar, die sich am deutlichsten in ihrem »Kopfschmuck« – Horn und Geweih – offenbaren. Die Hörner des Stiers kann man als eine Verdickung der Hautbildung auffassen: die Triebgewalten, die in ihm von unten zum Haupte hinaufdrängen, werden gleichsam in den Hörnern gestaut und aufgehalten. Ganz anders das Geweih des Hirsches, das sich Jahr für Jahr erneuert und Ast um Ast ansetzt. Im Hirsch hat der Knochen, der sonst am ehesten zur Erstarrung neigt, verjüngende Kraft in sich bewahrt. Der Hirsch hat gleichsam einen Teil der Gestaltungskräfte, die das Sklett ausformen, der Schwere des Leibes entrissen; er treibt sie nach oben, dem Lichte entgegen. Sind es nicht Auferstehungskräfte, die sich über der Schädelgestalt des Hirsches offenbaren, während sonst nur Todeskräfte vom Haupte nach abwärts wirken?

Darum erscheint in der Sage dem Jäger, der den Hirsch verfolgt, das Lichtkreuz zwischen dem Geweih: ein Bild der Christuskräfte. Im Gewahrwerden dieser heiligen Kräfte hält er ein und schießt das Tier nicht mehr. So kann die Hubertuslegende aus einer tiefer dringenden Betrachtung der Hirschgestalt verständlich werden.

Die obere Natur des Menschen vermittelt uns die Bewußtseinskräfte; sie muß jeden Morgen von neuem darum kämpfen, die Stoffwechselwirkungen, die im Schlafe den ganzen Menschen überwältigen, wieder in ihre Grenzen zurückzuweisen. Davon hängt es ab, ob wir im Haupte aufwachen können. Doch aus der Tiefe der unteren Natur, die uns nährende Kräfte und Stoffe heraufschicken sollte, strömt auch alle niedere Triebgewalt im Schlafe nach oben. Sie verfinstert das Geistbewußtsein. Es ist wie ein verborgener Vergiftungsstrom, der allnächtlich mit den nährenden Kräften zugleich in das Gehirn des schlafenden Menschen hinaufgesandt wird.

Das Märchen schaut diese Kräfte als den schwarzen Stier, der aber eigentlich ein unheimlicher Zauberer ist. Nur durch gesteigerte Bewußtseinskraft ist es möglich, diese verfinsternde Wirkung aus dem Haupte zurückzudrängen. Dann aber kommt es zum geistigen Erwachen *vor* dem allmorgendlichen Aufwachen: zum Sieg des Hirsches über den Stier und zum Eindringen in das Schloß hinter der Felsenwand.

Auch die Gralsburg kann nur auf geheimnisvolle Weise betreten werden. Sie steigt am Abend vor dem Geistessucher auf. Rudolf Steiner hat anschaulich geschildert, wie es sich hier um ein Erlebnis des Einschlafens, genauer: des geistigen Erwachens während des körperlichen Einschlafens handelt. Das Wirken der Bildekräfte im Leibe des Schlafenden kann sich dem imaginativen Blick enthüllen. Schläft der Geist nicht ins Unbewußte hinüber, sondern gelingt es ihm, während er die Leibeshülle verläßt, mit dem Bewußtsein auf die ätherische Leiblichkeit zurückzuschauen, so stellen sich ganz bestimmte Bilder ein: »Man fühlt, wie wenn man im Annähern an diesen eigenen Ätherleib etwas entgegenkommend hätte, was einen zurückstößt. Wie an einem geistigen Fels kommt man an. Dann ist es, wie wenn man in etwas hineingelassen würde. Man war erst draußen...« Wir nehmen in diesen Augenblicken die vegetativen Vorgänge wahr, die die während des Tages verbrauchten Kräfte wieder ersetzen und vor allem die Substanzen erneuern sollen, die im Gehirn verbraucht worden sind. Da erscheint das Gehirn nicht, wie es der Anatom sehen würde, sondern wie eine Burg, in der der Mensch verzaubert liegt – vom Bewußtsein verlassen: »Wie unser Gehirn innerhalb der Schädeldecke wie ein Sinnbild liegt, so erscheint uns unser Menschenwesen auf Erden wie eine verzauberte Wesenheit, in einer Burg lebend. Wir treten unserer Menschenwesenheit entgegen wie einer Wesenheit, die wie gefangen, umschlossen von Felsenmauern ist. Das Sinnbild, das gleichsam wiederum zusammengezogene Sinnbild davon ist unsere Schädeldecke... Und dann strömen herauf aus dem anderen Organismus die Kräfte, die diesen Menschen unterhalten, der eigentlich in der Schädeldecke drinnen ist wie in einem mächtigen Schlosse.«* Rudolf Steiner schildert dann weiter, wie (im Sinne der Gralssage) das Schwert und die blutende Lanze in das Schloß hinaufgetragen werden: die Lanze, die dem König die unheilbare Wunde geschlagen hat und ihn jeden Abend von neuem zu verwunden scheint. Wir wissen aus der anderen Darstellung der Sage (nach Wolfram von Eschenbach und Richard Wagner), wie diesen Lanzenstich einst ein böser Zauberer dem Gralskönige beigebracht haben soll.

In unserem Märchen ist es auch ein »Schwarzkünstler«, der sich als Fremder unter der Hülle der Gastfreundschaft einst in das Grafenschloß eingeschlichen und in seiner Bosheit die Besitzer, einen Bruder und seine Schwester, verzaubert hat. Hier wird uns eine etwas novellistische Begebenheit mitgeteilt, die aber doch sehr bedeutsame Imaginationen durchscheinen läßt. Der Schneider, der durch eine eiserne Tür in die Felswand hatte eindringen können, fand Säle von märchenhafter Ausstattung; dazu einen Glaskasten mit einem Miniaturschloß darinnen und einen, der als Sarg für ein wunderschönes Mädchen diente. Es lag mit geschlossenen Augen, aber atmete noch.

* Aus der Vortragsreihe »Welche Bedeutung hat die okkulte Entwicklung des Menschen für seine Hüllen und für sein Selbst?«, GA 145 – Den Haag 1913.

Es gelingt ihm, die Jungfrau zu erwecken. Sie erzählte ihm die Geschichte ihrer Verzauberung. Ihr Bruder wurde in den Hirsch verwandelt; der Schwarzkünstler selber nahm die Gestalt des schwarzen Stieres an, um gegen ihn kämpfen zu können. Durch die Besiegung des Stieres kann jetzt alles befreit und zurückverwandelt werden; der Schneider aber darf die Wiedererweckte zum Altare führen.

Nicht das Gralsmysterium selber zwar, aber der Bezirk, in dem es sich vollzieht, wird in diesem Märchen vor den Seelenblick gestellt. Die ätherischen Kräfte, die das Gehirn gebildet haben und es durchdringen, erscheinen als »gläserner Sarg«, in dem eine Jungfrau, in Todesschlaf versenkt, ruht. Die Seele ist in ihrer eigenen Intellektualität erstarrt. Aber sie ist nur scheintot; sie harrt der Erweckung. Es ist der gleiche Glassarg, in dem Schneewittchen ruhte, als sie den giftigen Apfel genossen hatte. Die Macht der Finsternis, die aus den Leibestiefen aufsteigt und die feine Organisation des Hirns vergiftet, lähmt das Geistbewußtsein ab; so sind die höheren, intuitiven Erkenntnisfähigkeiten im Laufe der Menschheitsentwicklung eingeschläfert worden. Aber sie können durch den Sieg über den »Zauberer« wieder befreit und belebt werden. Den Materialismus überwinden, bedeutet mehr als eine intellektuelle Angelegenheit: Es ist eine Willenshandlung des Ich, die in die verborgenen Seelenbezirke hineinreicht. Es fordert eine Erweckungstat.

*

Niemals jedoch bleibt dem, der diese Tat vollbringen will, erspart, den geistigen Ursachen jener Seelenverfinsterung gegenüberzutreten. Der Zauberer oder die Hexe im Märchen müssen zunächst erkannt werden. Und gerade im Augenblick der Wirksamkeit des Bösen vollzieht sich ein erstes Erwachen des inneren Menschen. Es gibt Erzieher und Mütter, die es stört, daß im Märchen überall das Böse und Unheimliche in seiner Weltmacht zur Darstellung gebracht wird. Sie möchten von den schönen Jungfrauen und edlen Königssöhnen erzählen und die Hexen, bösen Stiefmütter und gewaltigen Zauberer gerne unterschlagen. Würde man den Kindern gegenüber die Schilderung der finsteren Macht abschwächen oder gar völlig umgehen, so nähme man dem Märchen seine, auch unbewußt wirkende, Erweckungskraft. Denn Erkenntnis des Bösen ruft im Menschenherzen die Kraft des Guten auf.

Die Art, wie die echten Märchen weisheitsvoll Licht und Schatten zu verteilen wissen, bildet im Zuhörenden eine gesunde Lebensempfindung für Wirklichkeiten aus. Wer selbst von dem Sieg der guten Mächte, wie er ja stets am Ende des Märchens dargestellt und gefeiert wird, zutiefst durchdrungen ist, erlebt das Böse als weltennotwendig. Als die Macht, an der das Gute erst zu seinem Eigenwesen erwachen kann. Das Menschenkönigtum erstrahlt nur auf dem Hintergrunde der Finsternis.

Ebenso steht es mit allen Motiven, die eine unerbittliche Bestrafung des Bösen enthalten. Es sind im Grunde apokalyptische Imaginationen: Bilder eines »jüngsten Gericht«, das sich im Lichte der geistigen Welt wie ein Selbstgericht enthüllt. Die läuternde Wirkung des Geistes, die den Wahn besiegt und das Vergängliche vernichtet, bedeutet für den ewigen Kern des Menschenwesens gerade die Befreiung.

Darum sprechen in manchen Märchen zum Schluß die Bösen ihr eigenes Urteil aus: zum Beispiel die hochfahrende Dienerin in der »Gänsemagd«, die sich angemaßt hatte, Königin zu sein. »Weiße Pferde« sollen sie zu Tode schleifen: Die Weisheitskräfte, die alle Sinnenfinsternis von sich abgestreift haben, lassen den niederen Verstand gerade seine Erdenschwere empfinden; er fühlt sich durch sie langsam vernichtet. – In dem Märchen von »der weißen und der schwarzen Braut« geht es der alten Hexe und ihrer schwarzen Tochter ähnlich; dort ist die böse Frau »so verblendet, daß sie nichts merkt«, als ihr die Frage vorgelegt wird: »Was verdient die, welche das und das tut?« Sie beantwortet die Frage, als ob sie einer anderen Seele das Urteil zu sprechen hätte. In der Seelenwelt, die wir nach dem Tode betreten, tritt für uns auch der Zustand ein, in welchem wir auf unsere Taten und Gesinnungen wie auf ein objektives Geschehen hinblicken und sie im Lichte jener höheren Welt wie die Taten anderer beurteilen lernen. Im »Schneewittchen« wird die innere Unruhe dargestellt, die die böse Königin zum Hochzeitsfeste hintreibt. Sie ängstigt sich und erscheint dennoch. Sie muß einem inneren Drange folgen und in die feuerglühenden Pantoffeln treten, in denen sie sich zu Tode tanzt. In dem Märchen vom »Manchandelboom« kommt das jüngste Gericht am anschaulichsten seinem inneren Wesen nach zum Ausdruck. Unter dem Gesang des Vogels verwandelt sich das Bewußtsein der schuldigen Stiefmutter; zunächst hält sie Ohren und Augen zu. Aber das Brausen durchdringt ihre Ohren, und Blitze zucken vor ihren Augen. Das Haus scheint zu beben und in Flammen aufzugehen. Es ist die Gewitterstimmung des »Dies irae, dies illa«, wie sie auch Gretchen im »Faust« durchlebt. Die schuldbewußte Stiefmutter wird von innerer Angst aus dem Hause getrieben, weil sie meint: die Welt müsse untergehen. Da ereilt sie das Schicksal, die Zermalmung durch den Mühlstein. Moralische Wirklichkeiten, die zugleich Vernichtung und Neugestaltung der Welt bedeuten, werden in Zukunft, und zwar schon innerhalb des irdischen Lebens, die Menschenseele überwältigen. Die Sphäre des Gewissens, die zunächst noch mehr oder weniger vor der Seele verhüllt war, wird immer mächtiger zum Durchbruch kommen: erhebend und tröstend, oder bedrückend und vernichtend. Es sind Erlebnisse, die nur mit der Gewalt von Naturkatastrophen verglichen werden können. Auch nach dieser Richtung trifft das Wort des Novalis zu, das wir bereits nannten: »Der echte Märchendichter ist ein Seher der Zukunft.«

*

In der apokalyptischen Vorschau der Germanen erscheint der Riesenwolf als Entfesselung aller Mächte der Finsternis. Odins Herrschaft wird von dem »Fenriswolf«, dem von Loki gezeugten Ungeheuer, bedroht; der Gott selbst aber dereinst im letzten Kampfe verschlungen. Dann tritt »Götterdämmerung« ein. Die Imagination des Wolfes deutet auf Mächte, die ihrem Wesen nach nicht aus dem Innern des Menschen stammen, die aber bei ihm Einlaß gefunden haben, als er sich mit seinem Willen an die Stoffeswelt hingab und immer mehr die göttliche Lichtwelt zu verleugnen begann. Was der Perser als Ahriman schaute, gegen den der Mensch im Dienste der Lichtmächte allzeit zu kämpfen aufgerufen ist, stellt sich in seiner verknöchernden Wirkung innerhalb der verborgenen Bildekräfte der Menschennatur als Fenriswolf hin. Die germanischen Eingeweihten schauten mehr auf die Vorgänge in der ätherischen Organisation und nahmen dort die verzehrenden Kräfte Ahrimans wahr. Der Kampf gegen die Entgötterung des Menschenwesens, und infolgedessen auch der Welt, ist die heilige Sendung des Odinsvolkes. Die germanische Rasse hat das welthistorische Schicksal, durch die Tiefe des Materialismus zwar hindurchschreiten zu müssen, aber aus ihr heraus die Welt wiederum zur neuen Geistesoffenbarung zu führen. Dieses letztere ist »Vidars« Aufgabe: des Gottes, der den Tod Odins am Fenriswolf rächt und damit eine Götterwelt heraufführt.

Was der Mythos als Volks- und Zeitenschicksal verkündet, erscheint für den imaginativen Blick des Märchens als Innenvorgang und deshalb im

Miniaturbilde. Verborgene Seelenentwicklungen spiegeln sich darin wider, wenn der Wolf die sieben Geißlein zu verschlingen droht oder Rotkäppchen und seine Großmutter auffrißt.

Werden nicht in jedem Menschenkinde zarteste Bildekräfte in die Erstarrung geführt? Verfinstern sich nicht im Laufe der Jugendentwicklung die unschuldigen Sinnenkräfte und werden schließlich von dumpfer Erdenbegierde verschlungen?

Bekanntlich lieben die ganz kleinen Kinder gerade das Märchen vom »Wolf und den sieben jungen Geißlein«. Wohl deshalb, weil sie in dieser Geschichte ihr eigenes Seelenschicksal mit anschauen dürfen. Rein, noch von keiner Finsternis berührt, sind ja die jungen Triebe der Kindesseele; sie wachsen im Schutze der mütterlichen Hut heran. Vom Standpunkt der übersinnlichen Anschauung des werdenden Menschen kann man sagen, daß im ersten Jahrsiebent eine feine ätherische Hülle noch die zarten Triebe und Bildekräfte des Kindes umschließt. Wie um diese Zeit erst die Milchzähne abgestoßen werden und ein eigener Gestaltungstrieb im Leibe offenbar wird, der nun die zweiten Zähne herauszutreiben beginnt, so wird gleichzeitig auch das Vorstellungsleben wie aus einer mütterlichen Umhüllung frei; das Kind wird schulfähig. Es schließt sich welthungrig für die äußeren Sinnenreiche auf. Ziegen sind bekanntlich neugierig. Aber ist es nicht eine unschuldige Gier, die im Seelenleben des Kindes nach außen drängt? Es möchte alles kennenlernen und selbst erfahren! Da ist es, als ob ein feiner Traumschleier zerreißt, der noch über den Seelenkräften lag. Jedoch im Aufwachen für die Erdenwelt liegt gleichzeitig die Begegnung mit den verfinsternden Mächten der Stoffesnatur. Der Wolf verschlingt die jungen Geißlein, sagt das Märchen. Denn sie öffneten ihm die Tür, weil er sich so gut zu verstellen wußte.

Eine täuschende Macht, die die ahnungslosen Empfindungen irrezuführen versteht und auf die Vernichtung der Lichtnatur im Menschen abzielt, wird stets im Wolfe dargestellt. Auch der Fenriswolf ist in der Edda-Überlieferung die Macht der Lüge; er verdunkelt den Bildekräfteleib, in dem sich einst noch die Götter zu offenbaren vermochten. Seine Macht ist nämlich in seinem Maule; und einzig der im Schweigen Große, Vidar, stößt ihm das Schwert ins Maul. Er bringt ihn zum Verstummen.

Warum aber waren es sieben Geißlein, die da unter der Hut ihrer Mutter heranwuchsen? – Überall, wo wir im Märchen die Siebenzahl antreffen, wird auf die Wirksamkeit der Planetenwelt hingedeutet. Diese hat der Menschennatur einstmals siebenfältige Seelentriebe eingepflanzt, wie die Zwölfheit der Sinne aus den Sternenwirkungen des Tierkreises stammt. Ehe wir nämlich das Ich, den Keim der unsterblichen Individualität, in uns aufnehmen durften, wurden uns die Triebkräfte verliehen, aus denen der Empfindungsorganismus (der »astralische Leib«) aufgebaut ist. Ein Ausdruck dieser Gesetzmäßigkeit, nach der alles menschliche Empfindungsleben gegliedert ist, kann zum Beispiel in der Tonleiter mit ihren sieben Tonstufen wiedergefunden werden. Die Siebenfalt der Planetenkräfte spiegelt sich sowohl in den höheren Seelenfähigkeiten, wie auch in den niedersten Instinkten. Dementsprechend wechseln auch die Imaginationen in den verschiedenen Märchen und Mythen. Es erscheinen die sieben Raben, sieben Zwerge, sieben Geißlein und auch der siebenköpfige Drache. Nun lehrte man in der alten Weisheit, wie sich die siebenfältige Planetenwirkung auch sieben Hauptorgane im Menschenleibe erbildet habe. Hirn, Lunge, Niere, Herz, Galle, Leber und Milz galten in der alten Medizin als mikrokosmische Abbilder von Mond, Merkur, Venus, Sonne, Mars, Jupiter und Saturn. Die siebenfältige Lichtnatur der Menschenseele, der die »sieben Leuchter« in der religiösen Symbolwelt entsprechen, kann in diesen sieben Organen aufleben. Es gibt ja nicht nur ein Kopfbewußtsein; in dem Ausdruck »auf Herz und Nieren prüfen« steckt noch das Wissen, daß ganz andere Organe als das Hirn in uns die Träger von Gesinnungen und Gemütskräften sind. Aber die unschuldigen, lichten Seelentriebe verfallen dem Schicksal, das in der Verkörperung als solcher liegt. Indem sie in die Stoffesnatur des Erdenleibes hereingezogen werden, verlöschen sie. Sie ruhen gefesselt in den unterbewußten Tiefen des Menschenwesens. Nur das zarteste der Geißlein, so beschreibt es unser Märchen, entgeht diesem Schicksal. Es verkriecht sich im Uhrkästchen. Trägt nicht jeder Mensch »eine Uhr« bei sich, die erst stehenbleibt, wenn seine Todesstunde schlägt? Die kindlichste aller Seelenkräfte verbirgt sich im Herzen. Da spricht sie noch immer; denn der Wolf hat sie nicht vernichten können. Sie allein findet die »Mutter« wieder und kann ihr erzählen, wie es den anderen Geschwistern ergangen ist. Im Bunde mit der Weisheit, die in den Muttertiefen der Seele wiederum wach zu werden vermag, kann die unversehrt bewahrte Herzenskraft die anderen verdunkelten Seelenkräfte wiederfinden. Die Wiedererweckung der übersinnlichen Natur des Menschen wird in der glücklichen Erlösung der Geißlein aus dem Bauche des Ungetüms dargestellt. Die dumpfe Stoffesnatur geht jedoch der völligen Verhärtung entgegen. Wie Steine, die das Bewußtsein in die Erdenschwere hinabziehen, wirken die Kräfte des toten Verstandesdenkens, des egoistischen Empfindens und blinden Wollens. Alpdruckähnlich lasten sie auf dem niederen Körperbewußtsein; aber die Geistnatur mit ihren Lichtorganen darf sich dem Todesschlaf der Materie entreißen.

*

In den Bildern des »Rotkäppchens« wird uns Verwandtes geschildert. Die junge Seelenkraft, die man an ihrer roten Kappe erkennt – das Ichgefühl, wie es sich im Blute zu erleben, wie es aus dem Blute zu sprechen beginnt –, macht sich auf den Weg zur Großmutter (13).

In dem altgermanischen Liede vom Wanderer Rig wird erzählt, wie der pilgernde Gott zu Ai und Edda kommt. »Edda« ist die Urahne. Aber gleichzeitig heißt die heilige Urweisheit im Germanischen die »Edda«; sie ist dem Urwissen der Inder, »Veda«, verwandt. Das Ahnenbewußtsein, das in den Seelengründen schlummert, war Träger der Erinnerung an die heiligen Ursprünge des Menschengeschlechts. Es war das Göttergedächtnis, das die Seele in ihren reingebliebenen Bildekräften bewahrt hatte. Dieses bedarf der Pflege, wenn es nicht absterben soll. Es muß immer neue Nahrung empfangen, so sagt man. Wenn zum Beispiel der Skalde die erhabenen Bilder des Göttermythos, zu Stabreimen gefügt, von Stamm zu Stamm trug, so empfingen die Seelentiefen der Hörer immer neue Belebung. Die Erinnerung an die Götterwelten, denen der Mensch entsprossen, wurde gestärkt. Alle religiöse Unterweisung, ebenso die Bilder des Märchens, waren darum Nahrung für die Urahne, die »Edda«, die in den Untergründen des Gemüts wohnte.

»Rotkäppchen« kündet einen Wendepunkt in der Entwicklung an. Die ichbewußte Seele verliert sich an die Reize der Sinnenwelt. Sie schließt den Blick nach außen auf; aber auf diesem Wege entschwindet ihr das uralte Geistbewußtsein. Sie findet die »Edda« nicht mehr, die Urweisheit, wenn sie in die Seelentiefen dringt, an ihrer Stelle hat der Wolf die verborgenen Bildekräfte ergriffen. Finsternis, die das junge Ich mitverschlingen will, droht aus den Untergründen der Menschennatur hervorzubrechen. Reißende Gier anstatt heiliger Gotteserinnerung wohnt in dieser Tiefe: das Tier schaut uns aus unserem eigenen Abgrund an.

Eine wache Erkenntniskraft, die dem Wolf auf der Spur ist, kann hier allein noch retten. Wie es im Mythos Vidar ist, der erhabene Göttersproß, der seinen Stahl ins Maul des Fenriswolfes stoßen wird und damit die Wiederkehr der Götter vorbereitet, – so weist das Märchen auf den Jäger hin, der den Wolf schnarchen hört, als er am Hause der Großmutter vorbeigeht: Er rettet Rotkäppchen und die Urahne aus dem Bauche des schlafenden Ungeheuers. Das mythische Götterbild deutet prophetisch auf ein gewaltiges Ereignis hin, das sich innerhalb der germanischen Volksentwicklung abspielen wird; das Miniaturbild des Märchens aber auf eine Seelenerweckung, die sich in jedem einzelnen vollziehen kann.

Die Kindeskraft des jungen Menschen-Ich wartet darauf, aus der Umklammerung durch das dumpfe Erdenbewußtsein befreit zu werden. Das vermag nimmermehr allein durch die uralten Weisheitstraditionen zu geschehen. Diese selber sind ja zuerst verfinstert worden, ehe das Ich seine Beziehung zur Geisteswelt verlor. »Edda«, die Urahne, ist verschlungen; darum wird Rotkäppchen nun mitverschlungen. Denn der Mensch, der die Erinnerung an seinen heiligen Ursprung verloren hat, verliert schließlich auch sein wahres Menschentum. Ihn verschlingt das Tier.

Die Errettung des Menschen-Ich aus dem Erstickungstod, der ihm vom Materialismus droht, bringt auch zugleich eine Wiederbelebung des wahren Urwissens, die Erweckung der »Edda«, mit sich.

DAS MICHAELSGEHEIMNIS IM MÄRCHENGEWANDE

Der Mensch hat mit seiner Erdenverkörperung einen Kräftebereich betreten, demgegenüber er sich nur schwer in seinem wahren Wesen behaupten kann. Die Macht der Finsternis ist groß; größer, als daß ihr die Menschenseele zunächst widerstehen könnte. Sie muß Verwünschung und Verzauberung an sich geschehen lassen und wird sogar von der finsteren Macht verschlungen. Ahnungslos geht sie, von blindem Drang beherrscht, in den Bannkreis ein. Magie durchwaltet das Sinnenreich. Wo ist die Macht, die den Zauber zu lösen und die Seele aus der Umklammerung freizukämpfen vermag? – Ein *Wunder* muß sich ergeben.

Wir haben das Erlösungsmotiv in verschiedenen Gestalten kennengelernt. Wir hörten im Märchen von hilfreichen Wesen, die unerwartet erscheinen; von Prüfungen, die es zu bestehen gilt; von Opfertaten, die stellvertetend einer für den andern zu bringen vermag. Es wird jedoch nur selten das Antlitz jener Geistesmacht enthüllt, die das Menschenwesen mit solcher Stärke ausrüstet, daß es als Sieger aus der großen Finsternis hervorgehen kann.

Der Seher auf Patmos schildert uns das Urbild aller jener Kämpfe, die für das Ewige im Menschen ausgefochten werden: Michael, der Erzengel, streitet in den Himmeln für die sonnenbekleidete, sterngekrönte Jungfrau, die da gebären soll. Der blutrote Drache aber mit den sieben Köpfen steht vor ihr und wartet auf die Geburt des Kindes, daß er es verschlinge (Offenb. Johannis, Kap. 12). Alle Kämpfe für den Geist, die auf Erden gekämpft werden, um das Menschentum den Mächten der Vergänglichkeit zu entreißen, sind Nachbilder der überirdischen Michaelstat. So ist Perseus, der die Andromeda befreit, der Geistesritter der griechischen Sagenwelt, und Apollo, der den Python tötet, darf als der griechische Michael empfunden werden. St. Georg, der die Jungfrau vor dem Drachen errettet, stellt das gleiche im christlichen Legendenkreise dar. Tag für Tag, so heißt es in der

Legende, fordert der Drache, der in einem See bei der Stadt haust, einen Jüngling oder eine Jungfrau, die durch das Los bestimmt und dann ihm ausgeliefert werden; bis es eines Tages die Königstochter trifft.

Beruht nicht unsere Zivilisation darauf, daß Tag für Tag der Jüngling sterben muß und die Jungfrau geopfert wird? – Was als Himmelszauber mit jedem Kinde in das Erdendasein eintritt und als Schwungkraft des Geistes die Jugend beflügelt, wird zum Erlöschen gebracht. Die Begierdennatur verfinstert die Leuchtkraft der jungfräulichen Seele; der irdisch gewordene Intellekt läßt die göttlichen Ahnungen des Geistes erstarren. Der Alltag entweiht das Ideal. Wenn das Erden-Ich den Bund mit den heiligen Höhen bricht, verschlingt der Drache den Jüngling und die Jungfrau.

Das Urbild des Menschen muß im Anblick der Drachenmacht wiederaufgerichtet werden: Das ist die Sendung des Michaelsstreiters! Es handelt sich also um Erweckungstaten. Auch die Volksmärchen kennen solche Helden, die die Jungfrau erretten. Am deutlichsten tritt dieses Motiv in dem großen Brüdermärchen hervor, von dem wir oben sprachen. Der eine der beiden glückhaften Brüder, und zwar der nach Westen ging, kommt unterwegs in eine Stadt, die ganz mit schwarzem Flor verhangen ist. Auf seine Frage teilt ihm der Wirt im Gasthaus mit, daß morgen des Königs einzige Tochter dem Drachen preisgegeben werden solle. Denn der Drache fordere alle Jahre eine reine Jungfrau; sonst verwüste er das ganze Land. Alle Ritter, die den Kampf wagten, seien bisher dem Drachen erlegen. Der Jüngling steigt am anderen Morgen zum Drachenberg empor. Dort steht eine kleine Kirche, auf dem Altar sieht er drei gefüllte Becher; dabei die Schrift »Wer die Becher austrinkt, wird der stärkste Mann auf Erden und wird das Schwert führen, das vor der Türschwelle vergraben liegt.« Der Jüngling findet das Schwert in der Erde, vermag es aber nicht von der Stelle zu bewegen. Da geht er zum Altar hinein und trinkt die Becher aus. Nun ist er stark genug, das Schwert aus der Erde zu ziehen und es in freier Hand zu schwingen. Als die Stunde kommt, da die Jungfrau dem Drachen ausgeliefert werden soll, stellt er sich dem siebenköpfigen Ungetüm zum Kampfe und besiegt es. Nach mancherlei Abenteuern wird ihm allerdings erst der Preis zuteil: die Vermählung mit der Königstochter und die Erbschaft des Königsthrones.

Dieses Schwert, das den Drachen besiegen hilft, und dazu die Kraft, es in Besitz zu nehmen, sind an heiliger Stätte aufbewahrt. Menschenkraft genügt nicht in solchem Kampfe; die Drachenmacht ist stärker als alle menschliche

Seelenkraft. Nur vom Altar kann das Menschen-Ich, das die Rettertat vollbringen soll, die höchste Stärke empfangen. Es ist Altarwein, den der Jüngling trinkt. Daß er in drei Bechern erscheint, ist die Imagination für die dreifache Erfüllung mit den Christuskräften, die der Geistessucher erstreben muß. Überall, wo im Märchen oder auch innerhalb der religiösen Symbolsprache etwas in der Dreizahl genannt wird, soll darauf hingedeutet werden, daß es nicht genügt, die betreffende Heileskraft etwa nur mit dem Verstande in sich aufzunehmen oder nur mit dem ahnenden Gemüte. Das ganze Menschenwesen nach Denken, Fühlen und Wollen wird aufgerufen, sich mit göttlichen Kräften durchdringen zu lassen, wo die Dreizahl auftritt. Erst die Durchchristung des gesamten Menschen verleiht die höchste Stärke; ihr wird das Schwert zuteil. So kann auch in der germanischen Sage nur einer, der Wälsungensproß, das Götterschwert aus dem Baume ziehen; Richard Wagner hat dramatisch in der »Walküre« dargestellt, wie Siegmund in höchster Not das Schwert findet und erringt: »Notung« tauft er dieses Schwert. Einzig die Erkenntnis, die in den Willen hineinfährt, hat befreiende Wirkung. Sie entringt das Ewige im Menschenwesen den Mächten der Vergänglichkeit: der Selbstsucht und dem Tode. Ja! es gibt ein Wissen der Seele von ihrem göttlichen Ursprung und ihrer ewigen Bestimmung. Auf »Bergeshöhen«, an der Schwelle zum höchsten Heiligtum, kann es gefunden werden. Es wartet auf den Geistesmutigen. Wer den Geist nur als weltabgewandtes Kopfwissen oder nur als andächtige Stimmung kennt, rettet die Jungfrau nie. Der Geist will als Schwertgewalt erlebt sein.

Vor seiner Klarheit zerfällt das niedere Wissen, das den Menschen nur an die Materie binden will. In seiner Leuchtkraft löst sich die Selbstsucht auf, die aus den siebenfältigen Triebgewalten aufsteigt. Nur wo das *Schwert* nahe bei dem Altare zu finden ist, betreten wir ein Michaelsheiligtum.

Novalis hat in seinem großen Offenbarungsmärchen innerhalb des »Heinrich von Ofterdingen« einen bedeutsamen Augenblick im Weltengange geschildert. Der König, der aus dem Spiel der Sternenfiguren untereinander die Schicksalsgesetze der Menschheit enträtselt, ruft an einem bestimmten Punkte aus: »*Eisen,* wirf du dein Schwert in die Welt, daß sie erfahren, wo der Friede ruht!«

Es heißt: »Der Held riß das Schwert von der Hüfte, stellte es mit der Spitze gen Himmel, dann ergriff er es und warf es aus dem geöffneten Fenster über die Stadt und das Eismeer. Wie ein Komet flog es durch die Luft und schien an dem Berggürtel mit hellem Klange zu zersplittern, denn es fiel in lauter Funken herunter...«

Der Einschlag der Michaelskräfte in das Seelenleben der Menschheit wird von Novalis in einer kosmischen Vision geschaut. Das Götterschwert fällt in den Meteoritenschwärmen aus Sternenwelten zur Erde; im meteorischen Eisen kommt es herab. Der Dichter schildert nun, wie das »zarte eiserne Stäbchen« gefunden und zur Wiege des schlummernden Knaben Eros getragen wird. Dieser wird daran wach, ergreift das eiserne Kleinod und wächst zusehends. Von dem Eisen geleitet, tritt er seine Weltenfahrt an.*

Es ist bekannt, daß der menschliche Organismus des Eisens bedarf. Dieses ist in den roten Blutkörperchen wirksam; ohne das Eisen würde der Mensch die Widerstandskraft im Erdenleben verlieren. Er würde blaß, weltverneinend und passiv gestimmt. Eisen dagegen regt die Aktivität in ihm an. Er kann sie mannigfaltig benutzen. Bei dem einen wirkt sie sich als kriegerischer Mut aus, den anderen macht sie nur unbändig und streitsüchtig; bei demjenigen aber, der die Eisenkräfte im Blute *vergeistigen* kann, rufen sie geistige Initiative wach. Schon in früheren Jahren zeichnet sich ein Mensch, der diese geistig-kosmische Eisenwirkung stark in sich trägt, durch zweierlei aus: erstens durch einen unbezähmbaren Willen zur inneren Freiheit, statt dumpfer Ergebenheit in Konvention und Schicksalszwang, und zweitens durch ein allseitig reges Erkenntnisstreben, statt eines blinden Aufnehmens von Schulwissen. Die Menschen haben den Blick dafür verloren, wie göttlich-schön diese ungebrochene Geisteskraft im jugendlichen Werden sein kann. Man muß sie nur mit dem Märchenblick anschauen lernen.

*

Es ist das Märchen vom »Eisenhans«, das auf solche Entwicklungsgeheimnisse hinzudeuten vermag. Ein König hat in der Nähe seines Schlosses einen Wald, in dem es nicht geheuer ist. Ein Jäger nach dem andern verschwindet auf unerklärliche Weise darin; deshalb ist es verboten, diesen Wald noch zu betreten. Bis sich eines Tages ein mutiger Jäger bei Hofe meldet, der das Abenteuer von neuem wagt. Er entdeckt in einem Pfuhle mitten im Walde einen wilden Mann mit rostbrauner Haut und überhängenden Haaren. Man

* Siehe zu diesem Märchen, das eine ganze Apokalypse in sich umfaßt, die ausführliche Deutung in des Verfassers Buch »Novalis. Das Christus-Erlebnis und die neue Geistesoffenbarung« Stuttgart 1972.

fängt ihn ein, fesselt ihn und sperrt ihn in einen eigens dafür hergerichteten Käfig mit Eisengitterstäben. Dort sitzt er nun, wie ein wildes Tier zur Schau gestellt, auf dem Schloßhofe. Die Königin selber hält den Schlüssel dazu verborgen. Eines Tages spielt der achtjährige Königssohn mit seinem Ball; er läßt ihn in den Käfig fallen und bittet den wilden Mann, ihm den Ball herauszugeben. Dieser verweigert es; auf die Bitten des Knaben erklärt er sich jedoch dazu bereit, wenn dieser ihm zuerst den Käfig aufschließen werde. Der wilde Mann weiß sogar den Ort, wo die Königin den Schlüssel aufbewahrt hält, und verleitet schließlich den Knaben zu der Tat. Im Augenblick seiner Befreiung aber entflieht er dem Kerker und nimmt den Knaben in seinen Wald mit hinaus. Dort muß der Königssohn einen goldenen Brunnen hüten und erhält die Weisung, nichts in den reinen Born hineinfallen zu lassen, sonst sei dieser verunehrt. – Das aber gelingt ihm nicht. Am ersten Tage brennt ihm sein Finger wie Feuer, und er taucht ihn unwillkürlich in das Wasser, um ihn zu kühlen. Sofort ist der Finger vergoldet, und das Gold läßt sich nicht mehr abreiben. Abends kommt der »Eisenhans«, denn so heißt der wilde Mann, zum Brunnen zurück und sieht, daß er die Prüfung nicht bestanden hat. Am zweiten Tage ist es ein Haar, das ins Wasser fällt und dabei vergoldet wird. Am dritten Tage sind es die Locken des Knaben, die ihm über das Antlitz herabfallen, als er sich, von seinem eigenen Spiegelbilde angezogen, über den Brunnen beugt. Er bindet schnell sein Taschentuch um das goldene Haupthaar; aber Eisenhans entdeckt es trotzdem und verstößt ihn nun. Der Königssohn muß in die Welt hinauswandern und sehen, wie Armut tut. Weil er aber kein böses Herz hat, kann ihm doch eine Gunst gewährt werden. In höchster Not soll er zum Walde gehen und den Namen »Eisenhans!« hineinrufen. Dann wird ihm Hilfe zuteil werden: »Meine Macht ist groß, größer als du denkst, und Gold und Silber habe ich im Überfluß.«

Hier sei zunächst auf etwas Grundsätzliches hingewiesen. In Märchen und Sagen werden oftmals Knaben – meistens wenn sie vierzehn Jahre alt sind – zu wunderbaren Prüfungen und Taten berufen. Parzival ist das Urbild für diese »reinen Toren« (14). Auch er wird aus dem Zusammenhang mit der großen Welt herausgelöst, seine Mutter Herzeloyde erzieht ihn abseits von aller kirchlichen Tradition und ritterlichen Sitte in der Waldeseinsamkeit. Nach vierzehn Jahren läßt sie ihn allein in Wald und Flur auf die Jagd gehen; schärft ihm jedoch ein, daß er sich sehr wohl davor hüten solle, wenn er Leute sähe, die ganz in Eisen gerüstet seien. Vor solchen möge er sich bekreuzigen und weglaufen. Als er nun einmal auf der Heide draußen fünf Ritter in voller Eisenrüstung aus dem Walde hervorreiten sieht, läuft er nicht fort; ihre Panzer und Lanzen blitzen im hellen Sonnenlicht und ihre Schilde klirren, – da möchte er glauben, das seien die Engel Gottes! Deshalb wirft er sich anbetend zur Erde nieder. – Das mittelalterliche Epos schildert das Erwachen der idealischen Kräfte im jungen Menschen. Der Ritter im Eisenkleid! Daran vermag um das vierzehnte Jahr im Knaben die Ahnung der göttlichen Sendung aufzuwachen, die der Mensch auf dieser Erde zu erfüllen hat. Er erlebt in diesem Bilde seine Erdenreife und Erdenberufung. Nun aber hält ihn nichts mehr; er reißt sich von der Mutter los. Im Narrenkleide, nur mit einem Wurfspieß bewaffnet, läßt sie ihn ziehen. So kommt er zu einem Schloß am Meer; dort sieht er unter dem Tore einen Ritter in roter Rüstung, der höhnend zum Kampfe herausfordert. Parzival, seiner unschuldigen Kraft vertrauend, trifft ihn mit seinem einfachen Spieße. Dem Besiegten aber zieht er die Rüstung aus; er bekleidet und bewaffnet sich selbst mit ihr. Nun ist Parzival der »rote Ritter« geworden.

Mag die reine Torenkraft noch so ungebändigt und narrengleich ihren Weg ins Menschenland antreten –, ihr ist etwas beschieden, was manchem kampferprobten Ritter nicht gelingen will: die Macht, die im roten Blutsfeuer waltet, spielend zu bezwingen. Als Sieger über die Feuerkräfte besteht Parzival nun die weiteren Abenteuer. Nur weil er den roten Ritter erschlug, kann er auch Blanchefleur (die weiße Lilie) auf Belrapeire befreien; nur weil er sie gefunden hat, kann er zur Gralsburg gelangen. Denn der heilige Gral wird im geläuterten Blute empfangen. Es handelt sich um Seelenwirkungen, die im jungen Menschen gar nicht zum vollen Bewußtsein zu kommen brauchen. In einem Sturm mächtiger Empfindungen und einer Ahnung hehrer Menschheitsziele kündigen sie sich in der jugendlichen Seele an. Der Gral entschwindet ihr freilich noch wieder; aber sie kann ihn im Schicksalsringen aufs neue suchen und durch leidvolle Erkenntnisse hindurch schließlich finden.

So geht es auch dem Knaben im »Eisenhans«. Er ist erst acht Jahre alt. In diesem Alter tritt die Eisenwirkung im Blute zunächst noch auf andere Weise hervor. Ungefähr nach dem Zahnwechsel befreit sich im Kinde das Vorstellungsleben zu froher Lernbegier. Ein junger Fragetrieb, der sich noch nicht in Erkenntnisgrenzen einsperren lassen will, und ein unersättlicher Drang nach Welt, nach der Fülle ihrer Erscheinungen und den Abenteuern, die sie für den Mutigen bereit hält, – das alles bricht oftmals mit einem gewissen

Ungestüm hervor. Denn alle Eisenstrahlung innerhalb der Menschennatur macht aktiv, aber auch ungebärdig. Sie ist unbequem für die Umwelt, die nicht gern an ihren wohlbehüteten Einrichtungen rütteln läßt und ihre Autorität nicht durch Fragen erschüttern lassen möchte, auf die sie bei aller Gescheitheit selbst keine Antwort weiß. Der »wilde Mann« ist dem König, der sein altes Erbe zu hüten hat, nicht ganz geheuer. Man mag ihn nicht gerade töten; aber ihn in den Käfig sperren, erhöht das Gefühl der allgemeinen Sicherheit. Die wohlbewährten Regeln der Erziehung, besonders in einem Zeitalter intellektualistischer Schulbildung, gehen ja fast alle darauf hinaus, den »Eisenhans« hinter Schloß und Gitterstäbe zu bringen. Wehe dem, der den Käfig zu öffnen wagt!

Der Knabe verliert den goldenen Ball an den Mann im Kerker. Wie sollte die Seele nicht das Märchengold ihrer Kinderträume dabei verlieren! – Wenige nur finden den Schüssel und öffnen das Eisengitter des wilden Mannes. Eine junge Seelenkraft ist es, die sich nicht dem Zwang der Konventionen ergibt, die sich nicht den Fragetrieb nach dem Wesen aller Dinge abtöten läßt, die den Wagemut zum Unerkannten und Ungebahnten nicht sinken läßt, ehe sie nicht selber das Leben auf die Probe gestellt hat. Gibt die starre Menschenwelt keine Antwort, so werden es doch die eigenen Seelengründe tun! Es beginnt etwas in der jungen Seele einsam zu werden. Sie sondert sich zu Zeiten gerne ab und führt ihr eigenes Leben nach innen zu (15).

Der Märchenbrunnen aus tiefsten Tiefen des Gemüts hat noch nicht sein Gold verweigert. Geheimnisvoll leuchtet er herauf; er lockt und verzaubert den Blick. Aber die Seele, die nur immer in die eigenen Tiefen schaut, verliebt sich in ihr eigenes Spiegelbild, wie einst Narziß. Da entschwindet der Brunnen und der Traumwald mit ihm. Das Märchengold erträgt nicht die Begierde, die nach ihm greift, und nicht die Eigenliebe, die sich nur selber in allem genießen möchte.

Der Knabe, der den goldenen Born zu hüten hat und ihn »verunehrt«, wird in die Welt hinausgestoßen. Er muß Aschenputteldienste tun. Die goldenen Haare kann ihm freilich keiner nehmen; sie bleiben ihm als heiliges Erbteil seiner Kindheitsträume. Aber er verdeckt sie fortan durch ein Hütlein (13). Wie möchte er sonst unter Menschen leben können?

Nun hebt der Königssohn zu wandern an. Er geht »über gebahnte und ungebahnte Wege«. Schließlich kommt er zu einem Königshof, und man nimmt ihn aus Mitleid zu Küchendiensten an. Als er eines Tages die Speisen zur königlichen Tafel tragen soll, behält er sein Hütlein auf. Der König verweist es ihm; er aber verschanzt sich hinter die Ausrede, er habe einen bösen Grind auf dem Kopfe. Da fordert der König, daß man ihn aus der Küche entlasse. Der Koch ist barmherzig und vertauscht ihn mit dem Gärtnerjungen. Nun pflegt er die Blumen im Garten. Eines Tages, als er der großen Hitze wegen sein Hütlein abnimmt, glitzt und blitzt sein Goldhaar in der Sonne, daß die Strahlen davon in das Gemach der Königstochter fallen. Sie springt auf und sieht den Gärtnerjungen. Jetzt muß er ihr einen Strauß Blumen heraufbringen. Wieder ist es für ihn bezeichnend, daß er statt der Gartenblumen einen Strauß wilder Feldblumen wählt. »Die wilden riechen kräftiger«, erwidert er dem Gärtner, als dieser ihn darob tadelt. Die Königstochter zieht ihm einfach das Hütlein vom Kopfe, als er in ihr Gemach eintritt; sie schaut seine goldenen Locken und schenkt ihm eine Handvoll Dukaten. Er aber springt hinaus und verschenkt die Dukaten achtlos zum Spielen an die Gärtnerskinder. Am zweiten und dritten Tage geht es ähnlich.

Die Stellung der Seele zum »Golde« ist entscheidend für den Wanderer nach dem Geisteslichte. Sowohl zum irdischen Golde als auch zum Golde der Weisheit. Der Anblick des einen wie des anderen erweckt in der Seele Begierde. Nur wer die Goldgier, in materieller wie in geistiger Beziehung, ganz zum Schweigen gebracht hat, kann im rechten Sinne die Gnade der Geisteswelten empfangen. Ihm öffnen sich verborgene Kraftquellen. Er lernt Kräfte handhaben, die sich nur der von Selbstsucht geläuterten Seele mitteilen. Er wird ein *Magier des Guten.*

Die echten Rosenkreuzer des ausgehenden Mittelalters – nicht jene falschen Alchimisten, die sich ihrer Goldmacherkunst rühmten – hatten sich zum Beispiel zur Grundbedingung ihres Strebens gemacht, niemals die Weisheiten, die sie auf ihrem Wege errangen, im Dienste der persönlichen Eitelkeit und des eigenen Wohllebens zu verwenden. Das Verbergen der goldenen Haare, das Verleugnen der königlichen Herkunft, indem man den Dienst im Staube verrichtet, und das Ablehnen unverdienten Goldes, wodurch man sich den Menschen gegenüber seine Freiheit bewahrt, das sind die Kennzeichen eines wahren Schülers des Rosenkreuzes. Der Empfang der höchsten kosmischen Kräfte, die Einstrahlung michaelischer Willensmächte in die Menschenseele, ist an diese strenge Vorbedingung gebunden.

Nun handelte es sich stets darum, zunächst einen Ausgangspunkt für das geistige Streben zu finden. Da fühlte man: Ich muß in meinen Lebensempfindungen bis in die Kinderjahre hinein zurückgehen lernen, wo die Seelenkräfte noch unberührt von der Begierdennatur in mir walteten; daran gilt es anzuknüpfen. Ich muß den Knaben in mir wieder auffinden.

Wollte man an die Herzenskräfte anknüpfen, die zum Sieg über das Blut führen sollen, so galt es, ungefähr in das vierzehnte oder fünfzehnte Jahr zurückzugehen, wo die weltweiten Gefühle erst in der Seele erwachen. Wollte man aber die jungen Erkenntniskräfte, die von keinem Schulwissen abgestumpft und von keiner egoistischen Berechnung irregeleitet sind, zum Ausgangspunkt nehmen, so bedurfte es der Wiedererweckung jenes knabenhaften Denkens und naiven Empfindens, wie sie etwa der Achtjährige noch haben mag.

Dieser Jüngling oder Knabe im Menschen ist gleichsam verpuppt in den Seelenuntergründen geblieben; er hat sich nicht mitentwickelt. Man muß zu ihm zurückkehren und ihn zu neuem Leben aufrufen. Er kann aus den verborgenen Bildekräften der Menschennatur hervortreten und sich in imaginativen Gestalten widerspiegeln. Dann entstehen die Gralsimaginationen des »reinen Toren« oder auch die Märchenbilder des Knaben, der den Eisenhans befreite, am Goldbrunnen saß und in die Welt verstoßen wurde.

Es folgen die Stufen der Läuterung, die im Bilde des Aschenputtel-Dienstes und des Gärtner-Seins angedeutet werden. Dann vollzieht sich das Erwachen zur Geistestat; darauf erst werden die eigentlichen Stufen der Begnadung aus dem Geiste geschildert.

Das Märchen erzählt, wie das Land mit Krieg überzogen wird. Der König vermag den Feinden nicht zu widerstehen. Da fährt ein Jüngling mit einer Schar eiserner Ritter in die feindlichen Reihen hinein und schlägt sie in die Flucht. Keiner aus dem Heere des Königs erkennt den Retter, der den Sieg errang. Denn er ist nach der Schlacht entschwunden. Es war aber der Gärtnerjunge, der den »Eisenhans« aus dem Walde gerufen hatte und von ihm ein starkes Roß verlangte. Dieser erschien sofort und gab ihm mehr, als er verlangte: »eine große Schar Kriegsvolk, ganz in Eisen gerüstet, und ihre Schwerter blitzten in der Sonne...« Am Abend des großen Sieges gibt der Jüngling dem Eisenhans die Schar zurück und kehrt selber unerkannt als Gärtnerjunge heim.

Wenn der König im Menschen in höchste Not gerät, dann ist die Stunde zum Handeln gekommen. Das Geisteserbe der Menschheit ist bedroht. Die Erdengewalten sind stärker, und sie würden es vernichten, wenn nicht eine junge, bisher unerkannte Geisteskraft herangewachsen wäre, die allein zu helfen vermag. Der Ichwille, der von aller Begierde freigehalten ist, während er im Durchgang durch die Erdentiefen erstarkte, kann die stärksten Weltenkräfte herbeirufen. Sie warten nur darauf, dem Geistesmutigen dienen zu dürfen.

Diese Kräfte schlummern im Eisen. Das Eisen aber waltet im roten Blute und durchsetzt es zunächst noch mit dem niederen Selbstbehauptungstrieb. Nur durch die Weisheit, von der alle »Goldgier« ferngehalten ist, wird das innere Eisen so vergeistigt, daß es zum Träger hoher moralischer Mächte zu werden vermag. Es durchdringt die menschliche Natur mit Geistesmut. Rudolf Steiner hat diese innere Eisenstrahlung als einen Sternschnuppen-Fall im Blute geschildert; dieser erscheint als das mikrokosmische Gegenbild zu dem großen kosmischen Vorgang der Meteoritenschwärme, die ja als Eisen zur Erde niederregnen. Auf der Entfaltung solcher Kräfte beruht im tieferen Grunde die menschliche Freiheit. Das wahrhaft moralische Handeln aus dem schöpferischen Quell der Ichheit wäre ohne diese Eisenwirkung im Blute unmöglich.

Nun kann das Märchen die dreifältige Offenbarung des Siegers schildern. Der König ordnet ein großes Fest an. Die Königstochter soll einen goldenen Apfel werfen; vielleicht wird dann der fremde Ritter erscheinen. Der Jüngling erbittet vom Eisenhans die Gnade, daß es ihm gelingen möge, den Apfel zu fangen. Er erhält die Zusage und außerdem eine rote Rüstung, dazu einen Fuchs zum Reiten. Als roter Ritter erscheint er auf dem Feste und fängt den goldenen Apfel; jagt aber alsbald davon. Am zweiten Festtage erscheint er in weißer Rüstung und auf einem Schimmel reitend; am dritten in schwarzer und auf einem Rappen. Der König ist unwillig, daß sich der fremde Ritter nie zu erkennen gibt, und läßt ihm dieses Mal nachjagen. Die Verfolger können ihn zwar nicht fangen, sie verletzen ihn aber am Bein; und im schnellen Ritt fällt dem Jüngling der Helm vom Haupte. Da leuchten seine goldenen Haare hervor.

Dies führt zur Entdeckung des Gärtnerjungen; denn die Königstochter weiß ja um das Geheimnis seiner Haare. Er wird vor den König gefordert und zeigt die drei goldenen Äpfel, die er gefangen. Als er sich eine Gnade erbitten darf, fordert er die Königstochter. Da er das Reich durch seine Tat errettet hat und sich als ein Königssohn zu erkennen gibt, gewährt ihm der König die Tochter. Während der Hochzeitstafel gehen die Türen auf, und ein stolzer König mit großem Gefolge tritt herein. Es ist der Eisenhans, der jetzt aus seiner Verwünschung befreit ist. Er umarmt den Jüngling und spricht: »Alle Schätze, die ich besitze, die sollen dein Eigentum sein.«

Der Knabe, der einst den goldenen Ball besaß und verlor, hat nun die goldenen Äpfel gefangen. Ihm werden also die Früchte vom Baume des Lebens zuteil, die das Menschenwesen unsterblich machen können. Damit aber offenbart sich erst die wahre Bedeutung der Königstochter. Sie ist die Spenderin der goldenen Äpfel; sie gehört jenem Reiche an, aus dem der Mensch verbannt wurde, als er der Schlange erlegen war. Die Königstochter ist selbst der ewige Teil der Menschenseele, der nicht in den Sündenfall mit hineingezogen wurde.

Nur als Sieger darf der Jüngling die Hand nach ihr ausstrecken. Und er wurde zum Sieger, weil er warten konnte, bis die Kräfte in ihm reif waren. Der Sieger über die Feuerkräfte des eigenen Blutes enthüllt sich, indem er als »roter Ritter« erscheint. Es ist die parzivalische Stufe, die uns hier wieder begegnet. Die Herrschaft über die reinen Gedankenkräfte erscheint als eine zweite Stufe; sie wird in der Gestalt des weißen Ritters offenbar (wir haben bereits auf den »weißen Ritter« in der Offenbarung Johannis hingewiesen). Erst das Herabsteigen des Geistes in die dunkle Stoffesnatur und damit die Durchgeistigung alles Materiellen ist das Zeichen des vollen Sieges: Der schwarze Ritter erscheint und muß sich endlich zu erkennen geben. Der geistig Erwachte wird untrüglich erst daran erkannt, wie er die Erdenwelt vom Geiste her zu beherrschen versteht. Hat er als der »rote Ritter« seine Gefühlsnatur geläutert und als »weißer Ritter« sein Wissen vergeistigt, so kann er zum »schwarzen Ritter« nur dadurch werden, daß er sein Erdenwollen durchchristet. Erst auf dieser Stufe darf er die Vermählung mit der Jungfrau vollziehen. Er feiert die »königliche Hochzeit«. Auf dieser aber erscheint auch der Führergeist, dessen wahre Gestalt ihm bisher verborgen geblieben, in seinem umfassenden Geisteskönigtum. Der Vermittler kosmischer Willenskräfte, die zur Freiheit aufrufen, offenbart sich als der Herr des Eisens: Sankt Michael.

DIE MYSTISCHE HOCHZEIT

Ein bedeutender Zug in vielen Märchen, so bemerkt einmal Novalis, sei dieser: »daß, wenn *ein* Unmögliches möglich wird – zugleich ein anderes Unmögliches unerwartet möglich wird – daß, wenn der Mensch sich selbst überwindet, er auch die Natur zugleich überwindet – und ein Wunder vorgeht, das ihm das entgegengesetzte Angenehme gewährt, in dem Augenblicke, als ihm das entgegengesetzte Unangenehme angenehm ward«. Der Zauber löst sich auf, wenn man zum Beispiel das Verzauberte liebgewinnen kann. »Vieleicht geschähe eine ähnliche Verwandlung, wenn der Mensch das *Übel* in der Welt liebgewönne«, fügt Novalis als Frage hinzu.

Damit rühren wir an das Geheimnis der »mystischen Hochzeit«, von der das Mittelalter zu künden wußte. Die Hochzeit, die der heilige Franziskus mit seiner gepriesenen »Frau Armut« feiert, ist ein Beispiel für dieses Seelenstreben. Es spiegelt sich in bedeutsamen Märchenbildern. Man denke an den »König Drosselbart«, der die stolze Jungfrau, als sie ihr Vater verstoßen hat, aus ihrem Königreiche hinabgeleitet: er selbst im Gewande des Bettelmanns und mit ihr in der engen Hütte der Armut Wohnung nehmend. Er führt sie durch Stufen von Prüfungen, die alle den Zweck haben, ihren Hochmut zu brechen. Bis sie, aller Königswürde entkleidet, dem Gelächter der festlichen Schar beim königlichen Mahle preisgegeben, ihre tiefste Erniedrigung durchlebt: Da hebt sie der König Drosselbart zu sich empor. Es ist der gleiche, der ihr einstmals in der Gestalt des Bettlers zur Seite gestanden und sich nun zu erkennen gibt. Sie feiern die Hochzeit; sie aber erscheint in den prächtigsten Kleidern. Das ist der Glanz der Demut, in der erst die wahre Schönheit der Menschenseele zum Erstrahlen kommt.

Eros, der dich liebt und peinigt,
will dich selig und gereinigt –

so beschreibt der Dichter Conrad Ferdinand Meyer diese mystische Tatsache. Das Grundmotiv von »Eros und Psyche« ist hier in das Licht der christlichen Schicksalsweisheit hinaufgehoben.

*

Die Märchen vom »Allerleirauh« und vom »Aschenputtel« schildern die Entfaltung der Herrlichkeit, die auf den Dienst im Aschenstaube folgen kann, noch anschaulicher. Es sind Stufen der Verklärung, die das Menschenwesen aus der Vergänglichkeit herausführen und es dem Ewigen vermählen.

Schon der Name »Allerleirauh« weist auf die Verkennung ihres wahren Wesens hin, die die Menschenseele hier auf Erden erdulden muß. Das Motiv, dem ihr ganzer Leidensgang entspringt, ist nur ein ganz anderes als im »König Drosselbart«. Beide Male weist die Königstochter die Vermählung zurück. In dem einen Märchen aus Stolz; die Könige und Fürsten genügen ihr nicht. Sie verspottet sie alle. Die Jungfrau Menschenseele lehnt es ab, sich mit den hohen Kräften des Kosmos zu verbinden, die sie durchdringen und erleuchten wollen. Sie wird sich ihres Sonderdaseins bewußt. »Luzifer«, der Geist, der uns zum Eigenlicht und Eigenwollen führen will, wirkt in der Seele. Ihre Tragik ist »Sündenfall«, aus dem sie nur langsam wieder erhoben wird.

Nicht im gleichen Sinne gilt dieses für das Schicksal des »Allerleirauh«. Der Verzicht auf das Königtum und der freiwillige Gang in die Erdennot ist ein Entschluß der Königstochter; er beruht auf der Hinopferung alter Weisheitskräfte.

Es wird erzählt, daß ihr Vater, der König, seine Gemahlin mit den goldenen Haaren verloren hatte und keine zweite rings in der Welt finden konnte, die ebenso schön war und ebenso goldene Haare besaß. Da entbrannte er in Liebe zu seiner Tochter, die der Mutter Ebenbild war. Sie aber weigerte sich, diese Ehe einzugehen. Denn »Gott hat verboten, daß der Vater seine Tochter heirate, aus der Sünde kann nichts Gutes entspringen und das Reich wird mit ins Verderben gezogen«.

Die uralten Weisheitskräfte der Seele sind abgestorben. Die zukünftigen, die heranwachsen, tragen zwar ebensoviel Leuchtkraft in sich; aber sie müssen erst durch die Erdenwelt hindurchgehen, um sich zu voller Selbständigkeit zu entwickeln. Sie müssen sich lösen vom Reiche übersinnlichen Lebens. Denn es wäre ein Verstoß gegen den göttlichen Entwicklungsplan – und darum Sünde wider den Geist –, wenn diese junge, zur wachen Erkenntnis berufene Seelenkraft in das alte hellseherische Bewußtsein zurückfallen und sich der alten Geisteskräfte bedienen wollte. Sie würde medial werden, ähnlich wie Rapunzel. Deshalb – das wußten alle Eingeweihten, die dem Menschheitsfortschritt dienten – mußte die Seelenentwicklung für eine bestimmte Zeit vom übersinnlichen Erleben abgeschnitten werden. Sie mußte alle geistig-kosmischen Kräfte ganz nach innen nehmen und warten, bis sie sie aus dem freigewordenen Ich auf eine neue Art entfalten durfte.

Der Mensch weiß auf dieser Stufe nichts mehr von seinem kosmischen Ursprunge und erlebt sich im ersterbenden Erdenleibe. Diejenigen, die sein Wesen erforschen wollen, verfallen einer grundsätzlichen Täuschung. Sie glauben, weil die menschliche Leibesnatur in allen einzelnen Zügen an diese oder jene Tiergattung erinnert, daß der ganze Mensch nur ein Ergebnis der tierischen Entwicklung auf Erden sei. Sie werden »Darwinisten«; sie stellen, wie Ernst Haeckel, den Stammbaum unserer tierischen Ahnenreihe auf.

In der Märchensprache würde man das gleiche etwa so erzählen: Die Königstochter mit den goldenen Haaren ersann eine List, um dem Reiche ihres Vaters zu entfliehen. Sie erbat von ihm ein Pelzkleid, das aus dem Rauhwerk von allen Tierarten, die es in jenem Reiche zu jagen gab, zusammengestückt sein sollte. Darin, und nachdem sie sich Gesicht und Hände mit Ruß geschwärzt hatte, entwich sie bei Nacht. Unterwegs verkroch sie sich in einem hohlen Baum. Als nun der König, dem dieser Wald gehört, sie während der Jagd im Baumstamm schlafend findet, halten er und seine Jäger sie für ein seltenes Tier. Es zeigt sich, daß sie sich ihrer Herkunft und ihres Namens nicht zu erinnern weiß. Deshalb nennt man sie – nach ihrem Tierfell – »Allerleirauh«. Man nimmt sie mit und läßt sie in der Küche Aschenputteldienste verrichten.

Das Auffinden der Jungfrau im hohlen Baum ist ein Motiv, das uns auch im »Marienkind« begegnet. Dort erscheint es als ein Erlebnis der Erdenreife. Das Mädchen ist vierzehn Jahre alt, als es aus den Himmeln gestoßen wird (14). In diesem Alter erwacht das Erdenbewußtsein erst voll innerhalb der Leibesnatur; und zwar im »hohlen Baume«. Der Erkenntnisbaum ist das Bild für die sich von oben nach unten verästelnde Nervenorganisation. Diese Organisation ist jedoch erstarrt. Sterbekräfte beherrschen sie nur noch: Sie ist der hohle Baum. Das höhere Bewußtsein schläft darin ein; das irdisch-sinnliche aber erwacht darin. Es erlebt sich von tierischen Trieben durchdrungen.

Die Sinneswissenschaft kann uns nur eine Truggestalt des Menschen beschreiben. Erst wer die innerste Wesenheit seines Ich, seine im moralischen Dasein verwurzelte und in der Erkenntnis sich stufenweise befreiende Geistpersönlichkeit gewahr zu werden vermag, besiegt diesen Sinnenschein. Er findet sein Urbild, wie es aus kosmischen Kräften gewoben ist, in seinem wahren Ich geborgen. Und er kann es zu entfalten suchen. Damit beginnt die übersinnliche, mit allen Kräften des Weltalls in Beziehung stehende Gestalt des Menschen vor ihm aufzugehen, wie sie niemals eine Naturwissenschaft, sondern nur eine Geisteswissenschaft – aus der hellseherischen Anschauung heraus – darstellen kann. Man würde dann etwa sagen müssen: Wenn ich das Seelenleben, das zunächst noch von irdischen Trieben durchsetzt, von Leibesbedürfnissen verdunkelt ist, mehr und mehr von dem wahren Ich her durchgeistige, so leuchten neue, reinere Empfindungswelten in mir auf. Ich fühle sie sonnenhaft in ihrer Klarheit und ihrer strömenden Wärme; aus meinem dumpferen Seelenleben will sich ein Empfindungsorganismus herausläutern, der aus Sonnenstrahlen gewoben ist. Das führt zur Entdeckung des gereinigten »Empfindungsleibes« (des »Astralleibes«). Durch eine weitere Vertiefung in die Menschennatur kann man das Leben der verborgenen Bildekräfte entdecken, die in allen Wachstumsvorgängen tätig sind, aber als feinere plastische Kräfte auch in der Bildung der Gedanken wirken. Diese Bildekräfte schließen sich in uns zu einem zweiten verborgenen Organismus zusammen, der wie alles Wachstum bestimmten Mondenwirkungen unterworfen ist (der »Ätherleib«). Erst die tiefste Durchdringung des Menschenwesens zeitigt die Erkenntnis, daß auch unser physischer Leib nicht nur ein Ergebnis von irdischen Vererbungskräften sein kann, sondern seiner innersten Gesetzmäßigkeit nach aus dem gesamten Kosmos auferbaut worden ist; ja daß er bis in die einzelnen Organe und Formkräfte hinein ein Mikrokosmos ist, das Abbild aller Sternenwirkungen des Tierkreis-Himmels. Diese »Entsprechung von Makrokosmos und Mikrokosmos«, wie man es zu nennen pflegte, ist erst der vollen Erkenntnis des übersinnlichen Menschenwesens zugänglich. Noch in mittelalterlichen Stern- und Medizinbüchern findet man diese Gliederung der Menschengestalt nach den Tierkreisbildern aufgezeichnet. Paracelsus hatte recht, wenn er aus seiner intuitiven Erkenntnis des Menschenleibes sagte: »Wir Menschen sind unsichtbare Leute.« Denn sogar die wahre Gestalt unseres physischen Leibes verbirgt sich dem Sinnenanblick. Diese aus dem Sternenkosmos herausgeborene Urform des

Menschen ist unzerstörbarer Natur: Sie wird zum »Auferstehungsleibe« im Sinne der christlichen Ostertatsache. In *diesem* Leibe triumphiert das ewige Ich. In ihm darf es sich einstmals seinem Erwecker vereinigen und die Truggestalt seiner tierisch gewordenen Natur endgültig abstreifen.

In jedem echten Erkenntnisstreben kommt es weniger auf eine Summe von Lehren und Begriffsschemen an; es handelt sich um innere Erweckungstaten, die sich an der Seele vollziehen wollen. In einer dreistufigen Erweckung offenbart sich erst das Geheimnis der dreifachen Hülle, die das Menschen-Ich aus den übersinnlichen Kräften des Kosmos heraus empfangen hat, die es aber zunächst nur unbewußt-verborgen in sich trägt.

Das Märchen spricht die gleichen Wahrheiten in Bildern aus. Es sagt, daß sich die Königstochter von ihrem Vater noch drei spinnwebfeine Kleider ausbedungen habe: eins so golden wie die Sonne, eins so silbern wie der Mond, eins so glänzend wie die Sterne. Und zwar mußten diese drei Gewänder in eine Nußschale zu falten sein. Und der Vater gewährte ihr diesen Wunsch; er ließ alle Jungfrauen in seinem Reich an diesen Kleidern weben. Erst als Allerleirauh erfährt, daß der König, in dessen Reich sie nach ihrer Flucht eingetreten ist und dem sie im Aschenstaube demütige Dienste leistet, ein großes Fest feiere, erscheint sie heimlich in ihren Kleidern, die sie in der Nußschale verborgen hielt. Dreimal ist Fest; dreimal entfaltet sie nacheinander das sonnenleuchtende, das mondenschimmernde und das sternenfunkelnde Gewand. Immer wieder tanzt der König mit ihr, da sie ihm als die schönste aller Jungfrauen erscheint.

Sie muß aber jedesmal hinterdrein, nachdem sie wieder das Allerleirauhkleid angezogen und sich mit Ruß geschwärzt hat, dem König eine Brotsuppe kochen. Dahinein legt sie das erste Mal einen goldenen Ring, das andere Mal ein goldenes Spinnrädchen und zuletzt ein goldenes Haspelchen; diese drei Kostbarkeiten hat sie aus dem Reiche ihres Vaters mitgebracht. Die Seele, die den Empfindungsleib zur Läuterung geführt hat (das Kleid, so golden wie die Sonne), kann sich dem Geiste angeloben: Sie weiht ihm den Ring. Die Seele, die die ätherischen Bildekräfte beherrschen gelernt hat (das Kleid, so silbern wie der Mond), kann im Bunde mit dem Geist die göttlichen Gedanken denken: Sie weiht ihm das goldene Spinnrädchen. Die Seele, die das Geheimnis der kosmischen Gestalt des physischen Leibes erfahren hat (das Kleid, so glänzend wie die Sterne), kann ihre Gedanken zum übersinnlichen Weltgedächtnis erweitern und sich dadurch ihres Ursprungs im göttlichen Kosmos erinnern: Sie weiht dem König das goldene Haspelchen, auf dem man ja die Fäden zu langen Strähnen vereinigen kann.

Jedesmal wenn der König sie danach heraufrufen läßt, steht sie im Magdgewande vor ihm und gibt ihm die demütigste Antwort: »Ich bin zu nichts gut, als daß mir die Stiefeln um den Kopf geworfen werden.« Man wußte stets: Das Erwachen des übersinnlichen Bewußtseins im Mystiker droht zunächst, alle Kräfte des Hochmuts und des Seelenwahns zu steigern. Deshalb erkennt man den echten Geistesjünger daran, daß er immer wieder bescheiden in sein Erdenbewußtsein unterzutauchen bereit ist und sich, was die Selbsteinschätzung betrifft, in der Demut übt. Erst die dritte Stufe der Erweckung führt zum vollen Erkennen im Geiste; sie vollendet sich in der königlichen Hochzeit.

*

Wiederum einen anderen Ausgangspunkt wählt das Märchen vom »Aschenputtel«. Es beginnt am »Grabe der Mutter«. In den Tiefen des Gemüts ruht die Urweisheit versunken. In ihrem Lichte lebte einstmals der Mensch; aus ihr schöpfte er Kraft, – er war »reich« durch sie. Seit sie zu Grabe getragen, kam Winterszeit über die Menschheit. Die Schneedecke zog sich über das Grab der Mutter. Es ist kalt in der Welt geworden.

Das Märchen erzählt, wie die Frau des reichen Mannes im Sterben liegt und ihr Töchterlein an ihr Bett ruft. »Bleib fromm und gut«, ermahnt sie es: »Ich will vom Himmel auf dich herabblicken und will um dich sein.« Das Mädchen geht Tag für Tag zum Grabe der Mutter; es bleibt fromm und gut. Der Mann aber nimmt sich im nächsten Jahr eine andere Frau.

Was ist Religion anderes als die Treue zum »Grabe der Mutter«? – *Erinnerung* an die versunkene Weisheit in einer Zeit, da die Tiefen des ahnenden Gemüts von Weltenkälte und Verstandesdünkel zugedeckt sind; *Glaube* an die Allgegenwart der Seele der Welt, indes die Menschenseele im Staube der Vergänglichkeit zum Dienste gezwungen wird (16).

»Aschenputtel« muß Verachtung dulden, seitdem die stolzen Töchter der Stiefmutter in das Haus eingezogen sind. Sie offenbaren ihr Wesen, indem sie ihre Wünsche aussprechen. Es geschieht, als der Vater auf Reisen gehen will. »Schöne Kleider« wünscht sich die eine, »Perlen und Edelsteine« die andere; Aschenputtel aber sagt: »Vater, das erste Reis, das Euch auf Eurem Heimweg an den Hut stößt, das brecht für mich ab.« Man findet im Märchen die bösen

Seelenkräfte oft zwiefältig dargestellt. Es offenbart sich darin ein intuitives Wissen, daß das Menschenwesen nach zwei Richtungen abirren kann: sei es zu allem, was Stolz und was Liebe zum eitlen Schein in der Seele bewirkt, oder sei es, was sie innerlich erstarren läßt, indem es sie den Stoffesmächten ausliefert. In der Sprache der Geisteswissenschaft ist es die »luziferische« und die »ahrimanische« Verirrung. Zwischen diesen beiden Mächten droht das wahre Leben der Seele erstickt zu werden, wenn es nicht in seine Wesenstiefen steigt, um höhere Kräfte in sich zu erwecken. Der Mystiker würde sagen: es gibt noch eine unschuldige Seelenkraft, die nicht vom Sündenfall der Menschheit mit ergriffen worden ist. Diese mußt du suchen! Sie ist durch Jesum Christum, den neuen Adam, im Erdendasein erschienen. Dieser ist das Reis, das aus der »Wurzel Jesse« entsprang. Es kann in jede Menschenseele eingesenkt werden und in ihr Wurzel schlagen, bis ein Baum daraus geworden ist. Das Volkslied singt:

Und unser lieben Frauen,
Der traumete ein Traum,
Wie unter ihrem Herzen
Gewachsen war ein Baum.
Und wie der Baum ein Schatten gab
Wohl über alle Land.
Herr Jesus Christ, der Heiland,
Also ist er genannt...

In einer Kinderlegende von der »Haselrute«, die auch in die Grimmsche Sammlung aufgenommen ist, wird erzählt, wie die Mutter Gottes einmal für das Christkind, während es eingeschlafen ist, im Walde Erdbeeren suchen geht. Da springt, als sie sich zu den schönsten Erdbeeren herabbückt, eine Natter aus dem Grase in die Höhe. Die Mutter Gottes erschrickt und flieht zu einer Haselstaude, hinter der sie sich verbirgt. Die Natter aber zieht sich zurück. Seitdem ist der Haselzweig gegen Nattern und Schlangen der sicherste Schutz.

Die rote Beere, die am Erdboden wächst, ist von der Schlange umlauert – wie das rote Blut. Die Haselstaude dagegen stellt jene reinsten Lebenskräfte dar, die nicht vom Sündenfall ergriffen werden konnten.

Ein solches Haselreis ist es auch, das der Vater dem Aschenputtel von der Reise heimbringt und das sie auf das Grab der Mutter pflanzt. Sie begießt es mit ihren Tränen; es wächst und wird ein schöner Baum. Aschenputtel geht alle Tage dreimal darunter. Und wenn sie betet, kommt ein weißes Vöglein auf den Baum und wirft auf sie hernieder, was sie erbittet.

Sie erlebt Gebetserhörung. Denn Christus spricht: »Mein Vater will den Heiligen Geist geben denen, die ihn darum bitten.« – Wie sich in der Jordantaufe auf Jesus, den reinen Sproß der Menschheit, die Taube des Geistes herniedersenkte, so erfährt der Mystiker ein ähnliches: die Gnade des Geistes steigt zu der Seele herab, die in regelmäßig geübter Versenkung jene unschuldige, von keinem Schlangengift verdunkelte Seelenkraft pflegt, deren Wurzel aus den verborgenen Gemütstiefen ihre Nahrung ziehen darf. Ein reinster Lebens-Sproß wächst unter dem Herzen hervor: Der Seelenschoß kann zur Mutter für diese junge Gotteskraft werden. Der christliche Mystiker pflegt zu sagen, daß in unseren geheimen Seelengründen »Maria« wohne, die Gottgebärerin. Das Märchen jedoch redet nur vom »Grabe der Mutter«.

Wieder lädt der König, wie im Allerleirauh-Märchen, zum dreitägigen Feste ein. Hier ist der Anklang an die Ladung zu der »königlichen Hochzeit«, von der das Gleichnis der Bibel spricht, noch deutlicher. Der Sohn des Königs soll eine Braut aus den Jungfrauen des Landes wählen. Alle dürfen erscheinen. Aber die entscheidende Frage in diesem Märchen ist, ob auch die Töchter ein »hochzeitlich Kleid« haben, um zum Feste gehen zu können. Die hoffärtigen Stiefschwestern putzen sich, so schön sie nur können; Aschenputtel aber darf nicht mitgehen, weil ihr die Kleider und Schuhe zum Tanze fehlen.

Da sie mit Bitten anhält, stellt ihr die Stiefmutter noch eine Bedingung: Sie schüttet ihr eine Schüssel Linsen in die Asche, die sie in zwei Stunden ausgelesen haben muß. Hier tritt besonders klar jenes Motiv hervor, von dem Novalis spricht: »daß, wenn *ein* Unmögliches möglich wird, zugleich ein anderes Unmögliches unerwartet eintritt«. – Der Wille zur Unmöglichkeit ist der Mut der Märchenhelden und die rührendste Tugend seiner Heldinnen. Das Mädchen ruft zum Garten hinaus: »Ihr zahmen Täubchen, ihr Turteltäubchen, all ihr Vöglein unter dem Himmel, kommt und helft mir lesen: Die guten ins Töpfchen, die schlechten ins Kröpfchen.«

Es kommt auf ein Unterscheidungsvermögen an; eine Prüfung der Urteilskraft ist es, die es hier zu bestehen gilt. Es wurde stets als eine Grundbedingung der inneren Seelenentwicklung betrachtet, daß der Geistesschüler auf seinem Wege das Wesentliche vom Unwesentlichen streng unterscheiden, das Ewige aus dem Vergänglichen heraussondern lerne. Er sollte ein »wesentlicher« Mensch werden, wie es die Sprache der deutschen Mystik ausdrückte. Wunderschön schildert unser Märchen, wie die weißen Tauben zu Hilfe eilen. Wie dann nach bestandener Probe die Aufgabe noch einmal gesteigert und wiederum bestanden wird. Dem Aschenputtel dienen die guten Geistesmächte. Sie hat, im wörtlichen Sinne, »Geistes-Gegenwart« als eine Gnadenkraft erlangt. Als die böse Stiefmutter mit ihren stolzen Töchtern dennoch davoneilt, ohne sie mitzunehmen, geht Aschenputtel zu der Mutter Grab unter den Haselbaum und ruft: »Bäumchen, rüttel und schüttel dich, wirf Gold und Silber über mich.« Der weiße Vogel wirft ihr Kleider und Schuhe herab, darin kann sie zum Hochzeitstanze erscheinen. So halten alle Gäste sie für eine fremde Königstochter, und der Königssohn tanzt allein mit ihr. Doch am Abend entgleitet sie ihm, schlüpft in das Taubenhaus und von dort in die Küche. Als man sie sucht, liegt sie wieder in Schmutz und Asche da.

Die Wesensläuterung offenbart sich für die übersinnliche Wahrnehmung im Leuchten der Seelenkleider. Jeden Abend, wenn sich der seelisch-geistige Teil des Menschen aus dem schlafenden Körper hebt, fängt die Seelenhülle (der »astralische Leib«) zu strahlen an: gemäß seiner inneren Entwicklung und Vergeistigung, die er bisher zu erreichen fähig war. Dadurch hellt sich die übersinnliche Welt für den Geistesblick im Umkreis auf. Die Seele erlebt die Begegnung mit ihrem höheren Ich. Das »Geistselbst« will sich mit ihr vereinigen.

Paulus spricht von der himmlischen »Überkleidung«, die auf uns warte, wenn die irdische Hütte abgebrochen sei und wir »entkleidet« werden (2. Korinther 5). In unseren Märchen-Bildern spiegeln sich Verklärungs-Erlebnisse, wie sie die christliche Mystik als ihre seligsten Erfahrungen zu schildern wußte.

Nun besteht die eigentümliche Tatsache, daß die Seele längst die Geist-Berührung im Reich der Nacht erfahren haben kann, ohne in ihrem irdischen Bewußtsein davon zu wissen. Wirkungen, die sich in Stimmungen und neuen Entschlüssen ahnungsweise ankündigen, mögen wohl im Tagesleben eintreten. Aber die Seelenkraft reicht noch nicht aus, um das Erlebte vollbewußt aus dem Schlafe in die Erinnerung herüberzutragen. Der Mensch wacht gewöhnlich nur in seinem Kopfe auf; Sinneswahrnehmung und Vorstellungsleben decken ihm dann die zarten Eindrücke des Nachtreichs zu. Die

Verbindung mit dem höheren Selbst reißt wiederum ab. Es gibt aber ein höheres Aufwachen im Gefühlsleben; die nächtlichen Imaginationen werden dann durch das zweite, feinere Nervensystem vermittelt, in dem sich unser unterbewußtes Traumleben abspielt. Aber auch dieses genügt noch nicht, um die Geisteswelt bis in das Tagesbewußtsein hinein zu erinnern. Erst das Erwachen in den Willenstiefen, das willenshafte Festhalten des übersinnlich Erlebten im Erdenbewußtsein vermag das höhere Selbst dem Leben der Seele ganz zu verbinden. Es kommt darauf an, gleichsam die Goldspur des Übersinnlichen gewahr zu werden, wenn die Seele im Erwachen die dunklen Stufen hinabeilt, um wiederum in den irdischen Leib unterzutauchen. Sie muß das Erlebte in dem Augenblick, da es ihr entgleiten will, in die Wahrnehmung hereinholen lernen.

Unser Märchen schildert, wie Aschenputtel in ihren Hochzeitskleidern jedesmal dem Königssohne wieder entgleitet, nachdem er mit ihr getanzt hat. Das erstemal durch das Taubenhaus (in wessen Kopfe ginge es nicht wie in einem Taubenschlage zu, wenn die Gedanken ein- und ausfliegen, ohne daß wir sie zu halten vermögen?). Das zweitemal durch den Birnbaum (wir haben ihn im Gegensatz zum Apfelbaum schon im »Mädchen ohne Hände« zu charakterisieren versucht). Das drittemal bleibt ein Goldschuh der Tänzerin auf der Treppe haften, da sie der Königssohn hatte mit Pech bestreichen lassen. Nun sucht der Königssohn die Jungfrau, der ein so zierlicher Schuh paßt. Zunächst versuchen die beiden stolzen Schwestern in ihn hineinzuschlüpfen. Doch ihr Fuß ist jedesmal zu groß: Die eine hat zu lange Zehen, die andere eine zu große Ferse. Sie schneiden, auf den Rat ihrer Mutter, jeweils von der zu langen Zehe oder zu großen Ferse ein Stück ab. Aber die Tauben, die auf dem Haselbäumchen sitzen, rufen ihnen nach, daß Blut im Schuh sei, als der Königssohn mit ihnen am »Grabe der Mutter« vorbeireitet. Da bringt er sie wieder zurück. Nur Aschenputtel, die man zuerst versteckt gehalten und die der Königssohn schließlich doch entdeckt, hat den richtigen Fuß für den Goldschuh. Daran erkennt er die wahre Braut. Und die Tauben auf dem Haselstrauch bestätigen es, als er an ihnen vorbeireitet.

Es ist ein tiefsinniger Zug des Märchens, den *Fuß* durch den Königssohn prüfen zu lassen. Wie ein Mensch seinen Fuß aufsetzt und damit schreitet, darin offenbart sich sein Verhältnis zur Erde. Ob er zum Beispiel mehr mit den Zehen oder mehr mit der Ferse auftritt, wenn er geht, das ist bedeutsam. Es gibt einen Schritt, der die Erde zu sehr von sich abstößt, und einen, der zu sehr an ihr festhaftet. Wiederum drückt sich darin die zwiefache Seelenabirrung aus (die luziferische oder ahrimanische), die dem Menschenwesen droht. Nur der Schritt, der die Erde überwunden hat und deshalb im Gleichmaß und Rhythmus über sie hinzuwandeln vermag, ist der Schritt der erlösten Seele. Sie wird zur »Tänzerin«, weil sie den »Geist der Schwere« besiegt hat.

Die wahre Reife des Menschen, seine vom Geiste des Christus getragene Beziehung zur übersinnlichen Welt erkennt man untrüglich an seinem *Verhältnis zur Erde.*

Als der König seine Braut zur Kirche führt, setzen sich ihnen die beiden Tauben auf die Schultern. Das Märchen gipfelt also, wie das andere von den »Drei Sprachen«, in einem Pfingstmysterium. Die Seele, die sich ihrem höheren Selbst zu vermählen beginnt, wird zur Stufe der Inspiration erhoben. Im Sinne der christlichen Mystik dürfte man von der Einwohnung des Heiligen Geistes im Seeleninnern sprechen.

Die beiden Schwestern, die sich mit »Blut im Schuh« die königliche Hochzeit erschleichen wollten, werden gerichtet. Als sie mit zur Kirche schreiten, picken ihnen die Tauben die Augen aus. Blind betritt die Seele die geistigen Welten, wenn sie die niedere Sinnennatur noch nicht überwunden hat und ungeläutert die Vereinigung mit dem übersinnlichen Leben erzwingen möchte. Sie stürzt in um so größere Finsternis. Das Märchen lehrt keinen schwärmerischen Weg zum Geiste; es weist jede egoistische Gier nach der übersinnlichen Welt zurück. Es fügt am rechten Orte zur Gnade den tiefsten Ernst hinzu.

DIE JUNGFRAU SOPHIA

Die letzten Märchen ließen uns den Prüfungsgang der Menschenseele anschauen, die sich zum Empfang des Geistes würdig zu machen strebt. In anderen war es mehr das Ich, der ringende und nach Selbsterkenntnis dürstende Menschengeist, der das reine Urbild der Seele wiedergewinnen möchte. Das eine Mal wird auf einen *gefühlsmäßigen* Ausgangspunkt hingedeutet, von dem aus die Seele den Pfad der mystischen Vertiefung betreten kann; das andere Mal auf ein *Erkenntnis*rätsel, das den denkenden Menschen antreibt, die Welt zu erforschen und das eigene Innere zu ergründen. Ein Einweihungsweg solcher Art tritt in Bildern von einer feierlichen Schönheit vor uns hin, wenn wir das Märchen vom »Treuen Johannes« betrachten. Es führt uns unmittelbar an jene Hütergestalt heran, die den Schlüssel zu unendlichen Geheimnissen verwahrt. Das ist der verborgene Lehrer und Inspirator unserer Märchenwelt, der dem jungen Königssohn sein Erbe zeigen will und ihn von einer Märchenkammer zur anderen führt, auf daß er sich seiner strahlenden Schätze bewußt werde: Er heißt »Johannes«.

Spricht die kirchliche Tradition des Mittelalters von dem »Schlüsselamt des Petrus«, so verkündet die in Märchenbildern redende Weisheit das *Schlüsselamt des Johannes.* Sie ist ein Zeugnis für das esoterische (verborgen wirkende) Christentum, das es immer gegeben hat. Während Petrus von dem auferstandenen Herrn das Gebot empfängt »Weide meine Schafe!«, also den Auftrag zur Kirchengründung, wird dem Jünger, den der Herr liebhatte, ein anderes Vermächtnis zuteil. Er hört vom Kreuze herab die Worte: »Siehe, das ist deine Mutter!« Das Evangelium fügt hinzu: »Und von der Stunde an nahm sie der Jünger zu sich.« – Auf ein innerstes Seelengeschehen deuten diese wenigen Worte hin. Noch in späteren christlichen Zeiten wurde immer wieder von Menschenherzen angestrebt, durch die Kraft der Versenkung die Stufen der Passion nachzuerleben, bis sie unter dem Kreuze stehen konnten; dort erfuhren sie den »mystischen Tod«. Doch im Ersterben der niederen

Ichnatur wurde die Seele für den Empfang eines höheren Geheimnisses offen. Der Mystiker wurde selbst ein »Johannes« und durfte die »Mutter« zu sich nehmen. Aber er nannte sie die »Jungfrau Sophia«. Rudolf Steiner hat in seinen Vorträgen über das Johannes-Evangelium darauf hingewiesen, wie innerhalb dieses Evangeliums niemals die Mutter des Herrn mit Namen genannt werde. Nur dreimal wird überhaupt auf sie hingedeutet: auf der Hochzeit zu Kana, wo sie mit dem Christus das erste »Zeichen« gemeinsam bewirkt; im nächsten Kapitel heißt sie die »Braut«, und Johannes der Täufer nennt sich selbst nur den »Freund des Bräutigams«; unter dem Kreuze aber wird sie dem einen Jünger als heiligstes Vermächtnis anvertraut. Niemals jedoch nennt sie der Johannes-Evangelist »Maria«. Was Johannes durch tiefes Schweigen ehrt, wird in anderen urchristlichen Schriften bildhaft ausgesprochen. Sie reden zum Beispiel von der »Mutter in der Höhe« – Sophia –, die auch die Taube gewesen sei, und lassen den Auferstandenen selber zu der irdischen Maria sagen: »meine Mutter in der Materie – du, in der ich weilte«. Die christliche Gnosis wußte von den Schicksalen der Lichtjungfrau zu erzählen, ihrem Abstieg aus Himmelshöhen, ihren Irrgängen durch die Stoffeswelt, ihrem Rufe nach dem göttlichen Gemahl und ihrer Heimholung durch den Christus.* Die Reste jener mystischen Literatur, die von ihren kirchlichen Gegnern fanatisch ausgerottet wurde oder nur noch in teils entstellten Zitaten aus ihren Kampfschriften nachklingt, vermögen uns eine gewisse Ahnung zu vermitteln, was einstmals in den ersten christlichen Jahrhunderten die Lichtjungfrau Sophia bedeutet hat. So klingt aus der alten Schrift »Pistis-Sophia« der große Mythos ihres Leidenspfades herüber; der Auferstandene selber flicht ihn in seine Belehrungen über das Lichtreich ein, die er den Jüngern erteilt. Als die Jungfrau den verschleierten Lichtschatz suchte, spiegelte ihr der Lichträuber vor: was sie suche, sei nur in der Tiefe zu finden. Ihr Blick wurde abwärts gelenkt; gebannt folgte sie in die Begierdenwelten, in denen ihre eigene Lichtnatur ganz verdunkelt ward. Aber der Christus vernahm ihren Ruf und stieg herab; in seinem eigenen Leidensgange hat Er Schritt für Schritt das Mysterium der Reinigung vor die Menschheit hingestellt. Was seit alten Zeiten von einzelnen durch die Mysterienstätten gesucht wurde, die große »Katharsis«, die Läuterung der Seele: hier im Nacherleben der Passionsstufen kann sie von nun an für jeden gefunden wer-

* Das Eleusinische Mysterium vom Raub der Persephone und ihrer Rettung durch Dionysos ist abgewandelt in die christliche Mystik übergegangen.

den. – Schmerz aber, in Freiheit durchlitten, wandelt die Seele zur strahlenden Weisheit. Der Weisheit-durchleuchteten Seele öffnen sich wieder die Tore der oberen Welten, in denen die goldenen Lebensschätze verschleiert ruhen. Sie erreicht den »Lichtschatz«, und dieser birgt die Macht zur Neuschöpfung alles Daseins in sich. Er enthüllt seinem Besitzer die Auferstehungsgeheimnisse. »Dessenthalben – so spricht der Auferstandene – sollt ihr der ganzen Menschenrasse predigen und sagen: Höret nicht auf, bei Tag und Nacht nach den reinigenden Mysterien zu suchen, bis ihr sie gefunden habt.« Wer sie findet, empfängt auch die reine Jungfrau Sophia.

In der Manichäerweisheit des dritten und vierten Jahrhunderts lebten diese Lichtmysterien fort. Auf den verborgenen Wegen, auf denen die Manichäer, äußerlich unterdrückt und immer wieder verdammt, ihre Weisheitslehren durch das ganze Mittelalter hindurch weiterpflanzten, flossen diese Geheimnisse auch in die Bilderwelt der Märchen ein. Dort erscheint »die Königstochter vom goldenen Schlosse«, die der Königssohn in dem Märchen vom »goldenen Vogel« erringt. Oder »die Königstochter vom Schloß der goldenen Sonne«, die der Jüngling durch die Zaubermacht der »Kristallkugel« erlösen muß.

Von ihr geht eine wundersame Kunde durch das Land, die Sehnsucht und Wagemut erwecken soll. Mit solchen Bildern streuten die Wissenden Samenkörner der Ahnung in viele Herzen. Einzelne aber, von Erkenntnisdrang getrieben, machten sich auf den Weg. Albert Steffen läßt in seinem Drama »Die Manichäer« den Meister sprechen:

> ... Wir selber sandten diese Sage aus,
> daß sie den höchsten Trieb der Sehnsucht wecke.
> Wir haben denen, die uns wahrhaft suchen,
> niemals den Weg in unser Land verwehrt.
>
> Sind wir doch selbst wie sie aus solchen tiefen
> in stetiger Verwandlung aufgestiegen,
> von Höh zu Höh, die Seele umgestaltend,
> auf daß wir endlich gleich den Göttern würden...

Warum aber erscheint die Königstochter golden oder wohnt sogar auf dem »Schloß der goldenen Sonne«? – Weil sich in dieser jungfräulichen Gestalt die Erinnerung des Menschen an seinen kosmischen Ursprung im Lichte offenbart. Es spiegelt sich in solchen Bildern die Erkenntnis wider, daß nur ein Teil unseres Menschenwesens in die Verkörperung hat eingehen können; der andere Teil – gleichsam »unsere bessere Hälfte« – mußte von uns in den Sonnenhöhen zurückgelassen werden. Es ist das »Ewig-Weibliche«, das uns vom Urbeginn her angehört; das wir aber durch die Verstrickung in die Erdenbegierde vergessen haben. Dies ist der kosmische Ehebruch, den die Erdenmenschheit vollzog.* Die Erweckung des übersinnlichen Geistbewußtseins ist ein Sich-Wiederfinden in seiner wahren Wesenheit. Alle irdische Verbindung von Mann und Weib kann in ihrer edelsten Gestalt nur ein vergängliches Gleichnis dafür sein: ein Leben in fortwährenden Erweckungs-Vorgängen, die sich von Mensch zu Mensch abspielen und in denen die Seelen einander ihr Urbild entgegentragen sollten. Andernfalls wird die irdische Liebe immer nur eine »Verzauberung« bedeuten; der Seelenraum über uns, in dem unser eigenes Urbild erscheinen sollte, wird dann von einem Sinnenbilde ausgefüllt, das alle ideal-schaffenden Empfindungen der Seele durch Leidenschaft an sich saugt und verzehrt.

In der »Kristallkugel« wird von dem Jüngling, der die Königstochter nur mit den »Augen der Menschen« sehen kann und darum in einer häßlichen, welken Gestalt, eine schwere Prüfung gefordert. Er muß zu der Quelle hinabsteigen, wo der Auerochs schnaubt und brüllt. Ihn muß er mit dem Schwerte besiegen. Dann wird sich aus diesem ein Feuervogel erheben, aus dem Feuervogel wird ein glühendes Ei fallen, und in dem Ei steckt als Dotter die Kristallkugel. Mit dieser allein kann der Zauber gebrochen und die Königstochter in ihrem wahren Schönheitsglanz erkannt werden. Die Seele, deren tiefste Quellen von der niederen Leidenschaft verdunkelt sind, hat nicht die Fähigkeit, ihr übersinnliches Urbild zu erreichen. Sie findet im Streben nach der Weisheit zunächst nur jenes Sinneswissen, in dem Todeskräfte wirken. Erst wenn sie aus dem Gewoge der Empfindungen und Triebe die klare Gedankenkraft herauszukristallisieren vermag, entdeckt sie einen neuen Lebens-Mittelpunkt in sich. Aus dem feurig-brennenden Egoismus löst sich der keusche Ich-Kern als ein übersinnliches Kraftgebilde heraus. Sie gewinnt die Kristallkugel. Durch die läuternde Wirkung der Gedankenkräfte wird das niedere Sinneswissen überwunden und zur strahlenden Weisheit zurückverwandelt. – In den persischen Mithrasmysterien, deren Kultus einstmals

* Siegfried, der am Burgunderhofe die Walküre vergißt, die er erweckt hatte, erliegt dieser Tragik des übersinnlichen »Ehebruchs«.

von den römischen Legionen bis nach Deutschland getragen wurde, steht die Besiegung des Stieres durch den Helden im Mittelpunkt aller Geistesprüfungen. Es ist eine Abwandlung der Michaelstat im Sinne alter persischer Weisheit. Sie klingt in diesem Märchenbilde nach.

*

Das Märchen vom »Treuen Johannes« gibt in seinen klar umrissenen Imaginationen ein Wissen von den Gesetzen des übersinnlichen Lebens. Gütiger Ernst schaut uns aus seinem Weisheits-Antlitz an.

Ein alter König, der im Sterben liegt, läßt seinen liebsten Diener an sein Bett rufen, den »getreuen Johannes«, um ihm die Sorge für seinen Sohn anzuvertrauen. Er soll den Jüngling unterrichten und leiten. Der Königssohn darf wohl sein ganzes Erbe sehen, alle Räume des Schlosses und alle aufbewahrten Schätze: »aber die letzte Kammer in dem langen Gange sollst du ihm nicht zeigen, worin das Bild der Königstochter vom goldenen Dache verborgen steht. Wenn er das Bild erblickt, wird er eine heftige Liebe zu ihr empfinden und wird in Ohnmacht niederfallen und wird ihretwegen in große Gefahren geraten; davor sollst du ihn hüten.« Der treue Diener verspricht, mit dem Einsatz seines Lebens, diesen Auftrag zu erfüllen. Als er aber nach des Königs Tode dem Sohn das väterliche Erbe mit all seinen Herrlichkeiten zeigt, wird dieser darauf aufmerksam, wie ihn der treue Johannes immer an der letzten Türe vorbeiführt. Er fordert, daß sie ihm geöffnet werde. Er droht mit Gewalt und will nicht von der Stelle weichen.

Schweren Herzens sucht der Diener aus dem großen Bund den rechten Schlüssel hervor und öffnet. Das Unheil geschieht. Beim Anblick des Bildes fällt der Jüngling zu Boden; seine erste Frage ist, als er aus der Ohnmacht erwacht: »Wer ist das schöne Bild? – Meine Liebe zu ihr ist so groß, wenn alle Blätter an den Bäumen Zungen wären, sie könnten's nicht aussagen.« Er will die Brautfahrt antreten, und der treue Johannes muß Mittel und Wege ersinnen, wie sie vor das Angesicht der Königstochter gelangen können.

Die Menschheit hat bei ihrem Abstieg aus Geisteshöhen jenes Urbewußtsein verloren, in dem sie sich noch als König über alle Schätze der Schöpfung fühlen konnte. Die uralten Geisteskräfte starben dahin; aber indessen erstanden ihr lebendige Führer und Bewahrer des göttlichen Erbteils, denen die Schlüsselgewalt über die Lebensgeheimnisse anvertraut wurde. Gleichsam am Sterbebett des alten Königs – aus dem unmittelbaren Auftrag der geistigen

Mächte, die sich vom Erdendasein zurückziehen – empfängt der zum Dienst an der Menschheit Bestellte die Weihe. Verantwortungsschwere legt sich auf seine Seele. Wo ihm der Erkenntnistrieb aus den Menschen entgegentritt, beginnt sein Dienst. Er führt den Schüler durch alle Schatzkammern des uralten Weisheitsgutes. Er sagt ihm, daß dieses alles sein Erbe sei. Der Erkenntnis-Suchende wird sich dabei seines erhabenen Ursprungs bewußt: Ja, er *ist* ein Königssohn! Jedoch nur der Aufmerksame wird gewahr, wie ihm ein Letztes verschlossen bleibt; ihm können alle Schätze des Geistes nicht genügen, wenn sein Blick noch nicht zu dem Bilde in der verborgensten Kammer hindurchgedrungen ist. Die aus den Tiefen kommende Frage nach dem Mysterium hat die Kraft, den Führer zu veranlassen, die Tür des Heiligtums zu öffnen. Doch schon von der im Bilde erschauten Wahrheit, der Wahrheits-Ahnung, geht eine Macht aus, die alle Lebenskräfte herabzulähmen droht, wo sie auf unreife Seelen trifft. Die Seele erahnt einen höheren Lebenszustand, der im Golde der Weisheit erstrahlt und dessen Schönheit ungekannte Kräfte der Liebe in ihr wachruft. Mit elementarer Gewalt entzündet sich an der Begegnung mit dem Weisheits-Ideal der Enthusiasmus; dies ist das Zeichen wahrer Geistesschülerschaft. Einem solchen Menschen kann der Hüter der »Lichtjungfrau« die weiteren Wege bahnen; er ist dazu nach einem geistigen Gesetz verpflichtet (17).

Einen echten Führer zu den Mysterien empfanden tiefer dringende Seelen in dem Verfasser des Johannes-Evangeliums, wenn sie sich in seine Worte versenkten. Als lebendiger Seelenführer vermochte seine Gestalt den Suchenden wiederzuerstehen. Sie wußten: »Dieser Jünger stirbt nicht.« Im inneren Anschluß an seine Führerkräfte findet die Seele den Weg, der über das Schriftwort hinaus in freie Geistesreiche weist. Sie kann das Festland verlassen und sich auf das offene Meer hinauswagen, wenn *sein* Rat ihr zur Seite steht. Novalis drückt diese Stimmung einmal so aus: »Der Heilige Geist ist mehr als die Bibel; er soll unser Lehrer des Christentums sein.«

Das Märchen kleidet die Seelenproben, die es zu bestehen gilt, in die Bilder einer Abenteuerfahrt. Um vor das Angesicht der Königstochter vom goldenen Dache zu gelangen, muß der Königssohn eine von den fünf Tonnen Goldes aus seines Vaters Erbe nehmen und sie von den Goldschmieden seines Reiches zu allerlei phantasievollem Gerät und Getier verarbeiten lassen; er muß diese in ein Schiff laden und mit dem treuen Johannes, in Kaufmannskleidern unkenntlich gemacht, über das Meer zur fernen Stadt fahren. Der

Diener lockt die Königstochter durch eine List auf das Schiff; und während sie noch staunend wie ein Kind im Anblick der goldenen Kunstwerke verloren steht, hat er längst die Anker lichten lassen. Erst auf hoher See wird sie die Entführung gewahr und ist zunächst untröstlich. Aber sobald ihr der Königssohn seine wahre Abkunft und seine unermeßliche Liebe offenbart, schenkt sie ihm ihr Herz.

Geisteswissenschaftliche Erkenntnis würde heute sagen: Willst du zur Anschauung deines Urbildes vordringen, das in übersinnlichen Bereichen geborgen ist, so mußt du dir zuerst lebendige, innerlich gediegene Vorstellungen ausbilden, die dich geeignet machen, den Inhalt der geistigen Welt in dein Bewußtsein hereinzuholen, – man möchte fast sagen: einzufangen. Dein Urbild webt im strahlenden Element der Weisheit. Suche in deinen Seelentiefen, was diesem Elemente verwandt ist. Ein reiches Weisheitserbe wirst du in dir ruhend finden. Vergangene Kulturen – genauer gesprochen: fünf große Epochen im Sinne der Geisteswissenschaft – haben an der Menschheit gebildet. Sie brachten ihr »fünf Tonnen Goldes« ein. Sie haben nacheinander die Geisteskräfte in sie hineingesenkt, die du heute wieder heraufholen kannst. Ergreifst du diese Bewußtseinskräfte, die dir gehören, und ziselierst du in innerer Tätigkeit mit ihnen eine neue Vorstellung aus, die der geistigen Welt wesensverwandt ist, dann kommt dir dein ewiges Selbst aus dem Geisteslichte gnadevoll entgegen. Es schenkt sich dir in seiner Offenbahrungsschönheit.

Hier aber setzen erst die wahren Prüfungen der Seele ein, die dem Erkenntnissucher nicht erspart bleiben können. Das Märchen erzählt, wie der treue Johannes während der Meeresfahrt ein Gespräch in den Lüften belauscht. Drei Raben sprechen von der Heimkehr des Königssohnes. Drei Gefahren warten seiner: beim Landen, beim Einzug ins Schloß und beim Hochzeitsfeste. Bei der Landung wird ihm ein fuchsrotes Pferd entgegenspringen; schwingt er sich darauf, so entführt es ihn durch die Luft. Beim Einzug ins Schloß wird ihm ein schönes Hemd in Gold und Silber entgegenflimmern; zieht er es an, so verbrennt es ihn bis auf die Knochen, denn es ist aus Pech und Schwefel. Beim Hochzeitstanze wird ihm die Braut erbleichend aus den Armen sinken. – Doch es gibt jedesmal eine Rettung. Wer es weiß, der kann das Pferd sofort niederschießen, das Hemd ins Feuer werfen, die Braut aufheben und ihr drei Tropfen Bluts aus der rechten Brust saugen und wieder ausspeien. Aber würde er sein Wissen verraten, so müßte er selber vom Wirbel bis zur Zehe versteinern.

Der treue Johannes, der der Vogelsprache kundig ist, hat alles gehört. Er ist entschlossen, seinen Herrn zu retten. Doch seine Seele trauert; er ahnt das Unheil kommen. Die Prophetie erfüllt sich, als sie landen. Dreimal greift der Getreue rettend ein. Aber die anderen Diener verleumden ihn; und der junge König, der ihn zweimal verteidigt, wird beim dritten Male auch an ihm irre. Er durchschaut nicht mehr seines Führers Handeln. So verurteilt er ihn zum Galgen. Aber ehe das Urteil an ihm vollstreckt wird, redet der treue Diener noch einmal. Jetzt enthüllt er die Gründe seines Handelns. Doch des Königs Begnadigung hilft nun nicht mehr; denn der treue Johannes ist nach den letzten Worten als Stein zu Boden gefallen.

In tiefer Reue läßt der König die Bildsäule fortan neben seinem Bette aufstellen. Sie wieder zu beleben, ist sein einziger Wunsch, sooft er sie erblickt. Die Königin gebiert ihm Zwillinge. Einst spielen sie ihm zu Füßen; da beginnt die Bildsäule zu reden: »Ja, du kannst mich wieder lebendig machen, wenn du dein Liebstes daran wenden willst.« Er ist zum höchsten Opfer bereit. Und er bringt es, als die Bildsäule von ihm fordert, die Kinder zu enthaupten und mit ihrem Blut den Stein zu bestreichen. Dadurch wird der getreue Johannes wieder zum Leben erweckt. Aber er belohnt die Tat; als wäre ihnen nichts geschehen, heilt er wiederum die Kinder. Unterdessen weilt die Königin in der Kirche, und ihr Gebet ist nur von dem einen Gedanken an das Unglück des treuen Johannes erfüllt. Als sie heimkehrt, stellt sie der König auf die Probe, ob sie zur gleichen Opfertat fähig sei. Und sie ist es. Da holt er den treuen Johannes und die wiederbelebten Kinder aus dem Versteck. Glückseligkeit erfüllt sie alle.

Wo in Mythen oder religiösen Urkunden von Raben gesprochen wird, ist ihnen oft die Aufgabe zugeteilt, dem in Geisteswelten Weilenden Kunde von der Erde zu bringen. Die Raben des Wodan, des Elias und des Barbarossa sind Mittler zwischen zwei Welten (9). Der treue Johannes führt den Königssohn vom anderen Ufer des Daseins zur Sinnenwelt zurück. Da erlauscht er die Gesetze, denen das geistige Erleben unterliegt, wenn es sich mit dem Erdenbewußtsein verbinden will: »Ei, da führt er die Königstochter vom goldenen Dache heim.« – »Ja, er hat sie noch nicht.« Es sind Geistgespräche hinter der Schwelle des Tagesbewußtseins, in die der Eingeweihte eindringt. Da erfährt er, wie alles Erleben in übersinnlichen Bereichen von einer Tragik bedroht wird, sobald es sich mit dem körperlichen Bewußtsein zu vermischen beginnt; es wird ausgelöscht oder mit Wahngebilden durchsetzt, die die reine Geistesschau verzerren. Die »Landung« birgt Gefahren in sich. Der Kundige kann ihnen in rechter Weise begegnen, weil er sie durchschaut.

Das menschliche Ich vermag sich zwar für eine Weile in die lichtvolle Sphäre geistigen Erlebens zu erheben; aber es drängt seiner Anlage nach wieder den Blutskräften entgegen, von denen es im nächtlichen Dasein getragen wird. In diesem Augenblick jedoch müßte sich die geistige Gestaltenwelt verflüchtigen, weil sich die Anschauung verdunkelt, sobald die Triebnatur des Blutes sie mit sich davonreißt; sie ist wie ein fuchsrotes Pferd, das mit seinem Reiter durchgeht. Statt dessen entstehen Visionen, die aus der Wunschnatur aufsteigen; sie wirken wie Zwangsvorstellungen in der Seele, wenn sich das Übersinnliche in ihr noch mit dem Leidenschaftselement vermischt. Deshalb muß die wache Erkenntnis in solchen Augenblicken ihre volle Herrschaft über das Blut bewähren. Sie muß die niedere Triebgewalt durch den Tod führen können.

Eine starke Illusion droht zum zweiten dem Geistessucher, wenn er leibbefreit auf seine Hülle herniederblickt. Er sieht die ätherische Leiblichkeit noch von erhabener Weisheit durchglitzert, die einstmals tätig war, um seinen Erdenkörper gestalten zu können. Desto tiefer fühlt er sich wiederum in sie hineingezogen. Er sehnt sich danach, in das schimmernde Hemd hineinzuschlüpfen. Aber er durchschaut nicht, daß diese ätherischen Bildekräfte durch ihre Verbindung mit der Sinnennatur mit Wunschkräften durchtränkt und vom Stoffe verfinstert sind (»Schwefel und Pech« nennt sie das Märchen). Die zarten Gebilde des übersinnlichen Bewußtseins verbrennen durch die Berührung mit diesen Kräften; es drängen sich Halluzinationen herein, ehe nicht die Zaubermacht des falschen Scheins besiegt ist.

Und ist es nun gelungen, die Geisteserfahrungen mit dem irdischen Bewußtsein zu vereinigen, so daß die übersinnliche Welt in die Erinnerung aufgenommen werden kann, so muß, als drittes, doch eine Enttäuschung für den Erkennenden eintreten. Das Geistige verblaßt; es büßt seine innere Lebensfülle ein, wenn man es innerhalb des irdischen Gedankens festzuhalten sucht. Man hat die leibhafte Wirklichkeit des Geistigen noch auf sinnlichgreifbare Weise vorstellen wollen und kann darum für jene höhere Art der Lebendigkeit, die dem Ideenreich eigen ist, noch keinen Blick gewinnen. Der wahrhaft Weise jedoch erwartet von dem reinen Urbilde keine bluthafte Wirklichkeit. Der treue Johannes muß der erblassenden Braut die Blutstropfen aussaugen; so gewinnt sie erst jenes Leben, das frei von Trieb und Täuschung ist.

Auch Goethes Faust greift in seiner übermächtigen Begierde nach dem Bildnis der Helena, das ihm erschienen ist. Aber es entreißt sich ihm unter gewaltigen Erschütterungen. Er sinkt betäubt zurück:

> Und sollt' ich nicht, sehnsüchtigster Gewalt,
> Ins Leben ziehn die einzigste Gestalt?

So fragt er im Rückschauen und geht auf das »seltene Abenteuer« der klassischen Walpurgisnacht, um Helena aufs neue zu gewinnen. Der Königssohn im Märchen könnte Faustens Worte sprechen:

> Nun ist mein Sinn, mein Wesen streng umfangen;
> Ich lebe nicht, kann ich sie nicht erlangen.

Und die Seherin Manto versichert ihm: »Den lieb ich, der Unmögliches begehrt.« Goethes tiefste Seelenerfahrungen klingen mit der Weisheit und Stimmung jenes Märchens zusammen. Sie entstammen dem gleichen Erlebnis-Quell.

Die Vermählung mit dem göttlichen Leben selber ist nun erreicht. Es teilt sich dem menschlichen Bewußtsein zunächst in der Gestalt des reinen Gedankens mit; aber diese reine Ideenwelt, die er besitzt, erscheint dem Erkenntnis-Sucher nicht warm und kraftdurchwirkt, sondern kalt und matt. Er verzeiht der Geistesführung, der er seine ganze Entwicklung verdankt, das eine nicht, daß sie ihm die Wahngestalt des Übersinnlichen, die er sich zunächst aus seinen Wünschen gebildet hatte, zerstören muß und jede sinnliche Verkleidung der geistigen Wirklichkeit fortnimmt, um ihm die reinste Form der Erkenntnis zu schenken. Er ist in seinem Vertrauen zu der bisherigen Führung auf das tiefste erschüttert. Zweifel gewinnen über seine Seele Macht; er sagt sich von der geistigen Autorität, die bisher von den Mysterien ausgegangen war und die in jeder überlieferten Offenbarung noch wirkte, gänzlich los. Ist dieses nicht die Signatur des gegenwärtigen Bewußtseins?

Im Grunde liegt in der Geistesentwicklung der neueren Menschheit, die durch Philosophie und modernes Wissenschaftsstreben die Welt des reinen Gedankens erobert, schon eine gewisse Einweihung. Es ist ein Erringen der wachen Ichheit und damit ein Anspruch auf Mündigkeit. Die Geistesmächte, die einstmals den Menschen zur Erkenntnis und Freiheit im Ich geführt haben, werden dadurch gezwungen, sich vor dem Selbständig-Gewordenen zu rechtfertigen. Die Mysterienweisheit wird dem »Henker« ausgeliefert. Soll sie sich in ihrem wahren Wesen und ihren geistigen Bedingungen verständlich machen, so muß sie zu diesem Zwecke ganz in die Formen heruntersteigen, in denen die intellektuelle Menschheit der neueren Zeit lebt. In die Welt des Minerals ist das Erdenbewußtsein eingefangen; es ist zum toten Intellekt geworden. In dieses mineralisch gewordene Bewußtsein muß sich auch der Hüter der höheren Weisheit hinabbegeben, wenn er sein Handeln begreiflich machen und seine Geheimnisse der menschlichen Urteilskraft zur Prüfung darreichen will.

Er selbst muß »versteinern«. Das Märchen schildert den Passionsweg des großen Eingeweihten, der die Menschheit zur Freiheit führen soll.

Die lebendige Geistesoffenbarung kann sich nur noch durch die Formen des erstorbenen Denkens mitteilen. Sie verstummt in ihrer ureigenen Sprache; sie erstarrt gleichsam zum Standbild. Jetzt ist es an dem, der zur Freiheit gekommen ist und die alte Art der Führung ablehnt, ein Gegenopfer zu bringen. Er kann eine Tat aus innerster Freiheit vollziehen, durch die eine Wiedererweckung der Weisheit möglich ist.

Aus der Verbindung des menschlichen Weisheitsstrebens mit der lichtvollen Geisteswirklichkeit, die aber zunächst nur als Ideenwelt im Seeleninnern aufleuchtet, gebiert sich eine junge Kraft. Diese ist das neue Ich – eigentlich ein Doppelwesen: denn es lebt im Erkennen und im Handeln seine Freiheit dar. Diese »Zwillinge« – wir kennen sie aus anderen Märchen als die goldenen Zwillinge, die aber noch durch die Erdenwelt schreiten mußten – gilt es hinzuopfern. Die jungen Geisteskräfte müssen, obwohl sie aus dem tiefsten persönlichen Erleben hervorgegangen sind, doch alles Persönliche überwinden. Das Märchen sagt: Es muß Blut fließen. Was aber der Erkennende an Eigenwärme hinzugeben bereit ist, das kommt dem übersinnlichen Leben des Geistes zugute. Die offenbarende Führerwesenheit wird aus der Todesstarre erlöst, die als Zauberbann über allem abstrakten Denken liegt. Sie wird zur lebendigen Inspiration. Johannes, als ewige Geistgestalt, entzaubert sich vor dem Bewußtsein des verwandelten Erkenntnissuchers. Er ist als Inspirator wiederum gegenwärtig. Es kann ein auf Freiheit und Opfer gegründetes Verhältnis zwischen dem erwachten Menschengeiste und der weisheitsvollen Menschheitsführung entstehen. Damit vollzieht sich die Wiedergeburt der Mysterien. Sie führen ein »Johanneisches Zeitalter« herauf. In ihm werden die Erkenntniskräfte durch ein immerwährendes Herzensopfer an sie zum Leben im Geiste auferstehen.

Mit prophetischer Kraft zeichnet das Märchen den Schicksalsweg alles menschlichen Geistesstrebens vor. Es enthüllt das *Ziel* des Erkenntnis-Ringens: die Jungfrau Sophia. Und es nennt den *Hüter* des allerheiligsten Vermächtnisses: Johannes, der dem Herrn die Treue hielt.

Die Brautfahrt zur Königstochter vom goldenen Dache führt an die Schwelle jener Weltenzeit, deren Anbruch Novalis geweissagt hat:

> Vorrüber ging der lange Traum der Schmerzen,
> Sophie ist ewig Priesterin der Herzen.

ENTZAUBERUNG

Joringel spricht:

Seit ich von der Blume träumte
– Rot wie Blut, im Taugeschmeide,
Ließ ich Hirtenstab und Weide,
Trieb es mich gen Osten fort.
Wenn das Frühlicht Wolken säumte,
Hob ich mich im goldnen Strahle,
Stieg zum Gipfel, sucht' im Tale
Nach dem tiefverschwiegnen Ort.

Forscht' im Norden, schweift' im Süden:
Sah die Gärten üppig blühend, –
Duft-verströmend, Farben-glühend
Blumen, die den Sinn berückt.
Wollte oft der Fuß ermüden,
Fand ich doch die Eine nimmer
– Rot wie Blut, im Perlenschimmer,
Die den Träumer sanft entzückt.

Wandernd nach dem Heiligtume,
Oft erlahmt, doch neu beflügelt,
Streng geläutert, mild gezügelt –
Stiller ward des Blutes Lauf...
Kam ein Morgen: sieh, die Blume
Taugekrönt am reinsten Orte –
Und ich brach sie! Jede Pforte
Sprang vor ihrem Zauber auf.

Jorinde spricht:

Seit mich jener Bann getroffen,
Saß ich hinter Kerkerstäben.
Sang und Sehnsucht war mein Leben
In der Nachtigall Gewand.
Halb' Entsagen, neues Hoffen –
Immer spürte ich dein Schreiten;
Durch die Räume, durch die Zeiten
Folgt' ich dir zum Wunderland.

Jubelton und sel'ge Klage
Hab' ich deinem Traum gesungen,
Bis die Blume aufgesprungen,
Edlen Kelches süße Glut.
Wiederkehr der goldnen Tage!
Da die Märchen sich erfüllen
An den Reinen, an den Stillen:
Himmelstau im Erdenblut.

Mit der Nachtigall Gefieder
Streif' ich ab der Erde Bangen.
Eine Welt darf ich umfangen,
Seit dein Blut den Bann zerbrach.
Mächtig wachsen schon die Glieder:
Flammenarme, Geisterschwingen –
Durch die Sphären wirst du dringen,
Folgst du meinem Fluge nach!

EINZELNE MOTIVE UND ERGÄNZENDE GESICHTSPUNKTE

Märchen bergen im Grunde doch einen Erlebnisgehalt in sich, der weit über jedes bloße »Verstehen« hinausweist. Der uns vielmehr aufruft, mit ihren Gestalten zu *leben*, wie man mit Menschen lebt und zu jedem eine ganz persönliche Beziehung knüpfen kann, die nicht nur vom »Verstehen« bedingt ist. Niemals sollte daher die Empfindung erweckt werden: durch die »Erklärung« hat sich mir das »Wunder» des Märchens aufzulösen begonnen. Deshalb wurde auch oftmals von uns darauf verzichtet, den Vorstellungen allzu scharf umrissene Konturen zu geben, wenn es sich um die Aufhellung dieses oder jenes Motivs handelte. Bisweilen mußte es genügen, eine *Blickrichtung* mit der Darstellung angeregt zu haben und es der schöpferischen Phantasie des Lesenden jeweils zu überlassen, ob er sich im vertrauten Umgange mit den Märchengestalten noch mehr von ihnen sagen lassen möchte.

Es sollen hier noch eine Anzahl besonderer Motive und Bildgestalten skizziert werden, die in irgendeinem Zusammenhang mit den schon besprochenen stehen. Vielleicht ist damit im wesentlichen der Kreis der Motive umschrieben, die innerhalb der Grimmschen Märchensammlung zu finden sind. Man wird unschwer erkennen können, wie auch solche Märchen, die nicht erwähnt oder nur kurz gestreift wurden, ihren Haupt-Elementen nach aus den hier geschilderten Imaginationen verständlich werden. Andererseits wird man im Einleben in die Märchensprache bald gewahr werden, wie sich noch ganz andere Zusammenhänge als die hier ausgesprochenen auftun wollen. Es ist der besondere Reiz der imaginativen Gestaltenfülle, die uns die Märchenwelt aufschließt: daß man niemals zu fürchten braucht, einem anderen damit die Entdeckerfreuden geraubt zu haben, wenn man dieses oder jenes dargestellt hat. Das Märchen ist jenen Menschen verwandt, die immer noch mehr zu halten pflegen, als sie zuerst versprochen haben.

Für diejenigen, die im Sinne neuerer Literaturwissenschaft und Völkerkunde mit der Welt des Märchens vertraut sind, sei noch bemerkt, daß der Verfasser keineswegs die umfassenden Arbeiten gering achten möchte, die in den letzten Jahrzehnten auf diesem Gebiete von eifrigen Sammlern und Forschern geleistet worden sind. Wer wollte nicht zum Beispiel aus einem Werke wie dem von Bolte und Polivka, das sich an die im dritten Band der »Kinder- und Hausmärchen« enthaltenen »Anmerkungen« der Brüder Grimm anschließt, gerne Anregungen empfangen? – Das Auftreten bestimmter Märchen in ihren Varianten innerhalb verschiedener Kulturkreise, die Weiterentwicklung charakteristischer Motive durch die Zeitenläufe hindurch, wie sie von den modernen Forschern verfolgt wird, läßt gerade überraschende Zusammenhänge vor dem inneren Blicke aufleuchten und kann uns zu den verborgenen Quellorten der Märchenentstehung hinleiten. Dennoch muß gesagt werden: Jene Methoden können letztlich nichts über den wahren Ursprung und den Sinngehalt des Volksmärchens selber aussagen. Dieses aber muß doch das vornehmste Ziel aller echten Wissenschaft sein: zu den *Ursprüngen* zu dringen und das *Gesetzmäßige* innerhalb des Entwicklungsganges aufzuzeigen. Untersuchungen, die mehr formaler Natur sind, wie zum Beispiel über Stilprobleme, werden sich um so fruchtbarer gestalten können, je mehr man zunächst zur Klarheit über die Erlebnissubstanz der Sagen, Mythen und Märchen durchgedrungen sein wird.

Die Ziffern der folgenden Abschnitte entsprechen den im vorangegangenen Text angegebenen.

1. Pädagogische Gesichtspunkte

Wer mit Kindern umzugehen hat, erlebt es, welch tiefe, durch nichts anderes zu ersetzende Eindrücke von alten Märchen für die Entwicklung des kindlichen Gemüts ausgehen können. Sie hüllen die Seele in einen Zauber ein, der als Gegengewicht notwendig und heilsam ist, wenn man an die immer stärker werdenden Wirkungen einer technisierten Umgebung denkt, in der die Seelen heute viel zu rasch intellektuell und erdenwach gemacht werden. Weiß man durch das Erzählen oder auch das künstlerische Anschaulichmachen der Märchen in Puppenspielen die vielfältigen Stimmungen zu beleben, heitere und erschütternde, spannende und lösende, so verdichtet man in den Seelen der Lauschenden die Empfindungskräfte: ein wichtiges Mittel, um zerfahrene, von Eindruck zu Eindruck flatternde Kinder zur Konzentration anzuleiten.

Ein rechtes Verhältnis zu den Märchengestalten hat man erst erzielt, wenn das Kind selbst immer wieder nach der Erzählung der gleichen Begebenheiten verlangt, wie die ganz Kleinen etwa nicht oft genug vom Wolf und den sieben Geißlein hören können oder die Geschichte vom Rotkäppchen selbst zu spielen versuchen. Solche Gestalten können oftmals zu Lebensbegleitern werden, wie die Puppe, die das kleine Mädchen pflegt und schmückt, die es mit aller Mütterlichkeit und Sorgfalt einzuhüllen sucht. Natürlich weiß das Kind auch von den Puppen, daß sie nicht »wirklich« leben, und doch stattet es sie – aus der Vollmacht seiner Phantasie – mit allem aus, was ihnen eine höhere Realität verleiht. Im Grunde zweifelt das Kind nicht an der inneren Wahrheit des ihm Dargereichten oder an der Existenz seiner Märchenhelden und -heldinnen, wenn nur der Erzählende noch genügend stark mit der Wahrheitssphäre der Märchen verbunden ist. Weil jedoch viele Mütter oder Lehrer, die heute erzählen, nicht mehr jenes intuitive Wahrheitserlebnis gegenüber den Bildgeschehnissen aufbringen können, beginnen die Kinder in unseren Tagen schon gar so früh, den Märchen gegenüber eine skeptische Haltung anzunehmen.

Vor allem aber ist es für eine gesunde Seelenentwicklung von großer Bedeutung, daß dem mechanistischen Weltbild, in das die Kinder heute durch den Umgang mit der technischen Welt und den leider immer mehr maschinell werdenden Spielzeugen allzufrüh hineinwachsen, eine beseelte Naturanschauung gegenübergestellt wird. Es handelt sich hierbei um eine wichtige Verkörperungshilfe. Denn die zarteren Seelenkräfte erleben eigentlich einen Schock in der Begegnung mit dem gespenstischen Getriebe einer seelenlosen Welt; sie ziehen sich davor scheu zurück. Beseelung des Daseins kann aber bewirkt werden, indem man die Kinder auf phantasievolle Weise mit dem Walten und Weben der Naturgeister bekannt macht: mit den fleißigen Wurzelmännern im Innern der Erde, den geheimnisvollen Nixen der Quellen und Teiche, den zartgewobenen Licht- und Blumenelfen, ohne deren Wirksamkeit die Welt ja Farbe und Duft entbehren müßte. In dem Kapitel über »Hilfreiche Wesen« haben wir auf den Zusammenhang jener Naturgeister mit dem vielfältigen Leben der Pflanzenwelt hingewiesen. Auf diesem Gebiete sollte man es dahin bringen können, immer wieder improvisierend von ihren Lebensgewohnheiten und Taten anschaulich zu erzählen, ob man nun dem Kinde den Garten zeigt oder mit ihm durch Wald und Fluren wandert. Paracelsus, den man heute auf medizinischem Gebiet durchaus wieder als Pionier moderner Heilkunst ernst zu nehmen beginnt, hatte auch jene Seite in seinem Wesen, die unserem Zeitbewußtsein völlig fremd erscheint: es ist dies sein Glaube an die Elementargeister, wie sie in Märchen und Volkssagen ihr Wesen treiben. Man suche sich einmal mit unbefangener Seele seiner Beschreibung der Gnomen, Undinen und anderen Naturwesen hinzugeben – er redet von den Wasserleuten, den Bergleuten, den Feuerleuten und den Windleuten, wie von den Geschlechtern der Riesen und Melusinen, »allen, die wie Menschen erscheinen und doch nit aus Adam sind« –, man wird sich gestehen müssen: Das ist unmittelbare Anschauung, aus der heraus der große Arzt und Naturweise zu sprechen vermag. Wie ein Botaniker die Pflanzen nach Arten unterscheidet oder ein Zoologe die Tiere nach ihren Gattungen, so gibt er in seinem »Liber de nymphis« klassifizierende Beschreibungen von Naturgeistern. Paracelsus ist ein Erkennender »im Lichte der Natur«, wie er dieses hellseherische Wahrnehmungsvermögen nannte: »Denn die Natur gibt ein Licht, durch das sie erkannt werden kann aus ihrem eigenen Schein. Aber im Menschen ist auch ein Licht außerhalb des Lichtes, das in der Natur geboren ist. Das ist das Licht, durch das der Mensch übernatürliche Dinge erfährt, lernt und ergründet...«

Es werden heute gegen die Volksmärchen von pädagogischer Seite Einwendungen vorgebracht, die oftmals aus einer engherzigen Auffassung dessen, was moralisch oder unmoralisch wirken könne, stammen. So haben bereits die Brüder Grimm auf solche Bedenken in der Vorrede zu ihrer Gesamtausgabe der Märchen für ängstliche Gemüter treffende Antwort gegeben. Sie haben die Reinheit, die innerlich durch diese Dichtungen gehe, betont und deshalb die Sammlung durchaus als ein »Erziehungsbuch« betrachtet wissen wollen: »Wir suchen für ein solches nicht jene Reinheit, die durch ein ängstliches Ausscheiden dessen, was Bezug auf gewisse Zustände und Verhältnisse hat, wie sie täglich vorkommen und auf keine Weise verborgen bleiben können, erlangt wird, und wobei man gleich in der Täuschung ist, daß, was in einem gedruckten Buche ausführbar, es auch im wirklichen Leben sei. Wir suchen die Reinheit in der Wahrheit einer geraden, nichts Unrechtes im Rückhalt bergenden Erzählung. Dabei haben wir jeden für das Kindesalter nicht passenden Ausdruck in dieser neuen Auflage sorgfältig gelöscht. Sollte man dennoch einzuwenden haben, daß Eltern eins und das andere in Verlegenheit setze und ihnen anstößig vorkomme, so daß sie dieses Buch Kindern nicht geradezu in die Hände geben wollten, so mag für einzelne Fälle die Sorge begründet sein, und sie können dann leicht eine Auswahl treffen: im ganzen, das heißt für einen gesunden Zustand, ist sie gewiß unnötig. Nichts besser kann uns verteidigen als die Natur selber, welche diese Blumen und Blätter in solcher Farbe und Gestalt hat wachsen lassen; wem sie nicht zuträglich sind nach besonderen Bedürfnissen, der kann nicht fordern, daß sie deshalb anders gefärbt und geschnitten werden sollen... Übrigens wissen wir kein gesundes und kräftiges Buch, welches das Volk erbaut hat, wenn wir die Bibel obenan stellen, wo solche Bedenklichkeiten nicht in ungleich größerem Maße einträten; der rechte Gebrauch findet aber nichts Böses heraus, sondern, wie ein schönes Wort sagt, ein Zeugnis unseres Herzens. Kinder deuten ohne Furcht in die Sterne, während andere, nach dem Volksglauben, die Engel damit beleidigen.«

Heute spielt auch oftmals der Einwand eine Rolle, daß das Kind durch die Märchen zu viel Grausames kennenlerne, besonders in der Art, wie die Bestrafung der Bösen drastisch ausgemalt wird. Es scheint uns diese ängstliche Vorsicht meistens auf einem Nichtverstehen dessen zu beruhen, was in den Märchen an imaginativer Darstellung geistiger Gesetzmäßigkeiten steckt. Wir gehen in dem Kapitel über die »Macht der Finsternis« auf diese Geheimnisse näher ein. Es gibt innerhalb des Weltendaseins eine waltende Gerechtigkeit, die unerbittlich wirksam ist und die auch vom Kinde bereits empfunden werden sollte; die aber auch als sinnvoll von ihm empfunden wird, wenn nur der Erzählende selbst, ohne die Lust an dem Grausamen hineinspielen zu lassen, aus jenem großen Ernst heraus zu schildern weiß, der dem Weltengange nun einmal eigen ist und keineswegs der Güte und Gnade widerspricht, die ja in der Welt des Märchens überreichlich zur Offenbarung kommen: sei es in Gestalt guter Feen und anderer Lebenshelfer, sei es durch die Art, wie die Märchenhelden und -heldinnen durch Leid und Wirrsal hindurch schließlich ihre Ziele finden oder wie allem tiefsten Sehnen des Menschenherzens seine Erfüllung zuteil wird, aller Treue und Opferbereitschaft ihr Lohn und ihre letzte Verklärung. Kinder, vor denen man immer die eine Seite der Wirklichkeit, die dunkle und fragwürdige, zu verschleiern sucht, werden später illusionär veranlagte Menschen. Man schwächt in ihnen die gesunde Fähigkeit, die volle Lebenswirklichkeit ertragen zu können; es gilt, das Widerspruchsvolle des Daseins zu verarbeiten.

Vielfach wendet man auch gegen die Märchen ein: Hexen und Zauberer erfüllten das Kindergemüt mit Furcht. Die Ursache dafür liegt doch meistens in der Seelenstimmung derer, die Märchen erzählen. Es muß eben der Sieg über die dunklen Mächte überzeugend zur Darstellung gebracht werden: der Triumph des Göttlichen, das sich der Demütigen, der Treuen und Reinen bedient, um im Erdenbereich seine Herrschaft glorreich aufzurichten. Außerdem wird der gesund empfindende Märchenerzähler dem tiefen Ernst und der poetischen Stimmung immer wieder durch die Schilderung humorvoller Situationen das Gegengewicht zu halten suchen; er sollte nie versäumen, dem Märchen die erdkräftige Note, das heilsame Gewürz des Lebenstüchtigen und Jugendfrischen beizumischen.

Eine besondere Schwierigkeit liegt für viele Märchenerzähler darin, daß durch das Bild »der bösen Stiefmutter« in die Kindesseele Vorurteile gepflanzt werden, die einer zweiten Mutter die Aufgabe unendlich erschweren können. Darauf ist zunächst zu antworten: Das Märchen nimmt seine Bilder aus der Lebenswirklichkeit. Es ist eben nicht leicht, auch wenn man sich redlich müht, gerade eine Mutter zu ersetzen. Gute Vorsätze und rechtschaffene Gesinnung reichen dazu nicht aus. Solche Schicksalsaufgaben lassen sich in Wahrheit nur *im Bunde mit den unsichtbaren Welten* lösen, das heißt in der bewußten Anknüpfung an die Gegenwart der Toten. Wer zum Beispiel dem Kinde eine Mutter ersetzen will und sich scheut, mit ihm von der Verstorbenen zu sprechen, wird immer wieder auf Schwierigkeiten in der Erziehung stoßen. Die Welt der Toten, vor allem aber ein verstorbener Vater oder eine verstorbene Mutter, will bewußt in den irdischen Lebenszusammenhang hereingenommen werden. Wer sich für sie durchlässig macht, in Gedanken und Gesinnungen, wird auch ihre helfenden Kräfte erfahren können. Eine »Stiefmutter« im Sinne des Märchens ist nur derjenige, welche sich verdunkelnd vor die wahre Mutter stellt, sie gleichsam zudeckt, so daß die unsichtbare Mutter nicht mehr hereinwirken kann. In dieser Weise stellt sich ja die ganze Stoffeswelt, in der wir leben, heute verfinsternd vor die göttliche Welt, so daß wir unsere geistige Heimat vergessen. Der Materialismus handelt tatsächlich an unserem ewigen Menschenwesen wie »eine böse Stiefmutter«, eine »steife Mutter«. Das Bild ist treffend.

Wer aber in sich selbst die rechte Beziehung zu den Verstorbenen zu pflegen vermag, findet gegenüber Kindern in solchen Schicksalslagen auch das lösende Wort, das *Vertrauen* schaffen kann. Ebenso wird auch in dem Alter, da in den heranreifenden jungen Seelen mit Recht die Frage nach der »Wahrheit« der Märchen rege wird, weil das Kausalitätsbedürfnis zu erwachen beginnt, das rechte Wort dem Zweifel zu Hilfe kommen müssen. Nicht allerdings so, daß man in gedanklicher Weise den tieferen Weisheitsgehalt des Märchens analysiert. Oftmals genügt ein Hinweis darauf, daß es außer der Welt, in der alles streng nach Naturgesetzen verläuft, noch ein anderes Reich gebe, in dem die Seele ihre wahre Heimat hat. Man kann davon erzählen, daß es immer solche begnadeten Menschen gegeben habe, denen sich die Tore zu diesem Reich des Wunderbaren auftaten. Man kann ahnen lassen, wie in früheren Zeiten solche Menschen noch viel häufiger zu finden waren, oftmals in schlichter Hülle und an einsamer Stätte lebend, wie es ja die Märchen selber schildern, – daß es aber auch heute nicht an erleuchteten Persönlichkeiten fehle und daß die Welt nie ohne solche weisen Männer und Frauen auskommen könne. Ebenso gebe es immer noch Könige und Königinnen – selbst noch in einer Zeit, da die irdischen Throne ins Wanken geraten oder die monarchischen Traditionen in vielen Ländern radikal liquidiert werden. Man sollte nicht aus politisierenden Gesichtspunkten die Märchenkönige und die entzückenden Märchenprinzessinnen auslöschen wollen. Es ist für die Kindesseele wohltätig, weil Ehrfurchtskräfte weckend, wenn sie eine Ahnung davon erhält, daß die besten Könige die sind, welche unsichtbare Kronen tragen, und daß es eine Gnade ist, wenn solche Menschen auch heute über unsere Erde hinschreiten. Vielleicht dürfen wir selber ihnen irgendwo begegnen? Und wohl uns, wenn wir sie trotz ihrer unscheinbaren Erdenhülle zur rechten Stunde erkennen!

2. *Vom Geheimnis des Pferdes*

Die Grimmschen »Anmerkungen« führen noch eine andere Wendung des Zwiegesprächs zwischen der Königstochter und dem Pferdehaupt an:

O Folle (Fohlen), da du hangest,
O schönes Mädchen, da du gangest...

Das ließe vermuten, daß der sprachliche Ursprung von »Falada« auf »Fohlen« hinweist. Rolands Pferd heißt auch »Valentich«. Und »Faland« (oder Valand, Voland) war als Name für den Teufel gebräuchlich. Es ist Volksglaube, daß man ihn – auch wenn er in Menschengestalt auftritt – stets am »Pferdefuß« erkennen könne. Darauf deutet eben sein Name »Faland« hin. In der »jüngeren Edda« wird erzählt, wie sich Loki einstmals in eine Stute verwandelte und ein Füllen gebar, das das beste aller Pferde wurde: »Sleipnir«, das Pferd Odins. Es ist eine instinktiv wirkende, im Blute waltende Macht. Diese ist zwar luziferischer Natur; aber doch noch vom Geiste gelenkt, dem Odin dienstbar. Das Pferd, das der Germane ehemals als heiliges Wesen verehrt hat, wird jedoch immer mehr zum Bilde der niederen Klugheit: ja der teuflischen List, die den Menschen betören will. Darin spricht sich (wie in den vier apokalyptischen Pferden) ein Entwicklungsgeheimnis der Intelligenz aus. Zunächst wirkt sie ja als weisheitsvoller Instinkt im Menschen. Die Seele konnte in alten Kulturepochen noch nicht den Gedanken in Freiheit handhaben. Triebe, die viel klüger waren als der Kopf, lenkten und belehrten sie. So entstand die Imagination des »Kentauren«. Ein Kentaur war zum Beispiel noch der weise Lehrer der griechischen Heroen, Chiron; aus ihm sprach nicht menschliche Vernunft, sondern die aus Naturtrieben aufsteigende Weisheit. Diese Stufe, da der Mensch noch mit dem Pferde zusammengewachsen war, mußte überwunden werden. Nun wurde der Mensch erst zum *Reiter;* er lernte selbst das Pferd lenken. Damit begann er die triebhaften Weisheitskräfte von seinem Ich aus zu meistern. *Welche* Gesinnung aber seinem Denken die Richtung gibt, – das offenbart sich jeweils durch die Farbe des Pferdes. Wir sprechen zum Beispiel noch gerne vom »Prinzipien reiten«. Man sollte eigentlich immer fragen, wenn ein Mensch seine Weltanschauung vorträgt, ob er auf einem weißen, roten oder schwarzen Rosse einherreitet.

Bedeutsam treten diese Stufen im Märchen vom »Eisenhans« hervor, das wir an anderer Stelle besprechen werden. Ein redender Schimmel, der dem Jüngling weise Ratschläge erteilt, erscheint in »Ferenand getrü und Ferenand ungetrü«. Ähnlich in dem Bündnermärchen vom »Bärenhäuter« und seiner Variante vom »Grafen Goldhaar«; wir haben sie in dem Buch über »Die Weisheit der Schweizer Märchen« ausführlich dargestellt. Dieses weiße Roß, das im Stall des Grünröcklers (das heißt des Teufels) gefangen gehalten wird, entführt der Jüngling aus dem Zauberbereich in einem kühnen Ritte; er wird dafür von ihm in allen Nöten beraten und schließlich zum herrlichsten Siege geführt.

In dem bretonischen Märchen von Peronnik, das wie eine Vorstufe zum »Parzival« erscheint, muß der Held, um alle Gefahren zu bestehen, sich zuerst des jungen Fohlens bemächtigen, das im Gefolge des großen Zauberers Rogélear dahertrabt, welcher jeden Tag auf einer schwarzen Stute an dem Waldrande vorüberreitet. Da ist die Bemerkung wichtig, daß dieses ein »unbeschlagenes Fohlen«, ein »Fohlen ohne Zaum« sei. Also eine kindhafte, nicht dressierte Seelenfähigkeit ist gemeint, an welche noch keine intellektuelle Bildung herangekommen ist, wie Peronnik selber als der »Einfältige« erscheint, der aus seiner unverbildeten Natur heraus in allen Lebenssituationen noch die Herzenssicherheit wirken lassen kann. – »Die Geschichte von dem dreizehnten Sohn«, dem »Tredeschin«, die es in einer Engadiner und Tessiner Fassung gibt, kennt jenen Schimmel »so weiß wie frischer Schnee und so schnell wie der Wind«, der im Besitz des großen Zauberers ist und nach dem der König, an dessen Hofe Tredeschin als Sänger dient, krank vor Begierde ist. Denn: was wäre ein König mit einem noch so mächtigen Reich, der aber nicht ein solches Leibroß sein eigen nennen könnte! Wer es ihm bringt, soll die Prinzessin zur Frau und dazu das halbe Königreich erhalten. Nun wird aber das schneeweiße Roß im Stall des Zauberers von Knechten behütet, die für ihn zugleich die schwarzen Rosse mit den blutroten Nüstern zu verwahren haben. Offenkundig wird mit den Knechten auf die Sinne des Menschen hingedeutet. Sie halten ja die finsteren Triebmächte der Leidenschaft gefesselt. Aber sie hüten auch das schneeweiße Roß, das man ihnen nur zu entführen vermag, wenn man sie selbst einzuschläfern versteht. Tredeschin kann sich nur am Abend der Behausung des Zauberers nahen und den Knechten das weiße Roß entwenden, indem er sie mit List in Schlummer senkt. Es muß also mit diesem weißen Roß auf eine Fähigkeit gedeutet werden, die während des tagwachen Lebens innerhalb des Sinnenseins verborgen bleibt. Ohne diese zu besitzen, kann sich der in uns wohnende Geistesmensch nicht als ein wirklicher König erleben, mag er auch über ein noch so großes Reich herrschen. Die Märchensprache deutet damit auf die Gedankenkraft, die sich frei von allen Sinnesfesseln im Reich des Geistes bewegen kann. Diese muß in den Besitz des Geistesmenschen übergehen. Während des wachen Tagesleben ist unser Denken zunächst an den Körper gebunden: unsere Vorstellungen bewegen sich innerhalb der Grenzen der Sinnenwelt.

Es gilt nun, sie im Augenblick des Einschlafens, wenn die Sinneserlebnisse abklingen, freizumachen und den Geist von den reinen Lichtkräften des Gedankens über das Körperleben hinaustragen zu lassen. Tredeschin macht sich zum Träger solcher neu erwachenden Fähigkeiten. Er wird als eine Art Troubadour geschildert, der zum Geisteskönigtum berufen ist.

Es gibt aber auch das »goldene Pferd, welches noch schneller läuft als der Wind« (im Grimmschen Märchen vom »goldenen Vogel«). Die Seele kann sich, wenn sie sich der Sinnesnatur entrungen hat, von Weltgedanken tragen lassen. Sie hat die Freiheit über Raum und Zeit erworben. Damit wird auf eine Sonnen-Einweihung hingedeutet. Gedankenmächte, die aus reinen Sonnenwelten stammen, wollen sich dem Menschengeiste schenken. Nur durch sie vermag er die Vereinigung mit seinem höheren Selbst zu finden, das noch in geistigen Höhen west. Der Königssohn kann die »schöne Königstochter vom goldenen Schlosse« nur auf dem goldenen Pferde heimführen.

In dem Märchen vom »armen Müllerburschen und dem Kätzchen« verspricht der alte Müller demjenigen seiner drei Gesellen die Mühle, der das beste Pferd heimbringe. Die beiden älteren Müllerburschen dünken sich zwar sehr gescheit; doch bringt der eine einen blinden, der andere einen lahmen Gaul nach Hause. Nur der dumme Hans, der sieben Jahre dem Kätzchen gedient hatte, erhält am Ende ein so prächtiges Pferd zum Lohne, wie noch niemals eines auf des Müllers Hof gekommen war. Man kann ja gewiß sehr stolz auf seine Weltanschauung sein, die man sich hier oder dort errungen hat; es fragt sich nur, ob man mit ihr die Daseinsrätsel zu durchschauen und im Leben wirklich vorwärtszuschreiten vermag. Vielleicht hat man vor lauter Gelehrsamkeit und klugen Grundsätzen nicht bemerkt, daß es ein »blinder« oder ein »lahmer« Gaul war, den man mit heimgebracht hat!

Wo aber in unserem Zeitalter die Intelligenz noch instinktiv wirkt, kann sie leicht im Dienste des niederen Egoismus zu arbeiten beginnen. Die Triebe werden raffiniert. Das »Es«, von dem der Psychoanalytiker gern redet, weiß seine Zwecke zu verhüllen und sie doch mit allen Mitteln durchzusetzen. Nicht der wache Mensch handelt mehr; er wird von unten her dirigiert. Der »Pferdefuß« schaut jedoch bei allem hervor, was er auch tut: Man muß nur deutlich genug acht geben! Dies ist ein Überbleibsel des alten Kentauren. Die Psychoanalyse ist im wesentlichen eine *Wissenschaft von diesem Kentauren,* der im Menschen versenkt lebt. Die instinktive Weisheit des unterbewußten Seelenlebens ist im Laufe der Zeit zur schleichenden Klugheit der Triebnatur geworden: »Falada« trägt den Pferdehuf statt eines menschlichen Fußes. Man nehme als Ergänzung zu dieser Betrachtung hinzu, was über den *Esel* bei anderer Gelegenheit gesagt ist: zum Beispiel im Abschnitt über »Nordische Märchen«.

3. Der Bärenhäuter

Genau gesprochen erscheint die Imagination des Bären dort, wo der Menschenverstand in dem schwerfälligen Panzer logischer Regeln und sogenannter Tatsachenbeweise einhergeht. Er ist in die Zwangsjacke materialistischer Denkformen hineingekrochen. Diese menschliche Logik, die sich aufrichten will und doch von der Erdenschwere nicht loskommt, erscheint im Reiche der Gnomen, die mit ihrem intuitivem All-Verstand keiner umständlichen Schlußfolgerungen bedürfen, höchst lächerlich. Das unsicher tappende Menschendenken ist für sie ein Gegenstand der Belustigung.

Es kann nun aber für den Geistsucher notwendig sein, durch die Schulung des irdischen Denkens mit seinen exakten Methoden hindurchzugehen; das heißt, er muß sich entschließen, in eine Bärenhaut zu schlüpfen. So geschieht es dem einen der beiden »Goldkinder«. Eine Seele, die reiches Lichtgold in das Erdenleben mit hereingebracht hat, muß sich für eine Weile in die intellektuellen Gedankenformen hineinbegeben, wenn sie sich in einem materialistischen Zeitalter durchsetzen will. Ähnlich ist es in dem Grimmschen Märchen vom »Bärenhäuter«, der mit dem Teufel einen Pakt für sieben Jahre schließt. Es bedeutet immer ein gewisses Bündnis mit der mephistophelischen Macht, wenn sich der Menschengeist zum Beispiel der modernen Naturwissenschaft verschreibt. Er muß ja, um die Erdenkräfte meistern zu lernen – auch wenn er sie später als Arzt, Techniker oder Chemiker im Dienste des Guten verwenden will –, eine solche Schulung durchmachen, die zunächst eine gewisse Verfinsterung und Verödung seines Seelenlebens mit sich bringt. Intuitiv-künstlerische Fähigkeiten werden abgelähmt; Gemütskräfte verkümmern in dieser Zeit mehr oder weniger. Das Märchen sagt, daß der »Soldat« (das ist nämlich der Kämpfer gegen das Böse) für sieben Jahre die Bärenhaut anlegen mußte; er durfte sich inzwischen nicht waschen, kämmen, Nägel schneiden und auch kein Vaterunser beten. Man sieht an der letzten Bedingung, was gemeint ist: Er muß sein Gemütsleben ungepflegt lassen. Geistig gesehen hat ja ein volles Untertauchen in das wissenschaftliche Streben und Forschen, wie es dem materialistischen Zeitgeist entspricht, zunächst in den allermeisten Fällen eine Verödung des seelischen Lebens zur Folge. Es ist stets ein Wagnis für die innere Entwicklung. Aber warum sollte einer, der sich als »Soldat« fühlt, nicht ein Wagnis des Geistes auf sich nehmen? – Es ist nur heilsam, wenn er zugleich durchschaut, daß er damit ein »Bärenhäuter« geworden ist; und nicht für immer!

Wir erwähnten oben bereits ein anderes Bärenhäuter-Märchen, das sich unter den reichen Graubündner Märchenschätzen findet. Darin werden das Roß und der Bär nebeneinandergestellt. Beide stehen sie als Verzauberte im Stall des Grünröcklers, des Teufels. Der Jüngling, der bei ihm »in die Schule« geht, soll sie füttern, entschließt sich aber, als das Roß zu sprechen beginnt, beide Tiere zu befreien. Als sie dem Grünröckler entronnen sind, gebietet das Roß dem Jüngling, den Bären im Walde zu töten und ihm das Fell abzuziehen. Denn in dieses Fell soll er sich einhüllen, um seine goldenen Haare zu verbergen. Die Welt würde nämlich das Leuchten einer zur Weisheit strebenden Seele nicht ertragen; und dem Schüler des höheren Wissens ziemt die Übung der Demut. Will der junge Mensch seine Ideale und geistigen Fähigkeiten im Sinne der neuzeitlichen Forderungen zur Geltung bringen, so muß er sich zuerst die Handhabung des Erdenverstandes, die Kenntnis der Sinnenwissenschaft in geduldigem Streben aneignen. Die höheren Geisteskräfte müssen sich für eine Weile in das intimste Seeleninnere zurückziehen. So erscheint der wahre Schüler der Weisheit vor der Welt als »Bärenhäuter«. Erst wenn er alle Proben bestanden hat, die dem Geist die volle Meisterschaft über sich selbst und über die Stoffeswelt verbürgen, kann die Bärenhaut endgültig abgestreift werden, die seinen Goldglanz verhüllte.

Wie der Titel des »Bärenhäuters« innerhalb einer gewissen okkulten Strömung gebraucht worden ist, wird am besten durch eine zuerst im Jahre 1670 im Druck erschienene Erzählung von Grimmelshausen, dem berühmten Verfasser des »Abenteuerlichen Simplizissimus«, deutlich. Sie erschien unter dem Titel: *»Der Erste Beernhäuter.* Nicht ohne sonderbare darunter verborgene Lehrreiche Geheimniß, sowol allen denen, die so zu schelten pflegen und sich so schelten lassen, als auch sonst jedermann (vor dißmal zwar nur vom Ursprung dieses schönen Ehren-Tituls) andern zum Exempel vorgestellet von Illiterato Ignorantio, zugenannt Idiota.« – Diese Erzählung, die offenbar der Grimmschen Fassung des Bärenhäuters hauptsächlich zugrunde lag, war keineswegs als bloße Spötterei gemeint, wie es weitgehend die Auffassung der Literaturwissenschaft ist. Indem sich der Verfasser selbst als einen ungelehrten und unwissenden Laien bezeichnet, stellt er sich ganz in die Geistesströmung hinein, die der Cusaner schon als »Docta ignorantia« gepriesen hat und die vor allem dann in der rosenkreuzerischen Tradition weitergepflegt wurde. Der parzivalische Charakter seines Helden Simplizissimus weist in die gleiche Richtung.

4. Die Berufe im Märchen

Das Märchen von den »beiden Wanderern« läßt einen Schneider und einen Schuster sich zueinandergesellen. Der eine lustig und guter Dinge; der andere mit einem Gesicht, als hätte er Essig getrunken: ein humorloser Geselle. Man spürt ihm die Erdenschwere an. Der Schneider pflegt im Märchen unternehmungslustig geschildert zu werden; er hat im guten und schlimmen Sinne das sanguinische Temperament. Der Schuster dagegen, der den Menschen die erdenfeste Sohlen unter die Füße zu geben hat, ist schwerfälliger; gleichsam vom Schicksal der Erdenwege, die die Menschen zu gehen haben, belastet. Ein rechter Schuster weiß von all den Menschen, deren Schuhe er zu besohlen pflegt, wie sie den Fuß auf die Erde setzen. In der Art, wie sie die Sohlen durchlaufen, offenbart sich ihr Gang – und damit viel von ihrem Erdenschicksal. Die Menschenseele aber verbindet sich unbewußt mit demjenigen, womit sie umgeht. Was der Schuster unwillkürlich mit seinem Handwerk in sich aufnimmt, kann sich auf seine Seele als Melancholie abladen oder auch zur Zornmütigkeit führen, wenn er es nicht zu verarbeiten vermag. In unserem Märchen erscheint der Schuster wie der finstere Doppelgänger des Schneiders; man kann ihn als Bild für gewisse dämonische Kräfte anschauen, die sich verdunkelnd in eine lichte Seele mischen wollen und sie mit bösen Eingebungen bedrängen.

Hat aber der Schuster Herzensgüte in sich, so weiß er die dunklen Schicksalswege der Menschen in sich hineinzunehmen und mitzuerlösen. Hans Sachs, »der Schuhmacher und Poet dazu», wird in Richard Wagners »Meistersingern« als ein solcher Herzens-Eingeweihter geschildert, der von jedem weiß, »wo ihn der Schuh drückt«. Jakob Böhme bleibt, gerade weil er ein *Schuster* ist, nicht im mystischen Lichte entrückt, wie die Heiligen des

Mittelalters. Er versteht auf tiefsinnige Weise, das Christuslicht mit der Schwere des Irdischen zu vereinigen. Er sinnt unablässig dem Rätsel des Bösen nach und warum das Licht der Finsternis bedürfe, um sich offenbaren zu können. Ein solcher Schuster begegnet uns zum Beispiel auch im Märchen vom »Machandelboom«.

Die Berufe des Fischers, Soldaten, Goldschmieds, Jägers und Hirten kommen innerhalb unserer Märchenbetrachtungen zur Darstellung. Es sei nur noch auf den *Müller* hingewiesen. Man könnte sagen, jeder Mensch hat eine geheimnisvolle Mühle in sich. Sie verarbeitet alles das, was wir Tag für Tag an Sinneseindrücken und Schicksalserlebnissen in uns aufnehmen; sie verwandelt es in Nahrung für den verborgenen Teil unseres Menschenwesens. Wir machen ja Erfahrungen, um an ihnen weise zu werden; durchleben Schicksale, um an ihnen zu erstarken. In der Sprache der Geisteswissenschaft redet man von dem Bildekräfteleib, der innerhalb unserer physischen Leiblichkeit wirksam ist und wie ein verborgener Bildner an unserer inneren Gestalt arbeitet nach Maßgabe dessen, was er an Eindrücken und Anregungen durch das Leben empfängt. In dem finnischen Volksepos, dem »Kalewala«, geht es gerade um das Schmieden jener geheimnisvollen Mühle, des »Sampo«.* In diesem Symbolum erscheint der Bildekräfteleib. Ein höheres Bewußtsein, das auf verborgene Art in uns wirksam ist, arbeitet in dieser ätherischen Organisation. Es kann im Bilde des Müllers erscheinen, der die Nahrung zubereitet. Die Seele aber, die im Reich der ätherischen Bildekräfte erwacht und die Geheimnisse der Stoffverwandlung anschauen lernt, erlebt sich selber als »die schöne Müllerstochter«, wie zum Beispiel im »Rumpelstilzchen«. So geht es ja im Märchen vom »Müllerburschen mit dem Kätzchen« darum, wer sich in den Besitz der alten Mühle zu setzen versteht. Was der dumme Hans zu lernen hat, stellt einen Erkenntnisweg dar. Er erringt die Meisterschaft über die ätherischen Bildekräfte, die den Menschen aufbauen und stetig verwandeln. Er arbeitet nämlich mit silbernen Werkzeugen an einem silbernen Haus. Ihm wird die Mühle zugesprochen, weil er das beste Pferd heimbringt.

* Siehe hierzu die ausführliche Darstellung in des Verfassers Schrift »Das Geisteserbe Finnlands«, Stuttgart 1964.

5. Nixen-Märchen

Das deutsche Volksmärchen führt uns auch in das Reich der Wasserwesen: Undinen oder Nixen genannt. Dem ätherischen Hellsehen erscheinen sie als Wesen, die Sehnsucht nach dem Menschlichen fühlen; sie wollen den träumenden, sich an die elementarischen Kräfte verlierenden Menschen in ihren Bereich ziehen. Menschen, die am Wasser leben, bewahren oftmals länger einen Zustand, der die Seele nicht ganz aus dem Traumweben in das wache, klarumrissene Tagesbewußtsein kommen läßt. Viele Stunden Tag für Tag auf die Wellen hinauszublicken, macht die Seele weit; ja es zieht die feinen ätherischen Kräfte sanft aus der Leiblichkeit heraus. Ein Bewußtsein ohne feste Grenzen, in das Imaginationen hereinspielen, bildet sich dabei heraus. Gestalten offenbaren sich ihm, die keine feste Körperform gewinnen konnten, sondern im wässerig-ätherischen Element geblieben sind: in ständigen Verwandlungen lebend. Wenn die Seele sie wahrzunehmen beginnt, weiß sie auch: Dieses war der Zustand, in dem du selbst einmal gelebt hast. In einem flutenden Lebenselement umspielten in uralten Zeiten die Menschenwesen die Erde. Noch hatten sie nicht die irdische Leibesgestalt, die der Schwere unterworfen ist, gewonnen. Sie standen noch auf der Stufe des »Wassermanns«, wie man in der okkulten Wissenschaft sagt. Auf dieser Stufe der Entwicklung konnte die Menschenseele noch kein persönliches Innenleben entfalten! Denn sie lebte noch nicht in der Eigenwärme ihres Blutes abgeschlossen. Unschuldig in ihren Trieben, aber ohne die warme Innerlichkeit, die ja erst den Reichtum und die Schönheit des Menschentums ausmacht, wob sie ihr Traumesdasein. Deshalb sagt die Märchenweisheit: »Undinen haben keine Seele.« Fouqué hat in seiner Märchendichtung die Sehnsucht solcher zurückgebliebenen Wesen geschildert. Die Elementarreiche sehnen sich danach, durch reine Menschenseelenkräfte verwandelt und erlöst zu werden. Die »Undine« kennt noch nicht das Leben im warmen Blute und was daraus erblüht. Sie sucht die Liebeskräfte erst zu erringen.

Märchenbilder sind vielseitig schillernd. Gibt es nicht auch Menschen, die noch die Undinennatur in sich bewahrt haben? Die gleichsam noch in die ätherische Welt verzaubert sind und darum zwar unschuldig in ihren Empfindungen, doch stets etwas teilnahmslos gegenüber dem warmen Menschendasein einherwandeln? Sie haben noch nicht genügend Innerlichkeit entwickeln können. Oftmals bedarf es eines Herzens-Erlebnisses, ehe sie diesen Traumbann durchbrechen. Was die Märchen vom Erwachen der Liebeskräfte und von der Verwandlung der Undine in ein liebendes Menschenwesen zu berichten wissen, gilt auch für solches verborgene Nixentum, wie es noch in mancher menschlichen Seele nachwirkt.

Das wundersame Märchen von der »Nixe im Teich« enthält solche Züge. Ein junger Mensch wächst mit dieser geheimen Beziehung zum Nixenreiche heran. Er hält sich vom Wasser fern. Er scheint, als er das Glück eines tiefen Liebesschicksals erleben darf, von diesem verborgenen Zauberbann befreit zu sein. Bis er eines Tages der Nixe im Weiher dennoch verfällt. Seine zurückbleibende Frau hat Traumerlebnisse und erhält durch diese die Weisungen für seine Errettung. Sie muß der Nixe den goldenen Kamm, die goldene Flöte und das goldene Spinnrad am Weiher darbringen, damit diese den geraubten Mann aus den Wassern freigibt. Weisheitslicht, von Menschenliebe hingeopfert, bewirkt Erlösung für die Elementarwelten. Die Wesen der ätherischen Welt sehnen sich nach geistdurchleuchteten Seelengaben, die ihnen aus den Menschenherzen dargereicht werden können.

Das Märchen spiegelt Bewußtseinsvorgänge: Verzauberung und Erlösung. Aber es kann auch auf Geheimnisse des Lebens nach dem Tode den Blick lenken. Die liebende Gattin reicht der Seele des Toten Geisteshilfe dar; denn die Seele bedarf solcher Lichtgaben. Sie ist noch im Zauberbann der Undine. Nacheinander treten Kopf, Brust und volle Gestalt des Verstorbenen aus den Wasserfluten hervor. In drei Stufen vollzieht sich hier das Erwachen der Seele im Totenreich.

Und doch werden die Liebenden schließlich durch Wasserfluten auseinandergerissen. Sie müssen Verwandlungen durchleben. Sie kommen in neuen menschlichen Gestalten wieder auf die trockene Erde. Fremde Menschen umgeben sie, die ihre Heimat nicht kennen. Sie beide sind durch Berge und Täler getrennt. Trauer und Sehnsucht ist in ihrer Seele. Als ein neuer Frühling über die Erde geht, begegnen sie einander. »Der Zufall wollte es.« Aber keiner erkennt zunächst den anderen. Sie freuen sich nur, daß sie nicht mehr einsam sind. Sie führen ein Hirtenleben. Erst als eines Abends im Vollmondschein der Hirte seine Flöte hervorzieht und ein schönes, aber trauriges Lied bläst, erkennt ihn die Hirtin wieder. Einst hatte auch sie dieses Lied am Weiher geblasen, um den Geliebten der Undine zu entreißen. Sie erkennen einander, obwohl in fremden Gestalten, an der gleichen Melodie.

Verwandlungsgeheimnisse enthüllen sich der Seele, wenn sie mit der Welt der Wasserwesen Umgang pflegen kann. Denn: »Des Menschen Seele gleicht dem Wasser...« Es war eine Inspiration aus dem Reiche der Undinen, die Goethe empfing, als er seinen »Gesang der Geister über den Wassern« im Anblick des Staubbachwasserfalls im Lauterbrunnentale dichtete. Da erfuhr er das große Verwandlungs-Mysterium der Menschenseele von einem Erdendasein zum anderen.

6. *Das Winter-Mysterium*

In den Mysterien, wie sie innerhalb der Weihestätten des alten Hibernien gepflegt wurden, stellten sich auf bestimmten Stufen des geistigen Weges mächtige Landschaftsbilder vor die Seele des Schauenden hin. Rudolf Steiner schildert, wie dieses imaginative Erleben zunächst in eine ersterbende, in sich erstarrende Welt hineinführte.* Winterlandschaften mit Schneeflocken und Eisgefilden erschienen dem Geistesschüler, wenn er das Wesen seiner Sinnesorgane zu erleben begann. Sie sind einst aus dem Kosmos hereingestaltet worden. Aber sie erstarren hier im Erdenleibe. Dagegen sah der Geistessucher sommerliche Bilder als wunderbare Naturträume aufsteigen, wenn er sich nicht in der Vielfalt seiner Sinnesorganisation erlebte, sondern sich als Einheit, gleichsam in sein Herz zusammengefaßt wahrnahm. Darin ging ihm die Zukunft auf. In den Schneekristallen stellten sich für den imaginativen Blick die im Stoff ersterbenden Geisteskräfte dar; in den sommerlichen Traumbildern jedoch die Keimkräfte eines künftigen Weltalls. Der Mensch steht zwischen einer erstarrenden und einer sich neu gebärenden Welt als Mittler darinnen. Das Märchen vom Machandelboom malt gerade solche Übergänge von Winter- zu Sommerstimmungen in überaus poetischer Weise. – Aus ähnlichen Hintergründen ist einmal das Schneewittchen-Märchen in einem Aufsatz von Professor H. Beckh dargestellt worden, und zwar als ein durchchristetes Erleben des Jahreszeitenganges. Da spricht aus dem Schneeflockenfall die Adventsstimmung der Seele, wenn sie das Gotteskind aus den Himmelshöhen erwartet. Sie ist bereit, den unsterblichen Keim in sich zu empfangen. Dann folgt der Übergang zur weihnachtlichen Geburt,

* »Mysteriengestaltungen«, eine Vortragsreihe 1923, GA 232.

von da zur Fasten- und Passionsstimmung. Aus der tief-ergreifenden Karfreitags-Schicksalsstimmung geht es dann zur feierlichen Ruhe der Grablegung über, bis in der Erweckung aus dem gläsernen Sarge das Osterfest der Seele gefeiert werden darf. Man braucht hier zunächst gar nicht an die äußeren Festeszeiten zu denken; sie können zum Gleichnis für den Seelenweg werden. Man sollte von einem *inneren Kalender* der Seelen sprechen lernen. Dieser spiegelt sich in den Schicksalsstufen des Schneewittchen-Wesens.

Eine bedeutsame Darstellung des Wintermysteriums finden wir in jenem Märchen, das die Brüder Grimm in ihren »Anmerkungen« Nr. 88 als Variante zu den Entzauberungsmärchen nach Art des »Singenden, springenden Löweneckerchens« nacherzählen. Es ist aus der Schwalmgegend, wird aber auf ähnliche Art in dem englischen Märchen »Beauty and the Beast« erzählt. Ein Kaufmann, der auf die Messe zieht, fragt seine drei Töchter, was er ihnen mitbringen soll. Darauf wünscht sich die älteste ein schönes Kleid, die zweite ein Paar Schuhe, die dritte jedoch eine Rose. Letzteres aber scheint unmöglich zu erfüllen, da es Winter ist. Schließlich gelangt er auf dem Rückweg in ein Schloß, das einen Garten hat, in welchem es halb Sommer, halb Winter ist. Auf der einen Seite steht alles in Blüte. Er bricht aus einer ganzen Hecke von Rosen eine für seine Tochter ab. Als er jedoch fortreitet, schnaubt ein schreckliches, schwarzes Tier hinter ihm her, das sein Leben bedroht. Nur dadurch, daß er dem Untier die Tochter verspricht, »das schönste Mädchen der Welt«, vermag er sich zu retten.

Noch tiefsinniger wird dieses Rosenmotiv in einem Märchen aus Graubünden vom »Verwunschenen Prinzen« abgewandelt. Da findet der Vater, nachdem er in das große verwunschene Schloß eingetreten und auf geheimnisvolle Weise dort aufgenommen ist, den ganzen Garten, trotz des härtesten Winters, in Frühlingsblüte stehen. Er bricht die schönste Rose nahe einer Quelle. Dafür muß er jedoch seine jüngste Tochter an eine greuliche Schlange verpfänden, die plötzlich aus der Quelle hervorgekrochen kommt. In der Sprache der christlichen Mystik erscheint die blühende Rose als das Bild für die geläuterte Blutsnatur des Menschen. Deshalb galt sie stets als das mystische Symbol der Christusliebe. Ihre Erscheinung beruht auf dem Erlebnis eines tiefsten Kontrastes: Sie blüht in einer Sphäre auf, in der der Frühling waltet, während ringsum Schnee liegt. Unser Sinn wird damit auf ein Weihnachtsmysterium hingelenkt, in ähnlicher Weise wie in dem Märchen von den »Drei Männlein im Walde«. Der Müller, der für seine jüngste

Tochter die schöne Rose brach, mußte zugleich die greuliche Schlange erleben, die aus der Quelle hervorkroch, an welcher der herrliche Rosenstock in Blüte stand. Das Märchen will sagen: Wer um das Mysterium der Rose wirbt, muß notwendigerweise auch die Begegnung mit der Schlange erfahren. Die Seele darf der Selbsterkenntnis nicht ausweichen wollen. Sie muß zunächst mit den Kräften bekannt werden, die noch über ihr Blut Macht haben. Sie muß sich mit der Schlange vermählen. Da aber gilt es, den Mut zu fassen, die Kerze in der Nacht anzuzünden und durch den Strahl einer höheren Erkenntnis die Schlangennatur zu entzaubern. Es sind Proben der Demut, die der Müllerstochter auferlegt werden; sie weisen eindeutig auf den Pfad der christlichen Mystik hin, dessen Hochziel die Verklärung der Liebeskräfte ist: die Entzauberung der Schlange.

7. Der Apfel

Das Motiv des Apfels können wir durch die Mythen und Sagen aller Völker verfolgen, wie es auch seine mannigfaltigen Abwandlungen innerhalb der Märchenwelt erfährt. An diesem Beispiel läßt sich gerade die Gesetzmäßigkeit der imaginativen Sprache aufweisen. Bekannt sind aus der »jüngeren Edda« die Äpfel, die Idun in einem Gefäß verwahrt hält und von deren Genuß die Götter immer wieder jung werden, bis die Götterdämmerung hereinbricht. Es sind die Früchte von jenem Lebensbaum, zu dem nach den Worten der Bibel Gott der Herr dem Menschen den Zugang verwehrte, nachdem er vom Erkenntnisbaume gegessen hatte und damit in die Sphäre des Todes einzutreten begann. Tiefsinnig ist jener Zug der germanischen Mythologie, die dem Bragi, dem Asen der Skaldenkunst, Idun als Gemahlin zugesellt. Denn es ist die Dichtung, die göttliche Macht des Gesangs, die den Menschen mit den heiligen Lebenskräften immer wieder durchströmt und damit der intellektuellen Entwicklung, welche mit den Kräften des Altwerdens und des Todes zusammenhängt, ein gewisses Gegengewicht zu halten vermag.

Wer dächte nicht an jene goldenen Äpfel, die nach der griechischen Sage fern an der Küste des westlichen Ozeans im Garten der Hesperiden von göttlichen Jungfrauen gehütet werden! Herakles, der nach dem unsterblichen Leben ringende Held, muß als eine seiner schwersten Prüfungen den Gang zu den Hesperiden bestehen, von denen er drei Äpfel heimbringen soll. Die Sage weist damit auf eine bestimmte Stufe des Einweihungsweges hin. Atlas, der Bewahrer der atlantischen Urweisheit, übernimmt an seiner Statt die Aufgabe. Dieser Riese trägt das Himmelsgewölbe auf seinen Schultern, das bedeutet: er hat noch jenes kosmische Bewußtsein, welches das ganze Sternenall wie eine Erinnerung in sich trägt. Für Herakles handelt es sich offenkundig um das Erringen von Kräften, die der Menschheit im Laufe der Entwicklung verlorengegangen sind, die aber noch an verborgener Weihestätte gehütet werden, abseits der damals bekannten Welt, an ihrem westlichen Rande, nahe der untergegangenen Atlantis. Es sind die goldenen Äpfel, die auf das Geheimnis der Leben-erneuernden Kräfte hinweisen, die nach dem göttlichen Ratschluß der menschlichen Begierde entzogen sein sollen, die aber derjenige erringen muß, der das Unsterbliche in sich zur Erweckung bringen möchte. Die Sage spricht von einem furchtbaren Drachen, der den Zugang zu jenem Garten verwehrt. Will man zu dem Baume vordringen, so muß der Drache zuerst eingeschläfert und getötet werden. Atlas vermag dieses. Der atlantische Mensch bewahrte noch die Fähigkeit, zum Urlicht erinnernd zurückzudringen. Ihm öffnete sich in Gnadenaugenblicken gleichsam noch die Paradiesespforte. Herakles muß auf seiner Geistespilgerfahrt, die ihn an die Tore einer solchen Weihestätte führt, Seelenproben bestehen. Die Überwindung des Drachens deutet auf den Sieg über die Begierdennatur, die den Zugang zu den verborgenen Lebensgeheimnissen verdeckt hält.

Diese Sage stellt das Urbild für eine Reihe von Märchen dar, die in vielen Abwandlungen die Suche nach den Leben-verjüngenden Kräften schildern. In einem Bündner Märchen wird zum Beispiel von den »drei goldenen Äpfeln« erzählt, die der gute Prinz für seinen kranken Vater aus dem verwunschenen Garten holen muß, ähnlich wie es das Märchen von dem »Wasser des Lebens« auf seine Weise darstellt. Da kommt ein Bäuerlein an den Hof, das von dem verwunschenen Garten und den goldenen Äpfeln Kunde bringt; es ist eine jener schlichten Gestalten aus dem Volk, die durch eine gewisse Gemütserleuchtung noch einen Rest des alten Geisteswissens in sich bewahrt haben. Hier vollzieht sich nun das Betreten des verwunschenen Gartens zur hohen Mittagsstunde, während im »Wasser des Lebens« das Geheimnis nur in der Stille der Nacht errungen werden kann. Es wird damit auf die Entrückung der Seele in Lichteswelten hingedeutet. Das Geistige kann in den kosmischen Weiten gesucht und gefunden werden, während bei einer Probe, die sich im Bereiche der Nacht vollzieht, auf den Weg nach innen, in die Tiefen der Menschenseele, gewiesen wird. So erscheint hier die Jungfrau am Springbrunnen »so hell wie die Sonne«. Es ist die reine Lichtnatur des Menschen selber, die der Geistsucher in den heiligen Ätherbereichen wiederfindet. Er soll sie erlösen, das bedeutet: sie mit seinem wachen Ichbewußtsein vereinigen lernen. Die Gefahr, auf die ihn die Jungfrau aufmerksam macht, besteht nun darin, daß er in jenem Garten von den süßen Liedern der Vögel berückt wird, sein Ziel vergißt und der Zeit nicht mehr achtet. Der Sucher nach dem Geiste darf sich also nicht in weltferner Seligkeit, im Genuß paradiesischer Wonnen verlieren. Er muß, während er sich leibfrei im Äther erlebt, die Erinnerung an die Erde und an seine Menschenpflichten wach erhalten können. Ähnliche Motive sind bereits aus der »Goldenen Legende« von Seth bekannt, dem Sohne Adams, der für seinen kranken Vater die Wallfahrt zum Paradiese antrat, um das heilende Öl vom Baume der Barmherzigkeit zu gewinnen, aber vom Erzengel Michael die Weisung bekam, daß dieses ihm versagt bleiben müsse, bis einstmals nach Tausenden von Jahren der Erlöser zur Erde kommen werde.

Kein Sinnbild scheint die Sagen- und Märchendeutung, wie sie von einer bestimmten Richtung der Psychoanalyse betrieben wird, mehr zu rechtfertigen als das des Apfels. Es tritt wirklich immer im Zusammenhang mit dem Erwachen der Wunscheskräfte auf. Denken wir nur an jene schönen Äpfel, an denen sich die kranke Königstochter »gesund essen soll«, wie es im »Vogel Greif« heißt. Oder auch an den vergifteten Apfel, von dem Schneewittchen genießt und dadurch in Todesschlaf fällt. Der Irrtum dieser Art von Psychologie besteht nur darin, die Erdenreife des jungen Menschen einseitig als Geschlechtsreife zu bewerten. Vom Standpunkt einer spirituellen Betrachtung der menschlichen Entwicklung im Sinne der Geisteswissenschaft Rudolf Steiners müßte man sagen: Der Jüngling oder die Jungfrau werden auf dieser Entwicklungsstufe erst in vollem Maße für die Sinnenwelt eindrucksfähig. Der Sinn für das andere Geschlecht ist ja nur eine Sondererscheinung innerhalb dieser umfassenden Seelenerweckung, wie sie sich an der Schwelle von der Kindheit zur Jugend abspielt und immer wieder in den Märchenbildern auf wunderbare Weise gespiegelt wird. Es kommt gerade darauf an, den Himmelsursprung zu erkennen, der diesen bald ungestüm, bald sehnsuchtsvoll heraufdrängenden Seelentrieben eigen ist. Was da an Erlebnisfähigkeit in der Seele herangereift ist – die Frucht, nach der sie verlangt oder greift –, ist auf dieser Entwicklungsstufe nur besonders in Gefahr, von den Blutsmächten ergriffen zu werden. Dadurch aber wird die Liebefähigkeit der Seele zur Sinnesbegierde. Sie wird zu einer physiologischen Tatsache, was sie ihrem ursprünglichen Wesen nach durchaus nicht ist. Denn der Geschlechtstrieb ist gar nicht der wahre Urheber der Liebefähigkeit. Er ist vielmehr ihr Verfälscher. Die Sexualität verdunkelt die Götterkraft des Eros. Dadurch aber erscheint der Apfel »vergiftet«. Die »Schlange« hat sich in das Paradieseserlebnis hineingemischt, wenn wir diese Entwicklungstatsache im Sinne der biblischen Imaginationen umschreiben wollen.

Wenn Schneewittchen von der bösen Stiefmutter bis in das Reich der Zwerge verfolgt wird und sich von ihr betören läßt, den vergifteten Apfel zu essen, so muß es an dieser Frucht sterben. »Es lusterte den schönen Apfel an«, so sagt das Märchen, um auf die Erweckung der Sinnenbegierde damit hinzudeuten. Schneewittchen ist ja die keusche Lichtnatur, die dem Menschen auf verborgene Weise innewohnt. Es ist unverweslich, wie die Zwerge erkennen; deshalb mögen sie es »nicht in die schwarze Erde versenken«. Wohl kann es in tiefen Zauberschlaf fallen, aber es wird aus dem gläsernen Sarge zu neuem Leben aufgeweckt, sobald es den giftigen Apfel, der seiner Natur wesensfremd ist, wieder auszustoßen vermag. In diesem Sinne darf der Apfel auch als Bild für die selbstsüchtige Natur im Menschen überhaupt empfunden werden. Das Ich, welches zu tief in die Sinnennatur untergetaucht ist, erscheint in diesem Symbol. Es ist nicht mehr der »goldene Apfel«, von dem die Leben-verjüngenden Kräfte ausgehen. Diesen vermag nur an verborgener Stätte zu pflücken, wer mit dem Drachen gekämpft hat, – und wo er einem Jüngling wie dem Gärtnerburschen im »Eisenhans« oder ähnlich in einem Bündner Märchen, dem jungen »Grafen Goldhaar« als ein Gnadengeschenk zuteil wird, muß dieser doch stets noch hinterdrein die Bewährungsproben bestehen, die ihn als Meister über die Sinnennatur erweisen können. Die Frucht vom »Baum der Erkenntnis« dagegen ist voller Todeswirkungen. In schauriger Weise erscheint dieses Bild des todbringenden Apfels in dem plattdeutschen Märchen »von dem Machandelboom«. Es wird in einem Schweizer Märchen aus dem Wallis als »Brüderlein und Schwesterlein« auf ähnliche Art erzählt. Die Mutter sendet ihre zwei Kinder zum Holzsammeln in den Wald hinaus. Wer zuerst mit der Bürde heimkehrt, soll einen schönen roten Apfel zur Belohnung erhalten. Als der Knabe als erster zurückkommt, lockt sie ihn in die Kammer und veranlaßt ihn, einen

Apfel aus der Kiste herauszulangen. Während er sich arglos niederbeugt, läßt sie den schweren Deckel auf ihn herabfallen und schlägt ihm damit den Kopf ab. Es ist wieder ein Entwicklungsvorgang, auf den das Märchen hindeuten will. Die jungen Seelentriebe, die als Brüderlein und Schwesterlein erscheinen, sind auf dem Wege, zu sich selbst zu erwachen. Die Sinnennatur ist der Mutterboden der Seelentriebe. Deshalb erscheint die »Mutter« (meistens heißt sie ja die »Stiefmutter«) als die Erregerin der selbstsüchtigen Begierde. Sie lädt den Knaben ein, nach dem Apfel zu greifen; damit tötet sie den jungen Geisteswillen. Sie macht ihn »kopflos«, das heißt: sie stößt ihn in die dumpfe Triebnatur hinunter. Rührend ist es, wie später das Schwesterlein zu Hause den Trog öffnet, in dem das tote Brüderlein gelegen war, und ein weißes Täublein daraus gen Himmel auffliegt. Aus der Todestruhe, welche die Äpfel in sich birgt, erhebt sich befreiten Flugs die Taube des Geistes, nachdem die Leidensstufen durchschritten sind.

Es ist ein Grundirrtum moderner Seelenforschung, wenn sie in der sinnlichen Begierde die ursprüngliche Gestalt jener Wunscheskräfte zu erblicken meint, die mit der Erdenreife zum Erwachen kommen. Der Geschlechtstrieb gewinnt erst dort seine Gewalt, wo die jugendliche Seele die Ideale nicht zu hüten versteht, die aus der erwachenden Liebeskraft des Herzens aufzusteigen beginnen. Was in der Psychoanalyse als »Libido« bezeichnet wird, ist nicht der wahre Ursprung dieser heranreifenden Seelenkräfte: Das gilt es zu erkennen, und die Märchenweisheit kann uns gerade zu solchen Einsichten hinleiten. Die »Libido« verschlingt und vernichtet nur jene Kräfte, die die Seele als kostbare Erbschaft einer höheren Welt in das Erdenleben mit hereinträgt; die aber erst im Laufe ihrer Entwicklung, vor allem an der Schwelle des Jugendalters, zur Erweckung kommen.

8. Die himmlischen Zwillinge

Ein Märchen aus der Walachei erzählt auch die Geschichte von den beiden »Goldenen Kindern«. Sie werden dem Vater von einer jungen schönen Mutter geboren; die eifersüchtige Dienstmagd tötet sie und legt dafür einen jungen Hund in die Wiege. Da verstößt der Mann seine Frau und heiratet an ihrer Statt die Magd. Aus dem Grabe an der Hofmauer jedoch, wo die Magd die Goldkinder verscharrt hat, wachsen zwei Apfelbäume mit goldenen

Zweigen und goldenen Äpfeln empor. Sie waren aus den Herzen der getöteten Goldkinder aufgegangen. Von Angst getrieben, daß ihre Untat entdeckt werde, läßt das böse Weib die Bäume umhauen. Aber das Lieblingsschaf des Mannes hatte einen der goldenen Äpfel gefressen und gebiert nun zwei goldene Lämmer. Auch diese läßt das Weib schlachten; doch aus einem der Gedärme, das ihrer Magd am Flusse beim Ausspülen entgleitet und von der Strömung ans andere Ufer getragen wird, gebären sich die zwei goldenen Knaben aufs neue. Schnell wachsen sie heran zu strahlender Schönheit. Nachdem sie ihre verstoßene Mutter gesucht und gefunden haben, kehren sie mit ihr in Bettelkleidern verhüllt ins Haus des Vaters zurück, der sie schließlich erkennt und mit Freuden aufnimmt. – Die sonnenhafte Wesenheit des Menschen, in ihrer Zwiefalt erlebt, muß im Untertauchen in das Sinnendasein den Tod erfahren. Aber sie erweist sich als unvernichtbar: Sie wird innerhalb der menschlichen Seelenentwicklung nur durch *Verwandlungen* geführt. Der goldene Apfelbaum ist ja der Paradiesesbaum, der noch von dem paradiesischen Urlichte erstrahlt. Aber seine Früchte können dem Erdenmenschen nicht in ihrer unmittelbaren Gestalt zuteil werden. Sie müssen durch die Opferung geführt werden und dadurch erst ihre Verinnerlichung erfahren. Der Vernichtungswille der »Magd«, die sich an die Stelle der lichten Braut geschoben hat, sucht die sonnenhafte Weisheit auszulöschen. Er vermag sie jedoch nicht völlig zu vernichten; diese zeugt sich in der Gestalt des »Lammes«, der beiden goldenen Lämmer, die geopfert werden müssen, geheimnisvoll fort. Offenkundig ein Hinweis auf die Verwandlung der Urweisheit in das christliche Mysterium, durch das sie gerettet und schließlich zur vollen Wiedergeburt im Menschheitswerden geführt werden kann.

Wem die Bilderwelt der Märchen den inneren Blick für das Zwillingswesen der ewigen Menschennatur geöffnet hat, dem kann dadurch auch das Verständnis für ein großes christliches Geheimnis aufgehen. Bekanntlich werden uns im Matthäus- und Lukas-Evangelium zwei ganz verschiedengeartete Geburtsgeschichten des Jesuskindes mitgeteilt. Sie bleiben ein unauflösbarer Widerspruch, solange man nur von *einem* Jesuskind redet (wenn man nicht der Einfachheit halber im Sinne der kritisch auflösenden Theologie die Darstellung der Christgeburt überhaupt in das Reich der Legende verweisen will). Rudolf Steiner hat in seinen Vortragsreihen über die Evangelien ausführlich dargestellt und begründet, daß man von zwei Jesus-Knaben sprechen müsse, die am Beginn unserer Zeitrechnung geboren worden seien. Der eine als König der Weisheit, zu dessen Hause die Weisen des Orients wallfahrteten (bei Matthäus); der andere als ein Kind der Armut, über dem sich die Himmel auftaten und an dessen Krippe nur die einfältigen Hirten erschienen (bei Lukas). Der erstere als eine frühentwickelte Individualität, in der sich alle Erdenreife der Menschheitskulturen zusammmenfaßt; der andere dagegen als das ewige Kind, das zunächst nur durch die Tiefen des liebenden Gemüts in die Welt hineinschaut. Beide gemeinsam –: das würde erst das volle Menschentum sein! Die gereifte Persönlichkeitskraft und das ewige Erbteil der Seelen begegnen sich in ihnen. Die erstere aber müßte zur Erstarrung und an das Ende ihrer Entwicklung kommen, wenn sie nicht durch das andere himmlische Wesen ihre Verjüngung erführe. Wie sie sich suchen und finden, wie sie in einem geheimnisvollen Sinne eins werden und dadurch erst ein Mensch zum Träger des Christusgeistes heranreifen kann, – das ist aus der Geistesforschung heraus eingehend dargestellt worden. Mag es zunächst für ein religiöses Empfinden, das auf der Überlieferung fußt, noch so befremdlich klingen: aus einem tieferen und umfassenderen Verständnis der Gesetze unserer Menschwerdung wird auch eine neue Anschauung des Christuswesens und seines Werdens erwachsen. Wer zum Beispiel die »zwei Goldkinder« des Märchens zu verstehen beginnt oder die »beiden Brüder«, die nach Ost und West ziehen, sich trennen und in größter Not einer dem anderen zu Hilfe eilen, – der wird auch die rechte Vorbereitung haben, an die Rätsel der Kindheit Jesu in neuer Weise heranzutreten. Denn in der mystischen Tradition war man immer damit vertraut gewesen.

9. Die Raben

Innerhalb des germanischen Bilderschatzes spielen Raben eine bedeutsame Rolle. Sie sind Götterboten. Der lenkende Volksgeist erhält durch sie Kunde von den irdischen Vorgängen. Odin schickt »Hugin und Munin« (»Verstand« und »Gedächtnis«) über die Welt aus. Was heißt das aber? – Rudolf Steiner hat vom Gesichtspunkt der Geisteswissenschaft geschildert, wie die hohen Führerwesen aus der übersinnlichen Welt immer einen geringen Teil ihrer Kräfte bis in die Sinnensphäre herabsenken müssen. Wollen sie in die Erdenwelt hereinwirken, so müssen sie gleichsam mit einem Saum ihres göttlichen Bewußtseins auch diese Welt berühren. Wenn sich nun diese herabgeschickten Kräfte abschnüren und verselbständigen, so entstehen Vogelgestalten. Der Adler des Zeus und die Raben Odins sind keine phantastischen Volksvorstellungen, wie eine materialistische »Aufklärung« träumt. Sie bilden für die geistige Wahrnehmung gleichsam die Fühler eines höheren umspannenden Geistbewußtseins; sie sind Organe, die sich in das übersinnliche Leben der Atmosphäre hinein fortsetzen. Sie lassen sich in Form und Gebaren gar nicht aus sich allein heraus verstehen. Ein göttliches Wesen lotet durch sie gleichsam in den Umkreis der Erdenwelt herab. – Wer von dem Adler des Zeus geraubt und wie Ganymed zum Göttersaal emporgetragen wird, ist in das Leben der Geisteswelt aufgenommen. Göttliche Gedanken tragen ihn wie auf Flügeln über sich hinaus.

Dagegen bedeutet in der Märchensprache die Verwandlung der Brüder in Raben: einen Teil seiner höheren Weisheitskräfte verlieren, während das Eigenbewußtsein sich entfaltet. Was draußen in der Erdenatmosphäre die Raben sind, das lebt auch innerhalb der Menschenseele; auch in diese hat der Volksgeist die göttlichen Kräfte hereingesenkt. Odin begabte sein Volk mit Gedankenkraft und Gedächtnis, das heißt: mit Erinnerung an die göttliche Welt, die uns selbst zu Botendiensten ins Erdendasein herabgeschickt hat. Löst sich nun der Gedanke vom Leben im Geistesdasein und reißt die Erinnerung an die erhabenen Ursprünge unseres Wesens ab, dann muß Odin damit rechnen, daß seine Raben nicht mehr zurückfinden. Darum spricht der wandernde Gott im Grimnirliede der »Edda« die Unheilsahnung aus: »Für Hugin fürcht' ich, daß er heim nicht kehre, doch sorg' ich um Munin noch mehr.« Das heilige Urgedächtnis, das die Seelen noch in der steten Gottverbundenheit halten konnte, erlischt; die Götterwelt »verdämmert« für sie.

So redet der Mythos davon, daß der Gott die Raben verliert; das Märchen dagegen läßt die menschlichen Weisheitskräfte zu Raben verzaubert werden und fortfliegen. Es sind eben zwei verschiedene Blickpunkte, die hier eingenommen werden. Im Mythos der göttliche: Gedankenkraft und Erinnerung finden nicht mehr heim. Es ist ein Verlust für die Götter, wenn das menschliche Bewußtsein sich der geistigen Welt entfremdet. Im Märchen gilt der Blickpunkt der Seelenentwicklung: die übersinnlichen Gedankenkräfte entreißen sich dem zu sich selbst erwachenden Menschen. Da draußen in den Raben walten sie noch; aber nicht mehr im Innern der Seele. Diese muß die gleichen Kräfte, die da im Erdenumkreis noch weben und leben, auch in sich selber wiederum erwecken können. Dann wird sie aufs neue den Bund mit den göttlichen Führermächten schließen können. Sie darf wieder Geistesbotschaften empfangen.

In den »Zwölf Brüdern« sind es die zwölf kosmischen Sinne, die zu Raben werden; dagegen schildert das Märchen von den »sieben Raben« eine Siebenfalt von Kräften, weil es mehr auf die Seelentriebe hinschaut, die aus der »astralischen Welt« herausgeboren sind. Das Mädchen betritt ja auch die Welt der Sterne; und zwar der Planeten, die immer als eine Siebenfalt angeschaut wurden. Der »Morgenstern« – er ist von alters her der Götterbote, der Stern der Geist-Erleuchtung – gibt ihr den Schlüssel zu jener Welt, in der sie ihre sieben Brüder, ihre übersinnlichen Bewußtseinskräfte wiederfinden kann. Menschendenken beginnt sich wieder mit Götterdenken zu durchdringen.

Die Brüder Grimm erzählen noch ein Märchen »Die Rabe«, in welchem sie von der Verwünschung eines Königstöchterleins durch seine Mutter berichten. Das Kind fliegt, in eine Rabe verwandelt, zum Fenster hinaus und verbirgt sich in einem dunklen Wald. Eines Tages hört ein Mann, dessen Weg durch diesen Wald führt, den Hilferuf der Rabe. Sie verrät ihm, daß sie eine verwünschte Königstochter von Geburt sei, er aber könne sie erlösen. Nach mancherlei Proben, die er zu bestehen hat, die ihm aber zunächst mißlingen, findet er sie auf dem »Goldenen Schloß von Stromberg«, das auf einem schier unbesteigbaren Glasberge liegt. Aber durch bestimmte Wunderdinge, die er erringt, gelingt es ihm schließlich doch, den Berg zu besteigen und auf unsichtbare Art in das Schloß einzudringen. Bedeutsam ist der Zug, wie er die Jungfrau im Saale vor einem goldenen Kelch mit Wein sitzen sieht und den Ring, den sie ihm einst gegeben, vom Finger zieht und in den Kelch hineinwirft. Als sie den Ring erkennt, weiß sie auch, daß der Mann nahe sein muß, der sie erlösen wird. – Die höhere Geistnatur des Menschen muß ein Schattendasein führen (das Märchen sagt: als Rabe verwunschen im Zauberwald weilen), solange es dem Geistessucher nicht gelingt, die Verbindung mit ihr wiederherzustellen und zu vollem Leben zu erwecken: sie gleichsam aus der Sphäre des Kopfes in die des Herzens hineinzutragen. Das Hineinsenken des Ringes in den goldenen, mit Wein gefüllten Kelch deutet darauf hin. Die Verbindung mit dem Idealbild ist zunächst nur ein Gedankenerlebnis, das in der Seele als Erinnerung weiterwirkt; es muß aber, wenn die Erlösung geschehen soll, in die Herzenstiefen eingesenkt und aus ihnen heraus wiedergeboren werden. Dafür ist das Kelchgeheimnis das sakrale Bild. Wir werden unter den Märchen aus Graubünden noch den »Raben« zu betrachten haben, in dem die Erlösung besonders eindrücklich als mystischer Seelenweg zur Darstellung gebracht wird.

10. Die Dreifalt der Seelenkräfte

Wie Allerleirauh den goldenen Ring, das Spinnrädchen und das Haspelchen dem König in die Suppe legt und dadurch das geheime Band zu ihm knüpft, so treten uns im Märchen oftmals drei solche Wundergaben entgegen, in denen sich seelische Fähigkeiten aussprechen. Man muß sich nur jedesmal ihren imaginativen Sinn erarbeiten, indem man auf die jeweilige *Tätigkeit* hinblickt. Gewiß handelt es sich in irgendeinem Sinne stets um die Dreifalt von Denken, Fühlen, Wollen oder um die geistige Beherrschung der drei Leibeshüllen, in denen das Menschen-Ich wohnt. So zum Beispiel in »Spindel, Weberschiffchen und Nadel«; denn in diesen drei Wunderwerkzeugen, die dem armen Mädchen – das in Wahrheit aber das reichste ist! – den Freiersmann ins Haus holen sollen, offenbart sich das Wirken der drei Seelenkräfte. Zunächst ist es ein Geist-erleuchtetes Denken, das in der Seele rege werden muß (sie ist fünfzehn Jahre alt); durch dieses erreicht sie erst ihr wahres Ich und kann sich mit ihm verbinden lernen. Dann muß sie ein weisheitsvolles Fühlen entwickeln, das einen Traum vom Paradiese mit einem inneren Bilderreichtum zu weben versteht. Drittens kommt es auf ein aktives, das ganze Menschenwesen läuterndes Wollen an, das Leib und Seele zu einer Wohnung des Geistes umzuwandeln fähig ist. Das Märchen sagt: Die Spindel spinnt den goldenen Faden, der dem Königssohn nachwandert, bis er ihn in das Haus hereinholt; das Weberschiffchen webt den kostbaren Bilderteppich, über den der Königssohn in das Haus hineinschreiten kann; die Nadel überzieht wie mit unsichtbarer Geisterhilfe die ganze Stube mit Samt und Seide, um den Freiersmann würdig empfangen zu können. Denken, Fühlen und Wollen sind dazu berufen, in der Seele dem Mysterium den rechten Empfang zu bereiten; dann kann die »königliche Hochzeit« gefeiert werden.

Eine andere Dreiheit von Begabungen wird damit angedeutet, daß es heißt: Drei Söhne eines Schneiders zogen aus und lernten bei einem Schreiner, Müller und Drechsler jeder ein Handwerk. Sie bekamen am Ende ihrer Lehrzeit jedesmal eine Wundergabe, die sie mit heimnehmen durften; die Gaben heißen »Tischlein deck dich«, »Goldesel« und »Knüppel aus dem Sack«. Die ersten beiden sind atavistische Fähigkeiten; wer sie auf alten Wegen in sich wiedererweckt, muß auf der Hut sein, daß sich nicht Mißbrauch durch egoistische Seelenkräfte in sie hineinzumischen beginnt. Sie führen leicht in Illusionen hinein.

Wir lernten zum Beispiel den speisenden Wunderschrank in anderen Märchen schon kennen; der goldene Fisch gab ihn dem Fischer und seiner Frau. Er ist, ähnlich wie das »Tischlein«, eine uralte Begabung, die ehemals noch Allgemeingut der Menschheit war, aber mit der Entwicklung des heutigen Tagesbewußtseins abgedämpft wurde. In unseren unterbewußten Tiefen wirkt der kosmische Mensch, der die nährenden Kräfte des Weltalls in sich aufnimmt und aus ihnen immer aufs neue den Leib erbaut und regeneriert. Mit der erwachenden Selbstsucht im Menschen aber mußte dieser unschuldig-weisheitsvolle Teil unseres Wesens verhüllt werden; die egoistische Willkür darf nicht zu den verborgenen Lebenskräften Zutritt erlangen, um sie nicht in ihrer Tätigkeit zu stören und zu verderben.

Eine andere instinktive Fähigkeit stellt der Goldesel dar. Es handelt sich noch um alte Weisheitskräfte, die ganz an die Leibesnatur gebunden sind; gleichsam aus den vererbten Anlagen steigen sie auf. Während wir immer mehr in die Erdenwelt untertauchen, mischt sich vieles in die traditionelle Weisheit herein, was die Ahnung verdunkeln und das Traum-Erleben irreleiten kann. Der Esel speit ja Gold; er redet noch aus dem alten Erbe heraus seine Weisheit. Aber eine Gabe, die unzeitgemäß wirkt, erlischt eines Tages. Auf dem Gang durch die Erdenwelt kommt dem Menschen der goldspeiende Esel abhanden; eines Tages ist es ein ganz gewöhnlicher, ohne daß sein Besitzer es bemerkt hat. Er spendet kein Gold mehr.

Wie viel besser ist es da doch, eine gesunde Urteilskraft zu erwerben, die sich in Freiheit über alles dumpfe Trieb- und Empfindungsleben erheben kann! Sie mag zunächst unedler erscheinen und weniger begnadet sein. Aber sie verleiht dem, der sie zu handhaben versteht, als erstes die wache Herrschaft über seine eigenen Seelenkräfte. Sie lehrt ihn, die »Geister zu unterscheiden«. Dem »Knüppel aus dem Sack« gehört die Zukunft. Es ist die junge Kraft der Persönlichkeit; bisweilen mag sie sich noch etwas rauh gebärden. Aber sie hat ja auch die Aufgabe, den Menschen freizukämpfen; sie muß gegen die Mächte den Kampf aufnehmen, die im Unbewußten der Seele walten und ihr das Geisteserbe rauben wollen. Diese verdunkeln das Menschenwesen. Läuternde Wirkung aber geht von einem solchen Denken aus, in dem der Wille kraftvoll mitschwingt. Es erringt die Sicherheit des Urteils in allen realen Lebenssituationen. Das Märchen erzählt, wie sich die beiden ersten Brüder in einer Herberge, während sie schlafen, von dem Wirt betrügen lassen. Er vertauscht ihnen das »Tischlein deck dich« und den »Goldesel«. Der dritte aber, der den »Knüppel aus dem Sack« heimbringt, vollzieht an dem Wirt das Gericht. Er erobert auch für seine Brüder die beiden ersten Wundergaben zurück.

Wenden wir die geisteswissenschaftliche Gliederung der menschlichen Seelenentwicklung darauf an, so würden wir heute sagen können: Der Mensch der Empfindungsseelen-Zeit besaß noch jenen Zugang zu den verborgenen Lebenskräften; er konnte das »Tischlein deck dich« gewinnen. Das Verstandesseelen-Zeitalter bediente sich immer noch eines letzten ererbten Hellsehens; es lebte vom Weisheitsgold der Überlieferung. Erst der Mensch der Neuzeit, der die Bewußtseinsseele als innere Freiheitskraft erringt, steht am Anfang ganz neuer Fähigkeiten, wenn sie zunächst auch noch unbedeutend und oftmals grob erscheinen mögen.

11. »Daumerling«

Die junge Kraft der »Bewußtseinsseele« ist noch ein Zwerg im Reich des Geistes; aber sie hat Eroberungsdrang in sich. Mut zur Welt: sie zu erforschen, in sie unterzutauchen und unverwüstlich immer wieder aus ihr aufzuerstehen, dieses ist ja der Grundzug der Faustischen Persönlichkeit, wie sie seit dem 15. und 16. Jahrhundert heraufkommt. »Daumerling« – so heißt diese neue Ichkraft, die da als der »Sohn des Schneiders« geboren wird. Er ist jedoch kein Stubenhocker! Es ist eine neue Willensmacht, die sich aus dem intellektuellen Seelenleben losringt. Aber nicht als ein bloßer Naturtrieb; eine geistige Orientierungskraft könnte man dieses neue Organ nennen, das da im Seelenleben aufzuwachen beginnt. Ein »Daumerling« (ähnlich ist es in dem Märchen vom »Daumesdick«) ist nicht zu vernichten. Er tritt zunächst revolutionär in die Welt; Achtung vor alten Weisheitsschätzen fehlt ihm. Daumerling wirft den Dieben das Geld des Königs zum Fenster hinaus, als er in die Schatzkammer geschlüpft ist. Nichts scheint vor ihm sicher. Er liefert die Schätze den Räubern aus, nimmt aber für sich nur »einen Kreuzer« mit auf den Weg. Unbelastet will er die Welt kennen lernen. Er verhält sich dem Leben gegenüber experimentierend. Erfahrung gilt ihm mehr als Überlieferung.

Freilich gerät er dabei in den dunklen Bauch der Kuh; die Stoffeswelt droht ihn zu verschlingen. Aber die Kraft der menschlichen Individualität, auch wenn sie für eine Weile »unter Tag« leben muß, kann nicht auf die Dauer der finsteren Materie verfallen. Sie entringt sich den vernichtenden Gewalten. Als Daumerling schon unter das Hackmesser gekommen ist, gelingt es ihm dennoch, sich in Todesnöten zu behaupten. »Not macht Beine«, sagt unser Märchen. So spricht die Bewußtseinsseele. Ehemals sagte man: »Not lehrt beten«; das galt durchaus für die Gemütsseele. Im Ringen mit der Erdenwelt, freigelassen von allen schützenden Mächten der Geisteswelt, lernt sich das junge Ich erst voll erkraften. Es aufersteht aus Stoffestiefen! Das Märchen ist weissagender Natur. Deshalb nimmt es den glückhaften Ausgang all der Abenteuer voraus, in denen die gegenwärtige Menschheit noch mitten darinnen steht. Daumerling bringt scheinbar recht wenig heim. Es ist der »Kreuzer«, den er auf seiner Wanderschaft erworben hat. Er verstand ihn durch alle Prüfungen hindurch treu zu bewahren. Es scheint ein Talisman zu sein, der seinem Besitzer die Kraft des unvernichtbaren Lebens verleihen kann. Die kleine schlichte Münze, der das Zeichen des *Kreuzes* aufgeprägt ist...

Die finnische Sagenwelt kennt auch einen Daumerling. Im 2. Kalewalagesange steigt er, auf das Gebet des alten Wäinämöinen zu der schützenden Macht seines Lebens, aus den Meereswogen ans Land. Er kommt, dem Alten zu helfen, die Rieseneiche zu fällen, die mit ihren Zweigen die schönen Himmelslichter verdeckt und dadurch alles Erdendasein verfinstert. Für das alte hellseherische Anschauen, aus dem heraus die finnischen Mythen geboren sind, erscheinen nämlich Menschen, die noch in dumpfen Träumen sich an das Weben und Wirken der Elemente hingeben, in Riesengestalten. In Daumengröße jedoch zeigt sich ein Wesen, das sich ganz in sich selbst verdichten, das seine Kräfte in sich zusammenziehen kann. Das aber ist der Mensch, der *Gedankenkräfte* entwickelt: »Hat das Aussehn eines Mannes / Hat das Wesen eines Helden / Doch die Länge eines Daumens / Kaum die Höh' des Rinderhufes.« – Er ist also nur scheinbar ein Zwerg. Er offenbart sich als ein um so größerer Held, je mächtiger er seine Gedankenkräfte zu betätigen vermag. So meistert er die rohen Gewalten. Er fällt die Rieseneiche, das aber heißt: er überwindet die Kräfte einer alten Rasse, die sich noch in kriegerischen Trieben auslebt und dadurch alles Wirken des geistigen Lebens überwuchert. Erst mit der Zähmung solcher aus der atlantischen Zeit herübergekommenen Rasseerbschaften ist die Möglichkeit gegeben, daß der hohe Genius und weise Erzieher des Volkstums, Wäinämöinen, seine Geisteskräfte in das Suomivolk hineinsenken kann. »Der Daumerling«, der in die Volksentwicklung eingreift, indem er die Rieseneiche abholzt, muß dafür wegbereitend wirken. Es ist dieses ein erster kraftvoller Einschlag der Intellektualität in die dumpf träumende Volksseele, auf den in imaginativer Weise hingedeutet wird.

12. »Die weiße Schlange«

Wie in der »Bienenkönigin«, so eilen auch im Märchen von der »weißen Schlange« die Tiere aus den drei Reichen unter der Erde, auf der Erde, über der Erde dem Geistessucher zu Hilfe (Fische, Ameisen, Raben). Dieses Mal aber wird noch intimer geschildert, wie der Jüngling zu ihnen Beziehungen gewinnt; er vernimmt, wie in den »Drei Sprachen«, ihre Nöte. Er kann »das Seufzen der Kreatur«, von dem Paulus redet, erlauschen. Und zwar, weil er heimlicherweise von der »weißen Schlange« gegessen hatte. Diese mußte er als Diener des Königs täglich in einer verdeckten Schüssel nach den übrigen Speisen hereintragen. Niemand als der König selbst, der durch Weisheit im ganzen Lande berühmt war, kannte dieses Geheimnis. Der Diener enthüllt eines Tages nach der königlichen Mahlzeit die Schüssel und findet die weiße Schlange. Er genießt von ihr ein Stück, da fängt er an, überall Stimmen der Tiere zu vernehmen: Wie Siegfried die Sprache der Vögel, nachdem das Drachenblut seine Zunge benetzt hatte.

Im Bilde der Schlange wird auf jene Kräfte der Menschennatur hingedeutet, die sich immer wieder aus sich selbst erneuern. Hat doch die Schlange noch jene unerschöpfliche Möglichkeit in sich bewahrt, die gerade das Wesen der ätherischen Bildekräfte ausmacht. Im Menschen aber ist »die Schlange aufgerichtet«, um einen biblischen Ausdruck zu gebrauchen. Sie ist innerhalb des menschlichen Organismus an die Wirbelsäule gefesselt. Dort wird sie Trägerin jener instinktiven Bewußtseinskräfte, die vom Rückenmark ausgehen. Weil sich in diese gerade die Begierdennatur eingenistet hat, erscheint uns auch die versuchende Macht im Bilde der Schlange. Es gibt aber nun noch Lebenskräfte, die nicht von den niederen Trieben durchsetzt und deshalb unschuldig-weisheitsvoll geblieben sind. Diese werden als die *»weiße* Schlange« wahrgenommen. Durch die Sinneswahrnehmungen empfängt unser Geist, der im Haupte wachend ist, von außen her seine Nahrung. Aber aus der Traumsphäre herauf wird ihm immerfort noch ein anderes Wissen dargereicht. Es belebt ihn auf geheimnisvolle Weise. Dieses Wissen wird auf verborgenem Wege (vom Rückenmarksnervensystem) in das Haupt heraufgeschickt. Dadurch vermag der König so »weise« zu sein. Dieser König waltet als ein höheres umfassendes Geistbewußtsein innerhalb unserer menschlichen Natur, das noch in einem intimen Zusammenhang mit allen Schöpfungsreichen steht. Er wird dadurch aus der Weltenweisheit heraus inspiriert. Aber dieser Vorgang, der ihn Tag für Tag verjüngt, ist für das gewöhnliche Bewußtsein streng verhüllt. Wer ihn zu »entdecken« beginnt – wie der Diener des Königs, der die Schüssel aufdeckt – hat von einer Weisheit genascht, die bisher nur instinktiv in ihm wirken wollte. Nun ist es entscheidend, wie er sich zu diesen neuen Fähigkeiten verhält. Er muß sich zu der offenbarenden Weltenweisheit in ein moralisches Verhältnis setzen; dann wird sein weiterer Pfad segensvoll sein. Andernfalls vernichtet ihn das Übersinnliche, zu dem er Zugang gefunden.

13. Zu »Rotkäppchen«

Hut und Kappe verhelfen dem Menschen dazu, sich in seinem Haupte abgeschlossen zu fühlen. Nimmt er den Hut zum Gruße ab, so gibt er damit seine »Selbst-Behauptung« auf. Er öffnet sich für etwas, was über ihm ist. Er geht in die Haltung der Verehrung über. So spielt zum Beispiel auch die Mütze, die das Menschen-Ich nach oben zu abschließt, in den »Sterntalern« eine Rolle. Sie ist das erste der Kleidungsstücke, auf die das Kind verzichten muß, als es in die weite Welt hinauswandert. Alle irdischen Gedankenformen, die unser Haupt vom Weltenlichte abschließen und uns in unserer Eigenwelt festhalten, müssen von der Seele zuerst wieder abgestreift werden, wenn sie sich zum Geiste erhebt. – Die »Gänsemagd« bespricht den Wind, der dem frechen Kürdchen immer das Hütchen wegwehen soll; im »Aschenputtel« stößt ein Haselreis dem heimeilenden Vater den Hut vom Kopfe.

Jedesmal wird auf eine Geisteskraft hingedeutet, die den hirngebundenen Verstand in uns zurückdrängt, um an seine Stelle treten zu können: dadurch erst wird der Mensch aufs neue empfänglich, die weisheitsvollen Weltgedanken in sich aufzunehmen. »Es denkt« in ihm. Wer sich allerdings in sein eigenes Rotkäppchen gar zu sehr verliebt hat, wird schwerlich aus seinen Persönlichkeits-Erlebnissen herauskommen. Er ist auf seine eigenen Ideen so stolz, daß er keine Erleuchtung von oben her mehr empfangen kann. Er wehrt sich gegen den Gnadeneinschlag des Heiligen Geistes. – Anders freilich steht es mit dem Gärtnerburschen im »Eisenhans«, der, um seine goldenen Haare zu verbergen, sein Hütlein nicht absetzen will. Die Königstochter möchte ihm immer das Hütlein entreißen; er jedoch hält es noch zurück. Hier offenbart sich die Gesinnung einer höheren Bescheidenheit; der Jüngling will zunächst die Kräfte der Erdenpersönlichkeit und des Erdendenkens in sich ausbilden, bis sie zur vollen Reife gekommen sind. So lange aber muß er noch den »Hut« tragen und sein Goldhaar verhüllt lassen. Er verrät im Menschenlande nicht, was er an verborgenem Geisteslichte schon besitzt, ehe er die volle Beherrschung des Irdisch-Stofflichen durch den Geist errungen hat. Dies galt insbesondere als ein Ideal der rosenkreuzerischen Einweihung.

14. Das Geheimnis der »vierzehn Jahre«

Die Stufenfolge imaginativer Erlebnisse, die sich in der Seele Parzivals (vor allem nach der Darstellung des Chrestien de Troyes) abspielen, spiegelt sich vielfach in den Märchen. Beginnt man die Motive dieses Gralsweges geisteswissenschaftlich zu verstehen, so fällt damit auch auf andere Begebenheiten ein wunderbares Licht. Außer den Dummlings-Märchen, die wir schon nannten, sei hier noch auf das plattdeutsche »Ferenand getrü und Ferenand ungetrü« hingewiesen. Zwei arme Leute bekommen ein Kind und können dafür keinen Paten finden. Unterwegs begegnet dem Vater ein armer Mann, der sich ihm als Pate anbietet. In der Kirche gibt der geheimnisvolle Fremde dem Knaben den Namen »Ferenand getrü« und hinterläßt dem Kinde als Patengabe einen Schlüssel, der jedoch bis zum vierzehnten Jahre verwahrt werden muß. Dann aber soll der Junge auf die Heide hinausgehen: Er werde dort ein Schloß finden, das er mit diesem Schlüssel öffnen könne. Was darin sei, solle ihm gehören. Es geschieht alles zu rechter Zeit. Es ist ein Schimmel, der aus dem Schloß hervorkommt. Ferenand getrü reitet auf ihm in die Welt hinaus. Dieses Pferd kann sprechen und gibt ihm Weisungen, bis er nach schweren Proben König wird. (Wir haben schon in »Falada« das weise, redende Pferd kennengelernt.) – Ob ein Mensch mit dem Erwachen zur Erdenreife, das heißt mit vierzehn Jahren, die himmlischen Weisheitskräfte empfangen kann, das hängt mit seinem innersten Schicksal zusammen. Es sind ja die Kräfte seines vorgeburtlichen Daseins im Geiste, die er in das Erdendasein mit hereinträgt und um die Zeit der Geschlechtsreife in sich selber ergreifen lernen muß. Das Märchen deutet auf das Mysterium hin, daß eine bestimmte Geisteskraft mit der *Taufe* in das Unbewußte eingesenkt wird, damit sie auf einer späteren Entwicklungsstufe (religiös gekennzeichnet durch den Vollzug der Konfirmation) bewußt ergriffen und weitergebildet werden können.

Um diese Zeit nun begegnet dem »Ferenand getrü« auf seinem Wege in die Welt ein anderer Mensch; der nennt sich »Ferenand ungetrü«. Dieser heftet sich an seine Spuren und läßt ihn nirgends mehr frei. Er kann nämlich die Gedanken seines Gefährten erraten. Er stiftet den König, bei dem sie beide in Dienste treten, immerfort dazu an, Ferenand getrü zu schier unmöglichen Aufgaben zu mißbrauchen. Mit Hilfe des Schimmels jedoch gelingt diesem die Ausführung. Es handelt sich hier um das Geheimnis des »Doppelgängers« im Menschen. So können wir unser niederes Gegenbild bezeichnen, das gleichsam unsere geheimen Gedanken errät und verzerrt. »Getreu« heißt in der Märchensprache immer derjenige, der die Verbindung mit seinem höheren Selbst nicht bricht, der also stets im Bunde mit der göttlichen Welt handelt; »ungetreu« heißt diejenige Seelenkraft, die uns von unserer wahren Sendung abziehen und den Ursprung im Lichte vergessen lassen will. Mit dem Überschreiten der Schwelle, die durch die »vierzehn Jahre« angedeutet werden soll, empfängt die jugendliche Seele einerseits die Möglichkeit zum Ideal: eine kosmische Geisteskraft (der redende Schimmel) teilt sich ihr mit. Andererseits verbindet sie sich um diese Zeit dunkleren Erdenkräften, die die Seele »treulos« gegenüber ihrem wahren Wesen machen; eine Art »Spiegelmensch«, der jedes erhabene Streben in sein Zerrbild verkehren möchte, beginnt als verborgener Gegenspieler in die Seelengründe Einzug zu halten. Er kann als eine dämonische Kraft aus dem Bannkreis des Mephistopheles angesprochen werden.

Hier sei noch das Märchen von dem »Teufel mit den drei goldenen Haaren« erwähnt; denn es weiß in sehr tiefsinnigen Bildern Seelenerfahrungen zu schildern, die sich um die Zeit der Erdenreife im jugendlichen Menschen ankündigen. Man muß freilich ein »Glückskind« sein, wenn einem die Wehmutter in der Wiege schon verheißen soll, man werde mit vierzehn Jahren die Königstochter freien! Das Glückskind wird, als dieser Zeitpunkt erreicht ist, durch Erlebnisse geführt, die sich in den bekannten »Weltschmerz«-Empfindungen des Jünglings oder der Jungfrau ihren Gefühlsausdruck schaffen. Im Märchen sind es imaginative Erlebnisse, in denen sich die tiefe Ratlosigkeit unserer Weltenzeit, ja – die Sündenkrankheit unserer gesamten menschlichen Existenz spiegelt. Ein Marktbrunnen, der einst Wein quellen ließ, ist versiegt; ein Baum, der einst goldene Äpfel trug, ist verdorrt; ein Fährmann, der immer hin und her fahren muß, findet niemanden, der ihn ablöst... Das Glückskind aber »weiß alles«. Es findet den Weg in die Untergründe des Seelenlebens: in die »Hölle«. Dort gewinnt es drei goldene Haare des träumenden Teufels. Aus Traumestiefen steigt ihm die Lösung der Welträtsel auf, die in jenen drei Nöten auf treffende Art ihren imaginativen Ausdruck finden. Man kann selbst der Finsternis, die sonst nur als Alpdruck auf den Seelen lastet, ahnende Weisheit entringen. Denn es gibt ein Weisheitsgold, mit dem man allen Grübelsinn entwirren und jede Schwermut besiegen kann!

15. Zurückgehaltene Kräfte

Wie Parzival durch die Erziehungsmaßnahmen seiner Mutter und der Knabe im »Eisenhans« durch eine innerlich erwachende Freiheitskraft vor dem zu schnellen Untertauchen in Konvention und intellektuelle Erstarrung bewahrt bleiben, so schildert das Märchen vom »Starken Hans« einen Knaben, dessen Seelenkräfte gerade durch eine außergewöhnliche Zurückstauung ihrer Entfaltung eines Tages mit Urgewalt herangereift sind und nun zu einem Tatendrang erwachen, der sich durch keine Macht der Welt einengen oder einschüchtern läßt. Es handelt sich um ein Schweizer Märchen, das die Brüder Grimm aus Basel erhielten. Als einziges Kind seiner Eltern in einem abseits gelegenen Tale geboren, wird Hans mit zwei Jahen bereits von Räubern in eine Höhle entführt. Dort wächst er, zusammen mit seiner Mutter, die ihn aus einem alten Ritterbuche das Lesen lehrt, in der Stille heran, bis er, von einem unbändigen Fragetrieb nach seiner Herkunft ergriffen, die Räuber bezwingt, aus der Höhle ausbricht und mitsamt seiner Mutter in das Vaterhaus heimkehrt. Aber die Hütte des Vaters kracht in allen Fugen, als er eintritt und den Sack mit den eingeheimsten Schätzen dort niederstellt. Hans hat das Häuslein zerbrochen, und der Vater ist entsetzt über die Kräfte des zwölfjährigen Buben. Es handelt sich um eine Seele, die mit dem Herannahen ihrer Erdenreife alles zersprengt, was sie als Fesseln der Vererbung und Traditionen noch an sich trägt. Hans zieht auf Abenteuer aus und verbindet sich mit zwei riesenhaften Gesellen, dem »Tannendreher«, der die Tannen wie Weidenruten zum Seil für seine Holzbündel dreht, und dem »Felsenklipperer«, der sich einfach Stücke von den Felsen abschlägt, um sich daraus ein Haus zu erbauen. Mit ihnen gemeinsam vollbringt er nun Taten, die Erlebnisse im Bereich der Elementargeister widerspiegeln. Der »Tannendreher« und der »Felsenklipperer« sind solche Mächte, die sich in wildtosenden Stürmen und in Erderschütterungen wirksam ausleben. Aber auch innerhalb des Menschenwesens kann sich gewaltsam entfesseln, was an Riesenmächten draußen in der Natur sein Spiel treibt. So offenbart sich in der erwachenden Leidenschaft des jungen Menschen jener Sturmriese: Das ist der Tannendreher; im revolutionären Drang gegen alles Erstarrte der Erddämonen: das ist der Felsenklipperer. Sie fühlen sich gedrängt, an allen festgewordenen Ordnungen und überlieferten Formen innerhalb des gesellschaftlichen Lebens zu rütteln. Mit diesen beiden Gesellen muß der heranreifende Mensch Bekanntschaft machen, falls er urkräftiger Jugenderlebnisse fähig ist. Nur darf er sich nicht von ihnen überwältigen lassen. Das Märchen zeigt, wie Hans aus der unversehrten Kraft seiner Seele schließlich zu jenen anderen Mächten durchstößt, die ihm das Erlebnis der inneren Freiheit und damit den Sieg über die Triebgewalten vermitteln können.

Noch eigentümlicher ist jene Seelenentwicklung, die in dem Märchen »Hans mein Igel« geschildert wird. Wir lernen eine Seele kennen, die geradezu durch eine natürliche Veranlagung sich in der ersten Kindheit vor einer frühzeitigen Verfestigung ihrer Kräfte zurückhält. Es gibt Seelen, die sich gleichsam nur mit starkem »Vorbehalt« verkörpern. Das Märchen deutet sogar äußerliche Merkmale an: Das Kind wird von alten Eltern geboren; sie haben lange Zeit ein Kind ersehnt und keins bekommen können. Das Kind lehnt die Mutterbrust ab. Es heißt, es habe an der Mutter nicht trinken können, weil es sie mit seinen Stacheln gestochen hätte; denn Hans war eben ein

»Igel«. Acht Jahre liegt das Igelkind hinter dem Ofen eingerollt; dann erst regt sich seine Innenwelt: nun aber so, daß es »eigene Wege« geht. Es sondert sich von seiner Umgebung ab und zieht sich in seine Traumwelt zurück. Auch der Knabe im »Eisenhans« entflieht ja mit acht Jahren seinen Eltern und schaut in den Märchen-Goldbrunnen hinein. »Hans mein Igel« wünscht sich von seinem Vater einen Dudelsack: seine Seele ist voll Musik, und einen Göckelhahn, den er ihm in der Schmiede beschlagen lassen soll, denn er möchte auf Nimmerwiedersehen fortreiten. Seine Eltern verstehen ihn nicht; denn er ist – menschlich geredet – ein »unbegabtes Kind«. Man kann nicht »stolz auf ihn sein«. Übersinnlich angeschaut handelt es sich um eine Seelenveranlagung, die nicht den Erdenleib in »normaler« Weise ergreifen kann; sie erscheint spröde – wie ein Igel mit Stacheln. Dadurch aber kann sich ein Innenleben von besonderer Persönlichkeitskraft und gediegenem Seelenreichtum entwickeln. »Hans mein Igel« hat Melodie in sich. Er ist ein Herr im Reich der Träume, ein König innerer Welten. Eines Tages findet er schon seine Königstochter und macht sein Glück. Dann streift er auch seine Igelhaut ab; denn er ist nun so weit, sich mit dem vollen Ich verkörpern zu können: ein Mensch unter Menschen! Diese Seele hat eben Kindheitskräfte in das spätere Leben hinübergerettet, die andere »normale« oder gar frühreife Kinder allzu schnell in sich verbrauchen lassen. Vielleicht ist hier die Jugendentwicklung eines Musikers, Dichters und Künders geistiger Weltgeheimnisse aufgezeichnet?

Ähnlich geht es mit dem »Eselein«, von dem das Grimmsche Märchen erzählt, wie es als Königssohn geboren wurde und, weil es so große Freude an der Musik hatte, schließlich trotz seiner ungeschickten Gliedmaßen bei einem berühmten Meister das Lautenspiel erlernen konnte. Es zieht in die Welt hinaus und erringt sich durch die Macht der Musik den Zugang zu einem Königsschlosse und zum Herzen der Königstochter selber, bis es durch die Vermählung mit dieser am Ende seine Eselshaut völlig abstreifen darf. – Jedenfalls handelt es sich in solchen Märchen um eine *imaginativ gehaltene Biographie,* die nur etwas künstlerischer abgefaßt ist, als wenn man heute als junger Mensch »seinen Lebenslauf einreichen« muß, um ein Examen zu bestehen oder eine Anstellung zu erjagen.

Immer wieder sind es die kindhaft gebliebenen Naturen, die »Dummlinge«, denen die besondere Liebe des Märchens gilt. Wer kennt nicht den »Hans im Glück«, der seinem Herrn sieben Jahre gedient und dafür einen

Klumpen Gold zum Lohn erhalten hat, der gerade so groß wie Hansens Kopf war? Es ist nämlich lauter Kopfwissen, was er sich errungen hat. Aber er empfindet es als eine Belastung auf seinem Lebenswege. Er strebt es so bald wie möglich wieder los zu werden; denn er ist auf dem Wege »heim zur Mutter«. Hans gehört zu jenen glücklichen Naturen, die das Erlebte und Erlernte nicht als Ballast in der Seele mitzuschleppen vermögen, die es vielmehr in Bildekräfte umzuwandeln verstehen. Zum Schluß hat er sich ja von einem Scherenschleifer den schweren Stein eingetauscht, den er frohgemut in einen Brunnen fallen läßt. Man möchte an das Nietzsche-Wort denken: »Wirf dein Schwerstes in die Tiefe! Mensch, vergiß!... Göttlich ist des Vergessens Kunst ...« Denn es ist ja der Lethebrunnen, in den Hans die schwere Last versinken läßt. Im Grunde geschieht das gleiche mit uns an jedem Abend, während wir einschlafen. Da geht das Erlebte und Erlernte des Tages in das Unbewußte über; es befruchtet jedoch damit die Tiefen unseres Wesens. Erst was wir durch das Vergessen hindurchgeführt haben, kann sich zu Fähigkeiten umbilden; es wird instinktive Kraft. Man könnte diesen Übergang von den Bildern des Tageslebens in das Reich des Vergessens in einer Folge von Imaginationen abfangen, wenn man den Augenblick des Einschlafens in wachenden Träumen erleben würde. Da kommt zunächst der Zustand, wo wir die Herrschaft über die Gedankenkräfte verlieren. Gedankenflucht tritt ein: Hans jagt auf dem Pferde dahin, das ihn im Sturme weiterträgt, das er aber nicht recht zu lenken vermag und das ihn schließlich abwirft. Er tauscht es ein gegen eine Kuh, die Kuh gegen das Schwein, das Schwein gegen die Gans und diese gegen den schweren Feldstein, den er glücklich in den Brunnen versinken sieht. Jetzt kann er zur Mutter zurückkehren. Er findet den Verjüngungsquell des Lebens. Auf der Erde verlacht man solche Menschen. Jedoch es gibt etwas, das sich vor dem Erdenintellekt als Torheit ausnimmt, deshalb aber doch Weisheit vor Gott sein kann.

16. Im Reich der Toten

Es läßt sich manches lernen aus der Art, wie die Märchen von der Welt der Toten sprechen. Im »Aschenputtel« ist die tote Mutter zum Inspirationsquell für die suchende, zum Geiste strebende Seele geworden. Die Bildsprache gestattet nun aber ein Zwiefaches. Für den Mystiker ist »das Grab der

Mutter« eine Imagination für die eigenen Seelengründe. Für das unmittelbare religiöse Erleben kann es jedoch die wirkliche Anknüpfung an die verstorbene Mutter sein, die von dem verwaisten Mädchen als Seelenführerin und Beschützerin ihrer Lebenswege erfahren wird. So ist es auch mit dem »Sterntaler«-Märchen – zunächst schildert dieses jene mystischen Stufen, wie die Seele aus dem Kosmos heraus ihr Sternenkleid empfangen kann. Es sind lauter Taten der Selbstentäußerung, die von ihr verlangt werden. Sie muß Seelenhüllen, auf Erden erworbene Kräfte, hingeben. Erst wo die völlige »Entwerdung« eingetreten ist, von der die mittelalterlichen Mystiker sprechen, ist ein Innenraum geschaffen, in den hinein sich die übersinnliche Welt offenbarend ergießen kann. Es ist damit auf einen Zustand der Seele hingedeutet, der noch über die »Imagination« (das belebte Bilderbewußtsein) hinausführt; er besteht gerade in dem Zurückhalten und Wiederauslöschen der imaginativen Erlebnisse. Ist an dem Erschaffen der Imaginationen unsere Vorstellungskraft noch mitbeteiligt, so wird die nächsthöhere Erkenntnisstufe umgekehrt als ein reines *Begnadetwerden* erlebt. Rudolf Steiner schildert sie in seinen geisteswissenschaftlichen Schriften als die »Inspiration«. Nun ist aber der Bewußtseinszustand, in den die Seele nach dem Tode hereinwächst, wenn ihr der geistige Kosmos gnadevoll seine Kräfte zu schenken beginnt, im wesentlichen der gleiche. Auch dort tritt das »leere Bewußtsein« ein, sobald die Bilder des Erdenlebens und die mit ihm zusammenhängenden Wunschkräfte abgeklungen sind. Dieses »leergewordene« Bewußtsein kann erst die Sternengnade empfangen. Deshalb darf man mit vollem Rechte das Märchen von den »Sterntalern« auch als den Schicksalsweg der Seele nach dem Tode darstellen und seinen Stufengang bis ins einzelne darauf beziehen.

Ein ähnliches gilt für »Frau Holle«. Es sind Erfahrungen des mystischen Weges, die sich in diesen Märchenbildern aussprechen. Zugleich aber spiegeln sie auf genaueste Weise die *Verwandlungsgeheimnisse* des nachtodlichen Lebens wider. Da entfällt dem Mädchen die Spule, als es spinnend am Brunnen sitzt. Es springt ihr nach und verliert dabei die Besinnung. Denn es ist der Brunnen der Vergessenheit. In einem anderen Lande, auf einer schönen Blumenwiese erwachend, beginnt es seine Wanderung. So kommt es zu dem Backofen, in welchem die Brote gar, und zu dem Apfelbaum, an dem die Früchte reif sind. Es befolgt gehorsam die Aufforderung, die Brote aus dem Ofen zu ziehen und die Äpfel von dem Baum zu schütteln. Im Bilde des Einerntens wird hier ganz sachgemäß die erste Zeitspanne des nachtodlichen

Weges geschildert. Es ist, als ob uns wie im Rückerleben die Summe unserer Erdenerfahrungen wieder entgegenkomme und im Lichte einer höheren Welt eine Art Nachreife durchmachen dürfe. So werden sie zur Wegzehrung auf der Geisteswanderschaft: zu Brot und Frucht im Reiche der Toten. Erst die Ankunft bei der Frau Holle, vor deren großen Zähnen das Mädchen erschrickt, schildert die Begegnung mit den Todesmächten. Das Bild der Zähne deutet auf die verknöchernde Macht hin. Hier muß das Mädchen Arbeit leisten. Wenn es die Betten schüttelt, schneit es auf der Erde. Die Seele beginnt jetzt in geheimnisvollen Vorgängen zu leben und zu weben, die sich im Geisterlande abspielen. Man kann sie nur mit dem wunderbaren reinen Kristallisationsprozeß vergleichen, aus dem heraus sich die Schneeflocken bilden. Geistiges verdichtet sich hier auf zarteste Weise zum Stoffessein. Es ist für die Toten eine Seligkeit, in solcher Betätigung zu weben und damit zugleich ein neues Erdendasein vorzubereiten. Bis das mächtige Heimweh nach der Erde, mag sie der Seele noch so übel mitgespielt haben, wieder zu erwachen beginnt. Gern entläßt Frau Holle das fleißige Mädchen auf seinen Wunsch zur Wanderung in ein neues Erdenleben. Sie gibt ihm die Spule wieder, ohne die es den abgerissenen Lebensfaden nicht von neuem aufnehmen könnte; sie läßt es durch jenes Tor schreiten, von dem Goldregen auf die Jungfrau niederregnet. Fortan wird es auf Erden die »goldene Jungfrau« genannt, während die faule Tochter in allen Stücken das Gegenbild darstellt und mit Pech übergossen durch das Tor zurückkehren muß. Dies ist eine Seele, die im neuen Leben »viel Pech« haben wird. Ihr Schicksal wird nicht von Weisheit durchwirkt und deshalb disharmonisch sein. Hat sie doch im vorigen Leben ihre Spule mutwillig in den Brunnen geworfen, um ihr nachzuspringen. Sie kann deshalb kein Interesse an ihren Lebensfrüchten entwikkeln und bereitet ohne Liebe im Reiche der Frau Holle, wo sie in der reinen kristallisierenden Weisheit weben darf, das kommende Dasein vor. Verfinsterten Sinnes, weil ohne die rechte Treue zur Erde und ohne Liebe zu den Menschenpflichten, wird solche Seele ihren Lebensweg aufs neue antreten. Es sind erhabene Gesetze der Verwandlung, die uns die Märchenwelt schildert, wie sie sich in Geisteswelten enthüllen: damit zugleich leise auf die Geheimnisse der wiederholten Erdenleben und des Schicksalsausgleichs (Karma) hindeutend. Diese waren innerhalb der christlich-mittelalterlichen Welt noch streng vom Dogma her verpönt. In der mystischen Erleuchtung jedoch lebten sie hier und da bereits vor dem Seelenblicke auf.

Deutlich weist das Märchen vom »Gevatter Tod« auf dieses gleiche Lebens-Todes-Geheimnis hin. Der Jüngling, der bei seiner Taufe den Tod selber zum Paten erhalten hat (es wird uns dieses alte Motiv in vielfältigen Abwandlungen überliefert), empfängt von ihm die Gabe, alle Krankheiten zu heilen. Dafür erhält er ein wunderbares Kraut; in der Schweizer Fassung vom »Gerechten Götti« ist es ein Gläslein mit dem Lebenswasser, dessen Tropfen Heilkraft haben. Er darf es aber nur anwenden, wenn für ihn der Tod zu Häupten, niemals jedoch, wenn er zu Füßen des Kranken sichtbar wird. Es handelt sich also um eine Einführung in die Geheimnisse der ärztlichen Kunst. Der eingeweihte Arzt, etwa nach der Art eines Paracelsus, darf nie »gegen das Schicksal« heilen. Sein hellseherischer Blick schaut das Walten der Todesmacht im Körper des Patienten. Diese ist ja, für eine geistige Anschauung, immer in der Menschennatur tätig. Sie wirkt in den verknöchernden Kräften, die die Leibesorganisation von oben nach unten durchziehen, während die aufbauenden Prozesse, von denen alle Heilwirkung ausgehen muß, von unten nach oben den Leib durchkraften. Steht also der Tod, in der Imagination des Knochenmannes sich offenbarend, am Kopfende des Krankenbettes, so ist es gleichsam »in Ordnung«. Erst wenn er am Fußende steht, das aber heißt: die gesamte Organisation des Patienten ergriffen hat, ist dieser ein Todgeweihter. Dieses Gesetz soll der Eingeweihte respektieren. Das Märchen schildert nun, wie der junge Arzt der Versuchung erliegt, »gegen das Geschick« zu heilen. Das aber schlägt auf ihn selbst zurück. Mit eiskalter Hand führt ihn der Tod in eine unterirdische Höhle; dort muß er die Lebenslichter der Menschen schauen, große, halbabgebrannte und ganz kleine. Sein eigenes, das ihm von Gevatter Tod gezeigt wird, ist zu seiner Bestürzung nur noch winzig klein. Alles Bitten, daß ihm der Pate doch sogleich ein großes neues anzünden möge, ist umsonst. Der Tod selber vermag dieses nicht. »Erst muß eins verlöschen, ehe ein neues anderes anbrennt«, antwortet ihm der Pate. Der Arzt muß daher erleben, wie seine Kerze auslöscht und er selber umsinkt. Die Unerbittlichkeit des Todes, die Heiligkeit der Daseinsgesetze, aber auch den Hinweis auf jenes Geheimnis, wie das Lebenslicht in verborgenen Gründen zu neuem Leuchten einstmals entfacht wird, will uns das Märchen in seinen Bildern vermitteln.

17. Das verborgene Bildnis

Dieses Motiv aus dem »Treuen Johannes« klingt auch in der »weißen und schwarzen Braut« an. Dort heißt der Hüter des Bildnisses »Reginer«, das bedeutet »Ratgeber«. Er ist der Kutscher des Königs und hat das Bildnis selbst gemalt. Denn es stellt seine Schwester dar, die so rein und schön wie die Sonne ist. Er hängt es insgeheim in seiner Stube auf, weil seine Liebe zu ihr so groß ist, daß er sie immer anblicken möchte. Die Hofleute hinterbringen es dem König; dieser befiehlt, das Bild zu ihm zu bringen, und er »verliebt sich sterblich hinein«. Nun läßt er die schöne Jungfrau, der er prächtige Kleider sendet, durch den Bruder Reginer abholen; denn er will sich mit ihr vermählen. Durch die List der bösen Stiefmutter aber wird die Stiefschwester, die »schwarz wie die Nacht und häßlich wie die Sünde« ist, statt der rechten Braut untergeschoben. Der enttäuschte König läßt den unschuldigen Reginer in eine Grube zu Ottern und Schlangen werfen.

Es ist ein Eingeweihten-Schicksal. Der Wissende bewahrt im verborgenen das Bildnis der »weißen Braut«. Er ist der Hüter des reinen Menschen-Urbilds. Wenn es der Erkenntnis-Suchende jedoch fordert, muß ihm der Eingeweihte den Dienst leisten, die »Braut« zu erlangen. Auch der »Eiserne Heinrich« im Froschkönig-Märchen ist ein solcher Kutscher. In der »Bhagavadgita« ist es ebenfalls ein »Wagenlenker«, der den König Ardschuna einweiht; durch den Wagenlenker aber offenbart sich dort der göttliche Krishna selber.

Der Weisheitssucher ist zunächst, wenn ihm der Mittler der höheren Erkenntnis das Wissen überliefert, enttäuscht. Denn er lernt auf diesem Wege zuerst die niedere Gestalt der Weisheit kennen: das Verstandeswissen, das die Seele häßlich macht und verfinstert. Er muß erst erfahren, daß es auf *seine* Tat gerade ankommt, um die reine Gestalt der Weisheit aus der Verzerrung und Verzauberung zu erlösen, in die sie auf dem Wege zu ihm geraten war. Dann aber, wenn sie dem Bildnis gleicht, wird auch der verstoßene Reginer wieder erhoben. Denn wer die niedere Form überwunden hat, anerkennt auch wiederum den Mittler der höheren Erkenntnis: den Eingeweihten.

Am bekanntesten ist die ägyptische Überlieferung von dem »Verschleierten Bild zu Sais«. Wie der Königssohn vor dem Bildnis ohnmächtig niedersinkt, das ihm der »Treue Johannes« in der verschlossenen Kammer zeigen muß, so geht es auch dem Jüngling mit dem Bildnis der Göttin zu Sais. Denn es heißt: »kein Sterblicher vermag ungestraft ihren Schleier zu heben«. Novalis aber hat auf diese Warnung in seinen »Lehrlingen zu Sais« die einzig menschenwürdige Antwort gegeben: *So müssen wir eben Unsterbliche zu werden suchen!*

Das Märchen vom »Treuen Johannes« gibt in der Sprache der Imagination die gleiche Antwort.

AUS DER MÄRCHENWELT ANDERER VÖLKER

Russische Märchen

Die Völker der Erde haben in der Gegenwart die Aufgabe, einander zu erkennen, um sich in Verständnis und gegenseitiger Anerkennung zum Menschheits-Organismus zusammenzufügen. Wo es versäumt wird, müssen sie sich im Zeichen der Gewalt begegnen. Auch dieses führt zur Erkenntnis, aber auf leidvolle Art, und das Bild, das sie voneinander bekommen, wird oftmals zum Zerrbild, weil die Angst mit hineinwirkt, wo die Begegnungen gewaltsamer Art sind. Jeder weiß heute, welche Vorstellungen und Empfindungen mitschwingen, wenn vom »Iwan« die Rede ist; und es wird noch manches geschehen müssen, ehe sich die Volksseelen Europas in einer geläuterten Atmosphäre sehen und wahrhaft verstehen lernen.

Die Märchen, wie sie aus altem Volksgut stammen, sind die wunderbarste und unmittelbarste Offenbarung der Volksseele und alles dessen, was auf ihrem Untergrunde noch träumt und sich sehnt: sowohl was an hohen Idealen in ihr wirksam ist, als auch was an ungestilltem Drang, an unerlösten Gewalten in ihren Tiefen rumort. In den russischen Märchen ist es der »Iwan«, der bald in Gestalt des Zarensohns, dann wieder des Bauernsohns als Märchenheld auszieht und seine Abenteuer zu bestehen hat.

Es sei hier auf die große Märchensammlung hingewiesen, die in der Mitte des vorigen Jahrhunderts Afanasjev nach dem Vorbild der Gebrüder Grimm veranstaltet hat. In ihnen tritt immer wieder die Gestalt des Iwan, und das heißt ja »Johannes«, bedeutsam hervor. Man muß sie lieben, diese Wesenheit! Vielleicht wird man sie zunächst gutmütig belächeln, bis man immer mehr bewundernswerte Züge an ihr entdeckt und hinter ihr alles das aufzuleuchten beginnt, was wir johanneisches Geistesstreben nennen können.

Afanasjev war noch von jener Ehrfurcht vor der Volksüberlieferung erfüllt, die Tonfall und Erzählerstil der alten Märchen möglichst unangetastet läßt, weil sie die innere Wahrheit darin erfühlt und die Geisthintergründe der Bilderwelt ahnt. Er sagt selber: »Das Volk hat es sich nicht ausgedacht, es erzählt von dem, woran es glaubte, und darum hat es in seinen Erzählungen vom *Übersinnlichen*... seiner Phantasie nicht erlaubt, die Grenzen zu überschreiten und sich in einer Welt voll unheimlicher Vorstellungen zu verlieren.«* Aus den mannigfaltigsten Märchen fügen sich die Charakterzüge zusammen, die die Urgestalt des russischen Geistsuchers vor uns erstehen lassen. Denn Iwan ist eben der Sucher nach der »Unaussprechlichen Schönheit« oder auch nach »Wassilissa, der Allweisen«, nach jener Königstochter, die irgendwie gefangengehalten wird oder hinter dreimal neun Königreichen auf ihren Freier wartet – und die in irgendeiner Art immer die strahlende Jungfrau Sophia darstellt: jene Weisheitsseele der Menschheit, zu deren Hüter einstmals Johannes bestellt worden ist, der Lieblingsjünger des Herrn. Er ist es auch, der hinter der Entwicklung der christlichen Menschheit als Führer steht, um die Seelen für das Zeitalter des Heiligen Geistes vorzubereiten. Dieser Zukunftsaufgabe zu dienen, ist dem russischen Volkstum in besonderem Maße aufgetragen. Die Verheißungen, die über ihm schweben, finden ihren Abglanz gerade in solchen Johannes-Märchen.

Iwan oder der Königssohn Johannes erscheint oftmals als der jüngste von drei Söhnen; er ist meistens der Dummling, wie in manchen deutschen Märchen der »dumme Hans«, z.B. im »Vogel Greif«. Durch seine Herzenskräfte zeigt er sich für die höchsten Aufgaben geeignet. Bisweilen wird sogar hervorgehoben, wie seine Entwicklung zurückgehalten ist, um an einem bestimmten Punkte dann um so kraftvoller zum Durchbruch zu kommen. In dem Märchen »Ich weiß es nicht« wird der Bauernsohn Johannes dreiunddreißig Jahre alt und kann nicht gehen lernen. Seine Eltern beten immerfort zu Gott, er möge ihrem Sohn gesunde Füße geben. Als sie einmal zum Gottesdienst in die Kirche gegangen sind, tritt ein Bettler an das Fensterchen der Hütte und bittet um ein Almosen. Johannes möchte es ihm geben, kann sich aber nicht von der Stelle erheben. »Stehe auf und gib mir ein Almosen, deine Füße sind gesund und geheilt«, sagt darauf der Bettler. Sogleich erhebt sich der Bauernsohn Johannes und lädt den Bettler in die Hütte zu Gast. Aber dieser trinkt nicht von dem Honigmet, den ihm der Jüngling darreicht, son-

* Eine Auswahl aus dieser reichen Sammlung findet man unter dem Titel »Iwan-Johannes, Dreißig der schönsten russischen Märchen«, Stuttgart 1975, übertragen und durch eine Sinndeutung ergänzt von Friedel Lenz. – Außerdem sei auf die Sammlung »Russische Volksmärchen« (Ausgabe Eugen Diederichs) hingewiesen, in der das zuletzt besprochene Märchen enthalten ist.

dern fordert ihn auf, selbst das Gefäß zu leeren. Und siehe: Große Kraft zieht in den Trinkenden ein! Damit aber verschwindet der Fremde, und die heimkehrenden Eltern in ihrer Freude meinen, es müsse dies wohl »ein heiliger Mensch« gewesen sein. Eine geistige Erweckung wird uns in solchem Bilde geschildert, wie sie gerade um das dreiundreißigste Jahr aus den Christuskräften der Seele heraus stattfinden kann. Als Johannes die Fahrt in die Welt antritt, findet er das Heldenroß, aus dessen Ohren dichter Rauch, aus dessen Nüstern Feuerflammen hervorgehen. Es hat bereits, wie es mit menschlicher Stimme sagt, dreiunddreißig Jahre mit aller Kraft auf ihn gewartet. Das Roß ist also genau so alt wie er selber. Es ist seine zurückgehaltene Geisteskraft, und zwar eine feurige Intelligenz, die ihn hoch über Wälder, Berge und Täler hinausträgt; sie führt zu den berühmten Märchenzielen hin.

*

Oftmals wird dem Königssohn, wenn er in ein fremdes Reich kommt, die Frage gestellt: »Kamst du aus freiem Willen hierher oder aus Zwang?« – Daran erkennt man den Sucher nach den Geisteswelten, daß er Seelenwege zu gehen weiß, die nur aus innerster Freiheit gegangen werden können. Nichts zwingt ihn von außen her. Nicht einmal wirkt jener innere Zwang, der aus Gewohnheit oder Tradition kommt, auch nicht aus der Begierdennatur des leibgebundenen Menschen, wo aus der geistigen Initiative heraus Entschlüsse gefaßt werden. – »Ganz aus freiem Willen kam ich hierher«, antwortet Johannes. »Ich suche meine Mutter, die Königin Anastasia mit den goldenen Flechten. Ein Sturmwind raubte sie aus unserem Garten...« Das Menschenwesen, das vom Sturm der Leidenschaften durchrüttelt ist, hat den Zugang zu jener Urweisheit verloren, die einst in den Muttertiefen der Seele leuchtete. Der Name Anastasia heißt die »Österliche«; es liegt darin jene tiefe Verbundenheit der russischen Seele mit den Ostergeheimnissen, das Wissen um die Auferstehung des Geistes, der der Menschheit verlorengegangen ist.

Drei Reiche müssen durchschritten werden, um sie wiederzugewinnen: das kupferne, das silberne und das goldene. Aus den Traditionen des Altertums kennen wir die Lehre von den drei Weltaltern, dem goldenen, silbernen und ehernen (d.h. kupfernen), die dem unsrigen vorangegangen sein sollen. Hesiod beschreibt sie für die Griechen. In Goethes Tempelmärchen werden die drei Könige, die verzaubert im unterirdischen Tempel der Erweckung harren, ebenfalls als der goldene, silberne und eherne (d.h. kupferne) gekennzeichnet. Urweltweisheit und Urweltkräfte aus paradiesischen Menschheitszuständen gilt es wiederzufinden, wenn der Mensch zu seinem wahren Sein erwachen und sich in seiner höchsten Würde ergreifen lernen soll. Wie drei Reiche, die versunken in den Seelengründen ruhen und deren verzauberte Kräfte gehoben sein wollen, offenbaren sie sich dem Sucher nach der verlorenen Mutter, und eine Stimme spricht: »Ich habe noch nie den russischen Geist mit Augen gesehen, noch nie mit Ohren gehört, aber jetzt tritt der russische Geist vor meinen Augen in Erscheinung.« – So wird Iwan, der Königssohn, begrüßt. Denn in diesem unaufhaltsamen Vorwärtsdringen zu den Sphären, in denen die »Unaussprechliche Schönheit« weilt, die Jungfrau Sophia, die sich dem suchenden Menschengeist vermählen will, offenbart sich erst, was russisches Wesen in seiner Tiefe wahrhaft ist und was es für die Welt bedeuten wird, wenn es seine Bestimmung ergreift.

»Sie wurden miteinander vermählt und gaben ein Gastmahl *für die ganze Welt«*, heißt es in dem Märchen von »Iwan Kuhsohn«, der die Zarin mit den goldenen Haaren gewann. Eine weltverschwisternde Seelenkraft ist es, die noch durch manche Prüfungen zu gehen hat, aber einstmals zu ihrer Erleuchtung im Geiste heranreifen wird.

Freilich wird sie sich erst mit den Mächten des Todes auseinanderzusetzen haben; diese erscheinen im Bilde des »unsterblichen Knochenmanns«. Es bedeutet den Durchgang des Menschengeistes durch das Zeitalter der materialistischen Gedankenformen und der entfesselten Technik, wenn der unsterbliche Knochenmann die zwölf eisernen Ketten, an denen er angeschmiedet ist, zersprengt und »Maria, die Tochter des Meeres« an sich reißt, den Königssohn Johannes jedoch in lauter kleine Stücke zerhaut. Aber die Märchen wissen alle von der Wiederbelebung des Geistes. Sie kennen das Wasser des Lebens und seine Wunderkraft, die den zerstückelten Königssohn zur Auferweckung bringt. Und sie kennen auch das Geheimnis, wie das im Geiste Errungene erst allmählich und stufenweise in die Erdenwirklichkeit hereingetragen werden kann. Wie wunderbar ist es in dem Märchen von dem »König des Meeres und Wassilissa, der Allweisen« dargestellt, wenn Johannes nach der königlichen Hochzeit mit Wassilissa nun den Zug ins »heilige Rußland« antritt. Es werden Verwandlungen geschildert. Auf Stufen einer apokalyptisch-christlichen Entwicklung wird hingedeutet, die sich in den Märchenbildern widerspiegelt. Unerkannt und in tiefer Demut betritt die strahlende Schönheit das »heilige Rußland«.

Wenn dann erzählt wird, wie sie sich als Magd bei einer Opferbrotbäckerin verdingt, um die Altarbrote zubereiten zu helfen, so wird damit auf den Weihestrom hingewiesen, der durch die heilige Altarhandlung geht und dem sich geheimnisvoll jene allbeseelende Kraft der Sophia mitteilt: bis der Augenblick schließlich gekommen ist, da sie die zwei Täubchen ausschickt, die ans Fenster des Königsschlosses klopfen. Sie kommen, den Königssohn an das heilige Bündnis mit der »Allweisheit« zu erinnern. Es ist die Stunde der Tauben: der Anbruch des Zeitalters der Geist-Erleuchtung, dem das johanneische Christentum entgegenlebt und für das alle wahren Märchenhelden kämpfen, leiden und ihre Siege erringen.

*

Schwere Wege sind es allerdings, die dieser Volksseele noch zu gehen bestimmt sind. So wird auch in Rußland »Das Mädchen ohne Hände« erzählt. In den Grundlinien ist es dem deutschen Märchen ähnlich, das wir bereits besprochen haben. Die russische Fassung rückt jedoch das Mysterium des Kindes in den Mittelpunkt. Die Frau ohne Hände gebiert einen Sohn: »Bis zu den Ellenbogen waren die Arme in Gold, auf den Hüften schimmerten Sterne, auf der Stirn glänzte der helle Mond, auf dem Herzen die goldene Sonne.«

Damit ist deutlich eine übersinnliche Geburt dargestellt, an der die Kräfte des ganzen Kosmos gnadevoll Anteil haben. Als der Mann seine Frau verstößt (dies wird wie im deutschen Märchen durch eine Vertauschung von Briefen herbeigeführt), bindet man der armen Mutter den Säugling vor die Brust und schickt sie fort. Unterwegs beugt sie sich, weil sie durstig ist, über einen Brunnen. Dabei entgleitet ihr das Sternenkind und versinkt ins Wasser. Hilflos geht sie um den Brunnenrand herum; da tritt ein alter Mann zu ihr und fragt sie nach ihrem Schmerz. »Beug dich herunter und ziehe dein Kind heraus!« so fordert er sie auf. »Ich habe ja keine Hände, Väterchen, nur Arme bis zum Ellenbogen.« Aber er ermahnt sie noch einmal. Da streckt sie die Arme in den Brunnen herab, und im Ausstrecken wachsen sie ihr von neuem. So kann sie ihr Kind aus der Tiefe ziehen.

Ist nicht das Schicksal der russischen Seele darin erzählt? Sie wird zur Ohnmacht des Wirkens verurteilt und darf ihr Sternengeheimnis nur noch am Herzen tragen – eine heilige Hoffnung der Zukunft. Diese Seele hat das Gotteskind versinken lassen müssen; nun steht sie ratlos vor dem Lethebrunnen. Aber es gibt eine Kraft der Sehnsucht, die so stark ist, daß sie das Wunder vollbringt. Die Wissenden sagen: Es werden ihr Arme wachsen, Geistesarme, die das verlorene Sternenkind aus den Tiefen emporheben. Dann wird sie es der Welt zeigen. Denn die vom Christuslicht erfüllte Seele des russischen Menschen wird in kommenden Zeiten einstmals die Botschaft vom Sternen-Ich zu verkünden haben. Der Mensch, als kosmisches Wesen, in dem sich alle Himmel ein Abbild schufen, er wird sich selbst »begreifen«. Und im Sich-Ergreifen wird er über die Macht der Finsternis siegen.

Bündner Märchen

Graubünden ist im Gange der europäischen Geschichte auf mannigfache Art zum Schnittpunkt bedeutender Strömungen geworden. Zunächst ist da das ursprüngliche Erbe der alten Rätier zu beachten, die in ihren Bergtälern noch lange Zeit ein naturhaftes Hellsehen zu bewahren vermochten, so daß ihnen der Umgang mit den Elementarwesen noch etwas Selbstverständliches geblieben war. Dann aber lagerten sich durch die Einflüsse der römischen Zivilisation und späterhin des von Norden her vordringenden alemannischen Elements reiche Kulturtraditionen in den Seelengründen dieser Bündnergeschlechter ab. Nicht zu vergessen sind die Beziehungen Graubündens zur französischen Kultur im 17. Jahrhundert und das ständige Herüberwirken des Italienischen vor allem im Engadin. Dieses erklärt, daß die Bündner Märchensammler zu verhältnismäßig später Zeit noch einen so reichen und vielfältigen Ertrag einzubringen vermochten. Das größte Verdienst an diesen Sammlungen ist zweifellos Caspar Decurtins zuzusprechen; aus seiner »Raeto-romanischen Chrestomathie« haben andere Erzähler reichlich geschöpft.*

Betrachten wir zunächst das Knabenerlebnis eines Sohnes der rätischen Hochgebirgswelt. In dem Märchen »Die drei Winde« ist der Umgang einer Seele mit jenen drei Hüterinnen der inneren Entwicklung geschildert, die wir aus den verschiedenen Märchen als die Dreifalt der Seelenkräfte kennengelernt haben. Ein Knabe wird, damit er nicht dem »Herrn mit dem grünen

* Zuerst wurde auf Deutsch in Dietrich Jecklins Sammlung »Volkstümliches aus Graubünden« durch Decurtins selber manches veröffentlicht. Eine große Sammlung »Märchen aus dem Bündnerland« (Basel 1935) veranstaltete Gian Bundi. Sie ist nach dem Rätoromanischen erzählt.

Frack« verfalle, von seinen Eltern in zartester Jugend einem alten Eremiten übergeben. In den Bündner Märchen, so zum Beispiel im »Bärenhäuter« und im »Grafen Goldhaar«, die wir bereits erwähnten, erscheint der Versucher oft in der Gestalt des Grünröcklers. Der Eremit lehrt den Knaben nun in einem Buche lesen, »das so alt war wie Methusalem«, und führt ihn an den Ort, wo zwei Wege ein Kreuz bilden. Lange Zeit liest und liest der Knabe in aller Treue auf Geheiß seines Lehrmeisters in jenem Buche, bis schließlich ein gewaltiger Adler kommt, der ihn mit seinen Krallen packt und hoch in die Lüfte entrückt. Weil aber der Knabe das Buch fest in seinen Händen hält und unbeirrt darin weiterliest, muß ihn der Adler wieder fallen lassen. Das Märchen beteuert es: »Und er ist, wahr und wahrhaftig, oben auf der Höhe des Julier zur Erde gekommen.« Damit will es uns selber in die erhabene Gipfelwelt Graubündens hinaufheben. Denn es sind Höhen-Erlebnisse des Geistes, die im Märchenbilde vor uns hingestellt werden. Die Weisung des Einsiedlers ist eine Anleitung zum Leben in der Meditation. Wenn der Jüngling um sich herum ein Getöse wie von einem Hexenvolk wahrnimmt und von seinem Buche aufblickt, in diesem Augenblick jedoch von dem Adler in die Luft emporgerissen wird, so veranschaulichen uns solche Bilder in wunderbarer Art jenen Übergang, der die Seele aus der Meditation in das leibfreie Bewußtsein hinaufträgt.

Droben auf der Höhe des Julier beginnt nun der eigentliche Seelenweg dessen, der eine jahrelange Erziehung abseits vom Alltagstreiben genießen durfte. Er findet dort drei gütige Feen, die in einem herrlichen Palast aus klarem Kristall wohnen. Sie nehmen sich seiner Entwicklung an, und er darf mit ihnen einen wunderbaren Umgang genießen. Als er aber in die Zeit kommt, da ihm der Bart wächst, verliebt er sich in die schönste von ihnen. Auch sie hat den schönen Jüngling erkoren, und so soll es zur Hochzeit kommen. Da aber beginnen die Lebenswiderstände zu wirken, die ihn, als er noch einmal zu Tale gehen muß, in den Kreis der Eltern und aller Erdenneigungen verstricken wollen. Erst nach einer mühevollen Geistessuche und manchem Abenteuer gelingt es dem Jüngling, seine Julierhöhe wiederzuerreichen und in das Kristallschloß der drei Feen den Eingang zu finden, um dort die ersehnte Hochzeit zu feiern. Der Erzähler, als ein echter Sohn der Alpenwelt, hätte wohl mit Goethe die Erfahrung aussprechen können: »Die Gebirge sind stumme Meister und machen schweigsame Schüler.«

*

Aber auch das Licht der christlichen Mystik strahlt in die Seele Graubündens herein. So finden wir das bekannte Motiv der Entzauberung der Rabennatur in einem Märchen aus dem Bündner Oberland auf besonders eindrucksvolle Art entfaltet. Decurtins hat es unter dem Namen »Der Rabe« aufgezeichnet. Da wird von einem Grafen erzählt, der arm an Geld und Gut ist und nur ein einziges Töchterlein hat, um das er große Sorge trägt, weil es das Teuerste ist, was er auf Erden besitzt. Eines Tages geht er betrübt durch den Wald und sinnt darüber, was wohl aus seinem Kinde werden möge, wenn er selber sterben würde. Da hört er von einer Eiche herab eine Rabenstimme krächzen: »Bring mir deine Tochter, dann gebe ich dir soviel Gold, wie du willst!« Der Graf führt die Jungfrau in den Wald und übergibt sie dem gefiederten Bräutigam.

Es ist die Sorge um das Ewige, die den Sucher nach dem Geiste bewegt; in der Sprache des mittelalterlichen Christentums würde man sagen »um das Heil der Seele«. Der Rabe enthüllt der Jungfrau nun sein Verhängnis; denn eine Hexe hat ihn, der einst ein schöner Jüngling war, verzaubert. So muß er als Rabe im finsteren Walde fliegen und war doch ein Fürst über reiche Schätze. »Holde Jungfrau – spricht er – folgt mir auf mein Schloß! Geht in die Kapelle dort! Kniet am Altar einen ganzen Tag, und weinet und betet zu Gott! Füllet den Krug, der dort bereit steht, mit euren Tränen und begießt damit mein Gefieder, wenn ich des Abends nach Hause komme. Aber kein Tröpflein dürft ihr dabei zur Erde schütten.« Was in dem Rabenmärchen von den »Zwölf Brüdern« als die Bedingung für die Entzauberung genannt wurde – sieben Jahre Schweigen –, das wird hier noch deutlicher in die Sprache der mystischen Weisheit gekleidet. Auf einen Schulungsweg der Seele soll hingewiesen werden. Er spielt sich im Allerheiligsten der Menschennatur ab, im Herzgemach, wo die Seele zur Opferung heranreifen muß. Das Märchen sagt: In der Kapelle des Schlosses muß die Jungfrau den ganzen Tag am Altare knien und zu Gott beten. Sühnekräfte gilt es zu erzeugen, um die Wandlung des geistigen Wesensteiles zu bewirken.

In imaginativer Sprache werden die Anweisungen gegeben. Sie deuten auf die Entfaltung bestimmter Konzentrationskräfte hin. Des Abends, wenn der Rabe von seinem Fluge heimkehrt, soll die Jungfrau das tränengefüllte Krüglein über sein Gefieder ausgießen; dabei darf jedoch kein Tröpflein verschüttet werden. Zweimal mißlingt es ihr, weil sie einen falschen Tritt tut, als sie ihm am Abend mit dem gefüllten Kruge entgegengeht. Mit tiefster Traurigkeit spricht er zu ihr: »Wenn du auch das dritte Mal Tränen verschüttest, so muß ich noch hundert Jahre als Rabe im Wald umherfliegen.« So wird auch von dem Vogel Greif* erzählt, daß er nur alle hundert Jahre einmal eine Feder aus seinem glänzenden Gefieder verschenkt. Es gibt nicht alle Tage Erkorene des Geistes. Innerhalb des Menschheitswerdens treten die Impulse des übersinnlichen Lebens in bestimmten rhythmischen Abständen auf. Darum ist es von höchster Wichtigkeit, die Gnadenaugenblicke nicht vorübergehen zu lassen.

Was heißt denn dieses: das tränengefüllte Krüglein dem Raben entgegenzutragen, wenn er des Abends heimkehrt, und es ihm über sein Gefieder auszugießen? – Die Frucht der Kontemplation muß über die Schwelle des Einschlafens hinübergetragen werden. Was in tiefster Gefühlsversenkung erlebt worden ist, soll mit demjenigen Teil unseres Wesens vereinigt werden, der tagsüber ein Schattendasein führt. Kehren die Gedankenkräfte, die sich vom Aufwachen bis zum Einschlafen an die Sinnenwelt verloren haben, ins Innere zurück, so gilt es, sie dem Leben des Geistes zurückzugeben. Sie feiern ihre Auferstehung, wenn sie aus der Opferkraft des Herzens wiederbelebt werden können. Dazu bedarf es jedoch einer Fähigkeit zur innersten Sammlung, die erübt sein will. Nur wo sich das Gefühl zum Seelenlichte verdichtet, werden Bewußtseinskräfte »entzaubert«. Es handelt sich hier um intime Erfahrungen des Lebens in der Meditation, die in einem solchen Märchen weitergegeben werden. Nun ist es aber dem Erzähler darum zu tun, die Hochzeit der schönen Jungfrau mit dem jungen Fürsten, der ihr seine glückliche Entzauberung verdankt, als ein mystisches Erlebnis zu kennzeichnen. Das geht aus dem eigentümlichen Schlußsatz hervor: »Ich habe am Tisch gedient, und als ich die Suppe fallen ließ, haben sie mir einen Fußtritt gegeben, der mich bis hierher geschleudert hat.«

Es ist nicht irgendeine Hochzeit, die einmal in einem fernen Lande oder einer vergangenen Zeit stattgefunden hat. Sie kann überall und in jeder Seele gefeiert werden, wenn die inneren Bedingungen dafür hergestellt sind. Denn es ist jene »königliche Hochzeit«, zu der alle geladen sind, die den Ruf vernahmen. Bei dieser Hochzeit muß das niedere Selbst dem höheren Selbst die rechten Dienste leisten. Es ist allerdings für die irdische Persönlichkeit schwierig, sich wach zu erhalten, um jene schnell vorübergleitenden Erleb-

* In dem Tessiner Märchen »Die Greifenfeder«: siehe die Sammlungen von Walter Keller »Tessiner Märchen« 1927 und »Am Kaminfeuer der Tessiner« 1940.

nisse sich nicht entschlüpfen zu lassen und ihren Märchenglanz in das Alltagsbewußtsein herüberzuretten. Der Erzähler empfindet durchaus das Unzulängliche seiner eigenen Geistesreife; deshalb spricht er von seiner Ungeschicklichkeit bei der Hochzeit und von dem Fußtritt, der ihn so unsanft in das Sinnenbewußtsein zurückfallen ließ. Es war wie ein jähes Verstoßenwerden und ein derbes Aufprallen auf den Boden der Erdenwirklichkeit. Doch der Humor, mit dem er davon zu reden weiß, deutet auf eine gesunde Selbsterkenntnis hin. Mit dem Bewußtsein der Erkorenheit paart sich bei ihm jene tiefe Bescheidenheit, zu der jede echte Selbsterkenntnis den Schüler der Weisheit führen wird.

Eine ähnliche Schlußformel kehrt in manchen Bündnermärchen wieder. So bemerkt der Erzähler des Märchens von den drei Müllerssöhnen, die ihr Glück machten, zuletzt: »Da ich gerade durch diese Stadt kam, haben sie mich zur Hochzeit eingeladen.« Er schwelgt noch jetzt in der Erinnerung an das Mittagsmahl. Dann aber heißt es: »Als ich genug gegessen und getrunken hatte, haben sie mir die Geschichte von den drei Müllerssöhnen erzählt. Dann hat mich ein Diener beim Ohr genommen und gesagt: Jetzt mach', daß du fortkommst, und erzähle die Geschichte auch anderen Leuten.«

Wiederum bekennt der Erzähler, daß er selbst solcher Gnadenaugenblicke des geistigen Erlebens teilhaftig geworden sei. Aber auch hier finden wir die drastische Art, wie das Bewußtsein in die Alltagswelt zurückgeführt wird. Die irdische Persönlichkeit hat keinen Anlaß, mit dem Erlebten großzutun; ist sie doch ziemlich formlos herausgesetzt worden! Sie empfindet jedoch die Verpflichtung, die ihr mit solchen Erlebnissen auferlegt ist.

*

Humorvoll ist auch die Erzählung von jenem glänzenden Wundervogel, der sich dem wandernden Jüngling auf die linke Schulter setzt. Es ist der Vogel der Phantasie, der ihm die Märchenweisheit ins Ohr raunt und deshalb von allen begehrt wird, die ihn sehen. In dem Grimmschen Märchen ist »Die goldene Gans« der hier erzählten Begebenheit sehr verwandt, wenn auch in einzelnen Motiven noch weiter ausgestaltet. Es handelt sich, wie so oft, um die Heilung der Königstochter. Zwar ist sie diesmal nicht eigentlich krank, aber doch sehr traurig. Es ist »Die Prinzessin, die nicht lachen konnte«. Ein Sohn armer Leute hat von ihrem Unglück gehört und auch von dem Erlaß des Königs, daß derjenige sie zur Braut haben solle, der sie zum Lachen bringen könne. So macht er sich auf die Reise zum Königshofe. Er trifft unterwegs eine alte Frau, die ihm einen Rat gibt. Sie prophezeit ihm, daß sich ein schöner Vogel auf seine linke Schulter setzen werde; den solle er hüten und unter keinen Umständen weggeben. Es geschieht bald darauf, wie sie gesagt hat, und er handelt nach ihrem Rate. Als ihn des Abends in dem Wirtshaus, in dem er übernachten will, mehrere Gäste bedrängen, ihnen den Wundervogel zu verkaufen, bleibt er standhaft und läßt sich von keinem Geldangebot verlocken. Der Wirt aber sucht ihm den Vogel, während er schläft, zu stehlen. Es wird auf scherzhafte Art geschildert, wie er sich gegen Mitternacht an das Bett des Jünglings schleicht, um ihm den Vogel zu entwinden. Kaum hat er ihn berührt, so bleibt er an dessen Federkleid haften. Ebenso geht es der Wirtin, die nach einer Stunde in die Kammer tritt, um ihren Mann zu befreien; gleicherweise der Magd. Jeder hängt an dem Vorhergehenden fest. Am nächsten Morgen zieht der Jüngling mit seinem Vogel und allen, die daran hängen, durch das Dorf. Der Pfarrer, der gerade am offnen Fenster steht, wird zornig über diesen Umzug. Es ist nach seinen Begriffen ein Skandal. So läuft er in aller Hast hinter dem Zuge drein und will der Magd »eins aufbrennen«. Doch wehe! auch er bleibt mit seiner Hand an ihr hängen. Zuletzt geht es noch der Bäckersfrau ebenso, als sie den Herrn Pfarrer wegziehen möchte, wie sie diese seltsame Prozession am Gemeindebackofen vorüberwandern sieht. In diesem Aufzuge kommen sie allesamt vor das Königsschloß. Sie werden sogleich der Prinzessin vorgeführt, die bei diesem Anblick lachen und lachen muß, bis sie nicht mehr kann. Zum Lohn darf der Jüngling sie heiraten, das Gefolge aber gibt er wieder frei.

Die Bilder des Märchens erscheinen zunächst leicht gewoben; der Gedanke aber, der sich hinter ihnen verbirgt, ist kühn. Die menschliche Seelenentwicklung, die immer mehr im Intellekt zu erstarren drohte, machte den Wissenden die größte Sorge. Sie empfanden, wie die einseitige Verstandeskultur sich lähmend auf die Seelen legte; die kirchliche Theologie, die sich im Dogma verfestigte, hatte einen erheblichen Anteil an dieser verhängnisvollen Entwicklung. Woher aber konnte eine befreiende Wirkung kommen? Wer vermochte der Seele wieder Schwingen zu verleihen? – Nur eine Weisheit, die sich in das Farbenbild der Phantasie zu kleiden versteht, würde die Seele des Volkes aus der Erstarrung lösen und ihr das Erlebnis der geistigen Freiheit vermitteln. »Lachen können« ist ja das Zeichen der inneren Befreiung!

Der Jüngling, der von der Not der Königstochter hört, ist der Sucher nach den lebendigen Geisteskräften, die aus der Fesslung einseitiger Verstandesbildung herausführen und die Seele zum bildhaften Erleben der Daseinsrätsel beflügeln möchten. In der alten Frau, die ihn unterwegs anspricht, tritt ihm die uralte Weisheit entgegen, wie sie sich noch im Volksgemüt hier und da fortgeerbt hat. Sie erkennt ihn als einen Erwählten des Geistes, einen Phantasie-Begnadeten. Unsterblich, ohne seine Begabung für andere Zwecke ausnutzen zu lassen, soll er seiner Berufung unter den Menschen dienen. So werden sich bald die Wirkungen einstellen, die von dem Vogel, der ihn inspiriert, auf die Seelen übergehen. Denn was geschieht nun?

Wieder müssen wir, wie so oft, darauf achten, daß die Erzählung hier in nächtliche Erlebnisse hinübergeleitet. Der Jüngling, dem der schöne Vogel auf der linken Schulter sitzt, hat eben die Gabe, Märchen und Sagen erzählen zu können. Ihm ist die Macht verliehen, die Menschengemüter in den Zauberkreis seiner Phantasie zu ziehen. Nicht nur flüchtige Eindrücke vermitteln die weisheitsdurchleuchteten Bilder; sie senken sich viel tiefer in die Seelen hinein, als diese selber zu ahnen vermögen. Sie wirken im nächtlichen Erleben weiter, die Gemüter kommen nicht mehr davon los. Sie werden, während sie schlafen, von der Zauberkraft festgehalten. Für den Seelenblick eines Sehers ergäbe sich das Bild, wie sie alle nach dem Wundervogel Begierde haben und einer nach dem andern von ihm in Bann geschlagen werden, so daß sie sich nicht mehr von ihm lösen können.

Solche freiheitliche Geistesart, die durch Märchen- und Sagenbilder die Weisheit von den höheren Welten auszubreiten suchte, fand gewöhnlich in den Trägern des offiziellen Geisteslebens ihre größte Gegnerschaft. Der Theologe, der den Geist in Dogmen eingefangen hielt, erwies sich oft genug als der Erzfeind derer, die ihre Geistessaat in der Sprache der Imagination auszusäen suchten. Sollte er aber schließlich nicht auch noch dafür gewonnen werden können, und sei es auf dem Umweg über seine Gemeindeschäfchen, die er dem Wundervogel folgen sieht und die ihm wegzulaufen drohen? – Er muß sich wohl oder übel auf diese Bilderweisheit einlassen. Man kann hoffen, daß auch er noch ihre Zauberkraft verspüren wird und nicht mehr von ihr loskommt! Dann könnte aus dem Verfolger vielleicht noch ein Nachfolger werden. Und ließe sich auf diesem Wege nicht noch die ganze Gemeinde gewinnen? Er verwaltet ja im Dorfe »die öffentliche Meinung«. Das aber ist die Bäckersfrau, die für alle das Brot im Dorfe zu backen hat. Sie wird als letzte in den Umzug mit hineingerissen. Man muß den Schalk spüren können, der diese Bilder geformt hat, und man versteht: Künftig wird in diesem Dorf nur noch solches Brot gebacken werden, das irgendwie von dem Zauber des Wundervogels berührt worden ist.

Dann allerdings wird die Gemeinde ein nahrhafteres Brot zu essen bekommen. Sollte die Seele des Volks auf diesem Wege nicht aus den Fesseln des schwerfälligen Verstandeswissens erlöst werden können? Die Königstochter, die von Schwermut befallen war, beginnt zu lachen. Es ist das Lachen des befreiten Geistes, dem die Schwingenkraft der Phantasie zu wachsen beginnt. Als Siegesbotschaft erklingt es aus dem Märchen.

*

Zuletzt sei aus der Fülle der Motive noch auf ein charakteristisches Märchen hingewiesen, dessen Bilderfolge offenkundig vom esoterischen Christentum inspiriert worden ist. Wir hatten unter den »Wintermysterien« bereits das Bündnermärchen hervorgehoben, das die Suche nach der Rose, die im tiefsten Winter erblüht, zum Ausgangspunkt der Handlung nimmt. Es ist der »verwunschene Prinz«, der durch eine Hexe in die Gestalt jener Schlange gebannt wurde, die aus der Quelle hervorkriecht, während der Müller für seine Tochter gerade die schöne Rose abbricht. Wer diese Rose gewinnen will, muß auch den Weg gehen, der zur Erlösung der Schlange führt. Die Läuterung der Blutsnatur, die unter dem Bilde der mystischen Rose erscheint, ist an die Bedingung geknüpft, daß die Seele zunächst mit den Kräften bekannt werden muß, die noch über ihr Blut Macht haben. Das Märchen sagt: Sie muß den Mut fassen, die Kerze in der Nacht anzuzünden, während sie dem geheimnisvollen Gemahl vereinigt ist.

Nur das Erkenntnislicht vermag die Schlangennatur zu entzaubern; es übt auf alles, was noch undurchschaut in den Seelengründen waltet, eine befreiende Wirkung aus. Aber solche Erkenntnis ist zunächst selbst noch sinnengetrübt. Wie in dem griechischen Märchen von »Amor und Psyche« das Verhängnis darin besteht, daß Psyche den Tropfen Wachs in ihrer staunenden Erregung auf die Schulter des Götterjünglings fallen läßt, während sie ihn im Schlafe beobachtet, – so ergeht es auch der Müllerstochter. Das Erkenntnislicht in ihr ist noch nicht von der vollkommenen Herzensruhe getragen. Es sollte nur leuchten; aber es hat zugleich eine versengende Wirkung. Ihm ist die Leidenschaft noch beigemischt. Die Läuterung ist noch nicht eine vollkommene. Wie aber kann diese erreicht werden?

Unser Märchen gibt die Antwort in Bildern, die unverkennbar eine christliche Grundstimmung offenbaren. Es erzählt, daß mit einem Male der Prinz samt dem Schlosse verschwunden ist und die Müllerstochter nichts mehr als einen Dornenstrauch und ein Paar eiserne Schuhe vor sich stehen sieht. Nun soll sie solange in der Welt umherwandern, bis sie die eisernen Schuhe durchgelaufen hat... Eiserne Schuhe ziehen ja die Füße mit aller Gewalt auf die Erde herab. Die Seele, die schauend geworden ist, darf nicht im Geisteslicht verschweben. Sie muß das volle Gewicht der Erde empfinden lernen. Eisenkräfte, die im Blute wirksam sind, erstarken bekanntlich den gesunden Willen zum Erdendasein und zur nüchternen Pflichterfüllung. Wie aber kann man die eisernen Schuhe durchlaufen?

Eine alte Frau begegnet dem wandernden Mädchen im Walde und gibt ihm den Rat, die Schuhe in einen noch warmen Kuhfladen zu stellen; so würden sie bald mürbe werden. Es ist ein rechtes Bild aus dem Leben eines Hirtenvolkes. Mit den Schuhen im warmen Kuhfladen stehen, kann nur bedeuten: Stalldienste tun müssen. Ein ähnliches Bild demutvollen Erdendienstes gebraucht einmal Johannes Tauler, der sich als Gottes »armen Stallknecht und Aschenbaltz« bekennt. Der große christliche Mystiker weiß, daß die Seele, die sich vom Glanze des übersinnlichen Lichtes durchdringen läßt, zugleich einer gesunden Erdverbundenheit bedarf; diese aber kann nur im Dienen gefestigt werden. Damit stellt sich das innere Gleichgewicht immer wieder her.

Als nun die arme Magd die eisernen Schuhe auf solche Weise durchgelaufen hat, kommt sie an ein Königsschloß, wo sie für eine Nacht um Obdach bittet. Die gute Königin nimmt sie auf, und die Müllerstochter bringt dort einen Knaben zur Welt. Im gleichen Augenblick jedoch läßt sich eine geheimnisvolle Stimme vernehmen: »Die goldene Ampel und der silberne Stab! Wenn das deine Großmutter wüßte, sie steckte dich in goldene Windeln. Wenn die Hähne nicht krähten und die Glocken nicht läuteten, so käme ich zu dir!« – Die Rätselworte bleiben zunächst unverständlich. In der nächsten Mitternacht hören die Dienerinnen der Königin, während sie Wache halten, die gleiche Rede. Daraufhin läßt die Königin allen Hähnen in der Stadt die Hälse umdrehen und alle Glocken festmachen. Diesmal wacht sie selber bei der jungen Mutter. Als aber die Stimme zur Mitternacht die gleichen Worte spricht, antwortet die Königin: »Die Hähne krähen nicht und die Glocken läuten nicht, so komm' zu uns.« Da steht, o Wunder, ihr eigener Sohn vor ihr! Er ist der verwunschene Prinz gewesen. Weil er nun völlig erlöst ist, kann auch die Hochzeit mit der Müllerstochter gefeiert werden.

Nur aus dem tiefsten Schweigen heraus vermag sich das hohe Wesen zu offenbaren, das sein Kommen so rätselvoll um die Mitternacht ankündigt. Wo die Stimmen des Tages verstummen, wo keine Weckrufe des äußeren Daseins mehr das Weben der Stille zerreißen, da kann es zum Leben erwachen. Die feierliche Rede, die es seiner Erscheinung voranschickt, zeugt davon, daß sich der Menschenseele ein Heiligstes mitteilen will. Ihm haftet nichts mehr von der Schlangennatur an; es hat die Sinnesfesseln abgestreift.

Und es kündigt sich der Seele gerade zu jener Stunde an, da diese ein Königskind gebären durfte. Dieser Sohn ist die Frucht des geheimnisvollen Umgangs, den sie mit jenem Wesen pflegen konnte, das ihr zunächst in Gestalt der Schlange nahte, dann sich aber unter dem Strahl einer ersten Erkenntnis als der schöne Jüngling offenbarte. Die Seele ist schöpferisch geworden. Den Keim dieser jungen Königskraft vermochte sie zwar nur aus verborgenen Reichen zu empfangen. Ausreifen aber konnte er in ihr selber, während sie bereitwillig eine Weile »mit eisernen Schuhen im warmen Kuhfladen zu stehen« sich übte. Die Inspiration von oben muß mit der Urkraft der Erde genährt werden, wie sie sich einzig in der Treue zum Alltag erringen läßt.

Das Märchen von Amor und Psyche schildert nur, wie die Seele durch die Läuterung reif wird, am göttlichen Leben teilzunehmen. Sie wird zum Olymp entrückt. Unser Bündnermärchen will darauf hinweisen, wie es notwendig ist, im Seeleninnern einen Keim des schöpferischen Lebens zur Entfaltung zu bringen und wie dieses neue Leben der tiefste Ausdruck einer erdverbundenen Persönlichkeit sein wird.

Was verheißt die geheimnisvolle Stimme der Stille dem Königskinde? – »Die goldene Ampel und den silbernen Stab.«

Wer die goldene Ampel sein Eigen nennen darf, kennt die Gnade der Erleuchtung, die das Verborgene offenbar machen kann. Wer den silbernen Hirtenstab besitzt, hat das Königszepter, durch dessen sanften Zauber er auch die Seelentriebe zu lenken versteht. Das Kind, das zur Mitternacht geboren ist, wird ein Herrscher im Reich des Schönen sein. Denn die Schönheit ist der milde Widerschein der Weisheit.

Wer aber ist im Sinne dieses Märchens der hehre Weihespender? – Es ist die erlöste Schlange. Luzifer wird zum Genius der Weisheit und der Schönheit gewandelt, wo die Seele um das Geheimnis der Rose wirbt, die nur im tiefsten Winter und nur am verborgenen Orte erblüht. Aus der Urkraft eines Hirtenvolkes erringt die Märchenheldin das hohe Ziel, das sie aus Freiheit gewählt hat.

Südfranzösische Märchen

Die Gascogne ist das Land einer ehemals hohen und spirituellen Kultur, die Heimat des Katharertums, das im 12. und 13. Jahrhundert eine Blüte des von manichäischer Weisheit durchglänzten Christentums feiern durfte, dann aber in den grauenvollen Albigenser-Kriegen von der Macht der römischen Kirche ausgelöscht wurde. In den Liedern der Troubadoure pflanzte sich noch etwas von dieser Hochkultur fort; es ging im schlichten Gewande der Märchen in das Volksgemüt über.

Verhältnismäßig spät erst ist es zu einer Sammlung solcher Märchen gekommen, die Jean François Bladé unmittelbar aus dem Munde einfacher Menschen hören konnte, welche selbst noch im Umgang mit den geistigen Welten standen.* In der Substanz sind zwar die Motive unseren Volksmärchen nahe verwandt. Bedenkt man aber, wie wir uns dort auf dem Boden alter und vielschichtiger Kulturen befinden, so wird es nicht verwundern, hier die Kostbarkeiten aus der Schatzkammer der verschiedenen Volkstümer zusammengetragen zu sehen. Der keltische Untergrund kommt überall da herauf, wo wir die Vertrautheit mit den Elementargeistern noch verspüren. Der jahrhundertelange Einfluß griechisch-römischen Kulturlebens zeigt sich in solchen Motiven, die der Ödipussage oder auch der Odyssee verwandt sind. Großartig zum Beispiel, wie in dem Märchen von dem »Jüngling und dem großen Tier mit dem Menschenkopf« das Sphinx-Motiv auftritt, nun aber ganz in das Christliche heraufgehoben. Der heldische Sinn des Westgotentums, das hier einstmals das Tolosanische Reich gründete und dessen Adel auf den hohen Burgen die Minnekultur des Mittelalters pflegte, in Ver-

* »Contes populaires de la Gascogne«, 1886. In deutscher Übersetzung durch Konrad Sandkühler unter dem Titel »Der Mann in allen Farben«, Stuttgart 1977 und »Der Davidswagen«, Stuttgart 1972 herausgegeben.

bindung mit der Weisheit des Katharertums, verleiht diesen Märchen ihr eigentliches Ethos.

Unserem »Vogel Greif« ist zum Beispiel das Märchen von den »Drei Orangen« nahe verwandt. Hier wird es nur noch deutlicher, daß es sich um die goldenen Früchte der Hesperiden handelt, die das Geheimnis des Lebensbaumes in sich bergen, der wundersamen Verjüngung der Menschennatur. Da sagt der beste aller Ärzte von Montpellier zu dem König: »Eure Tochter wird gesund werden. Aber das Mittel zu ihrer Heilung ist hier nicht zu finden, es ist weit, weit weg im Ausland, im Land der Orangen. In diesem Lande liegt ein schöner Garten, in dem es weder schneit noch friert. In diesem schönen Garten steht ein Orangenbaum, ganz weiß übersät mit Blüten, worin siebenhundert wilde Nachtigallen Tag und Nacht singen. Auf dem Orangenbaum wachsen neun goldrote Orangen. Herr König, schickt nur einen jungen Mann hin, der sie pflückt und drei davon bringt. Wenn eure Tochter die erste gegessen hat, wird sie sich aus ihrem Bett erheben. Wenn eure Tochter die zweite gegessen hat, wird sie schöner und gesünder sein als jemals. Wenn eure Tochter die dritte Orange gegessen hat, wird sie sagen: Ich werde weder Frieden noch Ruhe haben, bis ich den jungen Mann geheiratet habe, der mir die drei Orangen gebracht hat.«

*

Auch die Welt der Elemente, wie sie von den kleinen Männlein, den Sirenen und anderen Geistervölkchen durchwaltet ist, wird von den Erzählern teilweise noch aus eigener Anschauung beschrieben. »So wahr wir alle sterben, ich spreche nur von dem, was ich selbst weiß, und bin übrigens nicht darum verlegen, alles was ich vorbringe, auch zu beweisen« – so beteuert ein solcher Erzähler, der die Lebensgewohnheiten des »Kleinen Volkes« in den Felshöhlungen der Erde noch genau schildern kann. Da heißt es: Diese Wesen ernten auch, aber nur einmal im Jahre, in der Silvesternacht. Es wird damit in Bildern auf jenes Geheimnis der Tiefwinterzeit hingedeutet, wie der Geist der Erde in den heiligen Nächten alljährlich zum hellsten Erwachen kommt und die Elementarwesen in diesem Lichte miterwachen dürfen. Es ist ein rechtes Bild, wenn gesagt wird, daß sie auch die Früchte der Erde für das Leben des kommenden Jahres in der Silvesternacht einheimsen.

Oder der Held eines Märchens dringt des Abends in ein verwunschenes Schloß ein. Beim Schlag der Mitternachtsglocke findet er sich mitten unter den kleinen Geschöpfen. Merkwürdige Wesen fallen da plötzlich, Stück für Stück, aus dem Kamin herab: Beine, Hände, Köpfe einzeln – die sich aber schließlich, wie Maschinenteile, zusammenfügen und nun in seelenloser Betriebsamkeit tanzen, während sie immerfort die gleichen Worte im Takt singen. Sie zählen dabei die Wochentage von Montag bis Freitag her. Es sind die Arbeitstage. Den Samstag und den Sonntag kennen sie nicht. Denn das sind die geheiligten Tage des Alten und Neuen Bundes. Die fünf ersten Tage sind, so bekennen sie, »für die Körper ohne Seele«. Aber diese Wesen sehnen sich im Grunde nach dem, der die Woche zu heiligen vermag. In ein Reich der *Unternatur,* aus dem die entseelenden Mächte der Technik aufsteigen, ist der Märchenheld eingedrungen. Er nimmt darin emsig-geschäftige Wesen wahr, die danach drängen, in den Dienst des Menschen zu treten, um von ihm ihre Durchseelung, ihre Durchchristung zu erfahren, die nur durch die Heiligung der Arbeitswoche vom Sonntag her geschehen könne.

Der gleiche Jüngling, der elternlos als Hirtenknabe in einem südfranzösischen Dorfe herangewachsen ist, darf auch in ein Reich der *Übernatur* eindringen. Er findet in einer verlassenen Kapelle des Nachts die Gemeinschaft der Totenwelt und darf aus der Hand eines verstorbenen Priesters beim Feiern der Messe zum ersten Male das Sakrament des Altars empfangen. Dabei entdeckt der Tote, wie auf der Zunge des Jünglings eine goldene Lilie eingeprägt ist: das Zeichen dafür, daß dieser aus dem Geblüt der Könige von Frankreich stammen müsse.

Was ist diese goldene Lilie auf der Zunge? – Hölderlin würde etwa von der »Blume des Mundes« sprechen und damit auf die Gabe der Dichtung, die Vollmacht des Wortes hindeuten. Es ist das Zeichen, an dem die heimlichen Könige erkannt werden. Denn nicht von dem äußeren Königtum reden die Märchen; sie meinen immer den Adel des Geistes, dessen Feuer die Troubadoure durch ihre Adern pulsen fühlten. Der Jüngling findet, als er aus der Totenwelt zurückkehrt, das alte Malteserschwert hinter dem Altare der Kapelle. Mit diesem Schwerte wird er einmal die erlösende Tat vollbringen; denn man kann mit ihm den Wind zerschneiden, unter dessen Wehen sich ein mächtiger Zauberer verborgen hält.

Das Schwert, das aus der Sphäre des Altars empfangen wird, ist die Wortgewalt selber. Dieses Geistesschwert zerschneidet den Wind; es erweist sich als Meister über die Atemkräfte. Auf die Magie des Wortes, die geheiligte Sprachkraft vertraut derjenige, dem die goldene Lilienblüte in die Zunge eingeprägt ist. Er, der als Bastard galt, wird nun in seine Königswürde eingesetzt. Dieser ist, wie das Märchen ihn nennt, »der echte Königssohn«. In solchen Märchen wird die Sendung der Dichtung, der heilige Dienst am Worte gefeiert. Wie letzte Nachklänge einer hohen Kultur der Troubadourzeit schwingen sie im Herzen des Volkes nach. Der lyrische Ton, der unseren deutschen Volksmärchen den Stimmungszauber verleiht und das Kindesgemüt so einzigartig anspricht, ist hier nicht zu finden. Es ist der Balladenton, der in ihnen herrscht.

*

Der Stil dieser Märchen nimmt den Lesenden durch seine Resolutheit sofort gefangen. Er ist selbst von dem Rhythmus getragen, der dem Schritt seiner Helden eigen ist und keine Widerstände kennt; der sie nicht gelten läßt, wo ein hohes Ziel einmal gesichtet ist. So erscheint der »goldene Dragoner«, der Grafensohn, der schnell wie der Blitz durch die Wolken auf seinem fliegenden Pferde daherkommt, in der Geistesvollmacht eines Michaelskämpfers. Er rettet das »Fräulein im weißen Gewande« aus seiner schweren Bedrängnis; so befreite Perceval die Blanchefleur. Es gelingt ihm, den Herrn der Nacht zu Boden zu zwingen, der wie eine Klingsor-ähnliche Gestalt wirkt und ihm die Braut entführt hat, die er nun in Zauberbann hält. Als dieser sich bezwungen sieht, da spricht er: »Du bist stärker als ich. Jedoch kannst du mich nicht töten. Es steht geschrieben, daß ich bis zum jüngsten Gericht leben werde, aber dann nicht mehr auferstehe.«

Der Mensch braucht bis zum Ende der Erdenzeiten diese Macht der Finsternis als seinen Gegenspieler. Das ist manichäische Gesinnung, die im Katharertum lebte. Erst in der ständigen Auseinandersetzung mit jener Macht wird das höchste Gute zur Offenbarung herausgefordert.

So sehen wir als Helfer der bedrängten Menschenseele auch schlichte Gestalten durch die Handlung gehen. Eine solche ist im Märchen von der »Laus« der Bettelmann mit langem weißen Bart, »Hans vom Walde«. Er erinnert an den »Bonhomme«, wie man in den katharischen Gemeinden die Träger des Geistes zu nennen pflegte. Er tritt vor die sinnende Müllerstochter hin und verspricht ihr einen schönen jungen Freier. Aber schon ist auch sein Gegenspieler da, der »Goldspeier«. Dieser Lumpenkerl, ein Klafter hoch und schwarz wie ein Kamin, kommt drohend auf sie zu und verkündet ihr seine Macht. Er hat nämlich den schönen Jüngling, der ihr bestimmt ist, in eine Laus verwandelt. Sie wird ihn in dieser Verzauberung für ihr ganzes Leben zur Ehe nehmen müssen, wenn sie nicht drei Rätselfragen löst, die der Goldspeier stellt. Aber gerade indem sie der Stimme der Laus, die ihr geschwind ins Ohr gekrochen ist, vertraut, gelingt ihr die Lösung der Rätsel. Denn die Laus vermag die Listen des Bösen zu durchschauen. Sie kriecht im entscheidenden Augenblick der Müllerstochter in den Mund und antwortet von dort aus an ihrer Statt. So bricht sie den Bann der satanischen Macht. Köstlich ist es, wie der Jüngling entzaubert wird und Hans vom Walde zur rechten Seite wiedererscheint, um den Müllersleuten zu raten, den Goldspeier, der inzwischen gefesselt worden ist, solange auszuprügeln, bis er alle Goldstücke, die er verschluckt hat, wieder von sich gegeben hat. Nun sind sie reich und können ihre Hochzeit feiern. Das heißt, die Seele findet ihr höheres Wesen, sie findet den Geist, der sich zunächst in völlig unscheinbarer Gestalt ihr zugesellt hat: dessen Stimme das Menschenherz zu ermutigen vermag und in der Prüfung an seiner Statt zu sprechen weiß. Erst in der Auseinandersetzung mit der Dunkelmacht des Lebens erstarkt die Seele zu ihrem wahren Selbst. Ohne mit dem Bösen gerungen zu haben, würde sie niemals jenen Erfahrungsreichtum gewinnen können, der sich zum Schluß als Weisheitsgold ihr enthüllt. Solche Märchen, die vom Sinn des Bösen und der Auseinandersetzung mit ihm zu sprechen wissen, streuten die Bonhommes innerhalb der Katharergemeinden im zwölften und dreizehnten Jahrhundert aus.

Die Art, wie in diesen südfranzösischen Märchen die moralische Weltordnung zu ihrem Siege geführt wird, wirkt wie heroische Balladen. In erschütternder Weise vollzieht sich dies in dem Märchen vom »singenden Meer, vom tanzenden Apfel und vom wahrsagenden Vogel«. Da wird die böse Königin, als sie ihrer Schandtaten überführt worden ist, von dem jungen König, ihrem Sohn, zu der gerechten Strafe verurteilt, hundert Peitschenhiebe vor allem Volke zu empfangen und dann vom Henker hingerichtet zu werden. Weil aber das ganze Volk schreit: »Der Sohn darf seine Mutter nicht zum Tode verurteilen!« so nimmt der König selber die Strafe in Stellvertretung auf sich. Er läßt sich an einen Pfahl binden und auspeitschen. Als der Henker den Blutüberströmten losbindet, heißt es: »Er war in einem so traurigen Zustand, daß jedermann Erbarmen mit ihm spürte. Und doch weinte er nicht, weil ein Mann nicht weinen darf, besonders wenn es der Herrscher ist, und wenn er vor seinem Volke steht.« – Als jedoch das Richtschwert, das der Henker auf den Hals des Königs niederfahren läßt, dreimal wie Glas zerspringt, wird allen offenbar, daß die göttliche Gerechtigkeit zufriedengestellt ist und kein weiteres Opfer verlangt.

*

Der rechte Märchenheld erscheint in der Gestalt eines Jünglings, der »Der Mann in allen Farben« genannt wird. Er ist der jüngste von sieben Söhnen eines armen Holzfällers. Als er in die Welt hinausgesandt wird, erhält er von seinem Vater nur ein Gewand als Mitgift, das aus allen Farben zusammengestückelt ist, während die sechs älteren Brüder jeder ein Goldstück mitbekommen haben. Der Vater tröstet ihn, daß er ihm nur das zusammengestükkelte Kleid geben kann. Dennoch fühlt man: In dieser Gabe, obwohl sie den Menschen äußerlich arm bleiben läßt, liegt eine Kraft verborgen, ähnlich wie in Josephs buntem Rock, den er von seinem Vater erhielt und der ihn vor seinen Brüdern auszeichnete. Denn Joseph wurde dadurch der »Träumer«. Es ist ein Seelengewand, das den Menschen, der es besitzt, mit Traumkräften begabt. Es verleiht ihm die Fähigkeit zur Imagination, durch welche er erkennend in die Geheimnisse des inneren Lebens einzudringen vermag. Er darf den Weg zur Einweihung betreten.

Herzbewegend ist auch das Märchen von dem »Verschleierten«. Er, der durch tiefe Abirrungen gegangen ist und, als er zur Einsicht kommt, den Weg der Sühne beschreitet, kann der große Helfer der Menschen werden. *Unerkannt* tut er seine Taten, die in das Leben des Volkes einwirken. Als letzte Heiltat vollbringt er die Rettung seines Volkes von der schwarzen Pest. Aber dazu muß er erst auf einer Insel im Meere die goldene Blume pflücken: »die Balsamblume, die Blume, die wie eine Nachtigall singt«. Es ist die Heilkraft der Poesie, die als Weltverklärungsmacht die Menschenseelen von jener schwarzen Pest heilen kann, der sie verfallen müssen, wenn sie die Verbindung mit der Welt des Geistes verlieren und dem Seelentode dadurch preisgegeben werden.

Nordische Märchen

In der nordischen Märchenüberlieferung spricht die elementarische Welt gigantischer als in der deutschen.* Die riesenhaften »Trolle« stellen sich überall dem Sucher nach dem Geiste entgegen. Atavistische Seelenfähigkei-

* Siehe »Nordische Volksmärchen« (Sammlung Eugen Diederichs)

ten, gleichsam aus den mächtig waltenden Naturkräften Skandinaviens in die Seelen übergehend, machen für dieses Volkstum die eigentliche Gefahr aus. Im Peer Gynt-Märchen, das der Dichtung Henrik Ibsens zugrunde liegt, sind es Gebirgserlebnisse, die den kühnen Schützen von außen und von innen her bedrängen. Der »große Krumme«, der sich ihm überall in den Weg stellt, ist ein Troll, der sowohl aus der Umwelt wie auch aus dem eigenen Innern aufsteigt. Chaotische Kräfte durchziehen die imaginative Welt der nordischen Märchen. Sie drohen, das wache Ich in seiner Freiheit zu knebeln. Überall wird deshalb dieses Ich zum Kampfe aufgerufen. Am eindrucksvollsten scheint uns das Märchen »Vom goldenen Schloß, das in der Luft hing« diese gigantischen Mächte zu schildern. Der Kampf mit den vielköpfigen Trollen, die Zähmung des Drachen und die Rettung der drei Jungfrauen aus den Zauberschlössern sind Motive, die dem Märchen einen michaelischen Grundzug verleihen. Das sich freikämpfende Ich: so könnte man das Urthema dieser nordischen Märchenwelt nennen.

Von besonderem Reiz ist in dem genannten Märchen die Gestalt des weisen Esels, der den Jüngling unterwegs ständig belehrt und ihm Mut zuspricht. Der Aschenpeter hat sich nicht ein goldenes oder silbern glänzendes Roß ausgewählt, als ihn der Bergtroll in seinen Stall führte; er nahm ein kleines, graues Eselein. Aschenpeter ist ein männlicher Aschenputtel; er hält sich bescheiden an die Grenzen der Erdenwelt. Die Kraft, die wir aus dem wachen Im-Leibe-Sein gewinnen können, vermittelt ihm der Esel. Wer auf dem Eselein einherreitet, läßt sich nicht mehr von triebhaften Gewalten des Pferdes leiten, mögen sie nun edle oder niedrige sein. Der Esel ist sanfter Natur. Die Tugend der Besonnenheit leitet den Geistessucher, der seine Heldenfahrt auf dem Rücken eines Eseleins unternimmt. Ritt nicht auch Christus auf dem Esel in die Stadt Jerusalem ein, als es galt, sein Geisteskönigtum unter den Menschen offenbar zu machen?

Der nordische Mensch trägt in seinem Naturell einen Hang zum Maßlosen. Darin liegt die Größe seiner Möglichkeiten, aber auch seine Gefährdung. Man denke an die Gestalten des »Brand« und des »Peer Gynt«; auch die ins Grenzenlose wachsenden, in gewissem Sinne ungeklärten Visionen eines Emanuel Swedenborg sind dazu zu rechnen. Unser Märchen will den Peer Gynt-Menschen warnen: Wer gleich nach goldenen und silbernen Pferden greift, der mag es höchstens zum Schwärmer oder Visionär bringen. Er steht immer in der Gefahr, ein geistiger Hochstapler zu werden. Wer sich aber wie der Aschenpeter, dem die Pferde alle zu groß waren, streng an die ruhevollen Gedankenkräfte hält, mögen sie zunächst auch noch so unscheinbar aussehen, wird das Seelenchaos besiegen lernen. Denn sie allein klären seinen Geist; sie helfen ihm, die hohen Geistesziele vor sich aufleuchten zu sehen. Sie festigen sein Gemüt, wenn es sich vom Alpdruck der Elementargewalten aus dem Gleichgewicht geworfen fühlt. Man achte auf die Gesprächsführung zwischen dem Eselein und dem Aschenpeter, wenn sie sich einem der hohen-Ziele nahen und der Esel seinen Reiter auf die jeweiligen Gefahren aufmerksam macht. »Ich glaube, ich habe Angst«, sagt der Bursche. »Ach, wer wird sich gleich fürchten«, lacht der Esel und gibt ihm dann den entsprechenden Rat, wie man mit den herandringenden Gewalten fertig zu werden vermag. Am Ende muß freilich auch noch der Esel enthauptet werden. Sonst würde er seine Tierheit nicht überwinden können, nicht *Menschen*kraft werden.

Die inspirierende Weisheit waltet auch in diesem Geistessucher noch als eine instinktive Seelenkraft. Aber sie geht in die maßvolle Klarheit des Gedankens über. Sie leitet zur inneren Freiheit im Denken und im Handeln an. Alle medialen Zustände oder visionären Erlebnisse, sofern sie noch aus einer alten Erbschaft der Volksnatur aufsteigen, überwindet der echte Geistessucher; er muß nur den Wagemut mit wacher Besonnenheit zu paaren verstehen.

Neger-Märchen

Die Erinnerung an den kosmischen Ursprung unseres Wesens lebt in der gesamten Mythen- und Märchenweisheit bis zu den Schwarzen hin.* Der Sohn des Kimanaueze, so erzählt das afrikanische Märchen, soll heiraten. Aber er nimmt kein Mädchen von der Erde: »Wenn ich einmal heiraten soll, so darf es nur eine Tochter des Herrn Sonne und der Frau Mond sein.« Die Leute schütteln den Kopf; denn wer könnte zum Himmel steigen? Der Jüngling aber schreibt einen Heiratsantrag an den Sonnenvater; diesen bringt ihm der Frosch durch eine List in den Himmel. Die Töchter des Himmels pflegen nämlich an Spinnwebfäden zur Erde zu steigen, um aus einem Brunnen Was-

* Hier sei auf das Buch des Völkerkundeforschers Richard Karutz hingewiesen »Des schwarzen Menschen Märchenweisheit«; ferner auf sein Büchlein »Die Mär in Mythen und Märchen« (aus dem Nachlaß 1962). Auch die Werke von Laurens van der Post, des Freundes der Buschmänner, führen uns in die Märchenwelt des schwarzen Mannes ein.

ser zu schöpfen. Der Frosch schlüpft bei dieser Gelegenheit mit in einen Krug und trägt auf solche Weise den Brief in den Himmel hinauf.

Der Sohn des Kimanaueze weiß eben von seinem ewigen Wesen, das in den Lichteshöhen zurückgeblieben ist, so wie im deutschen Märchen die »Königstochter vom Schloß der goldenen Sonne«. Er will es finden und sich mit dem kosmischen Bewußtsein wiedervereinigen. Wir kennen den »Froschkönig«, der den verlorengegangenen Ball aus dem Brunnen holen konnte. So stellt auch im afrikanischen Märchen der Frosch eine alte Entwicklungsstufe der Seele dar: das Gedächtnis uralter Zeiten, da noch die Sonnenkräfte im Irdischen wirksam waren. Zarte Spinnwebfäden verbinden auch heute die Erde mit jenen Höhen. Es gibt Seelenfähigkeiten, die man nur wieder auffinden muß, um sich wie im Wachtraum – mit Hilfe des Frosches, der in den Brunnen taucht – in diese erdfernen Welten entrücken zu lassen. Damit wird auf eine Sonnen-Einweihung hingedeutet. Auf den Weg einer Seele, die zu ihrem ewigen Ursprung im Lichte hindurchdringen will. In treffenden Imaginationen spiegeln solche Märchenbilder das Geheimnis unseres Erdenabstiegs. Der Frosch nimmt zur Nachtzeit heimlich der Sonnentochter ihre beiden Augen heraus; sie erblindet. Nun muß sie wohl oder übel ihm auf die Erde nachfolgen und selber an Spinnwebfäden herabsteigen, weil sie nur dort unten von ihrem Bräutigam die Augen zurückbekommen kann.

Es wird damit auf das Geheimnis der Menschwerdung hingewiesen. Denn die Seele muß ihre Himmelsaugen erst verlieren, wenn sie auf der Erde zu leben beginnt, um das körperliche Sinnesorgan der Erdenaugen dafür einzutauschen. Sie muß kosmisch erblinden, um irdisch zu erwachen.

*

Der Glaube an den himmlischen Kern des Menschenwesens, der einst der ganzen Menschheit eigen war und durch die Mysterien über alle Kontinente der Erde ausgestrahlt wurde, beseelt deutlich die afrikanische Märchenwelt. Noch dringt nicht das Christuslicht in jenes Volksgemüt. Dennoch finden wir auch dort jene tief ergreifenden Motive, die etwa der christlichen Legende von dem jagdfrohen Bischof verwandt sind, der selbst an Feiertagen von seiner Leidenschaft nicht lassen konnte und dem ein Hirsch mit einem goldenen Kreuz zwischen den Geweihstangen in den Weg trat. Diesem Hubertus-Motiv läßt sich eine afrikanische Erzählung an die Seite stellen, die von einem Jäger berichtet, der ein angeschossenes Wild bis an einen Baum verfolgt und, während er ermüdet unter diesem ausruht, in eine Art Wachtraum versetzt wird. Ein alter Mann nimmt ihn mit in den Baum hinein und führt ihn zu einem Dorfe hin, das von Trauerklagen widerhallt. In der Hütte des Häuptlings sieht er den ältesten Sohn durch die Brust geschossen im Sterben liegen. Auf seine Fragen erfährt er, daß alle vor einem Jäger Angst hätten, der ihre jungen Männer töte, obwohl sie ihm doch nichts zuleide getan hätten. Der Jäger merkt, daß von ihm selbst die Rede ist. Als er wieder aus dem Baum heraustritt, sieht er das Wild durch die Brust geschossen vor sich liegen. Seit jenem Tage rührt er keine Waffe mehr an. Das Eintreten in das Innere eines Baumes weist darauf hin, daß er in die verborgenen Bezirke des Lebensreiches einzudringen vermochte. In diesen hat er eine Begegnung mit der Gruppenseele der Tiere, an welcher er selber schuldig geworden war.

Bekannt ist auch die Geschichte vom Hasen, der in Vorzeittagen vom Monde ausgesandt worden ist, um den Menschen auf der Erde die tröstende Botschaft zu bringen: »So wie ich im Sterben immer wieder erneuert werde, so sollt auch ihr im Sterben erneuert werden.« Aber der Hase glaubte selbst nicht daran, und so teilte er den Menschen mit: »Der Mond sagt, daß im Gegensatz zu ihm, der im Sterben ja immer wieder erneuert wird, ihr beim Sterben nicht wieder erneuert werden sollt.« Darüber aber wurde der Mond sehr böse und schlug dem Hasen auf den Mund, so daß er ihm die Lippe spaltete. Wenn der Buschmann auf die gespaltene Lippe des Hasen schaut, soll er sich immer daran erinnern, daß es nicht wahr ist, wenn gesagt wird, der Tod sei unser Ende.

Es ist also eine »Hasenlehre« und keine Himmelsweisheit, wenn man dem Menschen einreden will, er sei ein sterbliches Wesen und nicht ein solches, das sich im Tode – wie man es am Monde anschauen kann – von Dasein zu Dasein schreitend verjüngt.

Die Urweisheit ist heute weithin verlorengegangen; die afrikanischen Stämme müssen gegenwärtig den Weg durch die völlige Geistverleugnung gehen. Als sogenannte »unterentwickelte Völker« segnen wir sie jetzt mit den Gaben unserer Technik. Werden wir ihnen aber auch die Welten des Geistes, den Weg zur Urheimat der Seelen auf neue Weise erschließen – oder ihnen doch nur die alte »Hasenlehre« anzubieten haben? Man wird hier freilich nur in heilsamer Weise eingreifen können, wenn man von dem *Geisteserbe* weiß, das noch in den Untergründen jener Seelen lebt und webt: zwar verschüttet und unverstanden, aber doch des Erweckers harrend.

Das keltische Weisheitserbe

Wie eine allgegenwärtige Unterströmung läßt sich innerhalb des abendländischen Geisteslebens das Keltentum auffinden. Wir sahen uns im Laufe unserer Betrachtungen immer wieder veranlaßt, auf diese geistige Erbschaft hinzudeuten. Jene im letzten vorchristlichen Jahrtausend über die europäischen Länder weit ausgebreitete Rasse ist in ihrer nationalen Kraft, vor allem in Gallien und Helvetien, durch das Römertum gebrochen worden. Dem Geschichtsforscher aber kann es erscheinen, als sei sie auf geheimnisvolle Weise in alle Kulturen des Abendlandes hereingeopfert: so jedoch, daß ihre Seele in einer mächtigen Ausstrahlung weiterwirkte und die mittelalterlich-christliche Welt in tiefgreifender Art mit spirituellen und künstlerischen Impulsen befruchtete. Gerade die Fähigkeit zu bildhaftem Welterleben, wie es in den Märchen, Sagen und Legenden seinen Ausdruck findet, ist von dieser Strömung ausgegangen und hat damit für lange Zeit der Seelenverarmung entgegenwirken können, die unserer Zivilisation von der einseitigen Herrschaft einer intellektuellen Kultur immer gedroht hat und durch eine in Dogmen erstarrende Religion nicht aufgehalten werden konnte.

Irland, »Die grüne Insel«, war die Stätte, an der sich das keltische Erbe bis in die neuere Zeit herauf verhältnismäßig unberührt bewahren konnte. Von dorther kam jene erste Sammlung der »Fairy Legends«, die die Brüder Grimm noch im gleichen Jahre (1825) ins Deutsche übertrugen und unter dem Titel »Irische Elfenmärchen« herausgaben.* In einer ausführlichen Einleitung gingen sie dem unter den Iren und den schottischen Gälen seit alters verbreiteten Glauben an die Elfen nach, die man dort allgemein »das gute Volk« nennt, weil ein anderer Name sie beleidigen würde. Die irische Bevölkerung lebt nämlich – und das läßt sich noch bis in unser Jahrhundert hinein beobachten – in dem Bewußtsein, daß jene Wesen, wenn auch für den irdischen Blick unsichtbar, jederzeit gegenwärtig sind und am Leben der Menschen Anteil nehmen, sei es hilfreich und schützend, sei es Schabernack treibend und sich an ihnen rächend, wenn man es dem »stillen Volk« gegenüber an Ehrerbietung fehlen läßt. Wie überhaupt ihr Charakter zwielichtig ist, bald dem Guten zugeneigt, bald wieder von List und Bosheit getrieben. Man sagt, sie seien vom Himmel gestoßene Engel, die aber nicht bis zur Hölle

* Neu herausgegeben Stuttgart 1962. Siehe auch »Irische Volksmärchen« (Eugen Diederichs, Die Märchen der Weltliteratur).

gesunken sind, nun aber in ständiger Angst und Ungewißheit leben, ob sie am jüngsten Gericht wohl Gnade finden werden.

*

In dieser Sammlung finden wir auch das Elfenmärchen vom »Fingerhütchen«. Durch Conrad Ferdinand Meyers schöne Ballade ist es ja bei uns volkstümlich geworden. Dies ist die Geschichte von dem armen Manne aus dem Tale von Acherlow, der wegen seines großen Höckers auf dem Rücken von den Leuten scheu gemieden wurde, wegen des Fingerhutzweiges jedoch, den er allzeit auf seinen kleinen Hut gesteckt hatte, mit dem Namen Fingerhütchen verspottet wurde. Denn die Blüte des roten Fingerhutes pflegen die Elfen gern auf ihrem Kopf zu tragen; sie wird deshalb auch auf der Insel, auf der sie so weit verbreitet ist, vom Volke das »Elfenkäppchen« genannt. Einen Naturweisen, der große Kenntnisse in Heilkräutern und Zaubermitteln besitzt, kann man sich unter jenem armen Manne vorstellen; einen, der im vertrauten Umgange mit den Elementargeistern steht. Deshalb wird ihm die Gunst zuteil, im Mondenlichte – das ist die Stunde, da sich das Elfenvolk am ehesten offenbaren kann – in das Innere eines alten Hünengrabes einzudringen, aus dem ihm die fremdartige, den Menschen berückende Musik der Elfen entgegentönt. Er darf in ihrem Kreise die wunderbare Verjüngung seiner Gestalt erleben; die Elfen nehmen ihm den Höcker von den Schultern. Stammen sie doch selbst aus dem »Land der Jugend«, das keinen Tod kennt.

Im dritten Band ihrer »Kinder- und Hausmärchen«, in dessen Anhang sie einen ersten Gang durch die Märchenliteratur aller Völker zu machen suchen, charakterisieren die Brüder Grimm auf folgende Weise die irischen Märchen: »Nichts besser kann die immer aufgeregte, mit einer gewissen Wildheit behaftete, aber auch mit den geistigsten Kräften ausgestattete Natur der Irländer schildern als diese Märchen: nur eine so behende Phantasie war fähig, dem Grundgedanken der Sage einen Ausdruck zu verleihen, der uns durch immer neue und unerwartete Wendungen überrascht. Fast in allen wird die Verwicklung der Ereignisse oder ihre Lösung durch den Zutritt eines der geisterhaften Wesen bewirkt, die in zahlloser Menge Wasser und Land, Wälder und Berge, Felsen und Einöden bewohnen und die reizendste wie die häßlichste Gestalt annehmen. Herzlos, wie sie sind, suchen sie die Menschen in ihren Kreis zu bannen, als trügen sie Verlangen, das warme Leben derselben in sich aufzunehmen. Man kennt ihre Tücke und scheut sie, aber man sucht sich mit ihnen im guten Vernehmen zu halten, etwa wie die Schlesier ihren Rübezahl schonen, die unwillig werden, wenn ein Fremder seinen Namen in den Wald hineinruft, was sie selbst sich niemals erlauben.«

Man sieht, wie sich Licht und Finsternis in diesen Wesen mischen. In der germanischen Kosmologie, die jenen Elfenglauben mit den Kelten teilt, finden wir sie sogar in gegensätzliche Reiche getrennt. Die Edda unterscheidet ausdrücklich die »Lichtalfen«, die in der Götterwelt wohnen, von den »Schwarzalfen« in den Erdengründen. Mit den letzteren ist dort das Geschlecht der Zwerge gemeint.

*

Erst in neuerer Zeit ist die eigentliche keltische Mythologie, ihre Götter- und Heldensage, uns bekannter geworden, von der ja der Elfenglaube, wie er sich in den Volksmärchen spiegelt, nur ein letzter Ausläufer ist. Die keltische Renaissance, wie sie in der zweiten Hälfte des 19. Jahrhunderts von irischen Dichtern und Schriftstellern heraufgeführt wurde, hat die verschüttete Geisteserbschaft einer glanzvollen, aber seit weit über tausend Jahren bereits zum Siechtum und Absterben verurteilten Rasse wiederzubeleben gesucht. Es handelt sich hier um eine tiefmystische Bewegung; man darf sie nicht mit dem irischen Nationalismus oder bloßen folkloristischen Strömungen verwechseln. Ihr kommt innerhalb der angelsächsischen Welt eine zeitnotwendige Aufgabe zu, nämlich die Keime einer neuerwachenden Spiritualität in besonders wirksamer Weise zu pflegen und ihnen inmitten der Sturmflut des westlichen Materialismus eine Lebensmöglichkeit zu sichern.

Die Größe der keltischen Rasse, die einstmals von den britischen Inseln über Gallien und das spanische Galicien durch das ganze mittlere Europa hin, ja donauabwärts bis in den Osten hinüber ihre Kultur verbreitete, bestand darin, daß sie aus der untergegangenen Atlantis ein hohes Geisteserbe hinüberzutragen verstanden hatte. Das Druidenwesen, jener Stand von priesterlichen Weisen, hatte durch lange Zeiten die geistige Erziehung und Führung der keltischen Stämme inne. Von ihnen wurde ein Sonnendienst, in dem die Weisheit der atlantischen Orakelstätten nachwirkte, in Treue gehütet. Es ist der Einschlag des uralten Hyperboräertums, durch den eine heilige Sonnenerbschaft für das erstarrende Erdendasein bewahrt werden konnte. Dieses gab dem Keltentum den eigentümlichen Glanz, der von dort aus über viele Sagen und Märchen der europäischen Völker ausgegossen ist. Wo zum

Beispiel die Griechen von jenem merkwürdigen Volke der Hyperboreer sprechen, von dem ewigen Sonnenlande, aus dem einst Apollo, von Schwänen geführt, die Fahrt nach Hellas unternahm, um am kastalischen Quell in Delphi zu erscheinen und als der Spender des Gesanges, der Lehrer der Musen von dort aus die Völker zu beglücken, da wird auf jene Mysterienstätten hingedeutet, die noch das Geheimnis des unschuldigen Ursprungs des Menschengeschlechts, den Zugang zu den Quellen der ewigen Jugend zu hüten verstanden. So wird von Perseus, dem griechischen Heros berichtet, daß er erst bei den Hyperboreern geweilt und an ihrem heiligen Mahle teilgenommen habe, ehe er den Kampf mit der furchtbaren Medusa zu bestehen vermochte. Herakles mußte zu ihnen vorzudringen suchen, wenn er die goldenen Äpfel der Hesperiden gewinnen wollte. Es braucht hier nicht ausgesprochen zu werden, in wie vielen Märchen sich diese Mysterienimpulse widerspiegeln. Man wird sie besonders dort geschildert finden, wo von einer schwer zugänglichen Stätte die Rede ist und Prüfungen gefordert werden, die jedes Menschenmaß übersteigen. Die Dichter feierten die Hyperboreer im Gesange, zu denen man den Weg »weder zu Lande noch zu Schiffe« finden könne. Es soll eben damit angedeutet werden, daß es noch ganz anderer Wege bedürfe, um den Zugang zu ihren Geheimnissen zu finden; daß geistige Wege gegangen und Seelenprüfungen bestanden werden müssen, wenn sich die Tore zu jener Uroffenbarung öffnen sollen. Die Stätten Hibernias, jener »Insel der Heiligen«, auf der die Schlangen nicht leben können, wie man von Irland zu sagen pflegte, waren die letzten Pfleger der hyperboreïschen Geheimnisse. Wir haben in der Betrachtung über die »Wintermysterien« auf bestimmte Erlebnisse hingewiesen, die von dort aus in die Märchenbilderwelt eingeflossen sind.

Hier seien die Namen einiger hervorragender Persönlichkeiten genannt, die zu den Trägern jener neukeltischen Mystik gehören und uns mit den Bilderschätzen der alten keltischen Welt bekannt machen können. Unmittelbar nach dem ersten Weltkrieg wurden in deutscher Übertragung die Bücher Fiona Macleods bekannt, die uns keltische Sagen vermitteln wollten, wie sie heute noch in der Seele jener Inselbevölkerung weiterweben.* Das erste erschien unter dem Titel »Wind und Woge«; die zweite noch bedeutsamere Sammlung »Das Reich der Träume« stellt uns den ganzen Zauber und die

* Stuttgart 1978.

Heiligkeit jenes Kleinods unter den Hebriden-Inseln vor den Seelenblick: *Iona,* die Stätte des heiligen Columba, von der einst die großen irischen Missionen ausgegangen waren, die im 6. und 7. Jahrhundert ein romfreies Christentum auf den Kontinent herübertrugen.

Fiona Macleod – es ist der englisch-schreibende Dichter William Sharp, der sich als Bannerträger der keltisch-mystischen Bewegung gern in jene weibliche Gestalt verbarg und diesen Namen als Pseudonym benutzte – tritt nicht nur als der Sammler altirischer Sagen und Legenden auf, in denen sich heidnisch-druidische mit christlich-mystischer Weisheitstradition auf poetische Art vermischt. Als Erlebender und Neugestalter einer mythischen Welt, die mit dem Glanz versunkener Zeiten vor seinem ahnenden, hellsichtigen Blicke morgenrötlich am Horizont heraufsteigt, will er verstanden sein. – »Ich glaube, daß wir dicht vor einem großen und tiefen Umschwung im geistigen Leben stehen; ich glaube, daß eine neue Erlösung schon jetzt dem göttlichen Geiste im Menschenherzen geplant wird, das selbst einem Weibe gleicht, herabgedrückt zu einem Traumdasein und doch aufrechterhalten durch den Glauben, durch Geduld im langen Leiden, durch den Aufblick zur Heimat.« So kündigte Fiona Macleod um die Jahrhundertwende das neue Inspirationszeitalter an.

Auf dem Hintergrunde jener Mysterientradition Hiberniens wird uns erst die »Keltische Mythologie« verständlich, die, aus dem Gälischen nacherzählt, von Ella Young herausgegeben wurde und jetzt in einer deutschen Übertragung von Maria Christiane Benning erscheinen konnte.* Hier wird der Herabstieg der hohen Sonnenwesen, der De-Danaans, auf die grüne Insel geschildert, über welche Brigit, die Seele der Welt, ihren himmlischen Mantel breitet. Als ein Opfer der Sonnenmächte an die Finsterniswelt wird dieser Abstieg der Götter in das Chaos, das sie zu ordnen und in Schönheit zu gestalten gewillt sind, in jenen mythischen Bildern dargestellt. Man kann sich dabei an manichäische Anschauungen erinnert fühlen. Die Keltologin Ella Young stammt selbst aus Irland und hat jahrzehntelang in Dörfern und einsamen Siedlungen jene Sagen von den Lippen des Volkes abgelauscht. Nur einige Zeilen, die von der Gründung des hohen Sonnenorakels auf der hibernischen Insel im mythischen Bilde Bericht geben, seien hier als Probe gegeben: »Nuada, der Schwinger des Weißen Lichtes, errichtete den Speer des

* Stuttgart 1977.

Sieges in der Mitte von Irland. Der war gleich einer großen feurigen Fontäne. Er war gleich einer singenden Flamme. Er brannte unaufhörlich, und jedes Feuer in Irland wurde an ihm entzündet.« – Als das Sinnbild aller schöpferischen Kräfte, die von den Sonnenmysterien gehütet und an die Umwelt weitergegeben wurden, erscheint dieser Speer. Es sind die Geheimnisse der weißen Magie, die von dieser Stätte verwaltet wurden. Es wird dann geschildert, wie mißgestaltete Geschöpfe, die Fomor, aus der Finsternis aufsteigen und sich dem Lichtkreise nahen, der durch die Ausstrahlung des sieghaften Speeres sich über die Insel hin gebildet hat. Indem sie sich aber an diesem Lichte sonnen, saugen sie allmählich auch dessen Kräfte ein, und es wächst in ihnen die Begierde, selber den Lichtspeer an sich zu reißen. Das gelingt schließlich dem Balor, dem einäugigen König der Fomor. Einäugig werden in Sagen und Märchen stets die Träger eines alten Atlantiertums dargestellt; sie sind Nachzügler der Entwicklung, sie haben noch das Zyklopenauge, wie es uns die Homerische Dichtung schildert. In der Hand dieses Gegners aber verwandelt sich der Lichtspeer in eine feurige Schlange, die unheilzeugend ringsum die Luft mit Dämonen erfüllt. So machen sich die Fomor zu den Herren der heiligen Insel und knechten das Lichtgeschlecht der Dana. Doch die Sage weist auf die Ankunft eines hohen Sonnenhelden hin, der einstmals, ehe das Ende der Welt kommt, in der Mitte von Irland den heiligen Speer wieder aufrichten wird. Es ist Lugh, der die Macht der Finsternis brechen wird, eine parsifalische Gestalt, die den heiligen Speer – ähnlich wie in der Gralssage – an den geweihten Ort zurückbringt.

In den »Keltischen Heldensagen«, in denen Ella Young vor allem das Heldenleben des Fionn zusammenfassend dargestellt hat, wird uns erzählt, wie jene strahlenden Götterwesen in der Jugend der Welt, ehe sie noch ihren Abstieg in die Erdenfinsternisse nahmen, an den Ufern des heiligen Teiches gewandelt seien. Dieser Teich wird ununterbrochen aus der hochaufspringenden Himmelsquelle gespeist. An seinem Ufer wachsen die heiligen Haselbäume. Ihre Zweige breiten sich hoch hinauf in die unsichtbaren Reiche. Sie sprießen, blühen und fruchten, alles zu gleicher Zeit, und lassen ihre scharlachrot glühenden Nüsse eine nach der andern, wenn sie reif geworden sind, in den Teich hinabtropfen. Dann steigt der Salm aus der Tiefe des Wassers, dessen Schuppen wie Gold der Sonne und Silber des Mondes leuchten, mit mächtigen Flossen herauf. Er fängt die Nüsse im Fallen und verschlingt sie. Davon ist er so weise.

Dieser »Brunnen der Weisheit« altert nie, wie auch der Salm nicht ermüden kann und die heiligen Haselbäume niemals welken. Es ist die Sehnsucht derer, die zu den Urquellen des Daseins dringen wollen, diesen Brunnen zu finden und aus ihm die Weisheit zu trinken, die den Menschen zum Seher macht. Alle wahren Bilder, die in Märchen und Mythen weitergegeben werden, stammen aus dieser Weisheit.

Erinnnern wir uns an die Kinderlegende, die wir in den Grimmschen Märchen unter dem Titel »Die Haselrute« angefügt finden. Dort flieht die Mutter Gottes mit ihrem Kinde zu einer Haselstaude, um sich hinter ihr vor einer Natter, die aus dem Grase aufgesprungen ist, zu verbergen. Es heißt, daß die Haseln gegen Nattern und Schlangen den sichersten Schutz bieten. Man empfand also in ihnen das Gegenbild zu jenem Baume, der immer von der Schlange umringelt dargestellt wird und von dem Adam und Eva die Frucht der Erkenntnis gegessen haben, die ihnen den Tod brachte. Die Haselstaude erscheint als das Bild des Lebensbaums, an dem die Früchte der unschuldigen Weisheit reifen. Schauen wir die Haselnuß an: Sie verschließt ihre Frucht in der harten Schale – ein Bild der Keuschheit. Der Apfel aber, der in unseren Märchen als die Frucht vom Erkenntnisbaume gilt, bietet sein Fruchtfleisch dem Blicke an. Schauen wir auf die rotwangige Frucht, so können wir empfinden, sie verlockt zum Essen. Deshalb heißt es im Schneewittchen-Märchen: es »lusterte den schönen Apfel an«, den ihm die verkleidete Stiefmutter darbot; und es fällt in Todesschlaf zur Erde nieder, als es von der vergifteten Hälfte gegessen hat. Auch im Aschenputtel-Märchen erscheint der Haselzweig als ein heiliger Sproß; das fromme Mädchen pflanzt ihn auf das Grab der Mutter, und es wächst daraus der Baum empor, auf den sich die weiße Taube herniederläßt, die das Kind mit den Himmelskleidern beschenkt.

Die Haselnüsse, die im Zeitengange am Baum des Lebens zur Reife kommen, bieten wahrhaftig keine Weisheiten, die man auf billige Weise genießen kann! Sie schenken sich dem Erkenntnissucher wie Rätsel, die sich nicht ohne Anstrengung auflösen lassen.

Die Sagenbilder, die uns durch die Erzählungen Ella Youngs aus ältestem keltischen Weisheitsgut vermittelt werden, lassen den Sonnenzauber einer versunkenen Welt erahnen, die für den schauenden Blick der Seelen wieder heraufdrängt und in ihrer ganzen Schönheit künftig offenbar werden will. Man versteht beim Lesen dieser Mären gut, wenn Padraic Colum von jener Schriftstellerin sagte, sie sei manchen ihrer Bekannten vorgekommen »wie eine Druidin, – wie eine, die mancher Sucher im alten Celtica gefunden haben würde neben dem Brunnen, an welchem die heiligen Haselnüsse niederfielen und von dem er einiges aus den Mysterien erfahren hätte«.

Jener Padraic Colum, der auch zu den Trägern der keltischen Renaissance gehört, hat ein Märchenbuch geschrieben, das kürzlich unter dem Titel »Der Königssohn von Irland« ins Deutsche übertragen worden ist.* Es offenbart sich in dieser Erzählung ein Reichtum von uralten Märchenmotiven und wunderbaren Begebenheiten, die aber zu einer großen Handlung, man darf sagen: einer Einweihungshandlung verflochten sind, durch die der irische Königssohn aus sagenhafter Zeit hindurchschreiten muß. Man spürt diesem Buche an, wie es durchaus aus echten Imaginationen gewoben ist, obwohl es als Ganzes die literarische Leistung eines modernen Schriftstellers darstellt.

Die alten »Shanachies«, die Geschichtenerzähler und Balladensänger Irlands, waren die Hüter solcher Bilderschätze; sie hüteten damit zugleich die Volksseele, die sich einer hehren Vergangenheit bewußt blieb. Unter solchen Shanachies wuchs Colum einst heran und durfte oft an den Abenden im Kreise um das Torffeuer ihren Erzählungen lauschen. Er schöpfte aus diesem Strom der Volksüberlieferung, als er den »Königssohn von Irland« gestaltete, der das Lichtschwert fand und der alle die Prüfungen bestand, die ein echter Märchenheld bestehen muß.

*

Will man die keltische Märchen- und Sagentradition weiterverfolgen, so muß man den Blick noch auf jene stille bretonische Welt hinlenken, in die sich vieles Bedeutsame aus dem keltischen Geisteserbe hinüberflüchten konnte. Dies vollzog sich, indem größere Teile der britischen Urbevölkerung unter dem Druck der angelsächsischen Invasion auswanderten. Sie siedelten sich in jenem nordwestlichen Küstengebiet Frankreichs an, das ehemals Armorica hieß, von nun an aber die Bretagne genannt wurde. Dort bildeten sie jene Traditionen aus, die sich an die sagenhafte Gestalt ihres letzten Königs Artus knüpften.

Artus war für sie das Symbol aller Hoffnungen des gebrochenen britischen Volkstums auf eine glorreiche Wiedergeburt. Im 12. Jahrhundert wurde die Artusgestalt in ganz Westeuropa volkstümlich; als den glanzvollen Mittelpunkt der Tafelrunde mit ihren berühmten Helden feierten ihn die epischen

* Stuttgart 1980 (Übersetzung von Konrad Sandkühler).

Dichtungen der Zeit. Denn während das Druidentum zurückgetreten war oder seine besten Vertreter sich in die christliche Wirksamkeit hineingestellt hatten, vermochte sich ein anderer Stand, der die nationale Überlieferung zu hüten und als eine heilige Flamme der Begeisterung immer neu zu entfachen berufen war, in seiner Führerrolle zu erhalten. Es sind die Barden, die in Ordensverbänden zusammengeschlossen waren und sich in verschiedenen Zentren um ihre »Bardenstühle« versammelten. Sie bildeten ein »System der Tafelrunde« aus, das sie in ihren Bardenkonventen pflegten und auf bildhafte Weise weitergaben. So wurden von ihnen die Ritterideale des Mittelalters, wie sie in den Sagen lebten und leuchteten, die sich um die Helden des Artushofes woben, bewußt ausgestaltet und in der Dichtung gefeiert. Damit ergriff diese Bardenschaft eine übernationale Aufgabe, während die nationalen Hoffnungen immer mehr hinschwanden. Von ihrem Wirken gingen sittebildende Kräfte aus. In vielen Sagen- und Märchengestalten, die von ihnen zielbewußt geformt wurden, pflanzten sich diese Ideale fort und wurden auf solche Weise in die Tiefen des Volksgemüts eingesenkt.*

Aber dieses keltische Geisteserbe war im schnellen Verlöschen begriffen. Die wahrhaft Wissenden erkannten, daß die Zeit ganz neuer Seelenfähigkeiten bedürfe, um den Zusammenhang mit dem Geiste aufrechtzuerhalten. In den Dummlingsgestalten der Märchen erscheinen diese vom Schicksal berufenen Retter.

Der Urtyp all jener glückhaften Märchenhelden ist in dem bretonischen Märchen von Peronnik zu sehen. Er stellt eine Vorstufe zum Perceval dar, dem Gralshelden. Die Vorsilbe »Per« weist auf eine Veranlagung hin, die *hindurchzudringen* vermag, wo andere unüberwindliche Hindernisse zu sehen meinen. Seelen, die durch keine intellektuelle Bildung und keine höfische Konvention in ihrer Urkraft gelähmt worden sind, vermögen allein die Lebensproben zu bestehen, die sich für den Geistsucher auf seinem Wege einzustellen pflegen.

Als ein Bummler, unbeschwert durch irgendwelche Schulweisheit und scheinbar untauglich für einen landläufigen Beruf, streicht Peronnik durch die Bretagne. Der Zufall will es, daß er von der Aufgabe erfährt, für die er in sich die Kräfte vorhanden fühlt. Als sich Peronnik gerade bei einer Bäuerin

* Diese Artus-Tradition ist von dem Verfasser ausführlich dargestellt in seinem Buche »Zum Raum wird hier die Zeit«, Stuttgart 1980.

satt füttern läßt, kommt ein Ritter vorbei, der sie nach dem Wege zum Schlosse Kerglas fragt. Ihn lockt es, die goldene Schale und die diamantene Lanze zu gewinnen, die beide von dem Herrn des Schlosses, dem Zauberer Rogéar, dort in einem dunklen Gewölbe verborgen gehalten werden. Diese zwei Wunderdinge sind wertvoller als alle Kronen der Erde. Denn die Schale spendet unerschöpflich alle Speisen, die man sich wünschen kann. Wer aus ihr trinkt, wird von seinen Leiden geheilt; die Toten aber werden wieder zum Leben erweckt, wenn sie sie nur mit der Lippe berühren. Die diamantene Lanze jedoch tötet und vernichtet alles, was von ihr getroffen wird.

In den Gralsimaginationen spielen diese beiden Dinge die entscheidende Rolle. Es sind ja die heilige Schale und die blutende Lanze, die sich dem Perceval vor den Seelenblick stellen, als er am Abend die Burg betritt. Sie werden im Verlauf der Gralshandlung in einen mystischen Zusammenhang mit dem Opfer von Golgatha gebracht. Im Peronnik-Märchen fehlt ein solcher Hinweis; der Zusammenfluß der Gralsströmung, wie sie im Katharertum gepflegt wurde, mit der Artusströmung, die die keltische Tradition fortsetzte, ist noch nicht im vollen Sinne erreicht. Man kann also jene zwiefache Imagination auch ohne die mystischen Erfahrungen des Christentums kennenlernen. Denn es wird damit auf Fähigkeiten gedeutet, die in jedem Menschen verborgen wirksam sind, obgleich sie sich dem Tagesbewußtsein völlig entziehen. Die beiden Wunderdinge umschließen ein doppeltes Geheimnis. Das eine verbirgt sich in jenen unschuldigen Lebensvorgängen unseres Wesens, die aus den kosmischen Wirkungen heraus geregelt und erhalten werden (in der Gralsimagination trägt die Jungfrau die heilige Schale herein). Das andere steigt aus den Triebgewalten herauf, die als Selbstsucht im Blute wühlen und normalerweise vom Wachbewußtsein herabgelähmt werden (in der Gralsimagination verwundet der Speer den Fischerkönig).

Diese kostbaren Güter zu erlangen, heißt über die verborgenen Wirkungen innerhalb der Menschennatur die Vollmacht gewinnen. Das scheint unmöglich; denn man müßte die Schlafestiefen mit einem höheren Bewußtseinslicht durchdringen können. Aber der Ritter hat dafür die Unterweisungen eines Eremiten erhalten. Er beschreibt, während Peronnik ihm aufmerksam zuhört, die Abenteuer, die es auf dem Wege zum Schloß des Zauberers zu bestehen gilt. Es sind sieben Proben, auf die in bildhafter Art hingedeutet wird. Der Ritter kann sie zwar aufzählen; doch nur dem »Einfältigen« gelingt es, sie tatsächlich zu bestehen. Das Märchen sagt: »Die Starken suchen der Gefahr mit ihrer Stärke zu begegnen, und oft gehen sie dabei zugrunde, aber die Schwachen packen die Dinge von der Seite an.« Wunderbar wird die natürliche Klugheit geschildert, mit der er sich auf sein Ziel vorbereitet, und die Geistesgegenwart, mit der er jede Lage zu meistern versteht. So zum Beispiel, wie er mit dem drohenden Löwen fertig wird, dem er die »lachende Blume« entwinden soll. Wir kennen bereits aus den deutschen Märchen, was sich in der Löwenbegegnung ankündigt: Es ist die Wahrnehmung der eigenen Herzenskräfte mit all ihrem Stolz, mit ihrem Zornmut und der Auflehnung gegen das Schicksalsgesetz, deren der Mensch fähig ist. Erst, wo die Herzensruhe eingetreten ist, wird der drohende Löwe sanft. Hier ist Gewaltsamkeit nicht am Platze. Peronnik kämpft nicht mit ihm, um ihn nicht zum Äußersten zu reizen. Er weiß den Löwen durch Schalkheit zu übertölpeln. Humor ist ein Zeichen der Freiheit, die man sich selbst gegenüber erringen kann. Wer sie erreicht hat, kann auch die lachende Blume pflücken. Mit ihr allein vermag der Einfältige nach dem Sieg über den Zauberer den Zugang zum inneren Gewölbe des Schlosses zu öffnen, in dem das goldene Becken und die diamantene Lanze verborgen sind. Wem sich die Tiefen auftun sollen, in denen die Lebensgeheimnisse vor jedem unreinen Zugriff bewahrt werden, dem muß eine Seelenkraft von pflanzenhafter Reine erblühen.

Mit jenen beiden Zauberdingen versehen, begibt sich nun der Sieger an den Hof des Königs der Bretagne. Dieses war immer die Bezeichnung für den König Artus; die Stadt Nantes galt als sein Königssitz. Als Peronnik dorthin kommt, muß er erfahren, daß die Stadt belagert ist und alle Einwohner von Hungersnot bedrückt sind. Der König hat in seiner höchsten Not verkündigen lassen, daß er den Retter der Stadt zu seinem Erben einsetzen wolle. Peronnik gelingt die Befreiung der Stadt. Das goldene Becken und die diamantene Lanze verleihen ihm den Sieg. Denn mit der Wunderkraft der Lanze schlägt er alle Feinde, mit der lebenspendenden Schale erweckt er die Gefallenen wieder zum Leben. Als ein Befreier und Segenspender geht er durch die Welt. Das Märchen läßt ihn zum Schluß noch mit dem Adel des Landes einen Kreuzzug unternehmen, um das Heilige Land aus der Hand der Sarazenen zu befreien. Damit wird dem Märchen eine Wendung gegeben, daß auch der Christenheit in Peronnik ein Held erstanden ist, der sie zum Siege führen und sogar die Versöhnung mit den Ungläubigen zu stiften vermag. Der kosmopolitische Geist der Gralssage weht bereits in das Märchen herein.

Diese weltbürgerliche Gesinnung tritt uns auch in dem bretonischen Märchen* vom »Kristallschloß« entgegen. Es berichtet von einer Mysterienfahrt, die den Dummling – hier heißt er Yvon, der seine schöne Schwester Yvonne sucht – allen Gefahren trotzen und ihn immer in der Richtung der aufgehenden Sonne zu dem fernen Kristallschloß am anderen Ufer des Schwarzen Meeres reiten läßt. Gewiß ist dieses ein Gang in das Reich, das nur jenseits der Todesschwelle zu finden ist. Alle Prüfungen weisen darauf hin; vor allem das Schweigen, das in jenem kristallenen Reiche geübt wird. Denn dies ist die Haltung, in der die Seele für den Umgang mit den Toten heranreifen soll. – Aber es ist eben auch das Wissen um jene Mysterienstätte »am anderen Ufer des Schwarzen Meeres« darin enthalten, die seit je die Geistessucher gekannt haben. Es ist die gleiche, zu der einst die Argonauten ihre Heldenfahrt unternahmen und deren Ruhm bis zum Westen gedrungen war.

*

Zum Ausklang sei noch auf ein gälisches Märchen aufmerksam gemacht, das aus jener umfassenden kosmopolitischen Orientierung seine Prägung erhalten hat, wie sie den keltischen Traditionen immer eigen gewesen ist. Es handelt sich um die »Keltische Drachenmythe«, wie dieses bei den Gälen in mannigfacher Abwandlung erzählte Märchen von Lord Campbell, dem »schottischen Grimm«, genannt worden ist.** Der Name ist für das umfassende Wesen dieses Märchens zu einseitig gewählt. Denn man kann es als ein ganzes Kompendium von Märchenmotiven empfinden, das die verschiedenen Wege, die zum Geiste gegangen werden, zu einem höheren Zusammenklang bringen möchte.

Das große Brüdermärchen aus der Grimmschen Sammlung ist ihm verwandt. Dieses erzählt von den beiden Brüdern, deren Wege sie nach Osten und Westen auseinanderführen, die sich aber am Ende wiederfinden, als der eine dem anderen in höchster Not zu Hilfe eilen muß, um ihn zu retten. Das gälische Märchen weiß von drei Brüdern, die in die Welt hinausziehen: der eine nach Osten, der zweite geht den weiten Weg der Mitte, der dritte aber nach Westen. Sie sind die Söhne eines alten Schmiedes, der zum Fischer wird. Zunächst ist er der *arme* Fischer, der an der Küste des Meeres lebte und

* Siehe für dieses und für »Peronnik« die »Bretonischen Märchen« (Sammlung Eugen Diederichs 1959).

** Aus dem Englischen übertragen und herausgegeben von Friedel Lenz, Stuttgart 1961.

nichts fangen konnte. Er wird aber der *reiche* Fischer, als er auf das Angebot einer Meerfrau eingeht, die beim Anbruch der Nacht neben seinem Boote herauftaucht. Er soll ihr seinen ältesten Sohn versprechen; dafür wird ihm künftig ein reicher Fischfang zuteil. Wir wissen: Der Fischer geht ja durch viele Märchen; auch die Gralssage kennt den reichen Fischer. Es ist der Mensch, der an der Grenze zweier Reiche lebt. Ihm wird eines Tages die Gnade zuteil, aus dem Schloß der Nacht reiche Geistesoffenbarungen in das Erdenbewußtsein herübertragen zu können.

Was jetzt erzählt wird, ist in den Grundmotiven dem Märchen von den »Goldkindern« verwandt. Der Fischer zieht an seiner Angel den Fisch herauf, der zu sprechen vermag; dreimal geschieht es, bis er ihm den Rat gibt, ihn auf besondere Weise zu zerschneiden und seine Frau ein Stück von Herz und Leber essen zu lassen: So wird sie ihm drei Knaben gebären.

Es seien hier aus der Bilderfülle nur noch wenige Motive herausgehoben. Als sie vierzehnjährig sind, drängt es die drei Söhne in die Welt hinaus. Der Vater schmiedet dem ältesten einen Eisenstab, um ihn mit gewaltiger Kraft für seine Erdenfahrt auszurüsten. Es sind Gedankenkräfte, die in diesem Jüngling zu erwachen beginnen; er wird mit ihnen Riesen überwinden und wird schließlich auch den Drachenkampf bestehen, um die Königstochter zu befreien. Als er dafür ihre Hand gewinnt, erbt er ein Königreich. Das Märchen nennt es Griechenland. Denn sein Weg führte ihn nach Osten. Weil ihn der Vater jener Meerfrau zu entziehen suchte, der er ja von Geburt aus verpfändet war, muß er auf seiner Wanderung vermeiden, jemals in die Nähe des salzigen Meerwassers zu kommen. Dieser Geistsucher geht die Wege, die einstmals jene Völker gewandert sind, die von der Atlantis nach dem Osten zogen. Sie suchten das Festland. Alles traumhafte Hellsehen, das den Menschen noch zum Umgang mit den Elementargewalten hinzog, sollte für sie abklingen. Das Reich der Riesen galt es zu bezwingen; in klarer Gedankenkraft sollte die Seele den Geist finden. Einst hatte Perseus den Drachenkampf zu bestehen, um die Jungfrau zu befreien. Mit der Sagengestalt des Perseus deuteten die Griechen auf jenen großen König hin, der Mykene erbaut hatte; er galt als Begründer jener griechischen Kultur, die die Mission des klaren Gedankens als erste erfaßte und damit die Freiheit der Persönlichkeit zu erkämpfen vermochte.

Der zweite Sohn, der den Weg der Mitte gewählt hat, kommt an einen Königshof, an dem es keine Frauen gibt. Nur die Königstochter, die streng im Turm verborgen gehalten wird. Er aber dringt zu ihr in Gestalt einer Taube hindurch und gewinnt sie, nachdem er die entsprechenden Proben bestanden hat. Hier wird uns der Weg eines Mystikers vorgezeichnet und zwar eines christlichen, wie sich aus einer näheren Betrachtung der Motive ergeben würde. Wenn es heißt, daß er die Tochter des französischen Königs gewinnt, so ist damit angedeutet, wie Frankreich im frühen Mittelalter das Ausstrahlungszentrum des esoterischen Christentums geworden war.

Der dritte Bruder aber reitet westwärts, wo alle Wege sogleich ans Meer führen. Die Proben, die er zu bestehen hat, sind wieder ganz anderer Art. Er betritt zur Nachtzeit ein völlig erstorbenes Schloß. Ein Leuchter mit einer Kerze, der ihm entgegenkommt, führt ihn durch die finsteren Räume weiter. Die Königstochter in diesem verwunschenen Schloß bleibt ihm zunächst unsichtbar. Er kann sie nur erlösen, wenn er die Probe besteht, ihr nahe zu sein, ohne sie zu berühren. Nur wo die Sinne schweigen, kann sich der Geist in seiner wahren Gestalt allmählich mitzuteilen beginnen. So gewinnt er nach mancherlei Prüfungen die Tochter des Königs vom goldenen Schlosse. Sie segeln über den Ozean zu dem goldenen Reiche, in dem er einst König werden soll.

Auf diesem Wege handelt es sich um ein Aufwachen im Reiche der Nacht. Ein Licht, das in der Finsternis aufzuleuchten beginnt, wird zum Führer in jene verborgenen Bezirke, in denen die hyperboreëischen Mysterien für die im Sinnenbewußtsein befangene Menschheit verschlossen gehalten werden. Die keltische Tradition weiß, dieses sonnenhelle Reich des Geistes muß wiedergefunden werden, wenn die Menschheit nicht den Zusammenhang mit den Mächten ihres Ursprungs völlig verlieren soll. Denn die anderen beiden Brüder verfallen zuletzt durch einen bösen Zauber der Versteinerung. Nur der dritte, der die Königstochter vom goldenen Schlosse gewonnen hat – es ist die gleiche, nach welcher der Königssohn im »Treuen Johannes« auszog –, vermag ihnen Hilfe zu bringen. Er wird ihr Erwecker sein, obgleich sie seine Tat zunächst nicht verstehen und übel belohnen. Aber auf welche Weise die große Versöhnung zwischen den Brüdern zustande kommen wird, davon wissen nur wenige Erzähler zu berichten. Der endgültige Zusammenklang der drei Strömungen scheint sich noch nicht völlig enthüllen zu wollen. Eine Frage bleibt übrig, wann und wie es geschehe. Es ist die Menschheitsfrage: ob sich die Weltenwanderer, die sich nach Osten, zur Mitte und nach Westen über die Erde verteilten, als Brüder wiedererkennen?

Es geht um das Erwachen der Erdenvölker zum Geiste. Die keltische Seele ist voll Weissagungen. Sie glaubt, daß die großen Gestalten der Vorzeit unter den Menschen wieder erstehen werden, wenn die Stunde gekommen ist, da die Welt in ihrer Not nach der verlorenen Urweisheit zu suchen beginnt. So kündeten die Barden, daß Artus wiederkommen und seine Ritter um sich versammeln werde, das Reich des Geistes aufzurichten. Die irischen Erzähler deuten auf die Gestalt des Fionn hin, den sie für den letzten der Helden halten, der zu den Mysterien durchdrang. Seine Wiederkunft erwarten sie. Unsere Märchenbetrachtungen mögen in ein solches Wort der Erwartung ausklingen.

FIONN

Fionn, der lichte, hat aus dem Bronnen,
Auf den sich mit ihren heiligen Zweigen
Die Haselnußbäume herunterneigen,
Alle Weisheit der Welt gewonnen.

Nun harrt, unter grünendem Hügel versteckt,
Auf dem Königssitz in der Felsenhalle
Sein Geist, bis mit donnerndem Schalle
Das Horn ihn zu rettenden Taten weckt.

Uralt, doch ewiger Kindheit gewiß,
Strahlend im Schmuck seiner Tugend,
Durchbricht er die Zeitenfinsternis.
Er ruft die erwachende Jugend!

VERZEICHNIS DER MÄRCHEN UND MOTIVE